21世纪经济与管理应用型规划教材
工商管理系列

物流成本管理

Logistics Cost Management

关高峰 主　编
王海洋　袁成龙 副主编

图书在版编目(CIP)数据

物流成本管理/关高峰主编. —北京:北京大学出版社,2014.4
(21世纪经济与管理应用型规划教材)
ISBN 978-7-301-23581-2

Ⅰ.①物… Ⅱ.①关… Ⅲ.①物流-成本管理-高等学校-教材 Ⅳ.①F253.7

中国版本图书馆 CIP 数据核字(2013)第 299779 号

书　　　名:	**物流成本管理**
著作责任者:	关高峰　主编
	王海洋　袁成龙　副主编
策划编辑:	徐　冰
责任编辑:	赵学秀　吕谦谦
标准书号:	ISBN 978-7-301-23581-2/F·3801
出版发行:	北京大学出版社
地　　　址:	北京市海淀区成府路 205 号　100871
网　　　址:	http://www.pup.cn
电子信箱:	em@pup.cn　　QQ:552063295
新浪微博:	@北京大学出版社　@北京大学出版社经管图书
电　　　话:	邮购部 62752015　发行部 62750672　编辑部 62752926　出版部 62754962
印　　刷　者:	三河市博文印刷有限公司
经　　销　者:	新华书店
	787 毫米×1092 毫米　16 开本　20.25 印张　502 千字
	2014 年 4 月第 1 版　2016 年 5 月第 2 次印刷
印　　　数:	3001—6000 册
定　　　价:	38.00 元

未经许可,不得以任何方式复制或抄袭本书之部分或全部内容。
版权所有,侵权必究
举报电话:010-62752024　电子信箱:fd@pup.pku.edu.cn

丛书出版前言

《国家中长期教育改革和发展规划纲要(2010—2020年)》指出,目前我国高等教育还不能完全适应国家经济社会发展的要求,学生适应社会和就业创业能力不强,创新型、实用型、复合型人才紧缺。所以,在此背景下,北京大学出版社响应教育部号召,在整合和优化课程、推进课程精品化与网络化的基础上,积极构建与实践接轨、与研究生教育接轨、与国际接轨的本科教材体系,特策划出版"21世纪经济与管理应用型本科规划教材"。

"21世纪经济与管理应用型本科规划教材"注重系统性与综合性,注重加强学生分析能力、人文素养及应用性技能的培养。本系列包含三类课程教材:通识课程教材,如《大学生创业指导》等,着重于提高学生的全面素质;基础课程教材,如《经济学原理》《管理学基础》等,着重于培养学生建立宽厚的学科知识基础;专业课程教材,如《组织行为学》《市场营销学》等,着重于培养学生扎实的学科专业知识以及动手能力和创新意识。

本系列教材在编写中注重增加相关内容以支持教师在课堂中使用先进的教学手段和多元化的教学方法,如用课堂讨论资料帮助教师进行启发式教学,增加案例及相关资料引发学生的学习兴趣等;并坚持用精品课程建设的标准来要求各门课程教材的编写,力求配套多元的教辅资料,如电子课件、习题答案和案例分析要点等。

为使本系列教材具有持续的生命力,我们每隔三年左右会对教材进行一次修订。我们欢迎所有使用本系列教材的师生给我们提出宝贵的意见和建议(我们的电子邮箱是em@ pup.cn),您的关注就是我们不断进取的动力。

在此,感谢所有参与编写和为我们出谋划策提供帮助的专家学者,以及广大使用本系列教材的师生,希望本系列教材能够为我国高等院校经管专业的教育贡献绵薄之力。

北京大学出版社
经济与管理图书事业部
2012年1月

前　言

随着经济全球化和现代物流管理技术的迅速发展,物流活动已呈现网络化、专业化和标准化的总体趋势。面对全球日益激烈的竞争市场,企业纷纷通过物流管理来降低成本、提高客户服务水平,物流成本管理已成为企业获取竞争优势的关键因素,物流成本的高低直接关系到企业利润水平的高低和竞争力的强弱,因而物流成本管理成为企业物流管理的核心。从宏观上看,物流成本占国内生产总值的比例成为衡量一个国家综合国力、经济运行质量和企业竞争力的重要指标之一;从微观上看,物流成本占企业总成本的比例很大,物流成本的高低直接关系到企业利润水平和竞争力的高低。物流成本管理在国家经济结构的整合、经济效率的提升和产业竞争能力的改善方面正在发挥越来越重要的作用。因此,现代物流管理被称为企业的"第三利润源",控制物流成本、减少物流费用,应是提高我国国民经济整体水平的重要手段。

基于此,本书打破以物流单一功能为主线的编写体系,在内容上,以企业物流成本计算和物流成本控制与管理为两条主线,依照物流成本管理的逻辑顺序,即物流成本管理基础理论,物流成本核算及作业成本分析,物流成本预测、预算与决策,物流功能成本管理,物流成本绩效评价及控制这一主线将教材分为五大模块。重点阐述以生产流通企业和物流企业为代表的现代企业物流成本管理的理论和方法。本书共分为五篇。第一篇物流成本管理基础理论,主要介绍成本理论及物流成本的内涵、物流成本构成及物流成本管理的研究内容与方法等;第二篇,物流成本核算及作业成本分析,主要依据国家标准《企业物流成本构成与计算》的核心思想,阐述物流成本计算的基本程序、方法,以及运用作业成本法计算物流成本的基本方法等;第三篇,物流成本预测、预算与决策,主要借鉴会计学成本管理的核心思想,密切结合企业物流管理活动实践,介绍企业物流成本预算、预测与决策等内容;第四篇,物流功能成本管理,主要阐述占物流活动中成本比例较大的运输、仓储、配送、装卸搬运等工程成本进行分析;第五篇,物流成本绩效评价及控制,针对物流活动中物流成本绩效进行评价,并提出具体控制方法。

本书系统地阐明以企业为典型代表的现代物流成本管理的系统理论和方法,并对社会物流成本进行了介绍,吸收了物流成本理论最新的研究成果,反映了物流成本管理的发展趋势。编写采用富有创意的体例设计,体例层次化,案例新颖,突出了教学内容的基础性、前沿性和时代性。本书的特色主要体现在以下几个方面:

1. 教材编写内容模块化

教材编写打破以物流单一功能为主线的体系,依照物流成本管理的逻辑顺序,即物流成本管理基础理论,物流成本核算及作业成本分析,物流成本预测、预算与决策,物流功能成本管理,物流成本绩效评价及控制将教材分为五大模块。

2. 强调实践性和应用性

教材每章采用引导案例引入、课后案例实践的模式,并附物流成本经典阅读资料,特别是教材中的案例大量来自实际生活和世界著名企业的实践,便于学生理解物流成本知识并学以致用。

3. 教材设计立体化

依托编者丰富的教学资源,形成以教材为主体,配以 PPT 课件、习题集、模拟试卷、实验资料等的立体教学资源库,并链接知名物流企业和我国高等院校物流与供应链研究中心网站为教学提供便利。

4. 教学内容及案例新颖化

教学内容打破原有物流单一功能主线,吸收物流成本最新理论,将社会物流成本纳入教材。案例新颖,教材中大部分案例由编者根据最新经济时讯整理而成,并且通俗易通。

本书由关高峰任主编,王海洋、袁成龙任副主编,全书的内容和结构由关高峰和王海洋构思并确定。各章的具体分工:第 1、2、6、8、9 章由关高峰编写;第 3、4、5 章由王海洋、袁成龙编写;第 7、11 由张琴、孟魁编写;第 10、12 章由王海洋、袁成龙编写。罗丹凤、肖媛媛、姜艳等在资料的收集、录入、整理等方面给予了大力支持。在此一并表示衷心的感谢。

在本书编写过程中直接或间接地借鉴了国内外大量的著作、教科书等素材,在此对所有引用的文献资料的作者们表示诚挚的感谢。

由于物流成本管理的理论与方法及其实践的总结,还处于发展和不断探索之中;同时,鉴于作者能力和时间所限,虽对本书反复修改完善,仍难免存在不当之处,恳请专家、读者批评指正,以日臻完善。

编 者

2013 年 12 月

目 录 Contents

第一篇 物流成本管理基础理论

◆ 第一章 物流成本管理概述 / 3
第一节 成本理论与物流成本内涵 / 4
第二节 物流成本管理的产生、发展及意义 / 9
第三节 物流成本相关理论学说 / 16
第四节 物流成本管理的研究内容与研究方法 / 19

◆ 第二章 物流成本构成与分类 / 30
第一节 物流成本的构成与分类 / 31
第二节 企业及社会物流成本的构成内容 / 36
第三节 物流成本的影响因素 / 51

第二篇 物流成本核算及作业成本分析

◆ 第三章 企业物流成本核算 / 61
第一节 物流成本核算目的及对象 / 62
第二节 物流成本核算的会计科目与账簿设置 / 68
第三节 物流成本核算程序与方法 / 71
第四节 物流成本计算实例 / 78

◆ 第四章 物流作业成本分析 / 93
第一节 作业成本法概述 / 94
第二节 作业成本法的基本思路 / 97

第三节　物流作业成本分析 / 101
第四节　作业成本法在物流业中的实施 / 103

第三篇　物流成本预测、预算与决策

◆ 第五章　物流成本预测与预算 / 119

第一节　物流成本预测概述 / 120
第二节　物流成本预测的步骤与方法 / 121
第三节　物流成本预算体系 / 126
第四节　物流成本预算的编制 / 128

◆ 第六章　物流成本决策 / 137

第一节　物流成本决策概述 / 138
第二节　物流成本决策的方法 / 141

第四篇　物流功能成本管理

◆ 第七章　运输成本管理与优化 / 157

第一节　运输成本的构成及影响因素 / 158
第二节　运输企业定价方法 / 163
第三节　运输成本决策与优化 / 166

◆ 第八章　仓储成本管理与优化 / 181

第一节　仓储成本的构成及影响因素 / 182
第二节　仓储成本的核算 / 187
第三节　仓储成本决策与优化 / 194

◆ 第九章　配送成本管理与优化 / 212

第一节　配送成本概述 / 213
第二节　配送成本的核算 / 220
第三节　配送中心物流成本控制策略 / 227
第四节　配送成本的优化 / 232

◆ 第十章 装卸搬运成本管理与优化 / 239

第一节 装卸搬运构成 / 240
第二节 装卸搬运成本核算 / 245
第三节 装卸搬运成本分析 / 249
第四节 装卸搬运成本优化 / 251

第五篇 物流成本绩效评价及控制

◆ 第十一章 物流成本绩效评价 / 263

第一节 物流成本绩效评价概述 / 264
第二节 物流责任中心 / 267
第三节 物流责任成本预算、报告及业绩考核 / 269
第四节 物流绩效评价指标体系的设立 / 271
第五节 物流企业的综合绩效评估方法 / 281

◆ 第十二章 物流成本控制概述 / 290

第一节 物流成本控制概述 / 291
第二节 物流标准成本控制 / 293
第三节 物流目标成本控制 / 300
第四节 物流综合成本控制 / 306

◆ 参考文献 / 313

第一篇
物流成本管理基础理论

第一章

物流成本管理概述

学习目标

1. 了解成本理论
2. 掌握物流成本的含义及特征
3. 了解物流成本管理的作用与意义
4. 掌握物流成本相关理论学说
5. 了解物流成本管理的产生与发展
6. 理解物流成本管理的研究内容与研究方法

引例

马云"大淘宝"战略阻碍——高物流成本

淘日本是阿里巴巴集团旗下淘宝网与日本软银集团控股的日本雅虎合作经营的专营日本商品的跨国在线购物平台,是马云"大淘宝"战略的重要组成部分,也是淘宝海外扩张的重要一步。淘日本其自建的物流网络,从 2010 年 6 月 1 日上线以来,一直受到各界关注。但是淘日本却于 7 月 28 日于主页公告,"通知从 7 月 29 日 10 点起,停止注册新的淘日本会员;已注册会员,仍可以登录网站,已生成的订单可以继续完成交易,但无法下新订单"。公告还称因淘日本业务调整,暂停销售数码相机、摄像机和手表类产品。分析人士称,淘日本这一动作可能是受海关近期整顿小额外贸所致。如果高物流成本得不到解决,将影响淘日本的未来运营,甚至可能阻碍马云"大淘宝"战略的顺利实施。对此,淘日本客服称,淘日本近期调整,主要是配合淘宝的整体业务布局,旨在实现淘宝之前承诺的"打通"服务,即用一个淘宝账户访问淘宝旗下所有网站,以及使用所有服务。

淘日本的最大优势在于所有商品均从日本店面直接发货,这可以保证商品的品质。但过高的运费令很多喜爱日本商品的用户望而却步。

目前,淘日本发送商品的物流路线是先从日本到香港,再从香港入关到深圳,最后从深圳将商品寄送到用户手中;所实行的运费计算方式是一笔订单支付一笔运费。如果用户在多家店铺购买多件商品,则生成多笔不同的订单,并分别计算运费;收费根据商品重量来计算。不过,淘日本并未说明运费的单价标准。有消费者称,因为国际运费较贵,所以在淘日本购买100元以下的商品,物流费用将超过商品本身价格两倍多。一盒31元的面膜,运费就要102元,所以和团购等其他方式相比,通过淘日本购买小件商品并不划算。

某专营"日本代购"的淘宝卖家介绍,淘日本在1 000元以下的商品中无竞争力,运费要比淘宝个人卖家贵出10%左右;只有购买1 000元以上的电子产品,才比较合适。但一般用户从淘日本买的商品多是化妆品和服装,价格大多在1 000元以下。随着深圳海关第43号文件的实施,"500元以下商品免税"的规定将被废除,取而代之的是"50元以下商品免税",这样会使淘日本商品的成本进一步上涨。

中国电子商务协会理事长陈信祥表示,由于要保证商品品质,淘日本不得不使用目前的物流路线和运费计算方法。在运输中,商品走正规的国际运输渠道,需要缴纳日本国内的物流费用、国际物流费用、仓库保管费用、个人进口通关代报关费用及必要的保险费用,因此,物流费用才会居高不下。对此,淘宝目前正在筹划自建物流渠道,届时运费将大大降低。据淘日本网站介绍,目前淘日本已经在日本、中国香港和深圳建立了三个物流中心,不但有专人运营,还有专属的物流仓库。

伦敦花旗银行分析师梁嘉认为,尽管淘宝自建物流中心会对降低成本有所帮助,但分三阶段运输,却增加了时间成本,报关、分拣、分发、清点以及检查核对,都会使商品到达用户手中的时间被拖延。梁嘉分析,尽管淘日本业务只占淘宝和阿里巴巴业务的很少一部分,却关系着马云的"大淘宝"战略。一旦淘日本业务受阻,阿里巴巴和软银联手拓展的日本市场也将受到影响。而阿里巴巴计划中的"淘香港",甚至"淘美国"、"淘欧洲"等业务,也可能因此被延缓。

资料来源:根据http://finance.qq.com/a/20100818/002161.htm资料整理。

第一节 成本理论与物流成本内涵

一、成本理论

由于成本发生的原因及其性质非常复杂,因而给人们全面认识和理解成本的基本概念带来很大的困难。目前国内外对于什么是"成本"的认识均无统一的界定或者趋于一致的理解,皆因从经济学、管理学、会计学等不同的视角来分析成本,都可得出不同的成本概念表述。

(一)经济学"成本"

经济学理论认为成本是商品经济的产物,是商品经济中的一个经济范畴,是商品价值的主要组成部分。

马克思在《资本论》中对资本主义经济的细胞——商品做了透彻剖析,揭示了成本概念的经济内涵。他指出:按照资本主义方式生产的每一商品的价值 w,用公式表示是:$w = c + v + m$,公式中$(c+v)$这个部分即所消耗的生产资料价格和所用的劳动价格的部分,对于资本家来说,这就是商品的成本价格。马克思从耗费和补偿两方面对成本进行论述:从耗费的角度看,成本是商品生产中所消耗的物化劳动和活劳动中必要的劳动价值,即$(c+v)$部分,它是成本最基本的经济内涵;从补偿的角度看,成本是指补偿商品生产中资本消耗的价值尺度,即成本价格,它是成本最直接的表现形式,即成本是已耗费又必须在价值和实物上得以补偿的支出。马克思的成本理论揭示了成本的经济内涵,这一成本概念也是我国传统的财务会计成本概念的理论基础。

（二）管理学"成本"

成本在管理学中被理解为一项企业生产、技术和经营活动的综合性指标,企业经营管理中各方面的业绩,都可以通过成本直接或间接地反映出来。管理学是研究对组织所拥有的资源进行有效地计划、组织和控制,以便达到既定组织目标的一门交叉性科学。管理学所认为的成本,是指成本—效益,或效益—成本,就是在一定的消耗下获得的效益最大,或在既定的效益下,消耗最小这也正是企业管理所追求的目标。管理学强调从成本产生的过程及其成因的角度来阐述其概念,并不强调成本的经济本质,它更关注成本形成的动因和可能带来的后果。

（三）会计学"成本"

美国会计学会(AAA)成本概念委员会1951年将成本定义为:"成本是指为了达到特定目的而发生或应发生的价值牺牲,它可用货币单位加以衡量。"但有些无法用货币计量的成本因此不能囊括其中,故该成本界定有一定的局限性。1957年美国会计师协会(AICPA)名词委员会认为,成本是指用以取得或者将能取得资产或劳务而支付的现金、转让的其他资产、给付的报酬或承诺的债务,并以货币衡量的数额。这一概念将成本界定为获得某种利益而支出,如果是为了获得某种利益,每一种支出都代表一项成本。美国财务会计准则委员会1978在《财务会计概念公告》第1辑《企业编制财务报告的目的》注释中,又对成本概念做了如下说明:"成本是为了进行经济活动而有所失——就是为了耗用、挽救、交换和生产等等而丧失或放弃的东西。"此后,西方国家的成本会计教科书上基本上都按照以上看法逐步统一了对成本的认识。正如美国成本管理专家查尔斯·T. 亨格瑞(Charles T. Horngren)在其《成本会计——以管理为重点》(第五版)中所指出:"成本是获得商品或劳务所做出的牺牲,可以采用现金支出形式,也可以采用机会成本形式。通常成本意味着牺牲或放弃的东西。"这可以说是西方国家对成本最一般的定义。

综上所述,在理论上,经济学、管理学和会计学所定义的不同成本概念,是源自各学科研究目的的不同。经济学研究的是在资源具有的稀缺性、可选择性和有用性条件下的经济运行规律,强调揭示成本的经济内涵;管理学研究的是如何提高组织的管理效益,更重视描述成本的形成动因和过程;会计学对成本研究的核心问题则是计量,更注重于从可计量的角度来界定成本的概念。

因此,我们可以将成本概括为人们为进行生产经营活动或达到一定的所需耗费的人力、物力和财力等资源的货币表现及其对象化。

对成本含义的不同理解，使得成本在经济活动中有着重要的作用，具体有以下几个方面：

（1）成本是补偿生产耗费的尺度。企业为了保证再生产的不断进行，必须对生产耗费，即资金耗费进行补偿。企业是自负盈亏的商品生产者和经营者，其生产耗费须用自身的生产成果，即销售收入来补偿，维持企业再生产按原有规模进行。而成本就是衡量这一补偿份额大小的尺度。

（2）成本是制定产品价格的基础。产品价格是产品价值的货币表现。但在现阶段，人们还不能直接地准确计算产品的价值，而只能计算成本。成本作为价值构成的主要组成部分，其高低能反映产品价值量的大小，因而产品的生产成本成为制定产品价格的重要基础。也正是如此，需要正确地计算成本，只有这样才能使价格最大限度地反映社会必要劳动的消耗水平，从而接近价值。当然，产品的定价是一项复杂的工作，还应考虑其他因素，如国家的价格政策及其他经济政策法令、产品在市场上的供求关系及市场竞争的态势等。

（3）成本是计算企业盈亏的依据。企业只有当其收入超出为取得收入而发生的支出时，才有盈利。成本也是划分生产经营耗费和企业纯收入的依据。因为成本规定了产品出售价格的最低经济界限，在一定的销售收入中，成本所占比例越低，企业的纯收入就越多。

（4）成本是企业进行决策的依据。企业要努力提高其在市场上的竞争能力和经济效益，首先必须进行正确可行的生产经营决策，而成本就是其中十分重要的一项因素。成本作为价格的主要组成部分，其高低是决定企业有无竞争能力的关键。因为在市场经济条件下，市场竞争在很大程度上就是价格竞争，而价格竞争的实际内容就是成本竞争。企业只有努力降低成本，才能使自己的产品在市场中具有较高的竞争能力。

（5）成本是综合反映企业工作业绩的重要指标。企业经营管理中各方面工作的业绩，都可以直接或间接地在成本上反映出来，如产品设计好坏、生产工艺合理程度、产品质量优劣、费用开支大小、产品产量增减以及各部门各环节的工作衔接协调状况等。正因如此，企业可以通过对成本的预测、决策、计划、控制、计算、分析和考核等来促使自己加强经济核算，努力改善管理，不断降低成本，提高经济效益。

二、物流成本含义与特征

（一）物流成本含义

物流成本有广义和狭义之分。狭义的物流成本仅指由于物品移动而产生的运输、包装、装卸等费用。广义的物流成本是指生产、流通、消费全过程中的物品实体与价值发生变化而产生的全部费用。它具体包括了从生产企业内部原材料的采购、供应开始，经过生产制造中的半成品、产成品的仓储、搬运、装卸、包装、运输以及在消费领域发生的验收、分类、仓储、保管、配送、废品回收等环节发生的所有成本。

根据2001年8月1日正式实施的《中华人民共和国国家标准·物流术语》（GB/T18354-2001），物流成本可定义为"物流活动中所消耗的物化劳动和活劳动的货币表现"，即产品在实物运动过程中，如包装、运输、储存、流通加工、物流信息等各个环节所支出的人力、物力和财力的总和。物流成本是完成诸种物流活动所需的全部费用。

> **知识链接**
>
> **美国、日本有关物流成本定义**
>
> 美国管理会计师协会的《物流成本管理公告》明确指出:"物流成本是指企业在计划、实施、控制内部和外部物流活动的过程中所发生的费用。包括企业在采购、运输、仓储、物料和存货管理、订单处理、客户服务、预测和生产计划、相关信息系统及其他物流支持活动等典型的物流活动中所发生的费用。"
>
> 日本通商产业省编制的《物流成本核算活用手册》认为:"物流成本是指有形或无形的资源从供应者开始到需要者为止的实物流动所需要的成本,具体包括包装、装卸、运输、保管及信息处理等各种物流活动所发生的费用。"
>
> 上述美国和日本的物流成本核算规范所指的物流成本是从物流活动需求方(如制造企业)的角度做出的定义,是指企业典型物流活动所发生的费用。

人们可以从不同的角度来对物流成本进行观察和分析。观察和分析的角度不同,对物流成本的认识也就不同,物流成本的含义也就不同。按照人们进行物流成本管理和控制的不同角度,物流成本分为社会物流成本、货主企业(包括制造企业和商品流通企业)物流成本以及物流企业物流成本三个方面。其中,社会物流成本是宏观意义上的物流成本,而货主企业物流成本以及物流企业物流成本是微观意义上的物流成本。

1. 宏观物流成本

宏观物流成本又称为社会物流成本。站在社会物流的角度,进行社会物流的优化,就要考虑物流成本的问题。人们往往用物流成本占国内生产总值(GDP)的比例来衡量一个国家物流管理水平的高低,这种物流成本就是指社会物流成本。

按照 2004 年由国家统计局、国家发改委发布的《社会物流统计制度及核算表式(试行)》中的定义,社会物流成本是指一定时期内,国民经济各方面用于社会物流活动的各项费用支出。包括:支付给运输、储存、装卸搬运、包装、流通加工、配送、信息处理等各个物流环节的费用;应承担的物品在物流期间发生的损耗;社会物流活动中因资金占用而应承担的利息支出;社会物流活动中发生的管理费用等。

社会物流成本是核算一个国家在一定时期内发生的物流总成本,是不同性质企业微观物流成本的总和。国家和地方政府可以通过制定物流相关政策、进行区域物流规划、建设物流园区等措施来推动物流及相关产业的发展,从而降低宏观物流成本。目前,各国对宏观物流成本的测算方法也各不相同,我国于 2005 年建立了社会物流统计公报制度,根据统计,我国目前的社会物流成本与 GDP 的比例大约为 18%—20%,这一比例高于发达国家的一倍,只相当于美国等发达国家 20 世纪 70 年代的水平。

2. 微观物流成本

微观物流成本又称为企业物流成本,这里的企业包括货主企业和物流企业。按照 2006 年发布实施的国家标准《企业物流成本构成与计算》(GB/T20523-2006),企业物流成本是指物流活动中所消耗的物化劳动和活劳动的货币表现,即产品在包装、运输、储存、装卸搬运、流通加工、物流信息、物流管理等过程中所耗费的人力、物力和财力的总和以及与存货有关的资金占用成本、物品损耗成本、保险和税收成本。这里与存货有关的资金占用成本包括负债融资所发生的利息支出（即显性成本）和占用自有资金所产生的机会成本（即隐性成本）两部分内容。

在讨论物流成本的管理和控制时，我们应首先明确分析的角度，理解不同角度下物流成本的含义，在此基础上再进行深入的分析。其中，人们常说的物流成本往往主要是指货主企业物流成本。因此，在本书中，在进行物流成本管理和控制系统的分析时，主要着重于货主企业物流成本的分析，也考虑到物流企业的成本管理与控制，另外，还兼顾到宏观物流成本的统计核算。

（二）物流成本的特征

物流被称为"第三利润源"，在物流领域降低成本有很大的潜力，特别是在物流水平不高的国家。因此，我们要首先认清物流成本的特征，物流成本作为企业成本的组成部分，除了具备一般成本的所有特征（消耗性、可量化、可比较等），还具有隐含性、成本削减乘数效应、效益背反性、界定和核算的复杂性。

1. 物流成本的隐含性

在传统上，物流成本的计算总是被分解得支离破碎、难辨虚实。由于物流成本没有被列入企业的财务会计制度，制造企业习惯将物流费用计入产品成本；流通企业则将物流费用包括在商品流通费用中。因此，无论是制造企业还是流通企业，不仅难以按照物流成本的内涵完整地计算出物流成本，而且连已经被生产领域或流通领域分割开来的物流成本，也不能单独真实地计算并反映出来。任何人都无法看到物流成本真实的全貌，了解其可观的支出。

2. 物流成本削减的乘数效应

物流成本类似于物理学中的杠杆原理，物流成本的下降通过一定的支点，可以使销售额获得成倍的增长。而其上升一点，也可使销售额成倍的削减。例如：某企业销售额为100万元，物流成本为9万元，其他成本为85万元，如果此时物流成本削减0.9万元，即削减10%，其他成本及销售额不变，则产生了0.9万元的利润增加；同样，如果通过增加销售额的方式来增加利润，那么为了同样额度的利润增加，销售额必须增加15%，这就是物流成本削减的乘数效应。

3. 物流成本的效益背反

"背反"现象，常称之为"交替损益"现象，即改变系统中任何一个要素，会影响其他要素的改变。要使系统中任何一个要素增益，必将对系统中其他要素产生减损的作用。通常，对物流数量，人们希望最大；对物流时间，希望最短；对服务质量，希望最好；对物流成本，希望最低。显然，要满足上述所有要求是很难办到的。例如，在储存子系统中，站在保证供应、方便生产的角度，人们会提出储存物资的大数量、多品种问题；而站在加速资金周转、减少资金占用的角度，人们则提出减少库存。

4. 界定和核算的复杂性

从成本核算角度看，物流系统成本的计算要素难以确定，标准不统一，导致了物流成本界定和核算的复杂性。如物流基础设施建设费和企业自营物流费用目前都没有列入物流会计科目内。其原因主要是物流系统成本的计算范围太大，涉及的部门多，牵涉的面也很广；

或者物流成本的计算对象和内容难以确定,特别是本企业内部发生的物流费用不易全面归集,而混合在生产等其他系统中的物流成本更是难以分离;还有一些成本具有隐性成本的性质,不易发现和认识,不同类型的企业对物流隐性成本的核算标准也不一样,要素的权重也不同。另外,在物流成本的分配方面,也没有统一的标准,有按工时分配的,有按作业分配的,差别很大,缺乏可比性。

第二节　物流成本管理的产生、发展及意义

一、物流成本管理的产生与发展

(一) 物流成本管理的产生

物流成本管理是对物流相关费用进行的计划、协调与控制,即以物流成本信息的产生和利用为基础,按照物流成本最优化的要求有组织地进行预测、决策、计划、控制、分析和考核等一系列的科学管理活动。

物流活动必然会带来相应的物流成本,物流成本管理与物流管理的产生背景有着直接关系。其产生的背景可以简单地归纳为以下两个阶段。

1. 第二次世界大战时期(不被重视时期)

物流管理从配送和军事后勤管理中演变形成。这个时期主要考虑的是军用物资的可达性和及时性。成本是第二因素,没有得到重视。

2. 第二次世界大战以后(较快发展,开始引起关注)

物流成本管理及其理论,产生于第二次世界大战后不久。第二次世界大战后,西方发达国家的各大企业效益普遍下滑。这一方面是由于市场的激烈竞争,另一方面则是物价上涨及人工成本的提高使利润率降低。企业在平均利润率下降的强大压力下,深知难以依靠产品售价增加利润,而要进一步降低产品生产成本也困难重重,不另辟蹊径就没有出路。在这种情况下,企业便开始千方百计寻找降低产品成本的新途径,于是物流成本管理便进入了商品领域,成为继生产和销售之后的第三利润源泉。企业开始重视物流成本管理,追求利润最大化。于是,物流成本管理便应运而生,成为一种降低成本、提高服务水平的方法。关于物流成本管理的理论探索与创造,也就从这时开始。

(二) 物流成本管理的发展

物流成本管理的发展,与经济、社会的发展有着密切的联系。物流的发展,取决于社会经济和生产力的发展水平,也取决于科学技术的发展水平。在经济发展的初级阶段,企业经营管理的思想,是完全以生产为中心,根本无暇顾及流通领域中的物流问题。当经济快速发展、竞争加剧时,企业开始向降低生产成本以外的领域寻找出路。物流总成本的概念开始被引入工商企业。由于经济的不断发展,外部环境的不断变化及其复杂化,一方面这给企业自身带来了改善物流系统的推动力,另一方面也促使政府修改导致高物流成本的管理政策。物流成本管理逐渐受到广泛的重视。一个显著的标志是,出现了专门的物流管理部门。物流管理专门部门的出现,使得物流成本管理开始组织化,还引出了外包制这种新的管理形式,从而开辟了降低物流成本和提高竞争力的新道路。同时,物流成本管理的概念也提出来

了,物流成本管理理论也产生了,并且迅速地发展起来。物流成本管理,是随着物流管理的发展而兴起的,是企业成本管理的一个新的发展方向。物流成本管理的发展同成本管理一样,也是沿着事后管理到事中管理、再到事前管理的逻辑演进过程,不断地向前发展进步的。

1. 西方物流成本管理发展情况

西方物流成本管理发展主要以美国为代表,美国对物流成本的管理主要是通过美国会计师协会下属的管理会计事务委员会所颁布的一系列"管理会计公告"来进行的。该公告对物流成本管理涉及的内容主要包括物流成本范畴的界定、物流成本计算、物流作业成本计算、物流管理的业绩计量以及物流信息在成本管理中的运用等,其目的在于帮助管理会计人员和其他人员确认、计量和管理物流成本。美国物流成本管理已经与目前兴起的供应链理论的发展紧密结合,形成了一套先进的管理体系。

就发展阶段而言,美国物流成本管理发展大致分为以下几个阶段:

(1) 物流成本认识阶段。对物流成本管理在物流管理中的重要地位的认识,并不是从一开始就很清晰的。开始,人们只是朦胧地感觉它重要,但对它还没有看清楚。人们感觉"物流是经济的黑暗大陆",那里充满神秘,似乎蕴藏着说不清的宝藏,吸引着人们去探究。人们也努力地开始进行探究,并且终于"撩开了它的神秘的面纱",发现"物流是第三利润源",这说明了物流成本管理的重要性。但是,在这个阶段,人们对物流成本还停留在感性的、表层的认识阶段,尽管意识到了物流成本的重要性,但没有进行理性的、科学的物流成本管理。

(2) 物流项目成本管理阶段。在这个阶段,在对物流成本认识的基础上,人们对不同领域、不同部门或不同产品出现的物流问题,开始组织专门人员研究解决。到这个阶段,物流管理组织开始出现,在物流成本管理上已经初见成效。但是,对于物流成本管理的组织化程度以及对物流成本的持久把握方面,仍然存在不足。

(3) 引入物流预算管理制度的阶段。随着物流管理组织的设置及其初见成效,人们对物流成本有了一个统一的系统的把握,开始引入物流预算管理制度。也就是说,人们通过物流预算的编制以及预算与实际成本的比较,对物流成本进行差异分析,从而达到控制物流成本的目的。但是,这个阶段编制的物流预算还显然地缺乏准确性;对于成本变动的原因分析,也缺乏全面性。而且,人们对物流成本的把握,还仅限于运费和对外支付的费用。

(4) 物流预算管理制度确立阶段。在这个阶段推出了物流成本的计算标准,物流预算及管理有了较客观准确的依据,物流部门成为独立的成本中心或利润中心。物流成本预算的准确性大为提高,对差异原因的分析也更为全面,同时对物流成本计算范围的确定也由原来的仅限于对外支付的费用扩大到企业内部与外部所有与物流有关的费用支出。物流成本管理的科学水平得以大幅提高。

(5) 物流业绩评价制度确立阶段。当物流预算管理制度逐步建立和健全,物流部门作为独立的成本中心或利润中心后,随之而来的必然是对物流部门绩效的评价问题。这时,物流成本管理工作进一步深化,物流部门绩效评估制度得以确立。通过绩效评估,促进物流部门进一步降低物流成本,这是物流成本管理工作永恒的主题。

2. 日本的物流成本管理发展情况

在日本,物流成本管理的发展阶段问题,存在两种不同的学术观点。一种是以神奈川大学的唐泽丰教授为代表,另一种以菊池康也教授为代表。

(1) 唐泽丰教授的观点。

唐泽丰教授认为,日本物流成本管理的发展,可以分为下述四个阶段,而目前日本企业物流成本管理处于第三阶段。

① 明确物流成本,从物流成本与销售金额比率的角度进行管理的阶段,即主要是定量地掌握物流费用的阶段。

② 采用物流预算制度,可以对物流费用的差异进行分析的阶段。

③ 正式确定物流成本的基准值或标准值,使物流预算的提出或物流的管理有一个比较客观的、恰当的标准的阶段。

④ 建立物流会计制度的阶段,使物流成本管理与财务会计在系统上连接起来,对物流成本进行成本模拟的阶段。

(2) 菊池康也教授认为,日本物流成本管理的发展可以分为如下五个阶段:

① 了解物流成本的实际情况,对物流活动的重要性提高认识。

② 物流成本核算,即了解并解决物流活动中存在的问题。

③ 物流成本管理,主要是对物流成本的标准成本管理和预算管理。

④ 物流收益评估,主要是评估物流对企业效益的贡献程度。

⑤ 物流盈亏分析,主要是对物流系统的变化或改革做出模拟模型。

菊池康也教授认为,现在日本企业的物流成本管理大多处于第三阶段,还没有达到第四、第五阶段,物流部门的职能还落后于销售和生产部门的职能。

知识链接

日本物流成本管理的发展

物流成本直接关系到企业利润水平的高低和竞争力的强弱,追求零库存是日本企业降低物流成本的目标。日本物流系统协会每年都要对日本的物流成本进行调查,已经连续20多年编制了《日本物流成本调查报告书》,并通过分析确定日本物流成本的现状管理及变化趋势。2010年,日本物流系统协会对218家企业的物流成本进行调查,从不同的角度反映了日本物流成本的管理水平。其中,日本全行业物流成本占销售额的比率为4.79%(1995年为6.13%)。另外,2008年总物流成本为44.2兆日元(1995年为47.4兆日元),占GDP的比率为8.9%(1995年为9.5%)。从近几年的发展趋势看,日本各行业、各形态的物流成本基本上保持了平稳的水平,这也说明日本物流成本控制的制度化非常明显,具有持续性的特点。

日本政府通过颁布物流成本管理的标准规范和法律法规,帮助企业开展物流成本核算,降低物流成本。例如,1977年,日本运输省制定颁布了适用于制造业的《物流成本核算统一规范》和适用商业企业的《批发、零售业物流成本核算统一规范》。1992年,通商产业省中小企业厅制定发表了《物流成本计算指南》,这些政策对于推进日本企业物流管理有着深远的影响。1997年,日本政府制定了《综合物流施策大纲》。自1997年开始,日本由经济产业省和国土交通省每四年共同制定一次《综合物流施策大纲》。《综合物流施策大纲》作为日本物流业的纲领性政策文件,成为引导日本物流业发展的指导性文件,积极地促进了日本物流管理和物流成本的有效控制。

3. 我国物流成本管理发展情况

我国的物流管理起步较晚。1979年,中国物资经济学会派代表团参加了在日本举行的第三届国际物流会议,第一次把"物流"这个概念引入到国内来。

20世纪80年代初,我国流通领域计划经济的色彩十分浓厚,企业对效益还不够关注,对物流更不重视。因此,对物流成本的认识,只是停留在概念认识的层次上,谈不上对物流成本的研究,也谈不上从思想上、组织上重视物流成本管理。90年代初,由于竞争日益激烈,业态的多样化导致流通利润下降,商业系统才开始重视物流,特别是开始重视对连锁经营与物流配送相互关系的研究,从而迈出了商业系统物流管理的步伐。90年代后期,随着经济体制改革不断推进,企业产权关系明确,经营管理要求提高,生产企业以及流通企业开始认识到物流的重要性。这时,物流这个"第三利润源",已经引起社会和企业的极大关注。

从其他国家物流成本管理发展阶段的研究可以看出,物流成本管理的基础和前提即第一阶段是要了解物流成本的构成和金额,但在我国,物流成本管理的这一前提和基础性工作才刚刚起步。

首先,从社会宏观物流成本的角度看,在2004年10月由国家统计局、国家发改委发布的《社会物流统计制度及核算表式(试行)》的通知实施前,我国社会物流成本没有统一、权威的数据来源,来自不同渠道、不同统计口径的社会物流成本占GDP的比重各不相同。在我国尚未对社会物流成本进行测算时,国外一些机构和公司却先于我们对我国社会物流成本进行了测算,但结果各不相同。例如,国际货币基金组织(IMF)测算的我国1997年的社会物流成本占GDP的比重为16.9%;世界银行估算的我国2000年的社会物流成本占GDP的比重为16.7%;摩根斯坦利亚太投资研究组测算的我国2000年的社会物流成本占GDP的比重为15%;美智(Mercer)管理顾问公司2001年与我国物流与采购联合会合作,编写了《中国第三方物流市场调查报告》,认为我国物流成本占GDP的比重为20%左右。直到2004年《社会物流统计制度及核算表式(试行)》发布后,我国社会物流成本才有了统一的核算标准,数据发布才得以权威化和定期化。

其次,从企业微观物流成本的角度看,由于我国现行的财务会计制度中没有"物流成本"这一科目,物流成本分散于企业的成本费用科目,且物流活动涉及面广、关联性强,界定和核算较为复杂,很多成本项目企业都无法准确掌握,统计时常常挂一漏万。同时,不同企业对物流成本有不同的界定和理解,计算标准不统一,不同企业物流成本不具有可比性。2006年国家标准《企业物流成本构成与计算》颁布实施后,企业物流成本的计算才有了统一、明确的依据,系统的物流成本管理工作才得以启动。

目前,我国的物流成本管理的研究工作尚处于起步的阶段。虽然近几年来,不少企业在物流成本管理的探讨、摸索和创新上,已经取得了一些积极成果,理论界也在积极寻求解决物流成本计算标准问题。但显然,我们距离时代与实践的要求存在不小的差距。因此,对物流成本管理的理论与实践进行探索与创新,改善物流流程,降低物流成本,提高物流效益,已经成为我国物流业的核心问题。

二、物流成本管理的意义

企业物流管理的目的是降低物流总成本,增强企业竞争优势,物流成本管理是企业物流管理的核心。

【例1-1】 做一个简单的数学题,假设物流公司配送一种定价为100元的商品。其中采购成本为每件90元,利润是每件10元。现经过优化将成本降低10%,问利润增加多少元?增加多少百分比?

表1-1 利润成本变化

	配送产品	降低成本后	变化
定价	100	100	不变
成本	90	81	降低10%
利润	10	19	增长近2倍
利润率	10%	近20%	增长率近100%

利润率增加近100%是什么概念?这在市场竞争环境下,同一种产品或服务定价不变,单靠增加销售(或采购)而达到这个增长率,简直就是一个令人惊羡的奇迹。世界上最优秀的企业是用利润指标来衡量的,最赚钱的人也是用利润指标来衡量的。一个年产值上百亿元的企业赚一亿,人们不会很在意,因为它资产规模已经很大,只赚一亿元反倒是很危险的事,而一个资产只有十亿元的公司赚一亿元,那样所有人都会对其敬佩有加。

可以想象,如果利润率不变,增加成倍的利润就要扩大一倍以上的规模,但在市场竞争极为激烈的情况下,扩大100%销售谈何容易?要增加多少业务员、多少设备、多少贷款、多少广告投入、多少管理费用?所以我们应该认真做好成本管理,在企业内部合理规划节约成本。例如,现在的利润率是5%,只要降低5%的成本,利润就增加一倍;即使利润率是10%,降5%的成本,仍然增加了50%利润额。

物流成本管理的意义在于,通过对物流成本的有效把握,利用物流要素之间的效益背反关系,科学合理地组织物流活动,加强对物流活动过程中费用支出的有效控制,降低物流活动中物化劳动和活劳动的消耗,从而达到降低物流总成本、提高企业和社会经济效益的目的。由此,对企业物流成本管理的研究被提升到了一个不容忽视的高度。同样,我国也开始致力于这方面的研究。实行物流成本管理,降低物流成本,提高效益,对国家与企业都具有非常重要的现实与长远意义。

1. 物流成本管理的微观意义

从微观的角度看,进行物流成本管理给企业带来的经济效益主要体现在以下三个方面:

(1)降低成本,提高利润。物流成本在产品成本中占有较大比重,对企业来说是一个不小数目。据中国仓储协会2000年对我国家电、电子、食品、日化等行业中的450家企业调查显示,有近50%的企业其物流成本占整个销售费用的12%以上,在其他条件不变的情况下,降低物流成本就意味着扩大了企业的利润空间,提高了利润水平。例如当企业的销售额为1亿元,物流成本占销售额的20%时,物流成本为2 000万元;如果通过物流成本管理降低了20%的物流成本,就相当于增加了400万元的利润。换个角度,如果销售利润率是10%,那么增加400万元的利润需要增加4 000万元的销售额,所以物流成本降低20%就相当于增加40%的销售额。显然,物流成本下降的空间是巨大的,降低成本,就意味着增加就利润。

(2)有利于增强企业竞争优势。物流成本的降低,首先意味着增强了企业在产品价格方面的竞争优势,企业可以利用相对低的价格在市场上出售自己的产品,从而提高产品的市场竞争力,扩大销售,并以此为企业带来更多的利润。其次可以增强时间和质量上的竞争力,企业可以通过物流成本管理,改善物流流程,削减不必要的物流环节,减少低效率的作业,提高响应速度和服务质量,减少企业流动资金的占用,加快资金周转速度。

假设1元钱一年周转2次相当于1元钱可以当2元钱来使用,那么周转20次,相当于多少元?如果300万元的流动资金,一年周转20次,相当于多少万元的资金拥有量?假设资金周转一次获利10%,300万元的资金周转20次获利多少万元?

(3)有利于提高企业物流管理水平。加强物流成本管理可以改进企业的物流管理水平,企业物流管理水平的高低直接影响着物流成本的大小。因此,企业要降低物流成本水平就必须不断改进物流管理的方法及技能。

2. 加强物流成本管理的宏观意义

物流活动的成本对一个国家来说并不是一个小数目,它在GDP中占有相当大的份额。20世纪末期,我国物流总成本约占GDP的18%,美国占8.99%,德国只占7.2%,日本占11.4%,世界平均水平也只有12%。近年来尽管我国物流业发展迅速,但物流成本的居高不下仍是一个制约物流业发展的主要问题。

中国物流采购联合会会长何黎明在2012年1月10日召开的"2012中国物流发展报告会"上表示,预计2012年全年社会物流总额将达160万亿元,物流业增加值约为3万亿元,同比分别增长12%和14%,社会物流总费用同比增幅达18.3%,略高于上年17.8%的水平,社会物流总费用占GDP比率可能升至18%。表1-2为我国1991—2008年社会物流总成本占GDP比重情况。

表1-2 我国1991—2008年社会物流总成本占GDP比重情况

年份	社会物流总成本占GDP的比重(%)	年份	社会物流总成本占GDP的比重(%)
1991	24.0	2000	21.2
1992	23.0	2001	21.1
1993	22.8	2002	21.5
1994	22.1	2003	21.4
1995	22.0	2004	21.3
1996	22.0	2005	18.55
1997	22.3	2006	18.3
1998	21.4	2007	18.4
1999	21.4	2008	18.1

资料来源:根据《关于促进我国现代物流业发展的意见》(国家发改委、中国物流与采购联合会)及《全国物流标准化2005—2010年发展规划》相关资料改写而成。

可以看出,物流成本占GDP比率逐年下降,宏观调控在适当控制过热增长的同时,提高了经济运行的质量。以2004—2008年为例,从2004年的21.3%到2005年的18.5%,2006年为18.3%,2007年降至18.4%,2008年达到18.1%。物流成本与GDP的比例每下降0.1个百分点,就意味着增加了899亿元经济效益(以2008年GDP为例),那么2007—2008年下降了0.3个点,就意味着直接增加了2697亿元的经济效益。

虽然我国物流成本仍处在较高水平,但我国社会物流总成本与GDP比例呈逐渐下降的趋势。由2004年的21.3%下降到2008年的18.1%。五年期间由于与GDP比例下降而节约的社会物流成本合计为上万亿元。但我国的物流成本占GDP的比重要远远高于其他国家,说明我国的物流成本管理水平还很低,同时也说明我国物流成本下降的潜力很大。

从宏观的角度讲,进行物流成本管理,给行业和社会带来的经济效益主要体现在以下几个方面:

(1) 有利于提高经济运行质量和总体竞争力。物流成本管理水平的高低直接影响物流成本水平,进而影响到产品成本。2010年中国物流总成本占国内生产总值比重为18%左右,比发达国家高出一倍,过高的物流成本导致我国的不少商品价格畸高。对我国工商企业而言,改进物流管理,对于提高企业及其产品在国际市场上的竞争力有着积极的作用。

(2) 有利于产业结构调整。根据统计数据可知我国物流成本的增速超出了国家GDP的增速,从2004年开始,国家GDP增长率为10.1%,而物流成本同比增长为16.6%,远超出国家GDP的增长速度,2005年国家GDP增长率为9.9%,而物流成本同比增长为12.9%,虽然也超过GDP的增长速度,但幅度有所下降;2006年国家GDP为10.7%,而物流成本同比增长为13.5%,与2005年情况接近,2007年国家GDP为11.4%,物流成本同比增长为18.2%,一度再次大幅超出GDP的增幅,2008年虽然物流成本同比增长相对于2007年有所下降,但GDP也比2007年有所下降,所以导致仍然大幅超出GDP的增长。通常情况下这与国家产业结构发展不协调是分不开的,另外劳动密集型产业与国家宏观经济调控不完善也是密不可分。加强以物流成本为手段的物流管理,可以促进新的产业形态的形成,优化区域产业结构。现代物流企业的本质是第三产业,是现代经济分工和专业化高度发展的产物,物流产业结构的优化将对第三产业的发展起到积极的促进作用。

(3) 有利于调整商品价格。全行业物流成本的普遍下降将会对产品的价格产生影响,物价相对下降这有利于保持消费物价的稳定性,相对提高国民的购买力水平。

(4) 有利于为社会节约大量的物质财富。对于全社会而言,物流成本的下降意味着创造同等数量的财富;意味着在物流领域所消耗的物化劳动和活劳动得到节约;意味着以尽可能少的资源投入创造出尽可能多的物质财富,减少资源消耗。

此外,加强物流成本管理,还可以降低物品在运输、装卸、仓储等流通环节的损耗,为企业带来利润,为国家创造财富,增加资金积累,这也是社会扩大再生产的基础。

> **知识链接**
>
> **我国物流成本大有降低空间**
>
> 我国物流业成本占 GDP 的比例为 18% 左右,而美国仅占 9% 左右,从库存情况来看,中国企业产品的周期为 35—45 天,而国外一些企业的产品库存时间不超过 10 天。另外中国企业更愿意用自己的车队,但火车空载率达 37% 以上,同时因包装问题而造成的货物损失每年达 150 亿元,因货物运输问题每年损失 500 亿元。导致这些问题的原因在于企业规模小、分散管理、员工素质低、没有形成网络,缺乏竞争力,企业之间缺乏沟通和了解。在珠三角,众多外向加工企业的原材料和市场两头在外,物流成本在有些城市相当于 GDP 的 30%—35%,几乎每家企业都有自己的配送系统,这种现象在我国其他城市也不同程度的存在。同时,在一些城市的物资流通中,由于条块分割、部门分割、重复建设等问题,造成了资源浪费,阻碍了全社会综合物流体系的形成。如果中国物流成本占 GDP 的比例降到 15%,每年可为全社会直接节省约 2 400 亿元,为企业和社会带来极为可观的经济效益。

总之,加强物流成本管理,降低物流成本,从微观角度上看,可以提高企业的物流管理水平,加强企业的经营管理,促进经济效益的提高,增强竞争力;从宏观角度上看,降低物流成本对提高国民经济的总体运行质量和竞争力,促进产业结构的调整,支撑新型工业化,发展国民经济,提高人民生活水平都具有重要意义。

第三节 物流成本相关理论学说

归纳国内外学术界对物流理论与实践的分析和研究,物流成本相关理论研究所涉及的问题复杂而繁多,但许多理论和学说已经形成了一定的共识,这些理论成果主要可概括为以下几个方面。

一、"黑大陆"学说

在财务会计中把生产经营费用大致划分为生产成本、管理费用、营业费用、财务费用,然后再把营业费用按各种支付形态进行分类。这样,在利润表中所能看到的物流成本在整个销售额中只占极小的比重,因此物流的重要性当然不会被认识到,这就是物流被称为"黑大陆"(Druker,1962)的主要原因。

由于物流成本管理存在的问题及有效管理对企业盈利和发展的重要作用,1962 年,著名的管理学家彼得·德鲁克在《财富》杂志上发表了题为《经济的黑色大陆》一文,他将物流比作"一块未开垦的处女地",强调应高度重视流通及流通过程中的物流管理。彼得·德鲁克曾经讲过"流通是经济领域的黑暗大陆"。德鲁克泛指的是流通,但由于流通领域中物流活动的模糊性特别突出,它是流通领域中人们认识不清的领域,所以"黑大陆"学说主要针对物流而言。

在"黑大陆"中,如果理论研究和实践探索照亮了这块黑大陆,那么摆在人们面前的可能是一片不毛之地,也可能是一片宝藏之地。"黑大陆"学说是对 20 世纪中叶经济学界存在的愚昧认识的一种批驳和反对,它指出在市场经济繁荣和发达的情况下,无论是科学技术还是经济发展,都没有止境。"黑大陆"学说也是对物流本身的正确评价,即这个领域未知的东西还很多,理论与实践皆不成熟。

二、效益背反理论

"效益背反"又称为"二律背反",这一术语表明了两个相互排斥而又被认为是同样正确的命题之间的矛盾。"效益背反说"认为物流的若干功能要素之间存在着损益的矛盾,即某一个功能要素的优化和利益发生的同时,必然会存在另一个或另几个功能要素的利益损失。"效益背反"是物流领域中很普遍的现象,是物流领域中内部矛盾的反映和表现。物流系统的效益背反包括物流成本与服务水平的效益背反和物流各功能活动之间的效益背反。

(一)物流成本与物流服务水平的效益背反

一般来讲,物流服务水平与成本是一种此消彼长的关系,两者之间的关系适用于收益递减原则。如图 1-1 所示,在服务水平较低的阶段,如果追加 X 单位的成本,服务水平将提高到 Y;而在服务水平较高的阶段,同样追加 X 单位的成本,提高的服务质量只有 $Y'(Y'<Y)$。所以无限度提高服务水平,成本上升的速度会加快,而服务效率则没有多大提高,甚至下降。

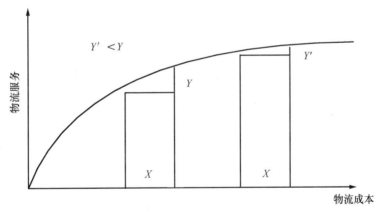

图 1-1 物流服务水平与物流成本之间的关系

(二)物流各功能活动之间的效益背反

物流各功能活动之间存在效益背反规律,物流的各项活动主要有运输、仓储、包装、装卸搬运、流通加工、配送等。例如减少库存据点并尽量减少库存,会使库存的补充更加频繁,必然增加运输成本,再举例:简化包装,虽可降低包装成本,但由于包装强度的降低,装卸和运输的破损率会增加,且在仓库摆放时亦不可堆放过高,降价了保管效率。因此物流系统是以成本为核心,按最低成本的要求,使整个物流系统化。它强调的是调整各要素之间的矛盾,把各要素有机地结合起来。这要求必须从总成本的角度出发,以系统的角度看问题,追求整个物流系统总成本的最低。

三、"第三个利润源"学说

"第三个利润源"的说法是日本早稻田大学教授、(日本物流成本学说的权威学者)西泽修在 1970 年提出的。

从历史的发展来看,人类历史上曾经有过两个大量提供利润的领域。在生产力相对落后、社会产品处于供不应求的历史阶段,由于市场商品匮乏,制造企业无论生产多少产品都能销售出去,于是就大力进行设备更新改造、扩大生产能力、增加产品数量、降低生产成本,以此来创造企业剩余价值,即"第一利润源"。当产品充斥市场,转为供大于求,销售产生困难时,也就是第一利润达到一定极限,很难持续发展时,便采取扩大销售的办法寻求新的利润源泉。人力领域最初是廉价劳动,其后则是依靠科技进步提高劳动生产率,降低人力消耗或采用机械化、自动化来降低劳动耗用,从而降低成本,增加利润,称为"第二利润源"。然而,在这两个利润源潜力越来越小,利润开拓越来越困难的情况下,物流领域的潜力被人们重视,于是出现了西泽修教授的"第三个利润源"说。

这三个利润源着重开发生产力的三个不同要素:第一个利润源的挖掘对象是生产力中的劳动对象;第二个利润源的挖掘对象是生产力中的劳动者;第三个利润源的主要挖掘对象则是生产力中劳动工具的潜力,同时注重劳动对象与劳动者的潜力,因而更具全面性。

四、物流冰山学说

物流冰山学说是由日本早稻田大学西泽修教授在1970年提出来的,他潜心研究物流成本时发现,现行的财务会计制度和会计核算方法都不可能掌握物流费用的实际情况,因而人们对物流费用的了解一片空白,甚至有很大的虚假性,他把这种情况比作"物流冰山",如图1-2所示。西泽修指出,盈亏计算表中"销售费用和管理费用"栏中记载的"外付运费"和"外付保管费"的现金金额,不过是冰山之一角。冰山的特点是大部分沉在水面以下,是看不到的黑色区域,即隐性成本;而看到的不过是它的一小部分,即显性成本。物流便是一座冰山,其中沉在水面以下的是看不到的黑色区域,而看到的不过是物流成本的一部分,人们过去之所以轻视物流,正是因为只看见了冰山的一角,而没有看见冰山全貌。

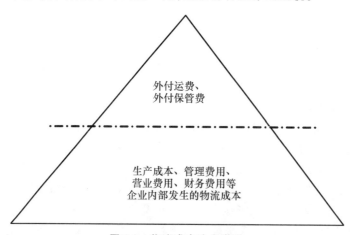

图1-2 物流成本冰山学说

在企业财务会计中,向企业外部支付的物流成本能体现出来,即为显性成本;而企业内消耗的物流成本一般是不能体现出来的,即为隐性成本。如果把会计报表中记载的物流成本,只认为是企业外部支付的部分,把它误解为"冰山全貌",企业就会面临险境。只有对物流成本进行全面计算,才能够解释清楚混在有关费用中的物流部分成本。

五、服务中心论

该理论是建立在"效益背反"理论基础上,由欧美学者于20世纪60年代提出的,认为企业物流成本与物流服务水平存在背反关系,企业在进行物流成本管理时并不能一味地强调节约耗费、降低成本,而应该立足于在保持和提高企业对客户服务水平的基础上,通过寻求物流成本与服务之间的平衡点,保持企业的整体竞争优势。

服务中心论认为物流活动的最大作用并不在于为企业节约了成本或增加了利润,而是在于提高了企业对用户的服务水平,进而提高了企业的竞争力。该理论对物流的描述采用"后勤"一词,强调物流活动的保障职能,通过对企业竞争优势与能力的培养,从整体上压缩企业的综合经营成本和发展潜力。

六、系统论

1973年美国哈佛大学教授詹姆斯·海斯凯特在《企业物流》(*Business Logistics*)中,用系统论的方法对企业物流活动进行了深入的阐述。其主要观点有:企业各物流活动之间、物流与其他经营活动和客户服务之间存在着普遍的内在联系。所以在考察个别物流活动的变化时,应尽可能从总体和系统的角度进行比较,分析要素间的互动关系。他认为,对物流活动应当进行系统管理,要对各种物流活动成本及其相互关系,在既定的客户服务水平约束下,进行有效协调和权衡。也就是说,不管是显性成本还是隐性成本,所有的物流活动和结果都可以换算成物流成本。该理论通过物流成本对物流活动进行管理,成为研究物流管理的切入点。

七、价值链论

伴随信息技术的发展、全球采购的兴起,企业间竞争日益加剧的环境要求企业物流战略的制定与成本管理必须摒弃狭隘的内部成本管理观念,要着眼于产业链的构成与变化,将企业内部的物流系统延伸到整个价值链。该理论采用系统的、整体的观念与方法对企业物流实行管理,认为企业竞争成败的关键在于企业所处价值链的整体运转效率,而不是企业自身单方面的成本,因而物流成本管理必须摒弃单个企业物流成本最小化的观念,要从整体价值链的角度出发,寻求价值链成本的最小化,提升价值链的整体竞争力,它是价值链上所有企业共同努力的结果。只有价值链物流成本降低了,企业物流成本才能真正地、持续地降低。

上述物流管理理论的存在表明,目前理论界对物流成本真面目还没有十分清楚的认识,而且存在各学派各执己见的现象。但是物流管理理论研究却始终围绕着物流成本这一关键词展开论述。

第四节 物流成本管理的研究内容与研究方法

一、物流成本管理的研究内容

从现有物流成本管理研究看,一般将其研究内容分为物流成本分析、物流成本决策和物流成本控制三个模块。

(一) 物流成本分析模块

物流成本分析模块主要包括物流成本核算和物流成本分析。物流成本分析模块是进行物流成本决策与控制的基础。

1. 物流成本核算

物流成本核算是在计划执行后,按照规定的成本项目,采用适当的计算方法,对一系列的物流费用进行汇集与分配,从而计算出各物流成本计算对象的实际总成本和单位成本。通过物流成本计算,可以如实地反映生产经营过程中的实际物流耗费,也可以反映出各种活动费用实际支出与计划支出的差异。物流成本核算是对物流成本计划执行情况的检验。

2. 物流成本分析

物流成本分析是在成本核算及其他有关资料的基础上,运用一定的方法,揭示物流成本水平的变化,进一步查明影响物流成本变动的各种因素。通过物流成本分析,检查和考核成本计划的完成情况,总结经验,找出实际与计划差异的原因,及时发现问题,揭示物流环节中的主要矛盾。物流成本分析的方法是多种多样的,具体采用哪种方法要根据分析目的、物流特点和所掌握资料的性质与内容而确定。常用的方法主要有指标对比分析法和因素分析法等。物流成本分析过程同时也是对前一阶段物流成本管理业绩的评估过程。

(二) 物流成本决策模块

物流成本决策模块包括物流成本预测、物流成本决策和物流成本计划等。物流成本决策模块主要指企业根据自身的发展情况和利用已有的成本信息对未来的物流成本作出预测;然后从若干个方案中选择一个满意的方案作出决策;在此基础上根据决策的结果来制订物流成本计划。决策模块是进行物流成本控制的依据和准则,决策的科学性和可行性直接影响到物流成本计划实施的成功与否。

1. 物流成本预测

物流成本预测是在对本年度物流成本进行分析的基础上,根据有关物流成本数据和企业具体的发展情况,运用一定的技术方法,对未来的物流成本水平及其变动趋势作出科学的估计。物流成本预测可以提高物流成本管理的科学性和预见性。

在物流成本管理的许多环节都存在成本预测问题,如仓储环节的库存预测、流通环节的加工预测、运输环节的货物周转量预测等。

2. 物流成本决策

物流成本决策是在物流成本分析与预测的基础上,结合其他技术因素、经济因素等有关资料,运用一定的科学方法进行研究、分析,决定采取的行动方针,并进行可行性分析,然后从若干个方案中选择一个满意的方案的过程。从物流整个流程来说,有配送中心新建、改建、扩建的决策,装卸搬运设备、设施的决策,流通加工合理下料的决策等。进行成本决策是制订成本计划的前提。

3. 物流成本计划

物流成本计划是根据物流成本决策所确定的方案、计划期的生产任务、降低成本的要求以及有关资料,通过一定的程序,运用一定的方法,以货币形式规定计划期物流各环节耗费水平和成本水平,并提出保证成本计划顺利实现所采取的措施。通过成本计划管理,可以在降低物流各环节成本方面给企业提出明确的目标,推动企业加强成本管理责任制,增强企业的成本意识,控制物流环节费用,挖掘降低成本的潜力,保证企业降低物流成本目标的实现。

物流成本有月度计划、季度计划、年度计划和短期计划(一年以内)、中期计划(三年)、长期计划(五年或十年)等计划体系。

(三) 物流成本控制模块

物流成本控制模块主要包括物流成本控制和物流成本信息反馈。物流成本控制模块是根据物流成本计划和控制过程中实时的信息反馈,及时调整控制手段,来保证计划的实现。成本控制阶段也是对物流计划实施和监督的阶段。

1. 物流成本控制

物流成本控制是根据计划目标,对成本发生和形成过程以及影响成本的各种因素和条件施加主动的影响,以保证实现物流成本计划的一种行为。

物流成本控制的基本内容有:运输费用控制(如加强运输的经济核算,防止运输过程中的差错事故,做到安全运输等);储存费用的控制;装卸搬运费用的控制(如合理选择装卸搬运设备,防止机械设备的无效作业、合理规划装卸方式和装卸作业过程,减少装卸次数,缩短操作距离,提高被装卸物资纯度等);包装费用控制(如选择包装材料时要进行经济分析,运用成本核算降低包装费用,包装的回收和旧包装的再利用,实现包装尺寸的标准化、包装作业的机械化,有条件地组织散装物流等);流通加工费用的控制(如合理确定流通加工的方式,合理确定加工能力,加强流通加工的生产管理,制定反映流通加工特征的经济指标等)。通过成本控制,可以及时发现存在的问题,采取纠正措施,保证成本目标的实现。

2. 物流成本信息反馈

对在物流过程中所发生的有关成本方面的各种资料和数据进行收集、整理、汇总,传输给有关领导和部门,使其掌握情况,加强对物流成本的控制,保证物流成本目标实现。根据物流成本信息反馈的结果,及时调整最优方案,以指导物流成本控制工作,更好地进行物流成本管理。

上述三个模块和各项成本管理活动的内容是互相配合、相互依存的一个有机整体。成本分析与预测是成本决策的前提;成本计划是成本决策所确定目标的具体化;成本控制是对成本计划的实施进行监督,以保证目标的实现;成本核算与分析是对物流成本目标是否实现的检验和评估,也是对物流成本管理绩效的检验和评估,通过对物流成本决策的正确性和控制的有效性进行评估,发现问题,肯定成绩,有利于新的决策的制定和实施。其中,成本决策和成本控制是针对企业在已经确定的竞争战略下如何建立与竞争战略相适应的物流成本管理战略所必须实施的两个关键程序。

二、物流成本管理的研究方法

(一) 比较分析法

比较分析法有三种情况:(1) 横向比较。把企业的供应物流、生产物流、销售物流等各部分物流费用分别计算出来,然后进行横向比较,看哪部分发生的费用最多。如果是供应物流费用最多或者异常多,则再详细查明原因,堵住漏洞,改进管理方法,以便降低物流费用。(2) 纵向比较。把企业历年的各项物流费用与当年的物流费用相比,如果增加了,分析为什么增加,在哪个地方增加了,假如增加的是无效物流费,则立即改正。(3)计划与实际比较。把企业当年实际开支的物流费与原来编制的物流预算进行比较。如果超支了,分析超支的原因,在什么地方超支?这样便能掌握企业物流管理中的问题和薄弱的环节,从而加强薄弱环节,降低物流总成本。

(二)活动优化法

活动优化法就是通过物流过程的优化管理来达到降低物流成本的管理方法。物流过程就一个创造时间性和空间性价值的经济活动过程,为使其能提供的最佳的价值效能,就必须保证物流各个环节的合理化和物流过程的迅速、通畅。

(三)综合评价法

综合评价法即通过物流成本的综合效益研究分析,发现问题,解决问题,从而加强物流的方法。

(四)排除法

在物流成本管理中有一种方法叫活动标准管理。其中一种做法就是把物流相关的活动划分两类,一类是有附加价值的活动,如出入库、包装等与货主直接相关的活动;另一类是无附加价值的活动,如开会、改变工序、维修机械设备等与货主没有直接关系的活动。其实,在商品流通过程中,如果能采用直达送货的话,则不必设立仓库或配送中心,实现零库存,等于避免了物流中的无附加价值活动。如果将上述非附加价值的活动加以排除或尽量减少,就能节约物流费用,达到物流管理的目的。

(五)责任管理法

责任管理法就是明确物流成本管理的责任主体的方法。分清责任有利于控制物流总成本,防止各部门之间互相随意改变相关信息,从而增加物流成本。

(六)计算机管理系统法

计算机管理系统法是将物流成本的各方面连接起来,形成一个不断优化的物流系统的循环。通过一次次循环、计算、评价,整个物流系统在不断优化,最终找出其总成本最低的最佳方案。

本章小结

1. 物流成本也称物流费用,是指物流活动中所消耗的物化劳动与活劳动的货币表现。物流成本的概念有狭义和广义之分。物流成本管理是指通过成本去管理物流,是以成本为手段的物流管理方法。

2. 物流成本管理的意义与作用。从微观的角度看,进行物流成本管理给企业带来的经济效益主要体现在三个方面:(1)降低成本,提高利润;(2)有利于增强企业竞争优势;(3)有利于提高企业物流管理水平。从宏观的角度讲,进行物流成本管理,给行业和社会带来的经济效益体现在两个方面:(1)提高经济运行质量和总体竞争力;(2)加速产业结构调整,支撑新型工业化。

3. 物流成本管理的相关理论学说。相关理论学说主要有:"黑大陆"学说、效益背反理论、物流冰山学说、"第三利润源"学说等。

4. 物流成本管理的研究内容与研究方法。物流成本管理的研究内容主要包括三个模块:物流成本分析模块、物流成本决策模块、物流成本控制模块。物流成本管理的研究方法有比较分析法、活动优化法、综合评价法、计算机管理系统法等。

中英文关键术语

1. 物流(Logistics)
2. 成本(Cost)
3. 物流成本(Logistics Cost)
4. 物流成本管理(Logistics Cost Management)
5. 物流活动(Logistics Activities)
6. 物流服务水平(Logistics Service Level)
7. 物流成本特征(Logistics Cost Characteristics)
8. 效益背反(Trade-off)
9. 物流冰山(Logistics Iceberg)
10. 第三利润源(The Third-party Profit Headspring)
11. 社会物流成本(External Logistics Cost)
12. 企业物流成本(Enterprise Logistics Cost)

思 考 题

1. 在了解美国和日本物流成本管理发展历程的基础上,对我国物流成本管理有何借鉴作用?
2. "效益背反"是物流领域中很普遍的现象,这些现象的存在对物流成本管理有何启示?
3. 简述物流成本相关学说。
4. 简述管理学、经济学及会计学成本含义。

课外材料阅读　　　　我国物流成本现状问题及对策分析

目前,我国物流业正处在不断发展时期,就像改革发展初期一样,专业化程度较低,经营粗放型,特别是协调运行能力较弱,物流服务质量和经济效益参差不齐的现象较为普遍,地区和行业发展不平衡等问题依然存在。虽然本身有着各种不足,能给产业提供的服务和支持尚不足,然而自身的发展任务也是非常重的,这还不是一个规划就能解决的问题,更不能指望很快就见到成果。但是振兴,则需要办法和时间,我们能预见它的美好前景,并铆足了劲,努力发展它,它就是襁褓里的花儿,时间到了,一定会花开,绽放绚丽。

以下是对我国物流成本现状与不足及分析对策的具体表述:

对体系认识不够全面

1. 一些物流企业对降低成本仅从配送中心入手,而忽视了物流是一个系统工程

当前很多企业把物流中心都命名为配送中心。一提起物流成本大家就自然想到配送中

心,似乎物流成本只能从配送中心降,而忽略采购和订单呼叫环节的分析、控制。

对此,我们应该认识到,物流是一个系统工程,一环扣一环,如果仅仅从局部入手就很难达到应有的效果。

2. 注重对显性成本的控制,而忽略了能够控制隐性成本的环节

库存成本是一块很大的成本,特别是库存占压资金的利息。把库存占压资金的利息加入物流成本,这是现代物流与传统物流费用计算的最大区别,它要求把降低物流成本与加速资金周转统一起来。这部分成本大多数企业都能注意加以控制,但却忽略了另一个能够控制物流成本的问题。部分企业不能很好地预测市场需求,信息不畅通,或者不同产品、品牌、规格在储存中的比例不合理,不能及时发现市场变化情况以便调整储存结构都会增加物流成本。

对此我们应该合理规划,降低库存成本。这对于加快资本周转、提高物流效率、优化结构、消除库存积压、推动物流的专业化、集约化水平都有重要的作用。实现这些目标,要做好如下几个方面:首先是营销中心要做好订单采集与市场预测,实现合理的库存量,优化不同产品、品牌的库存结构。其次是各公司物流中心之间要加强信息的沟通,消除信息孤岛现象,合理调配资源,优化库存。当前,不同区域之间的商业企业缺乏合作,许多企业都建立自己的物流中心与信息数据库,不同企业之间的相互孤立造成物流建设的过于分散与资源浪费,形成一个个信息孤岛,相互之间不能相互协作。再次是我国商业企业与工业企业的物流建设缺乏深入协作,我们要加强工商协同,做好供应链管理,将商业企业和工业企业的库存进行整体优化,建设现代物流。

3. 物流成本管理水平不高

各地政府政策不统一,地方保护严重,造成物流市场迂回运输偏多,运输周期长,企业绩效偏低。这些因素都在严重制约着我国物流成本的降低。如果说这还只是市场成本的话,那么政策成本的因素更难控制,在所有竞争行业中,物流企业的规费、税费是最高的,它在全国就有13个管理部门,谁都想来啃物流业这块骨头,各部门政策不兼容也时有发生。

目前很多企业有着自己的物流管理系统,但企业自身的物流管理水平与专业的物流公司相比,普遍比较落后,存在着物流流程不科学、管理不专业的问题。而依托专业服务的公司,则可使得制造企业的成本降低,市场反应速度加快,提高产品竞争力。因此更愿意选择专业服务公司。

企业的成本构成里有很大一部分是物流成本,虽然我们不能确切地得出我们的物流成本到底有多高,但是和发达国家相比,比如美国,我们的物流成本至少要高一倍。国家总体竞争力的提升,要靠科学发展,仅仅依靠廉价劳动力来降低企业成本越来越难了。而提高我国的物流水平,应该更能满足企业降低生产成本以及走向世界的要求。

对此,我认为应制定物流业的发展规划,采取宏观调控,整合物流行业,以便于其协调发展。比如:国家对企业不应区分国有、民营、合资、外资,而应该按照规模来划分,使得那些上规模的物流企业也能享受到一定的政策倾斜;在卡车集散中心、区域分拨中心等基础设施建设等方面给予贴息贷款,在土地审批上给予优惠政策;对重点物流企业进行重点培养和指导,使其尽快做大做强。

物流服务要素价格上涨

完成物流活动是需要付出代价的,即物流成本,我们需要做的就是在企业的目标即满足

一定的顾客服务水平与配送成本之间寻求平衡,服务和成本双向最优化,不能强调了成本降低了服务:在一定的配送成本下尽量提高顾客服务水平,或在一定的顾客服务水平下使配送成本最小。而不能过分地"算到骨头缝里去",降低了服务质量,损害了服务品牌。

提高对客户的物流服务水平是企业确保长期收益的最重要手段。从某种意义上来讲,提高客户服务水平是降低物流成本的有效方法之一。但是,超过必要量的物流服务不仅不能带来物流成本的下降,反而有碍于物流效益的实现。所以,在正常情况下,为了既保证提高对客户的物流服务质量,又防止出现过剩的物流服务,企业应当在考虑客户产业特征和商品特性的基础上,与客户充分协调,探讨有关物流配送的组合、降低物流成本等问题。并且可以商讨将由此而产生的收益与客户分享,从而相互促进在提高物流服务质量的前提下,寻求降低物流成本的最佳途径。

关于物流成本控制研究的介绍与优化

我国的物流起步较晚。现在,体系也不是很规范,但近几年有不少企业已在探讨和摸索,取得了一些积极的成果。各个体系也正在逐渐完善。关于企业物流成本管理有关于"物流冰山说"、"第三个利润源"、"黑大陆学说"和"效益背反论"等理论。近年来我国企业物流成本控制的研究大致分为四个方面。

1. 物流成本财务模式论

在我国现行的会计制度中,物流成本没有进行单独核算,而是分散到材料采购、管理费用、制造费用、产品销售费用等账户。

特点:由于物流成本属于间接费用,对物流成本的控制,首先要克服传统成本计算的缺陷,采用新的方法来计算和控制才能找出问题,降低物流成本,提高企业经济效益。作业成本法(ABC法)是适合于这些目的的有效的方法之一。

2. 物流成本模型控制论

近年来,我国的学术界综合集成国内外有关物流成本计算的模型和新型理论方法,应用ABC成本法、聚类分析法等物流成本测算方法,研究物流全过程,开发可操作性强的各类物流成本测算模型:物流成本总量的测算模型、第三方物流服务市场规模的测算模型、物流业成本水平的测算模型、物流成本节约效果的测算模型等。

3. 物流系统成本控制论

物流系统成本的提出基于物流的不同环节的成本具有效益背反的特性,系统化是解决物流成本效益背反的关键。这要求物流一体化,用系统化的观点管理企业的物流业务。因此,把物流的各环节看作一个不可分割的整体,以"物流总成本最低"为系统目标,进行成本效益分析,从整体上谋求总成本的最低化物流成本控制的对象因为是物流总成本,而不是功能成本。

4. 物流成本控制措施论

现代物流成本控制是企业全员控制、全过程控制、全环节控制和全方位控制,是商品使用价值和价值的结合的控制,是经济和技术相结合的控制。进行物流成本控制,应在物流成本的形成过程中,对其事先进行规划,事中进行指导、限制和监督,事后进行分析评价,总结经验教训,不断采取改进措施,使企业的物流成本不断降低。微观层面,通过对物流成本现状特征分析和物流成本过高的原因分析,探索一系列有效措施,从不同角度全方位地控制物流成本,如制定物流成本控制目标及具体实施细则;加快物流资源整合,构建物流运作体系;物流技术的网络化、信息化、电子化;依托第三方物流机构,采取供应链管理模式等。

建设一个低成本高效率的现代化物流,需要科学的物流成本核算体系。只有做好成本核算,才能给控制成本提供一个基本的标准与基础,使各项管理更优化。对此,我们应用作业成本分析法代替传统会计成本分析法,对成本进行分析、控制。

物流是一个系统工程,除做好管理、优化流程、成本核算外,降低物流成本的途径还包括:加强物流硬件设施建设,提高装备的标准化程度;提高物流企业的信息处理能力,采用信息分类标准、编码标准、电子单证,以信息化带动商业化;控制退货成本,降低物流总成本等。只有完善物流各个方面,建立一套与现代物流体系相适应的物流体系,才能有效地推动物流管理的科学化,优化物流系统建设,促进物流各个环节的衔接,有效地降低物流成本。

总的来说,每件事物的刚开始总会有不足与缺陷,我们的发展前景还很广阔,度过黎明前的黑暗,曙光就是属于我们的……

资料来源:http://wenku.baidu.com/view/de2c054c852458fb770b56fe.html,根据中国物流成本现状相关部分改写。

国外物流成本管理理论及实践对中国企业的借鉴

从1997年至今,物流在产业界越来越受重视,被称为"第三利润源"。因此,对物流成本管理研究极为重要。

一、物流成本管理

1. 物流成本

(1) 概念:以面向客户的物流服务为导向通过计算和控制企业在物流活动中(包括采购、运输、储存、包装装卸、订单处理等)所消耗的成本。(2) 构成:物流成本包括运输成本、流通加工成本、配送成本、包装成本、装卸和搬运成本、仓储成本这六方面。

2. 物流成本管理

(1) 含义:通过掌握物流成本的现状,发现企业物流活动中存在的问题,对各个相关部门进行比较和评价,发现降低物流成本的环节,强化总体物流管理。(2) 内容:物流成本管理的内容同财务成本管理的内容是一致的,包括预测、决策、预算、控制、核算、分析等几个部分。

二、国外物流成本管理研究及实践

1. 理论研究

(1) "黑大陆"学说:著名管理学权威彼得·德鲁克曾讲过:"流通是经济的黑暗大陆"。黑大陆学说主要指尚未认识、尚未了解的事物。如果理论研究和实践探索了这块黑大陆,那么我们面前可能是一片不毛之地,也是一片宝藏之地。(2) "物流冰山"理论:认为在"黑大陆"中和"冰山"的水下部分正是物流尚待开发的领域,也是物流的潜力所在。根据物流冰山理论,要把隐藏在水面下的物流成本全部核算出来是不可能的,传统的会计体系不仅不能提供足够的物流成本分摊数据,而且也没有这个必要。(3) 第三利润源理论:物流领域的潜力被人所重视,于是出现了西泽修的"第三利润源泉"说。第三利润源主要挖掘对象则是生产力中劳动工具的潜力,同时注重劳动对象和劳动者的潜因,因而更具全面性。(4) 效益悖反理论：认为物流成本与服务水平悖反；物流活动效益悖反。（5）供应链理论：主要分析三个层面的成本：直接成本、基于活动的作业成本和交易成本，这三类成本涵括了供应链中的所有成本。这三个层次成本的相对重要程度主要依赖于产品的自身特质。

2. 物流成本管理的发展现况

外国发达国家非常重视物流成本管理，把它看为"第三利润源"。在近几年的统计中，仓储成本和库存搬运成本占比重较大，想尽一切办法降低这一部分成本，从而减少物流成本，提高物流管理的效率。

3. 实践

（1）美国：美国把物流成本分为三部分：库存费用、运输成本、物流管理费用。美国安利公司通过采取相应办法分别减少这三方面成本。首先，通过非核心环节外包安利公司的这种"店铺+销售员"的销售方式，很好地节约了库存费用和运输成本；然后，实行仓库半租半建，安利公司的投资决策具有很强的实用主义，即"如果安利在某一地点的销售上去了，有了需要，才会考虑引进自动化仓库。"（2）日本：日本现代物流成本管理的最大特点就是物流的系统化，系统化是日本现代物流管理的重要模式。日本物流系统一般是指在物流供应链管理活动中的各种物流功能，随着供应、生产、销售活动而发生，使物的流通效率提高的系统。

三、我国物流成本管理理论研究、发展现状及不足

1. 理论研究

1981年，在物资部专业刊物《物资经济研知通讯》上刊登了由北京物资学院王之泰教授撰写的《物流浅谈》一文。文章较为系统地讲述了物流概念、物流管理、物流结构以及物流成本等。第二次较为完整地将物流概念介绍进中国。从那以后，在中国的报刊、杂志、词典以及论著中，开始出现物流一词。

骆温平在2002年出版的《物流与供应链管理》一书中专设物流成本与控制一章，简略介绍了物流成本的概念、分类及计算、分析、控制方法。

宋华、胡左浩在2002年编著的《现代物流与供应链管理》一书中，将传统物流成本管理与现代物流成本管理进行了对比，并提出了现代物流成本管理的基本思路。

虹雁、顾义军在2003年4月的《企业物流成本管理创新议》一文中提出企业物流成本管理在管理方式与成本核算式上的创新方法。

屈冠林在2003年5月的《从战略高度认识和实施物流本管理》一文中，分析了物流成本管理对企业的战略重要及其发展性、系统性的特点，从战略上就如何实施物流成本管理提出了一些策略。

2. 物流成本管理的发展现状

（1）物流成本费用总体比例过高。冶金行业的物流成本费用占全部生产费用的30%—0；鲜活产品的这一比例高达65%；中国物流业成本占整个运营成本的19%，而经济发达的美国仅仅为9%左右。（2）库存比例高，流动资金、存货周转速度慢。目前，中国库存比高已成为事实。世界上公认库存商品与国内生产总值的比例，发达国家在1%左右，发展中国家约为5%。2006年，而中国国有库存商品为3万亿—4万亿元，占国民生产总值的40%。再从产品的周转速度来说，中国企业产品的库存周期达30—40天，库存商品占销售额的7%—10%，而国外发达国家的一些企业的产品库存周期5—7天，库存商品占销售额的1.3%—

1.5%。(3)货损率、空载率高导致运输成本居不下,增加了物流成本。中国企业愿意使用自己的车队,货车的空载率达35%以上。2006年中国的运输成本占GDP的21%,而发达国家仅占10%。(4)出现这种情况的原因。当前工业企业物流成本上升主要在于运输趋紧,运价上调,造成运输成本提高,由于运力不足造成有效供给不足,运输存在严重缺口,而工业企业物流管理相对落后,造成运力阻滞、库存流转不畅,同时,物流技术相对落后,物流速度低、流量小。

3. 中国物流成本管理存在的不足

(1)物流成本核算中存在的不足。第一,计算要素难以确定。首先,物流成本的计算范围太大。从供应链角度看,物流包括原料的物流、工厂内部的物流、从工厂到仓库的物流等,涉及单位多,应用范围广,计算时难免有所遗漏,很难做到准确。其次,不同的对象计算物流成本的结果相差很大。再次,物流成本的计算内容难以归集。第二,按照现行会计核算制度计算物流成本难度很大。在现行会计核算制度中,物流成本没有单独的科目,一般采用方法是将企业所有的成本都列在不同的成本项目中。第三,核算方法难以统一。中国对物流成本计算的范围和具体计算方法还没有形成统一的规范,不同企业的物流成本项目不同,在如何统一物流成本项目方面尚无统一标准。(2)物流成本控制中存在的问题。很多的成本控制方法还处于理论论证阶段,未被实践证明或应用,只能说物流成本控制的手段和方法都很不成熟。

四、对外国物流成本管理成功实践经验的借鉴

1. 对于外国物流成本核算经验的借鉴

(1)对日本物流成本核算经验的借鉴。日本按三种方式规定了物流成本的计算标准:按物流成本的范围,把物流成本划分为供应物流费用、企业内部物流费用、销售物流费用、退货物流费用和废弃物流费用。(2)对美国物流成本核算经验的借鉴。美国有统一的成本计算标准及范围。他们认为,物流成本是由库存成本、运输成本及管理费用组成。库存成本包括花费在保存货物上的仓储、残损、人工、保险、税收及利息费用。

2. 对国外物流成本控制经验的借鉴

(1)对于外国降低运输成本经验的借鉴。沃尔玛超市是世界上最大的商业零售企业,它在降低运输成本的实践方面值得我们借鉴。沃尔玛有时采取空运,有时采取船运,还有一些采用卡车公路运输。(2)对于国外降低库存成本经验的借鉴。对零库存的探讨要追溯到20世纪六七十年代,当时汽车生产主要以福特汽车公司的"总动员生产"方式为主。伴随能源危机,再加上日本国内资源贫乏,丰田公司的大野耐一等考察美国汽车工业之后,结合公司的实际情况提出了"准时制(JIT)生产方式",指在正确的时间用正确的方式将正确的数量和正确的货物交给正确的人,这称为"5R"。

五、对中国物流成本管理的建议

1. 对中国物流成本核算的建议

(1)设立统一的物流成本计算标准。设立明确的物流成本核算范围,物流成本应包括以下几个方面:客户服务成本、运输成本、仓储成本、库存持有成本及其他物流成本。(2)设立专用的会计科目,进行相对独立的物流成本核算。在会计科目的成本类中,增添物流成本总账,其下分设客户服务成本、运输成本、仓储成本、库存持有成本及其他物流成本等明细账,进行独立的归集及核算,提高物流成本核算的准确性。(3)采用正确的物流成本核算方法。在中国,应采用作业成本法进行物流成本核算。作业成本法注重成本范围的完整性,可以更全面地反映物流成本。可以提供相对准确的成本信息,增强物流成本的可靠性。从而使我们有了科学准确统一的核算方法。

2. 关于对中国物流成本控制建议

(1)建立物流管理系统化。要使运输、保管、配送、装卸、包装等工作自动化、效率化,同时,各种工作之间能完满地连接起来,以减少流通加工成本;建立物流成本管理信息系统使生产经营活动中的供应、生产、销售有机地联系起来,形成一个企业各个部门分工合作相互配合沟通顺畅的物流成本管理系统。(2)根据实际情况采取正确的运输计划。目前,中国企业规模小,实力弱,空载率高,不宜采用像沃尔玛超市的那种运输计划。应该雇用一些运输公司来运送货物,必要时几家小公司可以合用一辆货车,降低空载率。(3)减少库存比例,加快现金及存货的周转速度。中国企业可以加强与材料供应商、下游销售商的沟通,使企业每生产一单位的货物就可以购进制造一单位货物所需材料,销售出一单位的货物,以减少库存成本,采取零库存政策。

资料来源:刘茵:《国外物流成本管理理论及实践对中国企业的借鉴》,《经济研究导刊》,2009年第22期,pp. 140—141。

第二章

物流成本构成与分类

学习目标

1. 掌握物流成本的构成与分类
2. 掌握企业及社会物流成本的构成内容
3. 了解不同类型企业物流成本的构成
4. 理解物流成本的特点与影响因素

引例

物价上涨之谜——山东黄瓜的进京路

一斤黄瓜,中间商从山东寿光菜农手中收购时,价格约为1元。运到北京,市民从小区周边的市场或超市购买时,价格已至少为每斤3元。经过数百公里辗转,山东寿光菜身价倍增。

在这个物价高企的年代,市民普遍感觉"菜贵了";与之相关的菜农、中间商却纷纷抱怨,这个行业的利润薄了,甚至赔本。人工成本急剧上升、汽柴油价格上涨带来的运输价格高昂、各项杂费"不约而同"的上涨,助推寿光菜完成身价倍增。

同样是这些因素,削减着这个行业的利润空间。于是,"菜贵"与"菜贱"这对矛盾的感觉,存在不同人心中。

人工金贵

太多的成本在不断上涨。其中,人工成本上涨显著。一周前,张强(化名)对今年的蔬菜市场是很乐观的。作为新发地较大的一家蔬菜供应商,他在山东寿光有数百亩蔬菜基地,还有成百上千签约、未签约的代销农户。张强认为,他既是菜农,也是中间商。当时,他从山东起运的黄瓜差不多1.1元一斤,到新发地能卖到1.4元左右。此后,在多项干预政策作用下,黄瓜等蔬菜价格开始回落。即便在一周前,张强感觉与往年相比,利润仍然薄了。太多的成本在不断上涨。其中,人工成本上涨显著。

2011年11月24日,张强发了一车菜到新发地。其中,黄瓜有1.6万斤。张强说,这么多黄瓜要雇3个男工,6个女工采摘、装箱。一个男工一天120元,一个女工100元。要紧急装运时,还可能加价。2010年,一个男工一天只要80元,一个女工只要70元。多数情况下,发往北京的运菜车都会满载而行。张强介绍,满载差不多六七万斤,用人工得有近百人。跟2010年相比,一车的人工成本上涨两三千元。

菜运到新发地后,张强会在当地雇3个装卸工,每天的费用是500元;另外,他从山东带去4个人帮忙销售,每天的费用是400元。这些工人每天都包伙食。算下来,在新发地每天的人工成本差不多是1 000元。而在去年,装卸工100多点儿都能找到一个,整个成本得少约300元。

运费高昂

成本上涨的第二大块儿,张强认为是运输费用。在基地摘下黄瓜后,要用小型农用车运到大货车附近。因为汽柴油价格的上涨,一辆小型农用车使用一天要付280元,外加100元油钱,一天就要380元。这跟去年相比,上涨超过50元。装满一个大货车,不着急时需两辆农用车,着急时得用四五辆。大货车的运输费用也上涨颇多。张强说,从寿光到北京,现在的大车车费是2 800元,去年也就两千二三。去年的行情,让菜农和中间商都大赚。张强说,今年,往新发地发菜的中间商由不到10家增加到17家。近期菜价下行,成本高涨,已有4家停车不运菜了。

资料来源:根据《山东黄瓜的进京路:收购1斤1元抵京至少3元》整理修改,http://business.sohu.com/20101203/n278070238.shtml,2010-12-03。

第一节　物流成本的构成与分类

一、物流成本的构成

广义的物流成本包括客户服务成本与狭义的物流成本。狭义物流成本涵盖了生产、流通、消费全过程的物品实体与价值变化而发生的全部费用。它包括了从生产企业内部原材料的采购、供应开始,经过生产制造中的半成品、产成品的仓储、搬运、装卸、包装、运输以及在消费领域发生的验收、分类、仓储、保管、配送、废品回收等过程发生的所有成本。具体来讲狭义物流成本由以下几部分构成:

(1) 物流活动中的物资消耗,主要包括电力、燃料、包装耗材,固定资产的损耗等;
(2) 物资在物流活动中发生的合理耗损;
(3) 企业为了开展物流活动的人力成本;
(4) 物流活动中发生的其他费用,包括与物流活动有关的办公、差旅支出;
(5) 用于保证物流系统顺利运行的资金成本;
(6) 研究设计、重建与优化物流过程的费用。

企业及社会物流成本具体构成内容将在第二节进行详细分析。

二、物流成本的分类

企业在进行物流成本管理时,通常只考虑狭义的物流成本,而对客户服务成本关注甚少。因此,目前企业对物流成本的分类主要是针对狭义物流成本的。具体来说,主要有:按经济内容分类;按经济用途分类;按作业类别分类;按狭义物流成本转化为费用的不同方式分类;根据狭义物流成本与业务量之间的关系分类;根据狭义物流成本计入营业成本的方式分类;根据狭义物流成本与决策的关系分类;根据狭义物流成本是否可以控制分类;根据决策方案变动时狭义物流成本是否可避免分类;根据狭义物流成本的发生是否需支付现金等流动资产分类等。

(一)按经济内容分类

企业的生产经营过程,也是物化劳动(劳动对象和劳动手段)和活劳动的耗费过程,因而生产经营过程中发生的成本,按其经济内容分类,可划归为劳动对象方面的成本、劳动手段方面的成本和活劳动方面的成本三大类。狭义物流成本按照经济内容分类如下:

(1)固定资产折旧费,包括使用中的固定资产应计提的折旧和固定资产大修理费用。

(2)材料费,包括一切材料、包装物、修理用配件和低值易耗品等。

(3)燃料动力费,包括各种固体、液体、气体燃料,水费,电费等。

(4)工资,包括职工工资和企业根据规定按工资总额的一定比例计提的职工福利费、职工教育经费、工会经费等。

(5)利息支出,企业应计入财务费用的借入款项的利息支出减利息收入后的净额。

(6)税金,应计入企业管理费用的各种税金,如房产税、车船使用税、土地使用税、印花税等。

(7)其他支出,不属于以上各要素费用支出,如差旅费、租赁费、外部加工费以及保险费等。

此种分类方式的作用是:

(1)可以反映企业一定时期内在生产经营中发生了哪些费用,数额各是多少,据以分析企业各个时期各种费用的构成和水平,还可以反映物质消耗和非物质消耗的结构和水平,有助于统计工业净产值和国民收入。

(2)这种分类反映了企业生产经营中材料和燃料动力以及职工工资的实际支出,因而可以为企业核定储备资金定额、考核储备资金的周转速度,以及编制材料采购资金计划和劳动工资计划提供资料。

但是,这种分类不能说明各项成本的用途,因而不便于分析各种成本的支出是否节约、合理。

(二)按经济用途分类

狭义的物流成本按其经济用途分为以下类别:

(1)运输成本。物流企业的运输成本主要包括以下几点:人工费用,如工资、福利费、奖金、津贴和补贴等;营运费用,如营运车辆的燃料费、轮胎费、折旧费、维修费、租赁费、车辆牌照检查费、车辆清理费、养路费、过路过桥费、保险费、公路运输管理费等;其他费用,如差旅费、事故损失、相关税金等。

（2）流通加工成本。流通加工成本构成内容主要包括流通加工设备费用、流通加工材料费用、流通加工劳务费用以及流通加工的其他费用。除上述费用外，在流通加工中耗用的电力、燃料、油料以及车间经费等费用，也应加到流通加工成本之中去。

（3）配送成本。配送成本是企业的配送中心在进行分货、配货、送货过程中所发生的各项费用的总和，其成本由以下费用构成：配送运输费用、分拣费用、配装费用。

（4）包装成本。包装成本构成一般包括以下几方面：包装材料费用、包装机械费用、包装技术费用、包装辅助费用、包装的人工费用。

（5）装卸与搬运成本。装卸与搬运成本构成内容主要有以下几方面：人工费用、固定资产折旧费、维修费、能源消耗费、材料费、装卸搬运合理损耗费用以及其他费用，如办公费、差旅费、保险费、相关税金等。

（6）仓储成本。仓储成本主要包括以下几个方面：仓储持有成本、订货或生产准备成本、缺货成本和在途库存持有成本。

成本按经济用途的分类，反映了企业不同职能的费用耗费，也叫成本按职能的分类。这种分类有利于成本的计划、控制和考核，便于对费用实行分部门管理和进行监督。

（三）按成本与业务量的关系分类

成本按其与业务量之间的依存关系，可以分为固定成本与变动成本两大类。

（1）固定成本。固定成本是指其总额在一定时期和一定业务量范围内，不受业务量增减变动影响而保持不变的成本，如按直线法计算的固定资产折旧、管理人员的工资、机器设备的租金等。

固定成本的概念是就其总额而言的。由于固定成本总额在一定时期和一定业务量范围内保持不变，那么随着业务量在一定范围内的增加或减少，单位业务量所分摊的固定成本就会相应地减少或增加，即从单位固定成本看，它与业务量的增减成反比例变动。

为了更好地对固定成本进行规划和控制，对固定成本还可以进一步划分为约束性固定成本和酌量性固定成本。约束性固定成本也叫经营能力成本，是指同企业的生产经营能力的形成及其正常维护相联系的固定成本，如厂房和机器设备的折旧费、保险费、企业管理人员的基本工资等。这类成本有很大的约束性，一般在短期很难有重大改变。酌量性固定成本也叫随意性固定成本，是指由企业高层管理者按照经营方针的要求所确定的一定时期的预算固定成本，如广告费、研究开发费、职工培训费等。这类成本的发生及其数额的多少，服从于企业不同时期生产经营的实际需要，取决于管理当局对不同费用项目所做的具体预算，因此，它可随经营方针的改变而改变，只能在某个特定的预算期内存在。应当指出的是，固定成本总额只是在一定时期和一定业务量范围内才是固定的。这里所说的一定范围，通常称为相关范围。如果业务量超过了相关范围，固定成本也会发生变动。所以，所谓固定成本，必须和一定时期、一定业务量相联系。

（2）变动成本。变动成本是指其总额随着业务量的变动而成正比例变动的成本。如直接材料、直接人工、包装材料等都属于变动成本。

变动成本的概念也是就其总额而言的。若从单位业务量的变动成本看，它又是固定的，即它不受业务量增减变动的影响。

应当指出的是,变动成本也存在着相关范围问题。也就是说,在相关范围之内,变动成本总额与业务量之间保持着完全的线性关系,在相关范围之外,它们之间的关系可能是非线性的。

变动成本还可以考察成本与业务量之间的依存关系,即所谓成本习性(也称成本性态)。研究成本与业务量之间的依存性,考察不同类型成本与业务量之间的特定数量关系,把握业务量变动对各类成本变动的影响,有利于进行本量利分析和短期决策,加强成本控制和科学地进行成本分析,可以简化成本的计算,对于正确地进行经营决策,挖掘内部潜力,提高企业经济效益有着重要的意义。

(四)根据狭义物流成本计入营业成本的方式分类

狭义物流成本按其计入成本对象的方式分为直接成本和间接成本。成本对象是指需要对成本进行单独测定的一项活动。成本对象可以是一件产品、一项服务、一项设计、一个客户、一种商标、一项作业或者一个部门等。

这种分类的目的是经济合理地把成本归属于不同的成本对象。

(1)直接成本。直接成本也称为可追溯成本,是指与某一特定的成本对象存在直接关系,它们之间存在明显的因果关系或受益关系,是为某一特定的成本对象所消耗,故可直接计入该成本对象的成本。一种成本是否属于直接成本,取决于它与成本对象是否存在直接关系,并且是否便于直接计入。因此直接成本也可以说是与成本对象直接相关的成本中可以用经济合理的方式追溯到成本对象的那一部分成本。大部分的直接材料和直接人工成本属于直接成本。

(2)间接成本。与直接成本相反,间接成本是指与某一特定成本对象没有直接联系的成本,它为几种成本对象所共同消耗,不能直接计入某一特定成本对象的成本。如厂房的折旧等大多属于间接成本。间接成本是与成本对象相关联的成本中不能用一种经济合理的方式追溯到成本对象的那一部分成本。所谓"不能用经济合理的方式追溯",有两种情况:一种是不能合理地追溯到成本对象,另一种是不能经济地追溯到成本对象。例如,总经理的工资很难分辨出每种成本对象应分担的数额,不能合理地追溯到成本对象;又如,润滑油的成本可以通过单独计量追溯到个别成本对象,但是单独计量的成本较高,而其本身数额不大,更准确地分配实际意义不大,不如将其列入间接成本,统一进行分配更经济。间接成本应当先按地点或用途进行归集,然后按照适当合理的标准进行分配,计入各种成本对象。小部分的直接材料、直接人工成本、制造费用和期间费用通常属于间接成本。

狭义物流成本按其计入成本对象的方式分为直接成本和间接成本,这种分类的目的是经济合理地把成本归属于不同的成本对象。一项成本可能是直接成本,也可能是间接成本,要根据成本对象的选择而定。

(五)狭义物流成本按其转化为费用的不同方式分类

在实务中,按照现行财务会计制度规定,生产经营成本按其可盘存性质可划分为产品成本与期间成本。划分产品成本和期间成本,是为了贯彻配比原则。按照配比原则的要求,收入和为换取收入的费用要在同一会计期间确认。产品成本在产品出售前与当期收入不能配比,应按"存货"报告,是"可存储的成本",只有产品出售时才能与当期收入配比。因此在出售时将其成本转为费用。特别要注意的是,"产品"在这里是广义的,不仅指企业的产成品,还可指企业提供的劳务,实际上是指企业的产出物,即最终的成本计算对象。

(1) 产品成本。产品成本是指可计入存货价值的成本,包括按特定目的分配给一项产品的成本总和。对外财务报告使用的产品成本内容,由统一的会计制度规定。在实务中,产品成本包括以下四个成本项目:直接材料,是指直接用于产品生产、构成产品实体的原料及主要材料、外购半成品、有助于产品形成的辅助材料以及其他直接材料;直接人工,是指参加产品生产的工人工资以及按生产工人工资总额和规定的比例计算提取的职工福利费;燃料和动力,是指直接用于产品生产的外购和自制的燃料及动力费;制造费用,是指为生产产品和提供劳务所发生的各项间接费用。

为了使生产成本项目能够反映企业生产的特点,满足成本管理的要求,允许企业根据自己的特点和管理要求,对以上项目作适当的增减调整。如果直接用于产品生产的外购半成品成本比重较大,可以将"外购半成品"单独列为一个成本项目;外部加工费比较多的产品,可以将"外部加工费"单独列为一个成本项目;如果产品成本中燃料和动力费所占比重很小,也可以将其并入"制造费用"成本项目中。

(2) 期间成本。期间成本是指不计入产品成本的生产经营成本,包括除产品成本以外的一切生产经营成本。期间成本在发生当期立即转为费用是"不可储存的成本",正因为期间成本的这一特性,因此也称之为"期间费用"。按照我国的企业会计制度的规定,企业的期间成本包括营业费用、管理费用和财务费用。

营业费用是指企业在销售商品过程中发生的费用,包括企业销售商品过程中发生的运输费、装卸费、包装费、保险费、展览费和广告费,以及为销售本企业商品而专设的销售机构(含销售网点、售后服务网点等)的职工工资及福利费,类似工资性质的费用、业务费等经营费用。商品流通企业在购买商品过程中所发生的进货费用也包括在内。

管理费用是指企业组织和管理企业生产经营所发生的管理费用,包括企业的董事会和行政管理部门在企业的经营管理中发生的,或者应当由企业统一负担的公司经费(包括行政管理部门职工工资、修理费、物料消耗、低值易耗品摊销、办公费和差旅费等)、工会经费、失业保险费、劳动保险费、董事会费、聘请中介机构费、咨询费(含顾问费)、诉讼费、业务招待费、房产税、车船使用税、土地使用税、印花税、技术转让费、矿产资源补偿费、无形资产摊销、职工教育经费、研究与开发费、排污费、存货盘亏或盘盈(不包括应计入营业外支出的存货损失)、计提的坏账准备和存货跌价准备等。

财务费用是指企业为筹集生产经营所需资金等而发生的费用,包括应当作为期间费用的利息支出(减利息收入)和汇兑损失(减汇兑收益以及相关的手续费等)。

产品成本和期间成本都必须从营业收入中扣除,因为它们都是对生产经营的耗费。不同的是,产品成本要待产品销售时才能扣除,期间成本则从当期收入中直接扣除,两者的扣除时间是不同的。

产品成本和期间成本的划分是相对的,所有生产经营成本,如果不列入产品成本,就必须列入期间成本。计入产品的成本范围越大,期间成本的范围就越小,反之亦然。

第二节 企业及社会物流成本的构成内容

一、企业物流成本内容

按照国家标准《企业物流成本构成与计算》,企业物流成本构成包括企业物流成本项目构成、企业物流成本范围构成和企业物流成本支付形态构成三种类型,如图2-1所示。

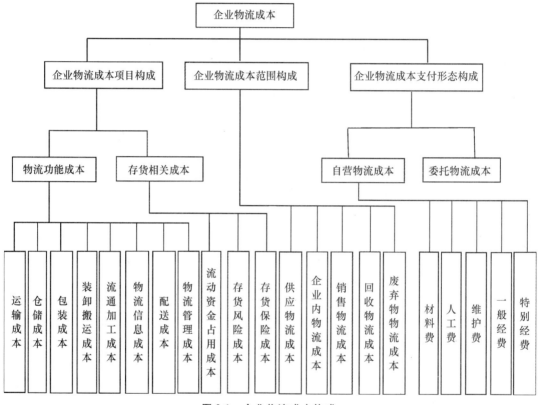

图 2-1 企业物流成本构成

从图2-1可看出,企业物流成本包括运输成本、仓储成本、包装成本、装卸搬运成本、流通加工成本、物流信息成本、物流管理成本等物流功能成本和与存货有关的流动资金占用成本、存货风险成本以及存货保险成本,不同成本由不同的支付形态构成,存在于不同的物流范围阶段。

（一）物流功能成本

物流功能成本包括物流运作成本、物流管理成本和物流信息成本。物流运作成本包括运输成本、仓储成本、包装成本、装卸搬运成本和流通加工成本。物流运作成本包括企业本身发生的费用支出和委托外单位进行物流运作支付的费用。下面介绍的各项物流运作成本构成内容仅指企业本身发生的物流成本支出。

1. 运输成本

中华人民共和国国家标准《物流术语》(修订版)(GB/T18354-2006)对运输的概念做了

界定:"用专用运输设备将物品从一个地点向另一地点运送。其中包括集货、分配、搬运、中转、装入、卸下、分散等一系列操作。"这里的运输专指"物"的载运与输送,它是在不同地域范围内,以改变"物"的空间位置为目的的活动,对"物"进行空间位移。目前,我国的运输方式主要包括铁路运输、道路运输、水上运输、航空运输和管道运输五种方式。

在现代企业物流中,运输在企业经营中占有主导地位。仅以生产制造企业为例,运输贯穿于供应、生产、销售、回收和废弃物物流全程,运输费用在物流总成本中占有很大比重。因此,物流合理化很大程度上依赖于运输合理化,运输合理与否直接影响着运输成本的高低,进而影响着企业物流总成本的水平。

运输成本是指一定时期内,企业为完成货物运输业务而发生的全部费用,包括支付外部车辆运输费和自有车辆运输费。具体包括以下三部分:

(1)人工费。主要指从事运输业务人员费用。具体包括运输业务人员工资、福利、奖金、津贴、补贴、住房公积金、职工劳动保护费、人员保险费、按规定提取的福利费、职工教育培训费和其他一切用于运输业务人员的费用等。

(2)维护费。主要是指与运输工具及其运营有关的费用。具体包括车辆(含其他运输工具)的燃料费、折旧费、维修保养费、保险费、租赁费、养路费、过路过桥费、年检费等。

(3)一般经费。在企业运输业务过程中,除了人工费和维护费之外的其他与运输工具或运输业务有关的费用,如事故损失费等。

就物流范围而言,运输成本存在于供应物流、企业内物流、销售物流、回收物流和废弃物物流全过程。

2. 仓储成本

中华人民共和国国家标准《物流术语》对仓储的概念做了界定:"利用仓库及相关设施设备进行物品的入库、存贮、出库的活动。"仓储的概念和运输相对应。仓储是以改变"物"的时间状态为目的的活动,以克服产需之间的时间差异,从而获得更好的效用。仓储管理的主要任务是,以最低的费用在适当的时间和适当的地点取得适当数量的存货。

仓储成本是指一定时期内,企业为完成货物存储业务而发生的全部费用,包括支付外部仓储费和使用自有仓库仓储费。具体包括以下三部分:

(1)人工费。主要指从事仓储业务人员费用。具体包括仓储业务人员工资、福利、奖金、津贴、补贴、住房公积金、职工劳动保护费、人员保险费、按规定提取的福利费、职工教育培训费和其他一切用于仓储业务人员的费用等。

(2)维护费。主要是指与仓库及保管货物有关的费用。具体包括仓储设施的折旧费、设施设备维修保养费、水电费、燃料与动力消耗费等。

(3)一般经费。在企业仓储业务过程中,除了人工费和维护费之外的其他与仓库或仓储业务有关的费用,如仓库业务人员办公费、差旅费等。

目前,仓储成本的含义较为广泛,通常包括仓储持有成本、订货或生产准备成本、缺货成本和在途库存持有成本等,资金占用成本、存货风险成本和存货保险成本等均包括在其中。这里的仓储成本是指狭义的仓储成本,仅指为完成货物储存业务而发生的全部费用。另外,就物流范围而言,仓储成本通常发生于企业内物流阶段。

3. 包装成本

中华人民共和国国家标准《物流术语》对包装的概念做了界定:"为在流通过程中保护产品、方便储运、促进销售,按一定技术方法而采用的容器、材料及辅助物等的总体名称。也指为了达到上述目的而采用容器、材料和辅助物的过程中施加一定技术方法等的操作活动。"包装作为物流活动的功能之一,与运输、仓储、装卸搬运、流通加工均有十分密切的关系。

包装成本是指一定时期内,企业为完成货物包装业务而发生的全部费用,包括运输包装费和集装、分装包装费。具体包括材料费、人工费、维护费和一般经费四部分内容。

(1) 材料费。主要指包装业务所耗用的材料费。企业的包装材料除少数自制,大部分是通过采购取得的。根据财政部《企业会计准则》和《工业企业会计制度》的规定,外购材料成本包括买价和购买材料的运杂费、运输途中的合理损耗、入库前的挑选整理费用以及购入材料负担的不能抵扣的税收等。

(2) 人工费。主要指从事包装业务人员费用。具体包括包装业务人员工资、福利、奖金、津贴、补贴、住房公积金、职工劳动保护费、人员保险费、按规定提取的福利费、职工教育培训费和其他一切用于包装业务人员的费用等。

(3) 维护费。主要指与包装机械有关的费用。包装过程中使用包装机械,可以极大地提高包装水平和劳动效率。包装机械有关费用主要包括设备折旧费、维修费、能源消耗费和低值易耗品摊销等。

(4) 一般经费。在包装过程中,除了人工费、材料费和与包装机械有关的费用,还发生了一些诸如包装技术费用和辅助费用等其他杂费,这部分费用通常列入一般经费。例如,为了发挥包装的功能,达到最佳的包装效果,需要实施缓冲、防潮、防霉技术所发生的设计和实施费用,以及包装标记标志的设计费、印刷费、辅助材料费等。

传统上,实施包装作业的单位一般为生产制造企业,但随着物流活动过程中"流通加工"活动存在的客观性和必要性得到越来越多的认可,包装作业的实施单位也由生产制造企业扩展到包括流通企业和物流企业在内的所有类型企业。无论何种包装,都需要耗用一定的人力、物力、财力。对于大多数商品只有经过包装,才能进入流通,也有部分商品是进入流通后,实施初次或再次包装。因此,就物流范围而言,包装成本存在于供应物流、企业内物流和销售物流阶段。

4. 装卸搬运成本

中华人民共和国国家标准《物流术语》对装卸和搬运的概念做了界定:"装卸是物品在指定地点以人力或机械载入或卸出运输工具的作业过程;搬运是在同一场所内,对物品进行空间移动的作业过程。"装卸一般指上下方向的移动;搬运则是物体横向或斜向的移动。

装卸搬运活动是物流各项活动中出现频率最高的一项作业活动,仅就场所而言,就包括车间、站台、仓库等装卸搬运。因此,装卸搬运活动效率的高低直接影响到物流整体效率。由于装卸搬运活动对劳动力的需求量大,且需要使用装卸设备,因此其成本在整个物流成本中占有较大比重。

装卸搬运成本指一定时期内企业为完成货物装卸搬运业务而发生的全部费用,具体包括人工费、维护费和一般经费三部分内容。

（1）人工费。主要指从事装卸搬运业务人员费用，具体包括装卸搬运业务人员工资、福利、奖金、津贴、补贴、住房公积金、职工劳动保护费、人员保险费、按规定提取的福利费、职工教育培训费和其他一切用于装卸搬运业务人员的费用等。

（2）维护费。在装卸搬运过程中需要使用一些起重搬运设备和输送设备等。维护费是指这些装卸搬运设备的折旧费、维修费以及能源消耗费等。

（3）一般经费。指在物品装卸搬运过程中，除了上述人工费和设备维护费，发生的其他与装卸搬运业务有关的费用，如分拣费、整理费等。

就装卸搬运业务发生的场所而言，包括车间装卸搬运、站台装卸搬运和仓库装卸搬运等。因此，装卸搬运成本存在于供应物流、企业内物流、销售物流、回收物流和废弃物物流整个物流活动全程。

5. 流通加工成本

中华人民共和国国家标准《物流术语》对流通加工的概念做了界定："物品在从生产地到使用地的过程中，根据需要施加包装、分割、计量、分拣、刷标志、拴标签、组装等作业的总称。"

流通加工是现代物流系统的重要组成部分。一般来说，生产是通过改变物质形式和性质，进而创造商品价值和使用价值的一种活动，而流通是保持商品原有形式和性质，以完成所有权转移和空间位移的一种活动。流通加工能够促进销售，维护商品质量，提高物流效率，同时对物流活动具有增值作用。

流通加工成本是指一定时期内，企业为完成货物流通加工业务而发生的全部费用。包括支付外部流通加工费和自有设备流通加工费，具体包括人工费、材料费、维护费和一般经费四部分内容。

（1）人工费。主要指从事流通加工业务人员费用，具体包括流通加工业务人员工资、福利、奖金、津贴、补贴、住房公积金、职工劳动保护费、人员保险费、按规定提取的福利费、职工教育培训费和其他一切用于流通加工业务人员的费用等。

（2）材料费。主要指流通加工过程中所耗用的辅助材料、包装材料等材料费。材料成本的计算方式同包装作业中材料成本的计算。

（3）维护费。流通加工过程中需要使用一定的设备，如电锯、剪板机等，维护费指与这些流通加工设备有关的折旧费、摊销费、维修保养费以及电力、燃料、油料等能源消耗费。

（4）一般经费。一般经费指在流通加工过程中，除了上述人工费、材料费和维护费，所发生的与流通加工有关的其他费用支出，如流通加工作业应分摊的车间经费以及其他管理费用支出。

流通加工的对象是进入流通领域的商品，具有商品的属性。从这一意义上说，流通加工成本仅存在于销售物流阶段。

6. 配送成本

中华人民共和国国家标准《物流术语》对配送的概念做了界定："配送是指在经济合理区域范围内，根据客户要求，对物品进行拣选、加工、包装、分割、组配等作业，并按时送达指定地点的物流活动。"

配送是物流系统中一种特殊的、综合的活动形式。从物流角度来说，配送几乎包含所有的物流功能要素,是物流的一个缩影或在较小范围内物流全部活动的体现。一般的配送及运输、仓储、包装和装卸搬运于一身,特殊的配送还包括流通加工。

正因为配送是一个"小物流"的概念集若干物流功能于一身,所以配送成本分散在运输、仓储、包装、装卸搬运和流通加工成本中,具体的费用支付形态包括人工费、材料费、维护费和一般经费。就物流范围而言,配送成本存在于供应、企业内物流和销售物流阶段。

这里配送成本不作为物流功能成本的构成内容,而将与配送成本有关的费用支出在其他各项物流功能成本中进行分配。

7. 物流管理成本

随着现代物流业的发展,物流及其本身所蕴涵的巨大效益为越来越多的企业所了解和重视。加强物流管理,整合物流流程,以最低的支出获取最大的物流收益被提到重要的议事日程,很多企业纷纷设立了专门的物流管理部门或在业务部门中指定专门人员从事物流管理工作,物流作业现场也配有专门人员从事物流作业的协调和管理。在物流作业分工日益精细的今天,物流管理工作逐渐从其他物流功能作业中分离出来,成为独立存在的作业形式。

物流管理成本指一定时期内,企业为完成物流管理活动所发生的全部费用,包括物流管理部门及物流作业现场所发生的管理费用,具体包括人工费、维护费和一般经费三部分内容。

(1) 人工费。主要指从事物流管理工作人员费用,具体包括物流管理人员工资、福利、奖金、津贴、补贴、住房公积金、职工劳动保护费、人员保险费、按规定提取的福利费、职工教育培训费和其他一切用于物流管理人员的费用等。

(2) 维护费。指物流管理过程使用的软硬件系统及设施的折旧费、摊销费、修理费等。

(3) 一般经费。指物流管理活动中,除了人工费、维护费外的其他费用支出,如物流管理部门、物流作业现场及专门的物流管理人员应分摊的办公费、会议费、水电费、差旅费等,还包括物流企业的物流营销费,国际贸易中发生的报关费、检验费、理货费等。

物流管理活动贯穿于企业物流活动全程,因此,就物流范围而言,物流管理成本存在于供应物流、企业内物流、销售物流、回收物流和废弃物物流全程。

8. 物流信息成本

畅通信息渠道,及时、充分地获取各类信息,是物流系统高效运行的保证。随着物流业的发展,信息在物流管理中的地位越来越重要,物流信息管理已经成为物流管理的重要手段之一。目前,企业物流管理活动中的信息流既包括企业内部信息流,如企业内存货流转以及与之相关的物流成本核算所产生的信息流动,也包括企业间的信息流,如企业间订货、收货、发货、中转、代理以及结算等活动所产生的物流信息。无论何种形式的信息流,都要以物流及信息技术作为载体,通过与物流活动的高度融合,最终推动和促进物流管理水平的提升。

物流信息成本指一定时期内,企业为完成物流信息的采集、传输、处理等活动所发生的全部费用,具体包括人工费、维护费和一般经费三部分内容。

(1) 人工费。主要指从事物流信息管理工作人员费用,具体包括物流信息人员工资、福利、奖金、津贴、补贴、住房公积金、职工劳动保护费、人员保险费、按规定提取的福利费、职工教育培训费和其他一切用于物流信息管理人员的费用等。

（2）维护费。在物流信息管理过程中,开发物流信息软件系统,投入信息硬件设施,已经成为物流信息管理的重要手段和必备条件。物流信息成本的维护费主要是指与物流信息软硬件系统及设备有关的费用,包括物流信息系统开发摊销费、信息设施折旧费以及物流信息软硬件系统维护费等。

（3）一般经费。在物流信息活动过程中,除了人工费和与物流信息软硬件系统有关的维护费,还包括所发生的其他与物流信息有关的费用,如在采购、生产、销售过程中发生的通信费、咨询费等。

在企业运营过程中,有物流就有相关的信息客观存在,因此,就物流范围而言,物流信息成本存在于供应物流、企业内物流、销售物流、回收物流和废弃物物流全程。将物流信息与其他信息区别开来,将物流信息费用从其他费用中分离出来都是极其困难的,但同时也是极为必要和重要的。

（二）存货相关成本

物流成本除了包括上述物流功能成本,还包括与存货有关的流动资金占用成本、存货风险成本和存货保险成本。

1. 流动资金占用成本

流动资金占用成本是指一定时期内,企业在物流活动过程中因持有存货占用流动资金所发生的成本,包括存货占用银行贷款所支付的利息（显性成本）和存货占用自有资金所发生的机会成本,前者属显性成本,后者属隐性成本。

隐性成本是指企业没有实际发生,会计核算中没有反映,但在物流管理和决策过程中应予以考虑的机会成本。目前,理论界探讨的隐性物流成本包括库存积压降价处理、库存呆滞产品、回程空载、产品损耗、退货、缺货损失等。这里仅将流动资金占用成本纳入隐性物流成本范畴,主要基于以下三个方面考虑:一是企业在加快存货周转速度,减少资金占用,从而提高利润率方面有巨大的潜力可挖;二是国内外有关统计资料表明,存货资金占用成本在整个物流成本中占有相当大比重;三是统计存货相关数值简便易行,具有可操作性。

就物流范围而言,因流动资金占用成本主要是指产品被锁闭在物流环节,从而导致事实上为企业所占用的资金成本,因此流动资金占用成本主要存在于供应物流、企业内物流和销售物流阶段。

从各国社会物流成本的构成看,均包括因为流动资金的占用而需承担的利息费用,且这部分利息费用在整个保管费用中占有相当大的比重。有学者认为,加快资金周转速度,减少资金占用成本,已经成为降低物流成本最重要的渠道之一。因此,从微观角度看,企业存货流动资金占用成本也应纳入物流成本范畴,并作为独立的内容重点管理和控制。将流动资金占用成本计入物流成本,指明了成本改善的取向是减少原材料、产成品等存货在物流环节的耽搁及时滞,降低资金占用成本,从而降低物流总成本。

2. 存货风险成本

在物流活动过程中,由于多种不确定因素的存在,原材料、半成品、产成品等存货通常面临风险损失。例如,产品在运输过程中可能发生破损或完全损毁导致价值丧失,在装卸搬运过程中可能发生货物破损、散失和损耗,在保管过程中可能会发生货物的毁损、丢失等,同时,因保管时间长等原因,还会发生货物的跌价损失等。

存货风险成本指一定时期内企业在物流活动过程中所发生的物品损耗、毁损、盘亏以及跌价损失等。广义上说，无论会计核算体系是否反映，只要存货发生了风险损失，都应计入存货风险成本。但从可操作性和重要性角度考虑，这里仅将显性成本即会计核算体系中反映的存货损失成本计入存货风险成本，会计核算体系中没有反映的贬值、过时损失等则不计入存货风险成本。

就物流范围而言，因存货风险损失在运输、仓储、装卸搬运等环节都可能发生。因此，存货风险成本存在于供应物流、企业内物流和销售物流阶段。

3. 存货保险成本

近年来，为分担风险，很多企业开始对货物采取投保缴纳保险费的方式来减少风险损失。保险费支出的高低与产品价值和类型以及产品丢失或损坏的风险程度等因素相关。

存货保险成本指一定时期内企业在物流活动过程中，为预防和减少因物品丢失、损毁造成的损失，而向社会保险部门支付的物品财产保险费用。就物流范围而言，物品丢失、损毁主要发生于采购、保管和销售过程中；就存货实物形态而言，既包括在途存货，也包括库存存货。因此，存货保险成本存在于供应物流、企业内物流和销售物流阶段。

各项物流功能成本，其支付形态主要包括人工费、材料费、维护费和一般经费。与物流功能成本不同，存货相关成本包括流动资金占用成本、存货风险成本和存货保险成本，其支付形态在"特别经费"中反映。

二、社会物流成本内容

社会物流成本是一个国家一定时期内发生的物流总成本。各国通常使用物流成本总额占 GDP 的比例来衡量一国物流发展水平。目前，美国、欧洲、日本等国家和地区已经形成了一套非常完整的社会物流成本核算体系，随时掌握国家物流总成本情况。我国的社会物流成本核算体系于近年刚刚建立。

根据我国社会物流业发展现状，在借鉴发达国家经验的基础上，积极探索并进一步完善社会物流成本统计计算体系，并对社会物流业发展做科学分析，对于制定科学合理的物流政策，提高国民经济运行质量和效率具有重要意义。

知识链接

GDP 与 GNP 的概念

在衡量一个国家或地区经济状况和发展水平时，有两个重要的总量指标，分别是国内生产总值（Gross Domestic Product，GDP）和国民生产总值（Gross National Product，GNP）。GDP 是指一个国家或地区所有常住单位在一定时期内生产活动的全部最终成果，它等于所有常住单位创造的增加值之和。由于 GNP 的名称与其反映的内容不是很相符，所以联合国在 1993 版《国民核算体系》（*System of National Account*，SNA）中已经将其改为国民总收入（Gross National Income，GNI），它是指一个国家或地区所有常住单位在一定时期内收入初次分配的最终结果，等于所有常住单位的初次分配收入之和。

GDP 是个生产概念，它从生产角度衡量一个国家或地区的经济总量，只要是本国领土范围内生产活动创造的增加值,无论是由内资企业还是外商投资企业创造的,均应计入本国的GDP。GNP是个收入概念,它从收入分配的角度衡量一个国家或地区的经济总量,或者说是一个总收入。

(一) 美国社会物流成本的构成

美国社会物流成本主要由存货持有成本、运输成本和物流行政管理成本三部分构成。

1. 存货持有成本

存货持有成本除了包括仓储成本、残损、人力费用及保险和税收费用,还包括库存占用资金的利息。其中利息是当年美国商业利率乘以全国商业库存总金额得到的。把库存占用资金的利息计入物流成本,是现代物流成本与传统物流成本的最大区别。据有关资料显示,美国库存占用资金的利息在美国企业平均流动资金周转次数达到10次的条件下,约为库存成本的1/4、物流总成本的1/10。仓储成本测算时包括公共仓库和企业自有仓库两部分内容。公共仓库的仓储成本数据可以从美国商务部普查局的《服务业年度调查报告》中获取,企业自有仓库的仓储成本数据则是根据相关资料统计测算的。

2. 运输成本

运输成本是直接从美国ENO运输基金会(ENO Transportation Foundation)出版的《美国运输年度报告》中得到的货运数据,分为公路运输、其他运输方式和货主费用三个类别。公路运输包括本地卡车运输费用与城际卡车运输费用。其他运输方式包括铁路运输费用、水路运输费用、油料管道运输费用、航空运输费用、货运代理费用。货主费用包括运输管理部门的运营费用和货物装卸费用。近十年来,美国的运输费用占GDP的比重约为6%,并且一直保持着这一比重,说明运输费用与经济增长基本上是同步的。

3. 物流行政管理成本

物流行政管理成本包括订单处理、IT成本以及市场预测、计划制定和相关人员发生的管理费用。由于这项费用的实际发生额很难准确统计,因此,在计算物流行政管理成本时,是按照美国的历史情况由专家确定一个固定比例,乘以存货持有成本和运输成本的总和得出的,美国物流行政管理成本在物流总成本中的比例一般为4%。

案例 1 　　　　　　美国、加拿大物流成本的开支与构成情况

美国物流成本占国内生产总值(GDP)的比重(见表2-1)在20世纪90年代大体保持在11.4%—11.7%,而进入20世纪最后十年,这一比重有了显著下降,由11%以上降到10%左右,甚至达到9.9%。必须指出的是,物流成本的绝对数量还是一直在上升的,但是由于上升的幅度低于国民经济的增长幅度,所以占GDP的比例在缩小,从而成为经济效益提高的源泉。

表 2-1 美国物流业支出占 GDP 比例

年份	GDP(万亿美元)	库存费用(十亿美元)	运输费用(十亿美元)	管理费用(十亿美元)	物流总支出(十亿美元)	GDP中物流开支比例(%)	GDP中库存费用比例(%)	GDP中运输费用比例(%)
1986	4.45	217	281	20	518	11.6	4.9	6.3
1987	4.74	225	294	21	540	11.4	4.7	6.2
1988	5.11	251	313	23	587	11.5	4.9	6.1
1989	5.44	282	329	24	635	11.7	5.2	6.0
1990	5.8	283	351	25	659	11.4	4.9	5.9
1991	5.99	256	355	24	635	10.6	4.3	5.9
1992	6.32	237	375	24	636	10.1	3.8	5.9
1993	6.64	239	396	25	660	9.9	3.6	6.0
1994	7.05	265	420	27	712	10.1	3.8	6.0
1995	7.4	302	441	30	773	10.4	4.1	6.0
1996	7.81	303	467	31	801	10.3	3.9	6.0
1997	8.32	314	503	33	850	10.2	3.8	6.0
1998	8.79	323	529	34	886	10.1	3.7	6.0
1999	9.3	332	554	35	921	9.9	3.6	6.0
2000	9.96	377	590	39	1 006	10.1	3.8	5.9

资料来源:ESTABLISH. INC HERBERT W. DAVIS AND COMPANY。

比较近20多年来的变化可以看出,运输成本在GDP中比例大体保持不变,而库存费用比重降低是导致美国物流总成本比例下降的最主要的原因。这一比例由过去接近5%下降到不足4%。由此可见,降低库存成本、加快周转速度是美国现代物流发展的突出成绩,也就是说利润的源泉更集中在降低库存、加速资金周转方面。

美国、加拿大两国不同规模的公司物流成本开支与构成情况如表2-2至表2-6所示。

表 2-2 2000 年美国普通公司物流成本开支

项目	占销售额比例(%)	加拿大元(百磅)
运输	3.54	42.91
仓储	2.39	27.80
订单清关/客户服务	0.76	8.44
管理	0.85	4.29
库存搬运	2.03	30.63
物流总成本	9.44	114.07

表 2-3 2000 年加拿大普通公司物流成本开支

项目	占销售额比例(%)	加拿大元(百磅)
运输	3.38	24.17
仓储	2.39	20.03
订单清关/客户服务	0.69	13.94
管理	0.73	7.10
库存搬运	2.09	20.91
物流总成本	9.02	123.10

资料来源：ESTABLISH. INC HERBERT W. DAVIS AND COMPANY。

表 2-4 美国、加拿大公司物流成本构成情况　　　　　　　　　　　　　单位:%

成本内容	美国公司	加拿大公司
客户服务/订单清关	8	8
仓储	25	25
运输	37	36
管理	9	8
库存搬运	21	23

表 2-5 美国:小公司物流成本

年销售额(百万美元)	少于 200	200—500	500—1 250	大于 1 250
物流成本占销售额的比例(%)	10.45	8.73	7.36	3.4

表 2-6 加拿大:中等公司物流成本

年销售额(百万美元)	少于 200	200—500	500—1 250	大于 1 250
物流成本占销售额的比例(%)	10.1	10.97	10.24	3.4

资料来源：ESTABLISH. INC HERBERT W. DAVIS AND COMPANY。

（二）日本社会物流成本的构成

日本是物流业发展很快的国家,其社会物流成本核算主要借鉴了赫斯凯特最早提出的方法,即由每年公布的就业统计和库存统计等各种数据来推算总体物流费用;此外,也参考了德兰尼的推估法,站在货主的立场来推算部分国内物流成本。日本的社会物流成本计算方法与美国略有不同,但整体上看,也包括运输费、保管费和管理费三部分内容。

1. 运输费

运输费分为营业运输费和企业内部运输费。营业运输费又包括卡车货运费、铁路货运费、内海航运货运费、国内航空货运费以及货运站收入等内容。企业内部运输费是以营业车平均行走一里的原价为基础,将自家卡车的行走里数、实际平均一日一车行走里数比、自家用卡车装载比率相乘而得出的。

2. 保管费

保管费是将日本经济企划厅编制的《国民经济计算年报》中的国民资产、负债余额中原材料库存余额、产品库存余额及流通库存余额的合计数乘以日本资料管理协会(Japan Materials Management Association,JMMA)调查所得的库存费用比例和原价率得出的。这项保管费不是狭义的保管费,它不仅包括仓储业者的保管费或企业自有仓库的保管费,还包括仓库、物流中心的库内作业费和库存所发生的利息、损耗费用等。用公式表示为:

$$保管费 = (原材料库存余额 + 产品库存余额 + 流通库存余额) \times 原价率 \times 库存费用比例$$

式中,库存费用比例 = 利率除外的库存费用比例 + 利率。

3. 管理费

由于物流管理费用无法用总体估计的方法求得,所以根据日本《国民经济计划年报》中的《国内各项经济活动生产要素所得分类统计》,将制造业、批发和零售业的产出总额乘以日本物流系统协会(Japan Institute of Logistics Systems,JILS)根据行业分类调查出来的各行业物流管理费用比例0.5%计算得出,即

$$管理费 = (制造业产出额 + 批发零售业产出额) \times 物流管理费用比例$$

(三)我国社会物流成本的构成

根据中华人民共和国国家标准《社会物流统计指标体系》(GB/T24361-2009),我国社会物流总成本是指我国全部常住单位因社会物流经济活动而发生的总费用,具体包括运输费用、保管费用和管理费用。

1. 运输费用

运输费用是指社会物流经济活动中,国民经济各部门由于物品运输而支付的全部费用。包括支付给物品承运方的运费(即承运方的货运收入),支付给装卸搬运、保管、代理等辅助服务提供方的费用(即辅助服务提供方的货运业务收入),以及支付给运输管理与投资部门的、由货主方承担的各种交通建设基金、过路费、过桥费等运输附加费用。

运输费用的计算公式是:

$$运输费用 = 运费 + 装卸搬运等辅助费 + 运输附加费$$

具体计算时,根据铁路运输、道路运输、水上运输、航空运输和管道运输不同的运输方式及对应的业务核算办法分别计算。

2. 保管费用

保管费用是指社会物流经济活动中,物品从最初的资源供应地(生产环节、海关关境)向最终消费地流动过程中所发生的运输费用和管理费用除外的全部费用。包括物流过程中因流动资金的占用而需承担的利息费用,仓储保管方面的费用,流通中配送、加工、包装、信息及相关服务方面的费用,以及物流过程中发生的保险费用和物品损耗费用等。

保管费用的计算公式是:

$$保管费用 = 利息费用 + 仓储费用 + 保险费用 + 货物损耗费用 \\ + 信息及相关服务费用 + 配送费用 + 流通加工费用 \\ + 包装费用 + 其他保管费用$$

3. 管理费用

管理费用是指社会物流经济活动中,物品供需双方的管理部门因组织和管理各项物流

活动所发生的费用,主要包括管理人员报酬和福利、办公费用、教育培训、劳动保险、车船使用等各种属于管理费用科目的费用。

管理费用的基本计算公式是:

$$管理费用 = 社会物流总额 \times 社会物流平均管理费用率$$

式中,社会物流平均管理费用率,是指报告期内,各物品最初供给部门完成全部物品从供给地流向最终需求地的社会物流活动中,管理费用额占各部门物流总额比例的综合平均数。

案例 2　　2011 年全国物流运营情况

2011 年我国物流运行形势总体良好,物流需求虽然增幅有所回落但仍然保持较快增长,物流业增加值加快增长,为保证国民经济平稳较快发展发挥了重要的支撑保障作用。与此同时,社会物流总费用较快增长,经济运行中的物流成本依然较高。

一、社会物流总费用较快增长,经济运行中的物流成本依然较高

2011 年全国社会物流总费用 8.4 万亿元,同比增长 18.5%,增幅比上年提高 1.8 个百分点。其中,运输费用 4.4 万亿元,同比增长 15.9%,增幅比前三季度提高 0.4 个百分点,比上年提高 1.9 个百分点,占社会物流总费用的比重为 52.8%,同比下降 1.2 个百分点;管理费用 1 万亿元,同比增长 18.7%,占社会物流总费用的比重为 12.2%,同比提高 0.1 个百分点;保管费用 2.9 万亿元,同比增长 22.6%,增幅比上年提高 2.1 个百分点,占社会物流总费用的比重为 35%,同比提高 1.1 个百分点。在保管费用中,利息费用 1.2 万亿元,同比增长 26.3%,占保管费用的 41.2%,同比提高 1.2 个百分点。

2011 年社会物流总费用与 GDP 的比率为 17.8%,同比持平,社会经济运行的物流成本仍然较高。

二、社会物流总额平稳较快增长

2011 年全国社会物流总额 158.4 万亿元,按可比价格计算,同比增长 12.3%,增幅比上年回落 2.7 个百分点。分季度看呈前高后低态势,一季度增长 14.2%,上半年增长 13.7%,前三季度增长 13.4%。

从构成情况看,工业品物流总额为 143.6 万亿元,按可比价格计算,同比增长 13.1%,增幅比上年回落 1.5 个百分点,占社会物流总额的比重为 90.2%,是带动社会物流总额增长的主要因素。进口货物物流总额为 11.2 万亿元,按可比价格计算,同比增长 4.3%,增幅比上年回落 17.8 个百分点。农产品物流总额、再生资源物流总额和单位与居民物流总额同比分别增长 4.5%、20.4% 和 18.3%。

三、物流业增加值增幅有所提高

2011 年全国物流业增加值为 3.2 万亿元,按可比价格计算,同比增长 13.9%,增幅比上年提高 0.8 个百分点。物流业增加值占 GDP 的比重为 6.8%,占服务业增加值的比重为 15.7%。

资料来源:http://finance.ifeng.com/news/industry/20120214/5583339.shtml。

三、不同类型企业物流成本的构成内容

企业物流是指制造企业、商品流通企业和物流企业的物流活动。不同类型企业物流成本的构成及分析方法是有所区别的。在对企业物流成本的基本构成进行分类的基础上,下面分别对制造企业、商品流通企业和物流企业的物流成本构成内容进行更进一步的分析。

(一)制造企业物流成本的构成

制造企业物流是指单个制造企业的物流活动,是微观物流的主要形式。制造企业物流是包括从原材料采购开始,经过基本制造过程的转换活动,到形成具有一定使用价值的产成品,直到把产成品送给中间商(商业部门)或用户全过程的物流活动。按照物流的定义,制造企业物流包括原材料(生产资料)供应物流、生产物流、销售物流以及回收废弃物物流几个方面。图 2-2 是一个典型的制造企业物流系统流程。

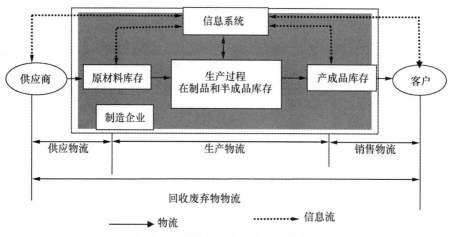

图 2-2 典型的制造企业物流系统流程

与物流系统流程相对应,制造企业的物流成本也应该包括供应物流成本、生产物流成本、销售物流成本与回收废弃物物流成本四个方面。

1. 供应物流成本的构成

制造企业供应物流是指经过采购活动,将企业生产所需原材料(生产资料)从供给者的仓库(或货场)运回企业仓库的物流活动。它包括确定原材料等的需求数量、采购、运输、流通加工、装卸搬运、储存等物流活动。其物流成本的构成内容主要包括:订货采购费,如采购部门人员工资、差旅费、办公费等;运输费,如外包运输费、运输车辆折旧费、运输损耗、油料消耗以及运输人员工资等;验收入库费用,如验收费用、入库作业费;仓储保管费,如仓储人员工资、仓储设施折旧费、合理损耗、仓库办公费用、储备资金利息等。

在以上物流成本构成项目中,储备资金利息费用是要引起企业物流管理者的重视的。在我国现行的会计制度中,并没有专门一个项目来核算存货占压资金的利息(或称为机会成本)。而实际上,存货利息费用在总的物流成本(特别是仓储费用)中占有相当大的比例。由于会计制度的问题,该项费用往往容易被管理者忽略。

> **知识链接**
>
> **机 会 成 本**
>
> 机会成本(Opportunity Cost)在经济学上是一种非常特别的、既虚又实的成本。机会成本简单地说就是选择一种东西意味着需要放弃其他一些东西,它是指一笔投资在专注于某一方面后所失去的在另外其他方面的投资获利机会。

2. 生产物流成本的构成

制造企业生产物流是指伴随企业内部生产过程的物流活动,即按照企业布局、产品生产过程和工艺流程的要求,实现原材料、配件、半成品等物料在企业内部供应库与车间、车间与车间、工序与工序、车间与成品库之间流转的物流活动。从范围划分,它是由原材料等从供应仓库运动开始,经过制造转换形成产品,一直到产品进入成品库待销售为止。制造企业生产物流成本也就是指在这个过程中发生的与物流业务相关的成本,具体包括:内部搬运费;生产过程中物流设施的折旧费;占压生产资金(包括在制品和半成品资金)的利息支出;半成品仓库的储存费用等。

由于生产物流伴随着企业的生产过程而发生,其成本的发生也与生产成本密切结合,所以一般来说企业很难对生产物流成本进行独立的核算,而生产物流的改善也不仅仅是生产物流成本的降低问题,它也与企业的生产组织方式、生产任务的安排密切相关。因此,离开生产计划和生产组织来独立进行生产物流成本的分析和研究显得不切合实际。

3. 销售物流成本的构成

制造企业销售物流是指企业经过销售活动,将产品从成品仓库通过拣选、装卸搬运、运输等环节,一直到运输至中间商的仓库或消费者手中的物流活动。这就是一般意义上的流通过程物流活动,是狭义物流的基本内容。销售物流成本的主要构成内容包括:产成品储存费用,如成品库人员工资、折旧费、合理损耗、仓库费用等;销售过程中支付的外包运输费;自营运输设施的折旧费、油料消耗、运输人员工资;销售配送费用,如包括配送人员工资、配送车辆折旧和支出等;退货物流成本等。

4. 回收废弃物物流成本的构成

制造企业回收废弃物物流的成本与特定的企业相关,如制糖业、造纸业、印染业等,都要发生回收或废弃物物流,整个回收废弃物物流过程中发生的人工费、材料费、设施设备的折旧费以及其他各种支出,都构成了回收废弃物物流成本的内容。

制造企业物流成本的构成除了从物流流程的角度进行分析外,也可以按照物流成本项目来分析其构成。制造物流成本项目主要包括:人工费;材料消耗;运输设施、仓库设施的折旧费;合理损耗;资金占压的利息费用;管理费用;委托物流费用等。

5. 制造企业物流成本构成的分析

2001年9月至2002年3月,日本物流协会针对各行业的物流成本进行了调查,调查表共寄给1 028家企业,回答的有219家(其中有效问卷为217家),回答率为21.3%。在回答企业中,制造业占全体的68.7%,非制造业为31.3%(批发商为15.2%,零售业为14.7%,

其他为 1.4%）。主要寄回问卷产业以食品（常温、低温）、电器机器（家庭用、产业用）、零售业为主，对于美国制造企业物流成本的调查结果如表 2-7 所示。

表 2-7　2001 年美国制造企业物流成本的构成情况

项目	物流成本占销售收入的比例（%）
运输费	3.90
仓储费	1.43
订单处理/客户服务	0.45
管理费用	0.28
库存搬运	1.72
总计	7.79

日本制造企业物流成本的调查结果如表 2-8 所示，在各制造行业的物流成本调查中，企业物流成本平均占营业额的比例在 2001 年约为 5.45%。其中以运输费为主要支出项目，占整个营业额的 3.13%。

表 2-8　日本主要制造业的物流成本占营业额的构成比例　　　　　　　　　　（%）

项目		年份	1975	1985	1995	1996	1997	1998	1999	2000	2001
物流成本占营业额比例			10.16	9.01	8.55	8.69	8.45	8.08	8.09	7.77	7.07
以物流功能分类	运输费		34.65	50.11	61.71	64.03	63.85	58.71	58.85	58.89	61.01
	保管费		19.62	17.84	15.60	14.04	17.14	19.72	22.25	20.12	19.57
	其他	包装费	29.30	11.65	11.69	10.94	5.60	7.02	6.61	7.14	5.52
		装卸费	16.43	12.84	7.32	6.99	8.20	8.20	7.76	8.35	8.33
		管理费		7.56	3.68	4.00	5.21	6.34	4.53	5.50	5.57
	合计		100.00	100.00	100.00	100.00	100.00	100.00	100.00	100.00	100.00
以支付形态分类	支付物流费		39.56	60.97	60.97	59.75	58.78	52.64	53.17	52.98	54.45
	支付物流费——对物流子公司			24.46	24.46	23.17	22.81	28.61	26.27	28.77	23.29
	自家物流费		60.44	14.57	14.57	17.08	18.41	18.75	20.57	18.25	22.26
	合计		100.00	100.00	100.00	100.00	100.00	100.00	100.00	100.00	100.00
以领域分类	调度物流费		11.55	10.55	10.55	8.80	8.79	8.21	10.12	7.64	9.09
	社内物流费		60.15	29.47	29.47	28.25	19.98	19.72	22.35	20.00	17.87
	销售物流费		28.30	59.98	59.98	62.95	71.23	72.08	67.53	72.36	73.04
	合计		100.00	100.00	100.00	100.00	100.00	100.00	100.00	100.00	100.00

资料来源：日本物流协会（2002 年 4 月）。

在按物流管理的功能结构要素分类时，占企业/总物流成本 57.46% 的运输费用主要是支出来自销售端的运输费用；保管费约占总物流成本的 18.16%，其中以产品保管费为大宗；其他费用方面，则是装卸费占绝大部分比例。

物流成本以支付形态要素分类时可分为两类：支付物流成本，分为支付给专业物流公司的费用、支付给物流子公司的费用；自家物流费，为自己本身从事物流功能的费用，计算项目有物流人事成本、物流设施费、设备折旧费、在库利息。以日本企业来说 75.73% 仍是属于支付物流成本的形态，当中又以支付给专业物流公司为主约 56.70%，本身所处理的物流成本约 24.27%。

（二）商品流通企业物流成本的构成

商品流通企业主要是指商业批发企业、商业零售企业、连锁经营企业等。流通企业物流成本是指在组织商品的购进、运输、仓储、销售等一系列活动中所消耗的人力、物力、财力的货币表现，相对于制造业来说，流通企业只是减少了生产物流的环节，并且其供应和销售物流是一体化的。图 2-3 为典型的商品流通企业物流系统业务流程。

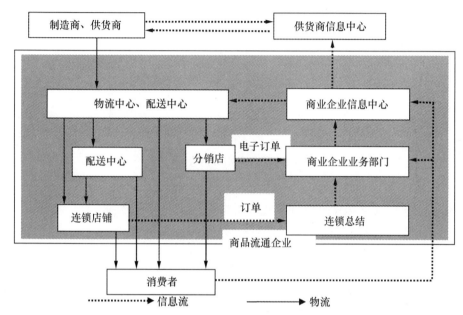

图 2-3 典型的商品流通企业物流系统业务流程

商品流通企业的物流成本具体构成如下：

（1）人工费用，包括与物流相关员工的工资、奖金、津贴以及福利费等；

（2）营运费用，如物流运营中的能源消耗、运杂费、折旧费、办公费、差旅费、保险费等；

（3）财务费用，指经营活动中发生的存货资金使用成本支出，如利息、手续费等；

（4）其他费用，如与物流相关的税金、资产损耗、信息费等。

不同经营方式的流通企业，其物流成本占营业额的构成比例也相差很大。据日本的一些统计结果，商品流通企业的物流成本以批发销售和便利商店的比例最高，占营业额 10% 以上，但是同属于零售业的百货公司却仅占 2.23%。

第三节 物流成本的影响因素

一、企业产品的特性与物流成本

产品的特性不同也会影响物流成本，主要有：

1. 产品的种类

了解物流成本在不同产品类别中的差异，其意义在于为企业物流成本管理者提供参考，根据产品类别对比本企业的物流成本实际发生的情况,获得较理性的认识。图 2-4 为常见产品物流成本占销售额比例。

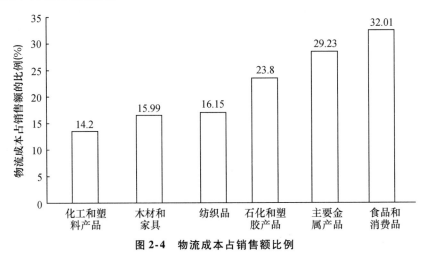

图 2-4 物流成本占销售额比例

2. 产品密度

产品密度越大,相同运输单位所装的货物越多,运输成本就越低。同理,仓库中一定空间领域存放的货物越多,库存成本就会降低。

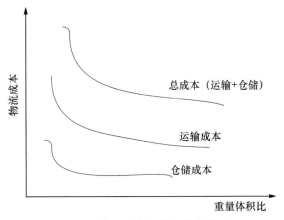

图 2-5 物流成本与产品密度关系

在实际应用中通常通过减少产品的体积来降低成本,或者对零散的产品进行集装,来增加产品的总体密度。

3. 产品价值

产品价值的高低会直接影响物流成本的大小。随着产品价值的增加,每一物流活动的成本都会增加,运费在一定程度上反映货物移动的风险。一般来讲,产品的价值越大,对其所需使用的运输工具要求越高,仓储和库存成本也随着产品价值的增加而增加。高价值意味着存货中的高成本,以及包装成本的增加。

4. 产品的可替代性

可替代性强的产品竞争,除了品牌竞争外,更重视服务的竞争,即企业提供的物流服务。

在产品的分拨计划中,考虑通过运输服务的选择、仓储服务的选择或两者兼用来降低此类产品的失销成本,保持现有客户群。

5. 特殊搬运

有些物品对搬运提出了特殊的要求。如对长大物品的搬运,需要特殊的装载工具;有些物品在搬运过程中需要加热或制冷等,这些都会增加物流成本。

二、物流环节对物流成本的影响

对商品流通渠道和物流环节的选择,是影响物流成本很重要的两个方面(见图2-6)。在日常物流活动中常采取的措施:重视消除多余环节,同时加强关键环节的管理,挖掘物流环节中存在的成本降低的空间。此外,物流服务与物流运作方式对物流成本影响深远。

1. 物流服务对物流成本的影响

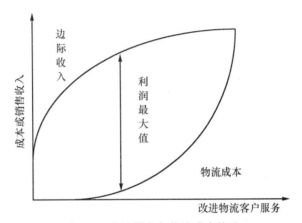

图 2-6　物流服务与物流成本关系

需要在物流服务水平、总物流成本及企业的总利润之间做投入产出的效益对比分析。

2. 物流运作方对物流成本的影响

企业物流业务外包已经成为越来越多致力于核心业务企业的策略选择。

资料 1　　两种配送模式下库存成本的对比

一家家电厂商在湖北的配送以前采用的是商流、物流一体化配送模式。产品销售部门要进行商品交易,还要负责配送活动,商流与物流没有分离,导致物流环节过多、手续复杂,无法快速响应市场需求。为此,企业决定把配送业务外包,将原来在湖北的 7 个配送仓库全部撤销,只设一个配送中心,并由第三方公司负责配送。两种配送模式下库存成本对比如表 2-9 所示。

资料2

又如我国洗衣机行业龙头老大小天鹅集团将运输业务外包。2002年小天鹅将100万台洗衣机、分布在全国33条线路上的运输合同,委托江苏省国际招标公司公开招标,此次拿出招标的业务量占其运输业务总量的20%,使得其所支付的运输成本比以前的自营成本降低700万元,这相当于小天鹅直接获益700万元。根据资料显示,我国生产企业的外包主要集中在干线运输(占48%),其次是市内配送(占28%)和仓储(占20%),商业企业内的外包在市内配送,仓储和干线发运方面的比例均等。

表2-9 两种配送模式下库存成本对比

项目	自营配送(元)	外包配送(元)	成本节约(元)	节约比例(%)
库存资金成本	58 581	19 477	39 104	66.75
仓储成本	20 721	24 545	-3 824	-18.45
管理成本	12 660	3 120	9 540	75.36
库存总成本	91 962	47 142	44 820	48.74

三、其他影响因素

(一)竞争性因素

企业所处的市场环境充满了竞争,企业之间的竞争除了产品的价格、性能、质量外,从某种意义上来讲,优质的客户服务是决定竞争成败的关键。而高效物流系统是提高客户服务的重要途径。如果企业能够及时可靠地提供产品和服务,则可以有效地提高客户服务水平,这都依赖于物流系统的合理化。而客户的服务水平又直接决定物流成本的高低,因此物流成本在很大程度上是由于日趋激烈的竞争而不断发生变化的,企业必须对竞争作出反应。影响客户服务水平的主要方面有以下几个因素。

1. 订货周期

企业物流系统的高效必然可以缩短企业的订货周期,降低客户的库存,从而降低客户的库存成本,提高企业的客户服务水平,提高企业的竞争力。

2. 库存水平

存货成本的提高,可以减少缺货成本,即缺货成本与存货成本成反比。库存水平过低,会导致缺货成本增加;但库存水平过高,虽然会降低缺货成本,但是存货成本会显著增加。因此,合理的库存应保持在使总成本最小的水平上。

3. 运输

企业采用更快捷的运输方式,虽然会增加运输成本,却可以缩短运输时间,降低库存成本,提高企业的快速反应能力。

(二)环境因素

环境因素包括空间因素、地理位置及交通状况等。空间因素主要是指物流系统中企业制造中心或仓库相对于目标市场或供货点的空间关系等。地理位置主要是指物流系统中企业制造中心或仓库、目标市场或供货地点的地理位置;交通状况主要是指物流系统中企业制造中心或仓库、目标市场或供货地点间的交通方式及拥堵情况。若企业与多个目标市场有空间关联,且相互距离较远,交通状况较差,则必然会增加运输及包装等成本;若在目标市场建立或租用仓库,也会增加仓储及库存持有成本。因此,环境因素对物流成本的影响是很大的。

（三）管理因素

管理成本本身与企业的生产和流通没有直接的数量依存关系,但却直接影响着企业的物流成本的大小,如节约办公费、水电费、差旅费等管理成本相应可以降低物流成本总水平。另外,企业利用贷款开展物流活动,必然要支付一定的利息。如果是自有资金,则存在机会成本问题。资金利用率的高低,影响着利息支出的大小,从而也影响着物流成本的高低。

本章小结

1. 从企业与社会物流成本及不同类型企业物流成本的角度对其进行了阐述和详细介绍。广义的物流成本包括客户服务成本与狭义的物流成本,狭义物流成本涵盖了生产、流通、消费全过程的物品实体与价值变化而发生的全部费用。

2. 物流成本的分类主要有:按经济内容分类;按经济用途分类;按作业类别分类等。

3. 企业及社会物流成本的构成。社会物流成本的构成分别从美国、日本、中国进行了不同的分类。企业物流成本构成包括企业物流成本项目构成、企业物流成本范围构成和企业物流成本支付形态构成三种类型,本章从不同方面进行了详细的阐述。文中着重介绍了制造企业物流成本构成和商品流通企业物流成本构成。

4. 影响物流成本的因素有产品因素、竞争性因素、环境因素、管理因素等。

中英文关键术语

1. 物流成本管理（Logistics Cost Management）
2. 物流成本特征（Logistics Cost Characteristics）
3. 物流成本分类（Logistics Cost Classification）
4. 物流成本影响因素（Logistics Cost Influence Factor）

思考题

1. 物流成本如何分类？
2. 简述美国、日本社会物流成本的构成。
3. 制造企业与商品流通企业物流成本的构成内容有哪些？
4. 影响物流成本的主要因素有哪些？
5. 美国和日本物流成本对我国物流成本管理有何借鉴作用？

课外材料阅读 　　　　　日本宏观物流成本的现状与管理体制

日本属于全球物流管理较为发达的国家,该国比较重视从系统的角度和整体管理出发实施物流成本的合理控制,近些年来,在日本这类发达国家围绕物流的品质管理,提出了所谓 PPM(Parts Per Million)的概念,即将物流质量问题控制在百万分之一的目标范围内,这个目标虽然距离当今发达国家的万分之一或千分之一的物流服务质量现状尚有差距,但是,这足以说明日本非常重视加强物流服务的合理有效组织、降低物流成本。

从全球成本控制的总体趋向看,日本等发达国家已经有效地将物流成本控制在了较小的范围内,具体看,根据德国 Deutsche 银行的统计,从全行业物流成本占价值比重来看,日本平均物流成本为 6.0%、欧洲为 9.1%、加拿大为 9.5%、美国为 10.0%,从这些资料中可以看出,日本在物流成本控制上已经获得了良好的绩效,之所以如此,不仅在于日本形成了全面的物流管理体系和运作流程,而且还制度化地实施了物流成本监控和管理。

日本物流协会每年都要对物流成本情况进行调查,从中我们可以看到日本目前物流成本管理的发展阶段和水准,从日本 2001 年的全行业物流成本调查看,物流成本占销售额的比重全行业平均水平为 5.45%,制造业为 5.89%,批发业为 4.68%,零售业为 4.13%。从近几年的发展趋势看,日本各行业、各形态的物流成本基本上保持了平稳的水平,这也说明日本物流成本控制制度化非常明显,具有持续性的特点。

2001 年,日本各行业产生的各种逆向物流费占总物流成本的比重为 4.88%,其中退货物流费占 2.12%,回收物流费占 2.01%,再循环物流费为 0.46%,废弃物流费为 0.29%,从逆向物流费发展的趋势看,1999—2000 年基本上没有什么变化,但是 2001 年日本的逆向物流费有所上升,这其中主要是因为退货物流费和回收物流费增长所致。

在上述总体趋势之下,日本物流协会还对影响物流发展的诸多因素进行了专门的调查,这些因素主要有:

第一,全社会物流量与物流成本的关系。对此方面,抽样调查的 110 家各类型公司,其中认为物流经营量与物流成本同时增长的企业占 22.7%,物流经营量与物流成本公司减少的占 51.8%,物流经营量减少而物流成本上升的占 7.3%,物流经营量增加而物流成本下降的占 18.2%。

第二,委托客户企业要求物流服务进一步提升的主要要素。在该调查中大多数日本企业反映物流服务的要求越来越高,其中对配送频度加快持认同的企业占调查企业总数的 53.1%,配送单元占 54.6%,缩短前置时间占 61.3%,认为物流服务要求下降的企业不到 5%,从中可以看出,企业对物流服务的期望越来越大。

第三,物流成本上升的主要原因。根据日本物流协会对回答物流成本上升的 35 家企业的调查,造成物流成本上升的主要原因是物流服务水准的提高,此外,物流量的增加等都构成了物流成本上升的原因。

第四,削减物流成本的方法。物流成本的降低一直是企业为之努力的目标,在寻求降低物流成本的途径中主要有削减库存水准和物流网点的集约化,再有是物流业务的外包、物流信息化、转换配置/削减人员、导入供应链管理以及共同物流管理。

日本之所以能够取得良好的管理绩效,这与其有效的物流管理体制有关,日本对物流成本的核算方法体系的研究是比较早的,1977年日本运输省流通对策部公布了"物流成本算定统一基准",这一政策对于推进企业物流管理有着深远的影响。原因是当时物流合理化先进的企业正热心地从事物流成本控制的研究,各个企业都制定了自己独特的成本控制体系,因而出现了成本概念不一致的状况,这样各企业所计算出的成本就缺乏相互对比的基础。另外,在一般企业中,尽管物流成本的算定是以物流合理化为前提,但是由于缺乏统一明确的会计成本核算标准和整理方法,因此,对物流成本的计算是不完全的,进而影响了物流合理化的发展。正是在这种状况下,日本运输省制定了"物流成本算定统一基准"。由于企业和政府的共同努力,全社会的物流管理得到了飞跃性的发展,也使日本迅速成为物流管理的先进国。

资料来源:http://blog.163.com/xg_beyond/blog/static/16482444200710247322263/。

思考题:
1. 试分析美国和加拿大公司物流成本的构成情况。
2. 在物流成本构成中,哪几项成本占主要比重?
3. 公司规模和物流成本有怎样的关系?

第二篇
物流成本核算及作业成本分析

第三章

企业物流成本核算

学习目标

1. 了解国内外企业物流成本核算的现状
2. 熟悉企业物流成本计算的具体要求
3. 掌握物流成本核算的方法及步骤
4. 掌握企业物流成本表的内容及编制方法

引例

日本企业物流成本核算的基本框架

进入20世纪80年代中期,日本的物流管理和成本管理日益成熟,表现为积极倡导高附加价值物流、Just-in-time 物流等方面。但是,随着物流服务竞争日趋激烈,高昂的物流成本成为这一时期的特征,因此,如何克服物流成本上升、提高物流效率是20世纪90年代日本物流面临的一个最大问题。

为了应付上述挑战,日本除了进一步完善《物流成本统一核算基准》外,更在平成9年(1997年)4月4日,由政府制定了一个具有重要影响力的《综合物流施策大纲》,该大纲是根据平成8年(1996年)12月17日,日本政府决定的《经济构造的变革和创造规划》中有关"物流改革在经济构造中是最为重要的课题之一,要到平成13年(2001年)为止既要达到物流成本的效率化,又要实现不亚于国际水准的物流服务,为此各相关机关要联合起来共同推进物流政策和措施的制定"这一指示而制定的。这个大纲是日本物流现代化、纵深化发展的指针,对于日本物流管理和有效的物流成本控制的发展具有历史意义。

在企业层面，日本的企业物流成本核算基本上是以作业成本法为基础，即借助物流费用和成本的两层分解，最终确立成本对象的成本以及相应的绩效。具体说，第一阶段是将各种资源分解到业务流程中的活动，从而核算各活动环节所耗费的资源；第二阶段再将活动成本分摊到各产品、服务、顾客或部门，进而计算这些类别是如何消费活动资源，从而能够更为全面地反映物流作业成本，并且以此为基础，优化物流活动，在这一点上，日、美等发达国家基本上是一致的。但是在具体的核算方法上，应该说日本的物流成本核算考虑的更为具体、细致，也更具有操作性。

首先，从物流成本的类别划分看，日本强调可以按照多种标准进行划分，这样可以从不同的角度或侧面反映相应的问题和物流组织程度，通过综合的成本测度，来全面核算物流成本。

其次，立足于上述物流成本类别的划分，在具体的物流成本体系和框架上，日本企业认为必须从多角度、系统化出发，来衡量物流成本，这样不仅能够全面反映企业物流费用的真实水准，而且还能利用物流成本核算出来的数据，进行针对性的管理改进和调整，优化物流经营活动。

最后，在物流成本的基准与对比方面，日本提出仅仅是算出物流成本是不够的，需要明确什么是物流成本核算和管理的基准，并且以表格的形式加以考核，这样每日、每周、每月现场管理人员就可以分析，采取相应的措施，决定企业的经营发展方向。

资料来源：http://www.cnshu.cn/qygl/345926.html。

第一节　物流成本核算目的及对象

一、物流成本核算目的

物流成本核算的目的是要促进企业加强物流管理，提高管理水平，创新物流技术，提高物流效益。具体地说，物流成本核算的目的可以体现在以下七个方面。

(1) 通过对企业物流成本的全面计算，弄清物流成本的大小，从而提高企业内部对物流重要性的认识。长期以来，由于现行会计制度将物流成本的各个构成部分分散在众多的成本费用项目中，从当前的账户和会计报表中，人们很难甚至根本无法看清物流耗费的实际状况，因此物流成本一直没有引起人们的关注。而实际上，物流成本在不同行业中占产品成本的比例一般为15%—30%，有的甚至高达40%，成为制造业仅次于原材料成本的第二大成本。挖掘物流成本的潜力，是企业降低成本、创造更多利润的途径。而对企业物流成本进行全面细致的核算，描绘企业物流成本的全貌就成为达到上述目的的基础工作。

(2) 通过对某一具体物流活动的成本计算，弄清物流活动中存在的问题，为物流运营决策提供依据。管理的重点在于经营，经营的重点在于科学的决策，而决策的重点在于充分、真实完整的信息。只有信息充分，才能根据实际情况对企业的现状和存在问题进行分析并提出备选方案，也只有信息充分，才能对备选方案进行比较，寻找投入产出比最高的方案。

(3) 按不同的物流部门组织计算,明确各物流部门的责任成本,评估各物流部门的绩效。当前,很多企业在进行内部责任成本核算,并制定了产品或服务的内部转移价格,其目的就是进行绩效考核,提高各部门的成本意识和服务意识。对物流相关部门进行考核,就需要企业物流成本利润相关数据。

(4) 通过对某一物流设备或机械(如单台运输卡车)的成本计算,弄清其消耗情况,探索提高设备效率,降低物流成本的途径。

(5) 通过对每个客户物流成本的分解核算,为物流服务收费水平的制定以及有效的客户管理提供决策依据。既然物流成本是产品成本中重要的组成部分,人们在进行产品定价时就应该充分考虑该产品的物流服务消耗量,将物流成本考虑到产品定价中才会使价格决策更科学、更符合实际。通过物流成本的核算,就可以为物流服务价格和产品价格的具体制定提供依据。

(6) 通过对某一成本项目的计算,确定本期物流成本与上年同期成本的差异,查明成本升降的原因。企业物流成本是全面反映企业物流活动的综合性评价指标,物流成本的高低是企业物流管理水平的综合反映。企业物流运营管理水平的高低,物流装备和设施利用率的高低,燃料、动力单位消耗的大小,产品配送、仓储布置是否合理,企业的选址及厂区规划设置是否合理都会在物流成本中反映出来。

(7) 按照物流成本计算的口径计算本期物流实际成本,评价物流成本预算的执行情况。明确物流成本核算目的是十分重要的,可以说,它是选择成本核算对象、确定物流成本的核算内容甚至是选择物流成本核算方法的基础。当然,物流成本核算目的的确定也要结合企业业务流程、组织结构的设置以及管理方式和管理要求的实际情况进行分析。

二、物流成本的核算对象

物流成本核算属于管理会计的范畴,它是为企业内部加强管理服务的重要工具。因此,物流成本的核算对象应根据物流成本计算的目的及企业物流活动的特点予以决定。成本计算对象的选取方法不同,得出的物流成本结果也就不同,从而也就导致了不同的成本评价对象与评价结果。因此正确确定物流成本计算对象是进行物流成本计算的基础,但是,目前对物流成本计算对象的确定还没有形成统一的规范。一般来说,物流成本核算的对象有如下几种。

(一) 以物流成本支付形态作为成本计算对象

以支付形态表现的物流成本是企业物流成本发生的最原始的状态。以物流成本支付形态作为成本计算对象是把一定时期的物流成本,从财务会计数据中予以分离,按照成本支付形态进行分类归集计算。

企业物流成本按照支付形态可划分为委托物流成本和企业内部物流成本。其中,企业内部物流成本其支付形态具体包括材料费、人工费、维护费、一般经费和特别经费。把一定时期的物流成本,从财务会计的计算项目中抽出,按照成本费用项目进行分类计算。它可以将企业的物流成本分为企业自家物流费、委托物流费和外企业代垫物流费等项目分别进行计算。其中,企业自家物流费包括按相应的分摊标准和方法计算的为组织物流活动而发生的材料费、人工费、燃料费、办公费、维护费、利息费、折旧费等；委托物流费包括企业为组织物流向外单位支付的包装费、保管费、装卸费等；外企业代垫物流费包括在组织原材料（商品）采购和商品销售过程中由外单位（企业）代垫的物流成本。

【例3-1】 九龙物流中心本月共支付人工工资20万元，计提运输设备折旧5万元，包装材料费4万元，支付物流利息1万元。接受一批配送业务，发生运费4万元，支付仓储费8万元；该批配送业务占全月配送业务的30%，计算该批配送业务的物流成本。

解：该批配送业务的物流成本 = 2 + 8 + (20 + 5 + 4 + 1) × 30% = 19（万元）

以支付形态作为物流成本计算对象，可以得到不同形态的物流成本信息，掌握企业本身发生的物流成本和对外支付的物流成本；同时，可以获取较为详尽的内部支部形态信息，为企业制定标准物流成本和编制物流成本预算提供资料依据。

（二）以物流成本项目作为成本计算对象

以物流成本项目作为成本计算对象，是将物流成本按照是否属于功能性成本分为物流功能成本和存货相关成本。根据需要，以包装、运输、储存等物流功能为对象进行计算。这种核算方式对于加强每个物流功能环节的管理，提高每个环节作业水平，具有重要的意义。而且可以计算出标准物流成本（单位个数、重量、容器的成本），进行作业管理，设定合理化目标。按照物流成本的功能作为成本核算对象，可以核算得到的物流成本信息如表3-1所示。应该注意的是，尽管这里按照物流的每项功能进行物流成本的归集，但仍然可以得到每项物流功能成本中各个成本项目的构成，因为按照成本费用项目进行成本的分类是最基本的成本分类方法。

【例3-2】 星海物流中心2010年10月共发生经济业务如下：(1) 10月5日，为益阳购物中心配送货物取得收入20万元；(2) 10月12日，为五夷购物广场配送货物取得收入30万元；(3) 10月24日，为五湖批发公司配送货物取得收入50万元。全月发生包装材料费9万元，电话及网络通讯费10万元，设备折旧费15万元（其中运输车辆折旧10万元，搬运设备折旧5万元）。发生各项工资、福利费40万元：其中驾驶人员工资及福利费20万元，搬运工人工资及福利费5万元，保管人员工资及福利费3万元，管理人员工资及福利费12万元。请按收入比例计算星海物流中心为益阳购物中心配送货物的物流成本。

解：计算如下：

从益阳购物中心获得的收入占星海物流中心的总收入比例为 20/(20 + 30 + 50) = 20%

包装材料成本：20% × 9 = 1.8（万元）

信息成本：20% × 10 = 2（万元）

搬运成本：20% × (5 + 5) = 2（万元）

配送及物流管理成本：20% × (10 + 20 + 3 + 12) = 9（万元）

为益阳购物中心配送货物的物流总成本：1.8 + 2 + 2 + 9 = 14.8（万元）

表 3-1 以物流功能为成本核算对象的物流成本汇总信息

成本项目	功能	运输	保管	装卸	包装	流通加工	物流信息	物流管理	合计
企业内部物流成本	材料费								
	人工费								
	维修费								
	水电费								
	……								
	其他								
小计									
委托物流费									
合计									

（三）以物流活动范围作为成本计算对象

以物流活动范围作为物流成本计算对象，是将物流的起点与终点以及起点与终点间的物流活动过程作为成本计算对象的选取，具体包括供应物流、企业内物流、销售物流、回收物流和废弃物流等不同阶段所发生的各项成本支出。以供应、生产、销售、退货等某过程为对象进行计算。它的主要任务是从材料采购费及企业管理费中抽出供应物流成本，如材料采购账户中的外地运输费、企业管理费中的市内运杂费、原材料仓库的折旧修理费、保管人员的工资等；从基本生产车间和辅助生产车间的生产成本、制造费用以及企业管理费等账户中抽出生产物流成本，如人工费部分按物流人员比例或物流工时比例确定计入，折旧费、大修费按物流固定资产占用资金比例确定计入等；从销售费用中抽出销售物流成本，如销售过程中发生的运输、包装、装卸、保管、流通加工等费用和委托物流费等。这样就可以得出物流成本的总额，可使企业经营者一目了然地了解各范围（领域）物流成本的全貌，并据此进行比较分析。

（四）其他物流成本计算对象

除了以上述物流范围、物流成本项目、物流成本支付形态作为物流成本计算对象，企业还可以根据物流成本管理和控制的重点选取其他物流成本计算对象。

1. 以客户作为成本计算对象

这种核算方式对于加强客户服务管理、制定有竞争力且有盈利性的收费价格是很有必要的。特别是对于物流服务企业来说，在为大客户提供物流服务时，应认真分别核算对各个大客户提供服务时所发生的实际成本。这有利于物流企业制定物流服务收费价格，或者为不同客户确定差别性的物流水平等提供决策依据。按客户进行物流成本核算可以得到的物流成本信息如表 3-2 所示。

表 3-2　以服务客户为成本核算对象的物流成本汇总信息

成本项目	功能	A 大客户	B 大客户	……	N 大客户	P 类中小客户	Q 类中小客户	其他客户	合计
企业内部物流成本	材料费								
	人工费								
	维修费								
	水电费								
	……								
	其他								
小计									
委托物流费									
合计									

从表 3-2 中可以看到,对于大客户,可以独立设置账户核算其发生的物流成本,以进行有效的管理,如果物流企业服务的对象还包括许多中小客户,则可以把这些客户进行分类(比如按照同类产品归类,或者按照同等服务水平要求归类),统一核算物流成本,然后按照归类的属性再将成本分摊给这些客户,以有效地进行每个客户的成本与收费价格的管理,也有利于进行有效的物流服务水平管理。

2. 以产品作为成本计算对象

这主要是指货主企业在进行物流成本核算时,以每种产品作为核算对象,计算为组织该产品的生产和销售所花费的物流成本。据此可进一步了解各产品的物流成本开支情况,以便进行重点管理。以产品为物流成本核算对象的成本汇总表可以与表 3-1 和表 3-2 类似,这里不再列出。

3. 以部门作为成本计算对象

如以仓库、运输队、装配车间等部门为对象进行计算。这种核算对加强责任中心管理,开展责任成本管理方法以及对于部门的绩效考核是十分有利的。

4. 以地区作为成本计算对象

计算在该地区组织供应和销售所花费的物流成本,据此可进一步了解各地区的物流成本开支情况,以便进行重点管理。这种以地区为物流成本核算对象的成本核算对于销售或物流网络分布很广泛的物流企业或者产品分销企业来说显得非常的重要,它是进行物流成本日常控制、各个地区负责人绩效考核以及其他物流系统优化决策的有效依据。以地区为核算对象的物流成本汇总信息如表 3-3 所示。从该表中看出,管理者不仅可以获得每个地区的物流总成本,还可以得到物流成本按照物流功能(运输费、仓储费、配送费、流通加工费等)的构成情况。实际上,企业也可以按照每个地区物流成本的成本项目构成进行物流成本的归集。

表 3-3　以地区为成本核算对象的物流成本汇总信息

成本项目	功能	东北分公司	华北分公司	西北分公司	西南分公司	华南分公司	华东分公司	中南分公司	合计
企业内部物流成本	运输费								
	保管费								
	装卸费								
	包装费								
	流通加工费								
	物流信息费								
	物流管理费								
	其他								
小计									
委托物流费									
合计									

此外,企业还可以以某一物流设备(如以某一运输车辆)和工具(如某一运输设备)为对象,或者以企业的全部物流活动为对象进行成本计算。

值得注意的是,企业在进行物流成本核算时,不仅仅局限于某一个成本核算对象,通过会计科目和账户的细化设置,可以从多角度对物流成本进行核算。如图3-1表示的三维物流成本核算模式,就是要从三个角度对物流成本进行核算归类,从而得到更多角度、更详细的成本信息,满足企业管理的多方面需求。

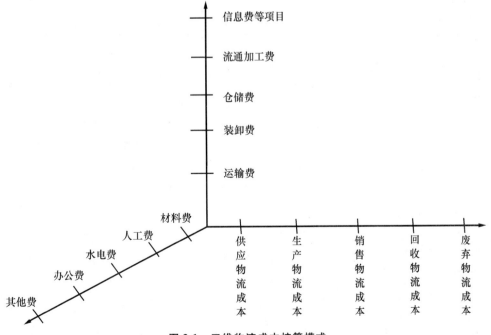

图 3-1　三维物流成本核算模式

当然，物流成本的核算也可以是四维、五维，甚至更多维的，维数越多，物流成本信息就越详尽，但对于会计核算来说，难度和工作量也就越大。目前，随着会计电算化工作的日益普及，使得物流成本的多维核算变得可能。企业物流成本的全面核算往往要借助于会计信息化工作的全面开展。一般来说，企业结合自身的管理要求和实际情况，三维或四维的物流成本核算模式是比较适合的，关键在于选择什么样的维度作为成本核算的对象。

第二节 物流成本核算的会计科目与账簿设置

一、成本核算的主要会计科目

财政部2000年12月29日公布了《企业会计制度》，规定除不对外筹集资金、经营规模较小的企业及金融保险企业以外，在中华人民共和国境内设立的企业，都要执行该制度。

《企业会计制度》规定了企业进行成本费用核算应设置的会计科目及相应科目的核算内容，企业对外提供成本资料必须按照有关的制度规定进行成本核算。根据《企业会计制度》的规定，企业的成本费用主要通过下列科目进行核算。

1. "生产成本"科目

"生产成本"科目核算企业进行工业性生产，包括生产各种产品（包括产成品、自制半成品、提供劳务等）、自制材料、自制工具、自制设备等所发生的各项生产费用。该科目应当设置的明细科目有"基本生产成本"和"辅助生产成本"。

2. "制造费用"科目

"制造费用"科目核算企业为生产产品和提供劳务而发生的各项间接费用，包括工资和福利费、折旧费、修理费、办公费、水电费、机物料消耗、劳动保护费、季节性和修理期间的停工损失等。企业行政管理部门为组织和管理生产经营活动而发生的管理费用，应当作为期间费用，记入"管理费用"科目，不在该科目核算。

制造费用的分配方法，一般有下列几种：按生产工人工资；按生产工人工时；按机器工时；按耗用原材料的数量或成本；按直接成本（原材料、燃料、动力、生产工人工资及应提取的职工福利费之和）；按产品产量。

企业自行决定采用哪种分配方法。分配方法一经确定，不得随意变更；如需变更，应当在会计报表附注中予以说明。"制造费用"科目应按不同的车间、部门设置明细账，并按费用项目设置专栏，进行明细核算。

3. "劳务成本"科目

"劳务成本"科目核算企业对外提供劳务所发生的成本。企业接受的建造合同劳务所发生的成本，不在该科目核算。

4. "主营业务成本"科目

"主营业务成本"科目核算企业因销售商品、提供劳务或让渡资产使用权等日常活动而发生的实际成本。企业可以根据具体情况，采用先进先出法、加权平均法、移动平均法、后进先出法和个别计价法等方法，确定销售商品等的实际成本。方法一经确定，不得随意变更；如需变更，应当在会计报表附注中予以说明。

5. "主营业务税金及附加"科目

"主营业务税金及附加"科目核算企业日常活动应负担的税金及附加,包括营业税、消费税、城市维护建设税、资源税、土地增值税和教育费附加等。

6. "其他业务支出"科目

"其他业务支出"科目核算企业除主营业务成本以外的其他销售或其他业务所发生的支出,包括销售材料、提供劳务等而发生的相关成本、费用,以及相关税金及附加等。

7. "营业费用"科目

"营业费用"科目核算企业销售商品过程中发生的费用,包括运输费、装卸费、包装费、保险费、展览费和广告费,以及为销售本企业商品而专设的销售机构(含销售网点、售后服务网点等)的职工工资及福利费,类似工资性质的费用、业务费等经营费用。商品流通企业在购买商品过程中发生的运输费、装卸费、包装费、保险费、运输途中的合理损耗和入库前的挑选整理费等,也在本科目核算。

8. "管理费用"科目

"管理费用"科目核算企业为组织和管理企业生产经营所发生的管理费用,包括企业的董事会和行政管理部门在企业的经营管理中发生的,或者应由企业统一负担的公司经费(包括行政管理部门职工工资、修理费、机物料消耗、低值易耗品摊销、办公费和差旅费等)、工会经费、待业保险费、劳动保险费、董事会费(包括董事会成员津贴、会议费和差旅费等)、聘请中介机构费、咨询费(含顾问费)、诉讼费、业务招待费、房产税、车船使用税、土地使用税、印花税、技术转让费、矿产资源补偿费、无形资产摊销、职工教育经费、研究与开发费、排污费、存货盘亏或盘盈、计提的坏账准备和存货跌价准备等。

9. "财务费用"科目

"财务费用"科目核算企业为筹集生产经营所需资金等而发生的费用,包括利息支出、汇兑损失(减汇兑收益)及相关的手续费等。为购建固定资产的专门借款所发生的借款费用,在固定资产达到预定可使用状态前按规定应予资本化的部分,不包括在"财务费用"科目的核算范围内。

10. "预提费用"科目

"预提费用"科目核算企业按照规定从成本费用中预先提取但尚未支付的费用,如预提的租金、保险费、借款利息、固定资产修理费用等。按规定预提计入当期成本费用的各项支出,借记"制造费用"、"营业费用"、"管理费用"、"财务费用"等科目,贷记"预提费用"科目;实际支出时借记该科目,贷记"银行存款"等科目。实际发生的支出大于已经预提的数额,应当视同待摊费用,分期摊入成本。

二、物流成本核算的账簿设置

由于现行的财务会计制度和会计核算方法对物流成本没有分列记账,物流费用在企业财务会计制度中没有单独的核算科目,有关物流成本是分散在各个成本费用科目中的。在这些科目中,汇集企业发生的全部成本费用,不仅仅核算企业发生的物流成本费用。为了汇集计算物流成本的方便,可以在各个成本费用科目下按物流成本费用和非物流成本费用设置明细科目。例如,在"营业费用"科目下设置"营业费用—物流费用"和"营业费用—非物流费用"明细科目,分别用来核算企业出现物流业务和非物流业务时所发生的营业费用。在计算物流成本时,只需将各个成本费用科目的物流成本费用明细科目加以汇总,即可计算出企业发生的物流成本。这样进行会计核算,既不违反现行财务会计制度关于成本费用核算的规定,又可以方便、有效地进行物流成本费用的核算。

(一)物流成本核算的科目、账簿设置

我国会计制度中把会计核算对象分成了资产、负债、所有者权益、收入、费用和利润六大要素,对会计要素的内容进行具体分类核算的项目,成为会计科目。会计科目可以进一步细化为一级科目、明细科目和二级科目,甚至三级、四级科目。在物流成本的核算中,如果明确了物流成本的核算对象,实际上就是确定了物流成本核算的科目设置,不同的科目设置就是对成本核算对象的不同选择。

明确了物流成本的核算对象之后,就要按照这个核算对象设置相应的物流成本账户,并对账户进行进一步的细化,然后设置相应的账簿,选择合适的成本核算方法进行物流成本的核算。

(二)物流成本核算会计科目设置案例分析

某制造行业企业核算物流成本的方法如下:为了进行物流成本核算,在会计科目设置时设立了"自营物流成本"和"委托物流成本"两个物流成本核算的一级科目,"自营物流成本"用于核算、记录企业自身从事物流业务所发生的费用,"委托物流成本"用以核算企业委托第三方从事物流业务所发生的费用。两个科目属于成本类科目,借方登记企业物流成本的增加,贷方登记计入成本对象的物流成本。两个一级科目下设置的二级、三级科目,如表3-4所示。

表3-4 物流成本核算会计科目设置

一级科目	二级科目	三级科目	备注
自营物流成本	库存费	折旧费、人力费、管理费、维护费、保险费、税费及利息	重点考虑库存货物和原材料占用资金的利息
	运输费	卡车运输费、其他运输费、设备维修费、其他运输相关费用	运输相关的汽油费、修理费等,还包括运输工具的折旧费
	物流管理费	差旅费、交通费、会议费、交际费、培训费和其他杂费	专指为物流活动发生的管理费
委托物流成本	物流信息费	信息系统维护、电子和纸质信息传递费	核算企业为物流管理而发生的财务和信息管理费用
	包装费	人工成本、材料费以及机器折旧费等其他相关费用	核算企业自营包装业务的支出
	仓储费		核算企业对外支付的仓储费
	运输费		核算企业对外支付的运输费
	包装费		核算企业对外支付的包装费
	装卸费		核算企业对外支付的装卸费
	手续费		核算企业对外支付的物流服务费和手续费
	管理费		核算企业办理委托事项发生的管理费

第三节 物流成本核算程序与方法

一、物流成本核算程序

按照国家标准 GB/T20523-2006《企业物流成本构成与计算》应用指南提出的企业物流成本计算的新方式,计算物流成本需要分别计算显性成本和隐性成本。依据物流成本的计算原则,将两大类成本进行汇总,即得到物流成本总额。

（一）显性物流成本计算

对于显性物流成本,即现行成本核算体系中已经反映但分散于各会计科目中的物流成本,按照以下程序计算。

1. 审核原始记录

成本核算是以有关的原始记录为依据,如计算材料费用的领料单或退料单,计算工资费用的考勤记录和业务量记录等。为了保证成本核算的真实、正确和合法,成本核算人员必须严格审核有关的原始记录。保证其内容填写完整,数字计算正确,签章齐全,费用开支符合国家规定的开支范围,所耗费用的种类和用途符合规定等。只有经过审核无误后的原始记录才能作为成本计算的依据。

2. 确定物流成本核算对象和成本项目

成本核算对象是指成本核算过程中归集、分配物流费用的具体对象,即物流费用的承担者。企业应根据生产经营的特点和管理要求的不同,选择不同的成本核算对象来归集、分配物流费用。确定成本核算对象,是设置成本明细账、分配物流费用和计算物流成本的前提。不同的成本核算对象,也是区分不同成本核算方法的主要标志。

3. 确定物流成本计算期

成本计算期,是指汇集费用、计算成本的时间范围,可以按日历月份及经营周期作为成本计算期。物流成本计算期从理论上应是某项物流经营活动从开始到完成这一周期,但物流经营活动是连续不断进行的,很难对某一项物流经营活动确定经营期和单独计算成本。因此,往往根据权责发生制原则,以月份作为物流成本计算期,但对于一些经营周期比较短的特殊物流活动,可将经营周期作为成本计算期。

4. 进行成本归集和分配

成本归集和成本分配是密切联系、交错进行的两项工作,从某种意义上讲,物流成本核算就是物流成本归集和物流成本分配。

（1）物流成本归集。

物流成本归集是指对企业生产经营过程中所发生的各种物流费用,按一定的成本计算对象所进行的成本数据的收集或汇总。物流成本如何归集和计算,取决于对所评价与考核的成本计算对象的选定。

要做到成本归集的正确,一是费用划分要正确,如果费用划分错误,应由甲对象负担的费用,误归入乙对象的成本,则成本计算就不可能正确;二是汇总要按一定的程序进行,如果汇总程序搞乱了,就会发生费用漏记或重记的情况,影响成本计算的正确性。

对于直接材料、直接人工应按成本计算对象,如物流服务的品种、批别、步骤进行归集。而对于间接费用,则应按发生地点或用途进行归集,然后再计入各成本对象的成本。

(2) 物流成本分配。

物流成本分配是在有多个物流成本计算对象的情况下,为求得各成本计算对象的成本,对不能直接计入成本计算对象的费用,先按照费用发生的地点和用途归集后,再按一定分配标准所进行的分配。成本的分配实际上是将归集的间接成本分配给成本对象的过程,也称为间接成本的分摊和分派。

成本分配要使用某种参数作为成本分配的基础。可供选择的分配参数有许多,如人工工时、机器台时、占用面积、直接人工工资、订货次数、采购价值、品种数、直接材料成本、直接材料数量等。

为了合理地选择分配基础,正确分配间接物流成本,需要注意以下问题:

① 成本分配要以完整、准确的原始记录为依据,不能凭主观臆断乱分配,更不能故意搞乱成本分配秩序,制造虚假成本信息。如果各项基础工作做不好,必然使成本分配工作陷入被动局面。

② 当按使用资源的数量在对象间分摊成本时,要确定各使用资源的数量,如耗用的材料、工时、机时等,按使用资源的数量比例分摊间接物流成本。

③ 当能够确定受益者和受益程度时,应在各受益者间接受益比例分摊间接成本。如房屋维修成本按各部门的面积分摊,广告费按各种项目的业务额分摊等。

④ 假定利润高的部门耗用的间接成本大,应按成本对象的承受能力分摊较多的间接物流成本,如按部门的营业利润分配公司总部的费用。

⑤ 要及时将各项成本费用分配给受益对象,不能将本应在上期或下期分配的成本费用分配给本期,否则会影响到成本的及时核算和核算结果的准确性,造成决策的失误。

⑥ 成本分配也要讲求成本效益,成本分配所带来的效益要远大于成本分配本身的成本才行,不要将大量的时间和精力放在一些意义不大的数据收集和计算上。

⑦ 成本分配标准是多元的,成本分配的目的也是多元的,因此,在进行成本分配时,要灵活地加以运用,不能固定不变地采用一个分配标准和方法。

(二) 隐性物流成本计算

对于隐性物流成本,即现行成本核算体系中没有反映但应计入物流成本的费用(主要指存货占用自有资金所发生的机会成本)按以下步骤计算。

首先,期末(月末、季末、年末)对存货按采购在途、在库和销售在途三种形态分别统计出账面余额。无论按哪种状态统计,均以存货正在占用自有资金为统计标准,对于存货已购在途或在库但企业尚未支付货款以及企业已收到销售货款但存货仍在库或在途的,不进入统计范围。

其次,按照下列公式计算存货占用自有资金所产生的机会成本:

存货资金占用成本 = 存货账面余额(存货占用自有资金) × 行业基准收益率

其中,对于生产制造和流通企业而言,若企业计提了存货跌价准备,则存货账面余额为扣除存货跌价准备后的余额;对于物流企业而言,由于不发生存货购销业务,只是在受托物流业务时需要垫付一定的备用金和押金,这部分备用金和押金可视同存货占用自有资金,也应计算其产生的机会成本。

企业若无法取得有关行业基准收益率的数值,也可使用 1 年期银行贷款利率或企业内部收益率计算。当企业计算物流成本仅为内部管理所用时,则使用内部收益率计算物流成本对于其内部物流成本管理更有意义。

(三)企业物流成本的会计核算

1. 成本核算的一般程序

成本核算的一般程序是指对企业在生产经营过程中发生的各项生产费用和期间费用,按照成本核算的要求,逐步进行归集和分配,最后计算出各种产品的生产成本和各项期间费用的基本过程。根据前述的成本核算要求和生产费用、期间费用的分类,可将成本核算的一般程序归纳如下:

第一,对企业的各项支出、费用进行严格的审核和控制,并按照国家统一的会计制度确定其应否计入生产费用、期间费用。

第二,正确处理支出、费用的跨期摊提工作。将应计入本月产品的各项生产费用,在各种产品之间按照成本项目进行分配和归集,计算出按成本项目反映的各种产品的成本。对于月末既有完工产品又有在产品的产品,将该种产品的生产费用(月初在产品生产费用与本月生产费用之和),在完工产品与月末在产品之间进行分配,计算出该种产品的完工产品成本和月末在产品成本。

对物流成本的核算,存在"单轨制"和"双轨制"两种方法。

单轨制是在单独进行物流成本的归集与核算时,废除现行财务会计的相关规定。具体地说,就是不按现行财务会计制度的规定核算,而是将物流成本从原来同其进行混合核算的会计账户中分离出来,另设"物流成本"账户。双轨制仍然按照现行财务会计制度规定进行核算,但在核算的同时另外设置管理会计记录簿,并在记录簿中按物流成本项目归集物流成本,以便进行物流成本的分析与考核。

2. 企业物流会计的账户设置

为单独集中核算物流成本,可专门增设"物流成本"一级账户。该账户借方登记企业发生的各项物流费用,贷方登记经分配转入或直接转入有关账户的物流成本,期末一般无余额。该账户的明细核算可设采购供应物流成本、生产物流成本和销售物流成本、退货物流成本、废弃物流成本五个二级账户,以及运输费、材料费、工资福利费、管理费、水电费、折旧费及其他费用等若干明细账户。如表 3-5 所示。

表 3-5 物流成本核算表

支付形态			范围		供应物流费	企业内物流费	销售物流费	退货物流费	废弃物流费	合计
企业物流费	本企业支付物流费	企业本身物流费	材料费	资料费						
				燃料费						
				消耗性工具、器具等						
				其他						
				合计						
			人工费	薪酬、补贴						
				福利费						
				其他						
				合计						
			公益费	电费						
				煤气费						
				水费						
				其他						
				合计						
			维护费	维修费						
				消耗性材料费						
				税金						
				租赁费						
				保险费						
				其他						
				合计						
			一般经费							
			特别经费	折旧费						
				企业内利息						
				合计						
			企业本身物流费合计							
		委托物流费								
		本企业支付物流费								
	外企业支付物流费									
	企业物流费合计									

注:① 物流信息费和物流管理费均计入合计栏和各种范围栏。② 企业本身物流费合计包括材料费、人工费、公益费、维护费、一般经费和特别经费。本企业支付物流费合计,包括企业本身物流费合计和委托物流费。企业物流费总计包括本企业支付的物流费和外企业支付的物流费。

3. 企业物流会计的账务处理

物流成本的会计核算不只是企业内部加强物流管理的需要,也是外部报表使用人了解企业情况、进行相关决策的重要依据。不同类型的企业,其物流成本的具体构成千差万别,但是,物流成本的基本构成、物流成本核算的基本程序应该是一致的。

4. 物流成本的财务核算

要设置本企业物流成本核算的会计科目、凭证和账簿。确立了物流成本核算对象之后,会计科目的设置是物流成本核算的关键,可以针对企业的不同情况,在企业现有核算科目的基础上,以增加总账科目、明细账的形式来确定本企业物流成本核算的科目,即单独设计企业物流成本一级科目和二级科目。在电算化的时代,这项工作看上去似乎很烦琐,但实际操作比较简单。确定了企业物流成本核算的会计科目之后,要按照企业物流成本核算的需要和特点设计会计凭证和账簿。

5. 物流成本会计信息的报告

对企业物流活动进行单独核算的目的就是要将企业物流成本单独反映,为报表使用人提供更加准确的信息,更全面地反映企业的经营情况。因此,应将归集的"物流成本"与利润及利润分配表中"主营业务成本"同时列示在"主营业务收入"的减项之下;而对于那些没有摊销的物流费用列示在资产负债表中的"预提费用"下设的"预提物流费用"中予以反映;同时在财务报告后附补充资料中另加入一张"物流成本核算明细表"。

二、物流成本核算方法

实践中,企业物流成本核算主要包括三种方式:会计核算方法、统计方法或会计与统计相结合的混合方法。

(一)会计方式的物流成本核算

会计方式的物流成本核算是通过凭证、账户、报表对物流耗费予以连续、系统、全面地记录的计算方法。采用会计核算方法计算物流成本,提供的成本信息比较系统、全面、连续,准确和真实。但采用这种方法计算物流成本复杂,工作量大,需要在不违反现行财务会计制度的前提下,设计新的凭证、账户和报表体系,或者需要对现有的体系进行较大的甚至是彻底的调整。这种核算方法包括三种具体形式。

1. 双轨制

双轨制核算需要把物流成本核算与企业财务会计和成本核算结合起来进行,即在产品成本计算的基础上增设一个"物流成本"科目,并按物流领域、物流功能分别设置二级、三级明细账,按费用形态设置专栏。当费用发生时,借记"物流成本"及有关明细账,月末按照会计制度规定,根据各项费用的性质再还原分配到有关的成本科目中去。这种核算流程可用图 3-2 表示。

使用这种模式时,在会计处理上,当各项费用发生时,与物流成本无关的部分,直接记入相关的成本费用账户,而与物流成本相关的部分记入相应设置的物流成本账户。会计处理为:

借:××物流成本
　　贷:材料、应付职工薪酬、现金等

会计期末,再将各个物流成本账户归集的物流成本余额按照一定的标准分摊到相应的成本费用账户中,以保证各成本费用账户余额的完整性和真实性,会计处理为:

借:管理费用、营业费用、制造费用、生产成本等
　　贷:××物流成本

这样做一方面可以保证传统财务会计核算的需要,同时也可以从账户系统中获得物流成本的信息。

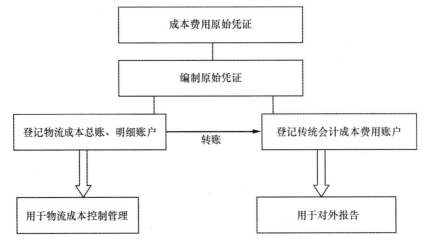

图 3-2　双轨制会计核算方法

2. 单轨制

单轨制会计核算方法是把物流成本核算与其他成本核算截然分开,单独建立物流成本核算的凭证、账户、报表体系。在单独核算的形式下,物流成本的内容在传统成本核算和物流成本核算中得到双重反映。具体做法是,对于每项物流业务,均由车间成员或者基层核算员根据原始凭证编制物流成本记账凭证,一式两份,一份连同原始凭证转交财务科,据以登记财务会计账户,另一份留基层核算员据以登记物流成本账户。但这个计算方法的工作量较大,在目前财会人员数量不多,素质有限的情况下容易引致核算人员的不满。

3. 二级账户核算形式

这是指在不影响当前财务会计核算流程的前提下,通过在相应的成本费用账户下设置物流成本二级账户(或辅助账户),进行独立的物流成本二级核算统计。

以制造企业为例,可在含有物流成本的一级科目下设供应物流成本、生产物流成本、销售物流成本等二级科目或增设费用项目,或者在编制记账凭证时设置"物流成本"辅助账户,在各二级账户(或辅助账户)下按物流功能设置运输费、保管费、装卸费、包装费、流通加工费、物流信息费和物流管理费等三级账户,并按费用支付形态(如人工费、材料费等)设置专栏。

在按照财务会计制度的要求编制凭证、登记账簿,进行正常的财务会计成本核算的同时,根据记账凭证上的二级科目或辅助账户,登记有关的物流成本辅助账户及其明细账,进行账外的物流成本计算。将各种物流成本归入二级或辅助账户中,最后将各物流支出的二级科目分类汇总即可求得总的物流成本。

通过以上二级科目或辅助账户的应用,可以有效地核算和归集出货主企业的物流成本,并在此基础上实施有效的管理和控制。

(二) 统计方式的物流成本核算

统计方式的物流成本核算不要求设置完整的凭证、账户、报表体系,而主要是在不影响当前财务会计核算体系基础上,通过对有关物流业务的原始凭证和单据进行再次的归类整理,对企业现行成本核算资料进行分析,从中抽出物流耗费部分,然后再按物流管理的要求对上述费用按不同的物流成本核算对象进行重新归类、分配、汇总,加工成物流管理所需要的成本信息。

由于统计计算不需要对物流成本做全面、系统和连续的反映,所以运用起来比较简单、灵活和方便。但是由于不能对物流成本进行连续、系统和全面的追踪反映,所以得到的信息的精确程度受到很大影响,而且易于流于形式,使人认为,物流成本管理是权宜之计,容易削弱物流管理的意识。另外,在期末一次性地进行物流成本的归类统计,花费的时间也较多,对于财务会计人员来说,一次性工作量大。如果在日常会计处理过程中没有做相应的基础工作,按不同物流成本核算对象进行成本归集,有时也无法确定某项成本的具体归属。

统计方式的物流成本核算,平时不需进行额外的处理,会计人员按照财务会计制度的要求进行会计核算。在会计期末(月末、季末或者年末),才进行物流成本的统计计算。基本步骤如下:

(1) 通过材料采购、管理费用账户的分析,抽出供应物流成本部分,如材料采购账户中的外地运输费,管理费用账户中的材料市内运杂费,原材料仓库的折旧修理费,保管人员的工资等,并按功能类别、形态类别进行分类核算。

(2) 从生产成本、制造费用、辅助生产、管理费用等账户中抽出生产物流成本,并按功能类别、形态类别进行分类核算,如人工费部分按物流人员的人数比例或物流活动工作量比例确定,折旧修理费按物流作业所占固定资产的比例确定。

(3) 从销售费用中抽出销售物流成本部分,包括销售过程发生的运输、包装、装卸、保管、流通加工等费用。

(4) 外企业支付的物流费用部分,现有成本核算资料没有反映的供应外企业支付的物流费用,可根据在本企业交货的采购数量,每次以估计单位物流费用率进行计算;销售外企业支付的物流费用可根据在本企业交货的销售量乘以估计单位物流费用率进行计算,单位物流费用率的估计可参考企业物资供应、销售在对方企业交货时的实际费用水平。

(5) 物流利息的确定,可按企业物流作业所用资产资金占用额乘以内部利率进行计算。

在计算物流成本时总的原则是单独为物流作业所耗费的费用直接计入物流成本,间接为物流作业所耗费的费用,以及物流作业与非物流作业共同耗费的费用,应按一定比例进行分配计算,如从事物流作业人员比例、物流工作量比例、物流作业所占资金比例等。

与会计核算方法的物流成本计算比较,由于统计方法的物流成本计算没有对物流耗费进行连续、全面、系统的核算,所以这种方法运用起来比较简单、方便,但其结果的精确程度受到一定的影响。

知识链接

日本的物流成本核算方法

在日本,虽然对物流成本核算已经有了一套成型的标准(日本运输省 1997 年制定的《物流成本统一计算标准》),但该标准并不是只统一了一种标准,而是提供了三种不同类别的核算方式的标准,从不同角度对物流成本进行归集和对比,以指导和适应不同企业对于物流成本核算的要求,表 3-6 是这三种核算方法的比较。

表 3-6 三种物流成本核算方法

核算标准	以支付形态为标准	以物流功能为标准	以适用对象为标准
具体含义	分别按运费、保管费、包装材料费、自家配送费(企业内部配送费)、人事费、物流管理费、物流利息等支付形态记账	分别按包装、配送、保管、搬运、信息、物流管理等功能计算物流费用	按物流成本不同的适用对象进行成本归集(一般可以按照商品、顾客、地域等作为物流成本的适用对象)
对物流成本的影响	掌握物流成本总额及其在企业整体费用中份额,明确物流成本各形态的比重并使之合理化	对比出各个功能的成本耗费情况,并可以由此计算出标准物流成本(单位个数、重量、容器的成本),通过作业管理,设定合理化目标	可以对不同类别的商品、顾客和地域的物流成本进行对比分析,以指导不同物流战略的制定

注:第一种标准是最基础的核算方法,第二种标准以第一种标准为基础,第三种标准又以第二种标准为基础。

第四节 物流成本计算实例

物流成本核算涉及会计学与物流学知识的交叉,因此,在物流成本计算过程中,需要将财务会计与物流成本计算有机结合。本节以企业物流成本计算与评价、国家标准 GB/T 20523-2006《企业物流成本构成与计算》应用指南为主要内容,选择流通企业及物流企业作为物流成本计算实例,同时在本章课外阅读材料中附生产制造企业物流成本表的填写过程,以期使读者能够有效掌握物流成本计算方法。

一、流通企业物流成本计算

B 公司是某集团下设分公司,主要负责啤酒的销售工作。截至 2006 年 3 月底,资产总额 8 900 万元,负债总额 2 200 万元。该公司的主要工作流程如下:根据客户订单从集团下设另一啤酒生产公司采购啤酒,其中有关的物流运作包括运输和装卸搬运等工作均外包给专业的物流公司,采购环节无运费和装卸费,这部分费用体现在采购价格中,分别占采购价格的 6% 和 1.5%,销售价格按离岸价格确定。为了满足临时订货和销售的需要,在采购总额中约有 15% 的货物储存于仓库以备市内周转和应急所需。经查阅会计核算有关资料,得知 B 公司的成本费用类科目主要包括销售费用、管理费用、主营业务成本和财务费用。

下面根据上述成本费用类科目记载的有关信息,计算 B 公司 2006 年 3 月发生的部分物流成本(财务费用为银行手续费支出,与物流成本无关)。

【例 3-3】 经查阅,2006 年 3 月 B 公司"销售费用"科目余额为 52 945 400 元。经进一步分析相关明细资料得知,"销售费用"科目下的工资、职工福利费、折旧费、修理费、低值易耗品摊销、邮电费、办公费、运费、装卸费、租赁费、保险费、盘盈盘亏及报废损失等细目支出均与物流成本相关。这里仅计算与"销售费用——折旧费——运输车辆折旧"、"销售费用——运费"、"销售费用——装卸费"、"销售费用——破损费"、"销售费用——保险费"和

"销售费用——盘盈盘亏及报废损失"有关的物流成本。

【例3-3-1】 对于"销售费用——折旧费——运输车辆折旧"566 200元,经查明细资料得知,主要为业务用156辆车辆折旧费,该156辆车辆也零星用于各地市内的周转运输包括仓库之间以及仓库与港口码头间的运输。3月运输总里程数为343 200公里,其中物流业务运输里程数约为274 56公里(啤酒采购环节运输里程数为5 491公里,仓库之间调拨发生的运输里程数为13 728公里,啤酒销售环节运输里程数为8 237公里)。物流运输成本按运输里程数进行分配。

根据上述资料,设置物流成本辅助账户,计算与"销售费用——折旧费——运输车辆折旧"有关的物流成本:

采购环节运输里程数占运输总里程数比例 = 5 491 ÷ 343 200 = 0.0161
企业内物流阶段运输里程数占运输总里程数比例 = 13 728 ÷ 343 200 = 0.04
销售环节运输里程数占运输总里程数比例 = 8 237 ÷ 343 200 = 0.024
运输作业在供应阶段负担的折旧费 = 566 200 × 0.016 = 9 059.2(元)
运输作业在企业内物流阶段负担的折旧费 = 566 200 × 0.04 = 22 648(元)
运输作业在销售阶段负担的折旧费 = 566 200 × 0.024 = 13 588.8(元)
物流成本——运输成本——供应物流成本——维护费 9 059.2——
　　　　　运输成本——企业内物流成本——维护费 22 648——
　　　　　运输成本——销售物流成本——维护费 13 588.8

【例3-3-2】 对于"销售费用——运费"12 285 400元和"销售费用用——装卸费"2 378 800元,经查明细资料得知,为对外支付运费和装卸费。该两项费用均为销售环节发生费用。

根据上述资料,设置物流成本辅助账户,计算与"销售费用——运费"和"销售费用——装卸费"有关的物流成本:

物流成本——运输成本——销售物流成本——委托 12 285 400——
　　　　　装卸搬运成本——销售物流成本——委托 2 378 800

【例3-3-3】 对于"销售费用——破损费"186 200元和"销售费用——保险费"106 400元,经查明细资料得知,分别为啤酒在销售过程中发生的破损费和向保险部门交纳的财产保险费。

根据上述资料,设置物流成本辅助账户,计算与"销售费用——破损费和""销售费用——保险费"有关的物流成本:

物流成本——存货风险成本——销售物流成本——特别经费 186 200——
　　　　　存货保险成本——销售物流成本——特别经费 106 400

【例3-3-4】 对于"销售费用——盘盈盘亏及报废损失"19 000元,经查明细资料得知,为期末仓库货物盘点损失。

根据上述资料,设置物流成本辅助账户,计算与"销售费用——盘盈盘亏及报废损失"有关的物流成本:

物流成本——存货风险成本——企业内物流成本——特别经费 19 000

【例3-4】 经查阅,2006年3月B公司"管理费用"科目余额为1 779 100元。经进一步分析相关明细资料得知,"管理费用"科目下的职工教育经费、无形资产摊销、住房公积金、住房增量补贴等细目支出均与物流成本相关。这里仅计算与"管理费用——无形资产摊销"有关的物流成本支出。"管理费用——无形资产摊销"科目余额为 31 938.06 元,主要为物流信息软件摊销费,物流信息成本按工作时数比例进行分配(物流管理人员 2006 年 3 月用于啤酒采购环节的工作时数为 422 小时,用于企业内仓库之间啤酒调拨环节的工作时数为 634 小时,用于啤酒销售环节的工作时数为 1 056 小时)

根据上述资料,设置物流成本辅助账户,计算与"管理费用——无形资产摊销"有关的物流成本:

物流管理人员采购环节工作时数占总工作时数的比例 = 422 ÷ (422 + 634 + 1 056)
$$= 422 ÷ 2 112 = 0.2$$

物流管理人员企业内工作时数占总工作时数的比例 = 634 ÷ (422 + 634 + 1 056)
$$= 634 ÷ 2 112 = 0.3$$

物流管理人员销售环节工作时数占总工作时数的比例 = 1 056 ÷ (422 + 634 + 1 056)
$$= 1 056 ÷ 2 112 = 0.5$$

物流信息作业在供应阶段负担的软件摊销费 = 31 938.06 × 0.2 = 6 387.61(元)
物流信息作业在企业内物流阶段负担的软件摊销费 = 31 938.06 × 0.3 = 9 581.42(元)
物流管理信息在销售阶段负担的软件摊销费 = 31 938.06 × 0.5 = 15 969.03(元)
物流成本——物流信息成本——供应物流成本——维护费 6 387.61——
　　　　　　物流信息成本——企业内物流成本——维护费 9 581.42——
　　　　　　物流信息成本——销售物流成本——维护费 15 969.03

【例 3-5】 经查阅,2006 年 3 月 B 公司"主营业务成本"科目余额为 123 000 000 元,主要为啤酒采购成本,其中运费和装卸费分别占采购价格的 6% 和 1.5%。

根据上述资料,设置物流成本辅助账户,计算与"主营业务成本"有关的物流成本:
运输作业物流成本 = 123 000 000 × 6% = 7 380 000(元)
装卸搬运作业物流成本 = 123 000 000 × 1.5% = 1 845 000(元)
物流成本——运输成本——委托 7 380 000——装卸搬运成本——委托 1 845 000

【例 3-6】 经了解,B 公司为了满足临时订货和销售的需要,在采购总额中约有 15% 的货物储存于仓库用于市内周转和应急所需。2006 年 3 月主营业务成本为 123 000 000 元,1 年期银行贷款利率为 5.31%。

根据上述资料,设置物流成本辅助账户,计算存货占用自有资金所产生的机会成本:
存货占用自有资金产生的机会成本 = 123 000 000 × 15% × 5.31% ÷ 12
$$= 81 641.25(元)$$
物流成本——流动资金占用成本——企业内物流成本——特别经费 81 641.25

二、物流企业物流成本计算

C 公司是一家专业物流公司,截至 2002 年 12 月底,资产总额 1 531 万元,负债总额 765 万元。公司主要从事受托物流业务的组织运营工作,运输业务由外部有运输资格的车队负责,装卸搬运业务雇佣外部搬运工完成。公司除 1 个自仓库,还在其他地区租赁 4 个仓库,另有1辆10吨叉车和2辆卡车,供内部零星装卸和运输使用。经查阅会计核算有关资料,得知C公司的成本费用类科目主要包括主营业务成本、销售费用、管理费用、财务费用和营业外支出。

下面根据上述成本费用类科目记载的有关信息,计算C公司2002年12发生的部分物流成本(营业外支出2002年12月无发生额;管理费用科目项下相关支出主要为办公室、人事部等部门发生的支出,均与物流成本支出无关)。

【例3-7】 经查阅,2002年12月C公司"主营业务成本"科目余额为35 255.19元。经进一步分析相关明细资料得知,"主营业务成本"科目下的搬运费和营运费细目支出均与物流成本相关,其中"主营业务成本——搬运费"29 360.23元,"主营业务成本——营运费"5 894.96元分别为对外支付装卸搬运费和运输费。

根据上述资料,设置物流成本辅助账户,计算与"主营业务成本——搬运费"和"主营业务成本——营运费"有关的物流成本:

物流成本——装卸搬运成本——委托 29360.23——
　　　　　运输成本——委托 5894.96

【例3-8】 经查阅,2002年12月C公司"销售费用"科目余额为168 027.73元,经进一步分析相关明细资料得知,"销售费用"科目下的工资、劳动保护费、通讯费、办公费、差旅费、保险费、摊销费、折旧、修理费等细目支出均与物流成本相关。这里仅计算与"销售费用——折旧"有关的物流成本。经查阅,"销售费用——折旧"科目余额为7 171.01元,为卡车、叉车、自有仓库及物流管理部门计算机折旧费,数额分别为1 303.82元、1 501.73元、3 911.46元和454元。

根据上述资料,设置物流成本辅助账户,计算与"销售费用——折旧"有关的物流成本:

物流成本——运输成本——维护费 1 303.82——
　　　　　装卸搬运成本——维护费 1 501.73——
　　　　　仓储成本——维护费 3 911.46——
　　　　　物流信息成本——维护费 454

【例3-9】 经查阅,2002年12月C公司在物流服务过程中,向委托方支付的备用金及押金在"其他应收款"科目中反映,"其他应收款——备用金"本月初余额为1 456 683.35元,本月末余额为1 449 683.35元;"其他应收款——押金"本月初余额为273 800元,本月末余额为923 800元(2002年12月1年期银行贷款利率为5.31%)。

根据上述资料,设置物流成本辅助账户,计算有关物流成本:

存货占用自有资金所产生的机会成本 = 〔(1 456 683.35 + 1 449 683.35) ÷ 2
　　　　　　　　　　　　　　　　　　+ (273 800 + 923 800) ÷ 2〕× 5.31% ÷ 12
　　　　　　　　　　　　　　　　 = (1 453 183.35 + 598 800) × 5.31% ÷ 12
　　　　　　　　　　　　　　　　 = 9 080.03(元)

物流成本——流动资金占用成本——特别经费 9 080.03

本章小结

1. 物流成本核算的目的是要促进企业加强物流管理，提高管理水平，创新物流技术，提高物流效益。

2. 物流成本的核算方法分为一般物流成本的核算方法和隐性物流成本的核算方法。一般物流成本核算的主要方法有按支付形态计算物流成本、按功能计算物流成本、按适用对象计算物流成本三种。

3. 物流成本核算的步骤分为企业物流成本的确认和企业物流会计的核算。企业物流成本的确认包括采购供应成本的确认、生产活动物流成本的确认、企业内物流成本的确认、销售物流成本的确认、回收物流成本的确认；企业物流会计的核算包括成本核算的一般程序、企业物流会计的账户设置、企业物流会计的账务处理、物流成本会计的财务核算、物流成本会计信息的报告。

中英文关键术语

1. 物流成本核算（Logistics Cost Accounting）
2. 物流成本归集（Collects the Logistics Cost）
3. 物流成本分配（Logistics Cost Allocation）
4. 自营物流成本（Self-conducting Logistics Cost）
5. 委托物流成本（Entrust the Logistics Cost）
6. 信息失真（Information Distortion）
7. 谈判成本（Negotiation Costs）
8. 隐性物流成本（Recessive Logistics Cost）

思考题

1. 物流成本核算的目的是什么？主要体现在哪几个方面？
2. 物流成本的核算对象应该根据什么确定？物流成本核算的对象有哪几种？
3. 如何确定物流成本计算对象？
4. 物流成本归集与物流成本分配是什么？
5. 物流成本核算的步骤是什么？

课外材料阅读　　企业物流成本计算示范案例

计算企业物流成本是企业开展物流统计工作的核心，工业、批发贸易企业对采购和销售环节进行统计主要计算填报企业物流成本指标，物流企业除计算物流成本指标外还计算物流业务收入指标。选择一个企业作为示范案例专门介绍企业物流成本计算方法和企业物流成本表填写方法。以下案例选自冯耕中、李雪燕、汪应洛、汪寿阳合著的《企业物流成本计算与评价》一书。

生产制造企业物流成本计算及企业物流成本表填写

例：甲公司是一个小麦加工为主的中外合资面粉生产企业。截至 2006 年年底，该公司资产总额为 6 186 万元，2006 年实现销售收入为 1.23 亿元，实现利润总额为 6 562 万元。内部设有会计部（兼做信息工作）、人事部、采购部、生产部、质量部、仓储部和销售部 7 个部门，共有员工 145 人，其中采购人员 5 人、生产人员 60 人、营销人员 20 人，其余为管理人员。该公司有一个总面积为 10 000 平方米的仓库，用于储存小麦、面粉等存货，而运输业务和装卸搬运业务均由外部人员承包，公司支付运费和装卸搬运费。

本案例以甲公司 2006 年 12 月有关成本费用资料为依据，计算 2006 年 12 月的物流成本。甲公司的成本费用科目有生产成本、制造费用、销售费用、管理费用、财务费用、营业外支出和其他业务成本，其中营业外支出 2006 年 12 月无发生额。具体计算步骤如下：

1. 获取甲公司 2006 年 12 月相关成本费用发生额及明细资料并逐项分析哪些与物流成本相关。具体分析结果如表 3-7、表 3-8、表 3-9、表 3-10 和表 3-11 所示。

表 3-7　2006 年 12 月管理费用明细及物流成本相关性分析

管理费用明细项目	发生额（元）	是否与物流成本相关	备注
工资	94 044.09	是	含物流信息人员工资
折旧费	36 049.57	是	含物流信息设施折旧
办公费	2 566.24	否	主要为人事部、会计部、总经理办公室费用
差旅费	12 267.10	否	主要为人事部、会计部、总经理办公室费用
工会经费	5 176.08	否	
董事会费	45 000.00	否	
坏账损失	2 147 087.44	否	
应酬费	24 777.00	否	主要为人事部、会计部、总经理办公室费用
税金	71 351.83	否	主要为人事部、会计部、总经理办公室费用
职工福利费	15 996.30	是	含物流人员费用
职工培训费	631.00	是	含物流人员费用
劳动保险费	39 102.00	是	含物流人员费用
待业保险费	3 908.68	是	含物流人员费用
劳动保护费	1 028.34	否	主要为人事部、会计部、总经理办公室费用
邮电费	426.81	否	主要为人事部、会计部、总经理办公室费用
汽车	19 241.31	否	主要为人事部、会计部、总经理办公室费用
诉讼费	3 683.00	否	
低值易耗品摊销	129.00	否	主要为人事部、会计部、总经理办公室费用
其他	65 749.45	否	
住房公积金	17 203.40	是	含物流人员费用
环境保护费	2 940.56	否	
修理费	5 915.00	否	主要为人事部、会计部、总经理办公室费用

（续表）

管理费用明细项目	发生额(元)	是否与物流成本相关	备注
统筹医疗金	17 827.50	是	含物流人员费用
照明电费	25 182.68	是	含仓库电费
合计	2 657 284.38		

表 3-8　2006 年 12 月制造费用明细及物流成本相关性分析

制造费用明细项目	发生额(元)	是否与物流成本相关	备注
折旧费	58 654.90	是	含车间包装设备折旧费
修理费	61 841.90	是	含车间包装设备修理费
水费	10 345.81	否	主要为车间制造耗用水费
差旅费	5 813.30	否	主要为车间人员支出费用
邮电费	1 510.00	否	主要为车间人员支出费用
保险费	21 684.00	是	含库存和包装设备保险费用
劳动保护费	3 358.50	是	含包装工人费用
职工福利费	1 025.95	是	含包装工人费用
试验检验费	2 906.42	否	主要为制造产品而发生的费用
低值易耗品摊销	99.00	否	主要为车间低值易耗品摊销
办公费	447.38	是	为车间管理人员办公费(含包装业务)
其他	989.37	否	
合计	168 676.53		

表 3-9　2006 年 12 月销售费用明细及物流成本相关性分析

销售费用明细项目	发生额(元)	是否与物流成本相关	备注
运输费	300 925.56	是	对外支付运费
装卸费	31 154.60	是	对外支付装卸费
保险费	3 010.00	是	铁路运输保险费
广告费	44 244.40	否	主要为广告宣传费
差旅费	15 472.00	否	主要为业务部门人员发生费用
邮电费	3 300.00	是	含物流信息费
汽车	6 646.32	是	含零星物流运输费
工资	61 473.17	是	业务部门(含物流业务)人员费用
办公及劳保	2 372.43	是	业务部门(含物流业务)人员费用
低值易耗品摊销	3 910.75	是	主要为包装材料及周转用仓库篷布费用
折旧费	13 805.27	是	主要为仓库及业务办公用房折旧费
其他	17 952.30	是	货物出口报关税及港杂费
劳动保护费	626.17	是	业务部门(含物流业务)人员费用
合计	504 892.97		

表 3-10　2006 年 12 月生产成本明细及物流成本相关性分析

生产成本明细项目	发生额（元）	是否与物流成本相关	备注
直接材料	7 331 343.53	否	主要为生产面粉耗用的小麦
辅助材料	309 402.24	是	含包装材料
燃料及动力	172 565.47	是	含包装设施耗用电费
工资	114 726.27	是	含包装工人工资
制造费用	168 751.53	否	制造费用结转
合计	8 096 789.04		

表 3-11　2006 年 12 月财务费用明细及物流成本相关性分析

财务费用明细项目	发生额（元）	是否与物流成本相关	备注
金融机构手续费	371.09	否	
利息支出	7 957.00	是	主要为购买原材料所发生的货款利息支出
汇兑损失	-30 547.73	否	
利息收入	-8 284.99	否	
合计	-30 486.63		

2. 对表 3-7、表 3-8、表 3-9、表 3-10 和表 3-11 中与物流成本有关的费用内容进行汇总，具体如表 3-12 所示。

表 3-12　2006 年 12 月物流成本相关费用明细汇总

序号	项目	发生额（元）	备注
1	管理费用——折旧费（表 3-7）	36 049.57	含物流信息设施折旧
2	管理费用——工资（表 3-7）	94 044.09	含业务人员（包括）费用
	管理费用——住房公积金（表 3-7）	17 203.40	
	销售费用——工资（表 3-9）	61 473.17	
	生产成本——工资（表 3-10）	114 726.27	
3	管理费用——福利费、培训、劳动和业保险及统筹医疗金（表 3-7）	77 465.48	公司全体人员（含物流人员）费用
	制造费用——职工福利费、劳动保护费（表 3-8）	4 384.45	
	销售费用——劳动保护费（表 3-9）	626.17	
4	管理费用——照明电费（表 3-7）	25 182.68	含仓库电费
5	制造费用——折旧费（表 3-8）	58 654.90	含车间包装设备折旧费、修理费
	制造费用——修理费（表 3-8）	61 841.90	
6	制造费用——保险费（表 3-8）	21 684.00	含存货和包装设备保险费用
7	制造费用——办公费（表 3-8）	447.38	含包装业务费用
8	销售费用——运输费（表 3-9）	300 925.56	对外支付运费
	销售费用——装卸费（表 3-9）	31 154.60	对外支付装卸费
9	销售费用——保险费（表 3-9）	3 010.00	铁路运输保险费

（续表）

序号	项目	发生额（元）	备注
10	销售费用——汽车（表3-9）	6 646.32	含零星物流运输费
11	销售费用——办公费（表3-9）	2 372.43	业务部门（含物流业务）人员费用
12	销售费用——低值易耗摊销（表3-9）	3 910.75	包装材料及周转用仓库篷布费用
13	销售费用——折旧费（表3-9）	13 805.27	仓库及业务办公用房折旧费
14	销售费用——邮电费（表3-9）	3 300.00	含物流信息费
15	销售费用——其他（表3-9）	17 952.30	货物出口报关报税及港杂费
16	生产成本——辅助材料（表3-10）	309 402.24	含包装材料
	生产成本——燃料及动力（表3-10）	172 565.47	含包装设施耗用电费
17	财务费用——利息支出（表3-11）	7 975.00	购买原材料发生的贷款利息支出
	合计	1 446 803.40	

3. 物流成本资料分析及物流成本计算成本。根据会计明细账、记账凭证、原始凭证及其他相关资料，对表3-12中与物流有关的费用逐项进行分拆，并设物流成本辅助账户，按三个维度计算物流成本。

（1）对于表3-12中第1项，经查明细资料，其中计算机等信息设施的折旧费为6 008.26元。该项费用按计算机工作时数进行分配，会计部提供的物流成本计算信息需求如表3-13所示。

表3-13 物流成本计算信息需求

填写部门（章）：会计部　　　　　　　　　2006年12月31日

项目	信息
会计部在岗人数	15人
专职从事物流信息工作人数	0人
兼职从事物流信息工作人数	1人
兼职物流信息人员12月工作总时数	186小时
兼职物流信息人员12月使用计算机从事信息工作时数	93小时
兼职物流信息人员12月使用计算机从事企业内物流信息工作时数	15.5小时

根据上述资料及表3-13所提供信息，物流信息成本计算如下：

物流信息工作时数占全部信息工作时数的比例为 $15.5 \div 93 = 1/6$

物流信息作业维护费 $= 6\,008.26 \times 1/6 = 1\,001.38$（元）

将上述计算结果计入有关物流成本辅助账户：

物流成本——物流信息成本——企业内物流成本——维护费…………1 001.38　1

（2）对于表3-12中第2项人工费用，经查明细资料，管理费用——工资94 044.09元中含物流信息人员工资，该公司会计部一名员工兼做信息系统管理员，每月工资为3 000元，该项费用按物流信息工作时数进行分配；销售费用——工资61 473.17元中含仓储人员工资18 000元，该公司共有仓储人员10人，其中两人从事仓储管理工作，工资为5 000元，另外8人从事仓储业务工作，工资为13 000元；生产成本——工资114 726.27元中含包装人员工资

20 000元,该公司共有包装人员15人,其中一人从事包装管理工作,工资为2 500元,14人从事包装业务工作,工资为17 500元;管理费用——住房公积金17 203.40元中含物流人员支出,该公司按职工工资总额的5%提取职工住房公积金。根据上述资料及表3-13的信息,相关物流成本计算如下:

$$物流信息工作时数占全部工作时数的比例 = 15.5 \div 186 = 1/12$$
$$物流信息作业人工费 = 3\,000 \times 1/12 \times (1 + 5\%) = 262.5(元)$$
$$物流仓储作业人工费 = 13\,000 \times (1 + 5\%) = 13\,650(元)$$
$$物流包装作业人工费 = 17\,500 \times (1 + 5\%) = 18\,375(元)$$
$$物流管理作业人工费 = (5\,000 + 2\,500) \times (1 + 5\%) = 7\,875(元)$$

将上述计算结果分别计入各物流成本辅助账户:

物流成本——物流信息成本——企业内部物流成本——人工费 ………262.5 2
　　——仓储成本——企业内部物流成本——人工费 ………13 650 3
　　——包装成本——企业内部物流成本——人工费 ………18 375 4
　　——物流管理成本——企业内部物流成本——人工费 ………7 875 5

(3)对于表3-12中第3项人工费,经查明细资料,管理费用——福利费、培训、劳动和待业保险及统筹医疗金77 465.48元为全体员工所发生费用支出,制造费用——职工福利费、劳动保护费4 384.45元和销售费用——劳动保护费626.17元为采购、生产和营销部门人员所发生的费用支出,上述费用支出按物流作业职工人数进行分配。该公司共有员工145人,采购部门5人,生产部门60人,其中:包装人员15人,1人从事包装管理,14人从事包装作业;仓储人员10人,2人从事仓储管理,8人从事仓储作业,营销部门20人,其余为管理人员(从事物流信息作业的人员为兼职,忽略不计)。

根据上述资料,相关物流成本计算如下:

$$包装管理人员占企业总人数的比例 = 1/145$$
$$包装作业人员占企业总人数的比例 = 14/145$$
$$仓储管理人员占企业总人数的比例 = 2/145$$
$$仓储作业人员占企业总人数的比例 = 8/145$$

包装管理人员占企业采购、生产、营销部门人数的比例 $= 1/(5+60+20) = 1/85$
　　包装作业人员占企业采购、生产、营销部门人数的比例 $= 14/85$
　　仓储管理人员占企业采购、生产、营销部门人数的比例 $= 2/85$
　　仓储作业人员占企业采购、生产、营销部门人数的比例 $= 8/85$

包装管理人员人工费 $= 77\,465.48 \times 1/145 + (4\,384.45 + 626.17) \times 1/85 = 593.19(元)$
包装作业人员人工费 $= 77\,465.48 \times 14/145 + (4\,384.45 + 626.17) \times 14/85 = 8\,304.71(元)$
仓储管理人员人工费 $= 77\,465.48 \times 2/145 + (4\,384.45 + 626.17) \times 2/85 = 1\,186.39(元)$
仓储作业人员人工费 $= 77\,465.48 \times 8/145 + (4\,384.45 + 626.17) \times 8/85 = 4\,745.55(元)$
　　物流管理人员人工费 $= 593.19 + 1\,186.39 = 1\,779.58(元)$
　　物流包装作业人工费 $= 8\,304.71(元)$
　　物流仓储作业人工费 $= 4\,745.55(元)$

将上述计算结果分别计入各物流成本辅助账户:

物流成本 —— 物流管理成本 —— 企业内部物流成本 —— 人工费 …………1 779.58　6
　　　　 —— 包装成本 —— 企业内物流成本 —— 人工费 ……………8 304.71　7
　　　　 —— 仓储成本 —— 企业内部物流成本 —— 人工费 ……………4 745.55　8

(4) 对于表 3-12 中第 4 项，经查明细资料，其中含有支付仓库照明电费 1 399 元，支付车间照明电费 4 197.11 元。车间共有生产工人 60 人，其中从事包装作业人数为 15 人。车间照明电费按从事物流作业的人数进行分配。根据上述资料，相关物流成本计算如下：

$$包装作业人数占车间生产人数比例 = 15/60 = 0.25$$
$$包装作业消耗的照明电费 = 4\,197.11 \times 0.25 = 1\,049.28(元)$$
$$仓储作业消耗的照明电费 = 1\,399(元)$$

将上述结果分别计入物流成本辅助账户：

物流成本 —— 包装成本 —— 企业内部物流成本 —— 一般经费 …………1 049.28　9
　　　　 —— 仓储成本 —— 企业内部物流成本 —— 一般经费 …………1 399　10

(5) 对于表 3-12 中第 5 项，经查明细资料，折旧费 58 654.90 元中含包装设备折旧费 4 800 元，修理费 61 841.90 元中含有包装设备修理费 6 092 元。据此，相关物流成本计算如下：

$$包装作业的维护费 = 4\,800 + 6\,092 = 10\,892(元)$$

将上述计算结果计入有关物流成本辅助账户：

物流成本 —— 包装成本 —— 企业内部物流成本 —— 维护费 ……………10 892　11

(6) 对于表 3-12 中第 6 项，经查明细资料，其中含有采购存货保险费用 6 872 元，包装设备保险费用 3 241 元。

将上述物流成本信息分别计入物流成本辅助账户：

物流成本 —— 包装成本 —— 企业内部物流成本 —— 维护费 ……………3 241　12
　　　　 —— 存货保险成本 —— 供应物流成本 —— 特别经费 …………6 872　13

(7) 对于表 3-12 中第 7 项，经查明细资料，该项费用为车间管理人员所耗用办公费，车间管理人员 4 人，其中包括包装作业管理人员 1 人。据此，相关物流成本计算如下：

$$包装作业管理人数占车间管理人员人数比例 = 1/4$$
$$物流管理作业一般经费 = 447.38 \times 1/4 = 111.85(元)$$

将上述计算结果计入有关物流成本辅助账户：

物流成本 —— 物流管理成本 —— 企业内部物流成本 —— 一般经费 ………111.85　14

(8) 对于表 3-12 中第 8 项，经查明细资料，外部运输队 12 月行驶里程数为 48 000 公里，其中材料采购阶段行驶里程数为 16 000 公里，产品销售阶段行驶里程数为 32 000 公里，外部装卸队 12 月共搬运装卸货物 1 400 吨，其中采购阶段装卸搬运材料 400 吨，在企业内仓库与车间之间搬运各种材料约 200 吨，销售阶段装卸搬运产品 800 吨。运输费用按里程数进行分配，装卸费按货物重量进行分配。据此，相关物流成本计算如下：

$$供应阶段行驶里程数占全部里程数比例 = 16\,000 \div 48\,000 = 1/3$$
$$销售阶段行驶里程数占全部里程数比例 = 32\,000 \div 48\,000 = 2/3$$
$$供应阶段装卸货物吨数占全部装卸货物吨数比例 = 400/1\,400 = 2/7$$
$$企业内物流阶段装卸货物吨数占全部装卸货物吨数比例 = 200/1\,400 = 1/7$$

销售阶段装卸货物吨数占全部装卸货物吨数比例 = 800/1 400 = 4/7
供应阶段负担对外支付运输成本 = 300 925.56 × 1/3 = 100 308.52(元)
销售阶段负担对外支付运输成本 = 300 925.56 × 2/3 = 200 617.04(元)
供应阶段负担对外支付装卸搬运成本 = 31 154.60 × 2/7 = 8 901.31(元)
企业内物流阶段负担对外支付装卸搬运成本 = 31 154.60 × 1/7 = 4 450.66(元)
销售阶段负担对外支付装卸搬运成本 = 31 154.60 × 4/7 = 17 802.63(元)

将上述计算结果计入有关物流成本辅助账户：

物流成本——运输成本——供应物流成本——委托…………100 308.52	15
——运输成本——销售物流成本——委托…………200 617.04	16
——装卸搬运成本——供应物流成本——委托…………8 901.31	17
——装卸搬运成本——企业内部物流成本——委托…………4 450.66	18
——装卸搬运成本——销售物流成本——委托…………17 802.63	19

（9）对于表3-12中第9项，经查明细资料，该项费用为铁路运输途中保险费支出。其中采购材料支付1 050元，销售产品支付1 960元。

将上述物流成本信息计入相关物流成本辅助账户：

物流成本——存货保险成本——供应物流成本——特别经费…………1 050　20
　　　　——存货保险成本——销售物流成本——特别经费…………1 960　21

（10）对于表3-12中第10项，经查明细资料，该项费用主要为维修维护及燃料动力消耗费，其中有一部分为从事零星物流运输业务所发生的费用，根据有关统计数据，该车辆12月份共行驶6 300公里，用于零星物流业务运输里程数为2 100公里，其中采购阶段行驶1 400公里，销售阶段行驶700公里。据此，相关物流成本计算如下：

供应阶段车辆行驶里程数占总行驶里程数的比例 = 1 400 ÷ 6 300 = 2/9
销售阶段车辆行驶里程数占总行驶里程数的比例 = 700 ÷ 6 300 = 1/9
供应阶段运输作业维护费 = 6 646.32 × 2/9 = 1 476.96(元)
销售阶段运输作业维护费 = 6 646.32 × 1/9 = 738.48(元)

将上述物流成本信息计入相关物流成本辅助账户：

物流成本——运输成本——供应物流成本——维护费…………1 476.96　22
　　　　——运输成本——销售物流成本——维护费…………738.48　23

（11）对于表3-12中第11项，经查明细资料，该项费用为采购、营销及仓储管理人员所耗用办公费，按物流作业职工人数分配，采购人员5人，营销人员20人，仓储管理人员2人。据此，相关物流成本计算如下：

仓储管理人员占采购、营销和仓储管理人员总人数比例 = 2 ÷ (5 + 20 + 2) = 2/27
仓储管理作业耗用办公费 = 2 372.43 × 2/27 = 175.74(元)

将上述计算结果计入有关物流成本辅助账户：

物流成本——物流管理成本——企业内物流成本——一般经营………175.74　24

（12）对于表3-12中第12项，经查明细资料，该项费用主要为包装用材料及周转使用的露天仓库篷布，其中包装材料摊销额1 410.5元，仓库篷布摊销额为2 500.25元。

将上述物流成本信息计入有关物流成本辅助账户：

物流成本 —— 包装成本 —— 企业内部物流成本 —— 材料费 …………… 1 410.5 25
　　—— 仓储成本 —— 企业内部物流成本 —— 维护费 …………… 2 500.25 26

（13）对于表3-12中第13项，经查明细资料，该项费用主要为仓库及业务办公用房折旧费，其中仓库折旧费为11 805.27元。

将上述物流成本信息计入有关物流成本辅助账户：

物流成本 —— 仓储成本 —— 企业内部物流成本 —— 维护费 …………… 11 805.27 27

（14）对于表3-12中第14项，经查明细资料，该项费用主要为采购、营销部门发生的邮件信息费。据统计，邮电费中约80%与物流信息相关，其中40%与材料采购有关，60%与产品销售有关。

据此，相关物流成本计算如下：

$$物流信息成本 = 3\,300 \times 80\% = 2\,640(元)$$
$$供应阶段负担物流信息成本 = 2\,640 \times 40\% = 1\,056(元)$$
$$销售阶段负担物流信息成本 = 2\,640 \times 60\% = 1\,584(元)$$

将上述计算结果计入有关物流成本辅助账户：

物流成本 —— 物流信息成本 —— 供应物流成本 —— 一般经费 …………… 1 056 28
　　—— 物流信息成本 —— 销售物流成本 —— 一般经费 …………… 1 584 29

（15）对于表3-12中第15项，经查明细资料，该项费用主要为货物出口报关报税及港杂费，其中港杂费2 652.30元。

将上述物流成本信息计入有关物流成本辅助账户：

物流成本 —— 物流管理成本 —— 销售物流成本 —— 一般经费 …………… 2 652.30 30

（16）对于表3-12中第16项，经查明细资料，辅助材料309 402.24元中包含包装材料215 000元，燃料及动力172 565.47元按耗用电力度数分配，12月份生产车间耗电力总度数为3 000度，其中含包装设备耗用电力60度。据此，相关物流成本计算如下：

$$包装设备耗用电力度数占耗用电力总度数的比例 = 60/3\,000 = 1/50$$
$$包装作业耗用电费 = 172\,565.47 \times 1/50 = 3\,451.31(元)$$

将上述物流成本信息计入有关物流成本辅助账户：

物流成本 —— 包装成本 —— 企业内部物流成本 —— 材料费 …………… 215 000 31
　　—— 包装成本 —— 企业内部物流成本 —— 维护费 …………… 3 451.31 32

（17）对于表3-12中第17项，经查明细资料，该项费用主要为购买原材料所发生的借款信息支出。

将上述信息计入有关物流成本辅助账户：

物流成本 —— 流动资金占用成本 —— 供应物流成本 —— 特别经费 …………… 7 975 33

（18）该公司于2005年12月出售下脚料等取得收入35 000元，同时发生装卸搬运及运输费分别为500元和1 500元，该项支出列入"其他业务成本"科目

将上述信息计入有关物流成本辅助账户：

物流成本 —— 装卸搬运成本 —— 废弃物物流成本 —— 委托 …………… 500 34
　　—— 运输成本 —— 废弃物物流成本 —— 委托 …………… 1 500 35

（19）该公司2006年12月底仓库存货结余明细如下：小麦结余12 175 658公斤，面粉结

余 4 040 611.58 公斤,副产品结余 1 482 200.20 公斤,结余价值总额 29 683 691.69 元,月初结余价值总额为 29 342 314.40 元(一年期银行贷款利率为 5.58%),据此,相关物流成本计算如下:

$$存货占用自有资金所产生的机会成本 = (29\,683\,691.69 + 29\,342\,314.40) \div 2 \times 5.58\% \div 12$$
$$= 137\,235.46(元)$$

将上述物流成本信息计入有关物流成本辅助账户:

物流成本——流动资金占用成本——企业内部物流成本——
特别经费……137 235.46   36

4. 按"企业物流成本主表"的要求汇总计算物流成本。凡未注明委托字样的,为自营物流成本。

表 3-14   甲公司物流成本汇总分析

(1) 物流信息成本——企业内物流成本 = 1 + 2 = 1 001.38 + 262.5 = 1 263.88
(2) 仓储成本——企业内部成本 = 3 + 8 + 10 + 26 + 27 = 13 650 + 4 745.55 + 1 399 + 2 500.25 + 11 805.27 = 34 100.07
(3) 包装成本——企业内部成本 = 4 + 7 + 9 + 11 + 12 + 25 + 31 + 32 = 18 375 + 8 304.71 + 1 049.28 + 10 892 + 3 241 + 1 410.5 + 215 000 + 3 451.31 = 261 723.8
(4) 物流管理成本——企业内部物流成本 = 5 + 6 + 14 + 24 = 7 875 + 1 779.58 + 111.85 + 175.74 = 9 942.17
(5) 存货保险成本——供应物流成本 = 13 + 20 = 6 872 + 1 050 = 7 922
(6) 运输成本——供应物流成本——委托 = 15 = 100 308.52
(7) 运输成本——销售物流成本——委托 = 16 = 200 617.04
(8) 装卸搬运成本——供应物流成本——委托 = 17 = 8 901.31
(9) 装卸搬运成本——企业内部物流成本——委托 = 18 = 4 450.66
(10) 装卸搬运成本——销售物流成本——委托 = 19 = 17 802.63
(11) 存货保险成本——销售物流成本 = 21 = 1 960
(12) 运输成本——供应物流成本 = 22 = 1 476.96
(13) 运输成本——销售物流成本 = 23 = 738.48
(14) 物流信息成本——供应物流成本 = 28 = 1 056
(15) 物流信息成本——销售物流成本 = 29 = 1 584
(16) 物流管理成本——销售物流成本 = 30 = 2 652.30
(17) 流动资金占用成本——供应物流成本 = 33 = 7 975
(18) 装卸搬运成本——废弃物物流成本——委托 = 34 = 500
(19) 运输成本——废弃物物流成本——委托 = 35 = 1 500
(20) 流动资金占用成本——企业内部物流成本 = 36 = 137 235.46
(21) 物流信息成本——维护费 = 1 = 1 001.38
(22) 物流信息成本——人工费 = 2 = 262.5
(23) 仓储成本——人工费 = 3 + 8 = 13 650 + 4 745.55 = 18 395.55
(24) 包装成本——人工费 = 4 + 7 = 18 375 + 8 304.71 = 26 679.71
(25) 物流管理成本——人工费 = 5 + 6 = 7 875 + 1 779.58 = 9 654.58
(26) 包装成本——一般经费 = 9 = 1 049.28

（续表）

（27）仓储成本——一般经费 = 10 = 1 399
（28）包装成本——维护费 = 11 + 12 + 32 = 10 892 + 3 241 + 3 451.31 = 17 584.31
（29）存货保险成本——特别经费 = 13 + 20 + 21 = 6 872 + 1 050 + 1 960 = 9 882
（30）物流管理成本——一般经费 = 14 + 24 + 30 = 111.85 + 175.74 + 2 652.30 = 2 939.89
（31）运输成本——维护费 = 22 + 23 = 1 476.96 + 738.48 = 2 215.44
（32）包装成本——材料费 = 25 + 31 = 1 410.5 + 215 000 = 216 410.5
（33）仓储成本——维护费 = 26 + 27 = 2 500.25 + 11 805.27 = 14 305.52
（34）物流信息成本——一般经费 = 28 + 29 = 1 056 + 1 584 = 2 640
（35）流动资产占用成本——特别经费 = 33 + 36 + = 7 975 + 137 235.46 = 145 210.46

5. 根据上述计算结果填写"企业物流成本主表"，内容如表 3-15 所示。

表 3-15 企业物流成本主表

企业详细名称：甲公司　　企业发人代码：××　　计量单位：元　　表号：企物流 A1 表

2006 年 12 月

成本项目	范围及支付形态	乙	物流总成本		
			自营	委托	合计
甲			01	02	03
物流功能成本	运输成本	01	2 215.44	302 425.56	304 641.00
	仓储成本	02	34 100.07		34 100.07
	包装成本	03	261 723.8		261 723.8
	装卸搬运成本	04		31 654.6	31 654.6
	流通加工成本	05			
	物流信息成本	06	3 903.88		3 903.88
	物流管理成本	07	12 594.47		12 594.47
	合计	08	314 537.66	334 080.16	648 617.82
存货相关成本	流动资金占用成本	09	145 210.16		145 210.16
	存货风险成本	10			
	存货保险成本	11	9 882		9 882
	合计	12	155 092.46		155 092.46
其他成本		13			
物流总成本		14	469 630.12	334 080.16	803 710.28

注：① 本表物流总成本各列，数字满足关系式：合计 = 自营 + 委托；

② 本表各行满足关系式：08 = 01 + 02 + 03 + 04 + 05 + 06 + 07，12 = 09 + 10 + 11 且 14 = 08 + 12 + 13。

单位负责人：　　　填表人：　　　填表日期：20　年　月　日

第四章

物流作业成本分析

> 学习目标
>
> 1. 掌握作业成本法的基本原理
> 2. 熟悉物流作业成本核算
> 3. 理解作业成本分析
> 4. 掌握作业成本法在物流业中的实施
> 5. 了解应用作业成本法应注意的问题

引例

戴尔计算机公司实施作业成本法（ABC）

当戴尔公司 1994 年实施作业成本法时，经理层很少有人可以理解他们可以得到什么结果。根据戴尔公司后勤服务的董事负责人 Ken Hashman 回忆说，"公司运作 1994 年撞上了墙"。戴尔公司 1994 的销售收入达到 29 亿美元，但是税后利润却是 3 600 万美元净损失。因此，公司管理层决定在全公司实施作业成本核算系统，作为一个执行低成本战略的竞争者，戴尔公司必须明确了解每个产品的成本并将各种成本分解并明细到 ABC 可以解决的方面。

ABC 实施的第一步是在公司组建跨部门的团队具体研究公司管理层确定的 10 个成本活动方面。这 10 个方面包括生产的物流：采购和运输，收货，计算机部件保险，组装，装载，配送和保证服务。组装部分又根据产品线分成了小的项目。

当涉及估计总的间接成本时，公司的项目团队需要重新收集数据。然后项目团队需要确定成本活动的成本动因。在实施 ABC 以前，公司采购部门的成本只作为公司管理费用的一部分并没有具体分配到各个产品线上面去。

> 根据成本动因进行的成本数据全部汇总到公司的内部信息系统中。在实施 ABC 的初期,公司应用 EXCEL 电子表格进行 ABC 数据的收集和建立 ABC 模型。EXCEL 的电子表格使成本的计算非常方便,便于建立成本数据和成本动因之间的关系,使公司可以计算出各个成本动因的成本数量。电子表格并可以将成本在各个成本对象之间进行分配,譬如各个产品线之间的成本分配。随着公司规模的不断增长,公司建立了关于 ABC 的成本核算信息系统使成本核算系统化、制度化。ABC 成本核算系统的建立使公司可以更加有效执行低成本的竞争战略。
>
> 5 年过去了,从 1994 年开始实施的 ABC 系统终于得到了丰富的报答。1998 年销售收入达到 123 亿美元,比 1994 年增长了 329%。公司税后纯收入 1998 年达到 9.44 亿美元。但更为重要的是公司的所有管理者现在可以自信地指出公司在哪些业务上盈利,在哪些业务上亏损。John Jones,公司副总裁和戴尔公司北美公司运营总监说,"ABC 真正地使戴尔公司的管理更上一层楼。公司对各个产品的赢利有了更加透彻的了解,这将直接帮助公司制定竞争战略"。ABC 的实施使完成了戴尔公司的转型,由一个粗放经营的高速发展的企业转变为一个高速发展但同时管理精细化的成熟企业。
>
> 资料来源:http://www.ctaxnews.com.cn/www/detail/cackdetail.jsp? DOCID = 2147。

第一节 作业成本法概述

一、作业成本法的产生及原理

(一) 作业成本法的产生

为解决新的生产环境下传统成本会计的难题,作业成本管理作为新的成本核算和管理方法应运而生。传统成本管理是一种通用的解决方案,不考虑企业的目标。新兴的作业成本从一开始就考虑企业的实施目标和范围,结合企业的实际情况实施,并把成本核算与成本信息分析和应用结合起来,直至采取改善行动,为企业提供一个整体的解决方案。

作业成本法(Activity Based Costing,ABC)是将间接成本更准确地分配到作业、产品、顾客、服务以及其他成本计算对象的一种成本计算方法,体现的是一种精细化和多元化的成本计算和管理思想。

作业成本法的产生最早可以追溯到 20 世纪杰出的会计大师美国人埃里克·科勒(Eric Kohler)教授。科勒教授在 1952 年编著的《会计师词典》中,首次提出了作业、作业账户、作业会计等概念。1971 年,乔治·斯托布斯(George Staubus)教授在《作业成本计算和投入产出会计》(Activity Costing and Input Output Acounting)中对作业、成本、作业会计、作业投入产出系统等概念做了全面、系统的讨论。这是理论上研究作业会计的第一部宝贵著作,但是当时作业成本法未能在理论界和实业界引起足够的重视。20 世纪 80 年代后期,随着 MRP、CAD、CAM、MIS 的广泛应用,以及 MRP II、FMS 和 CIMS 的兴起,美国实业界普遍感到产品成本与现实脱节,成本扭曲普遍存在,且扭曲程度令人吃惊。美国芝加哥大学的青年学者罗宾·库珀(Robin Cooper)和哈佛大学教授罗伯特·S.卡普兰(Robert S. Kaplan)注意到这种情况,在对美国公司调查研究之后,发展了斯托布斯的思想,提出了以作业为基础的成本计算。

(二) 作业成本法的基本原理

作业成本法的基本原理主要是成本溯源理论和成本驱动因素(Cost Driver)理论。成本溯源理论是指在作业成本下,将所有成本分成一系列作业活动,再由这些作业活动消耗各种资源从而产生成本,所有各种成本都能追溯它的根源。成本驱动因素理论认为,在作业成本法下大多数成本都是可以找出形成和变化的原因,即成本动因。

作业成本法认为产品消耗作业,作业消耗资源并导致成本的发生。作业成本法把成本核算深入到作业层次,它以作业为单位收集成本,并把"作业"或"作业成本池"(同一成本动因下的多个作业组成的成本中心)的成本按作业动因分配到产品。

具体说来,作业成本计算首先将企业所消耗的资源通过资源动因分配到作业或作业成本池,形成作业或作业成本池的成本,然后再将作业或作业成本池的成本通过成本动因分配到成本对象,形成成本对象的成本,如图4-1所示。通过这一过程,作业成本计算改进了传统的成本分配方法采用单一成本分配基础的弱点,力图找到资源消耗与成本对象之间的因果关系,从而得到更加精确的成本。

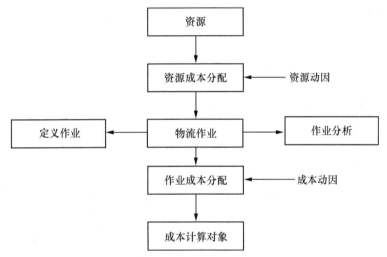

图 4-1 作业成本法分配和计算物流成本的逻辑流程

二、作业成本法与传统成本计算制度的比较

(一) 传统成本计算制度

传统的成本计算制度以产量作为分配间接费用的基础,例如产品数量或者与产品数量有密切关系的人工成本、人工工时等,主要有两个特点:一是整个企业仅有一个或几个间接成本集合如制造费用、辅助生产等,它们通常缺乏同质性(包括间接人工、折旧及电力等各不相同的项目);另一个是间接成本的分配基础是产品数量,或者与产量有密切关系的直接人工成本或直接材料成本等,成本分配基础(直接人工成本)和间接成本集合(制造费用)之间缺乏因果联系。

传统成本理论认为,成本是对象化的费用,是生产经营过程中所耗费的资金总和,它揭示了成本的经济实质(价值耗费)和经济形式(货币资金),但没有反映出成本形成的动态过程,其优点是简单,但往往会夸大高产量产品的成本,而低估低产量产品的成本并导致决策失误。尤其是在现代生产过程中,由于生产经营活动复杂,产品品种结构多样,产品生产工艺多变,经常发生调整准备,使过去费用较少的订货作业、物料搬运、信息系统的维护等与产量无关的费用大大增加,投入的所有资源也随其成倍增加,但是基于传统的成本计算制度,会使这些与产量无关的费用处于失控状态,造成大量浪费和服务水平的下降。

(二)作业成本法及其对传统成本制度的改善

作业成本法也有两个特点,首先是建立众多的间接成本集合(作业成本),这些成本集合具有同质性,即被同一个成本动因驱动。例如,对于生产制造企业而言,其开工准备、机器插件、手工插件、焊接等作业,分别建立同质的间接成本集合包括开工准备成本、机器插件成本、手工插件成本和焊接成本。另一个特点是间接成本的分配以成本动因为基础,例如手工插件成本的动因是插件的个数,开工准备成本的动因是品种或批次。

作业成本法把企业生产经营过程描述为一个为满足顾客需要而设计的一系列作业的集合,其中作业推移的过程也是价值在企业内部逐步积累、转移直到最后形成总价值的过程。作业成本法通过作业这一中介,将费用发生与成本形成联系起来,形象地揭示了成本形成的动态过程,使成本的概念更为完整。

与传统的成本计算制度相比,作业成本法基于以下两方面的原因,使提供的成本信息更为客观、真实和准确。一是采用多元的分配基础。传统的成本计算只采用单一的标准进行间接费用的分配,无法正确反映不同技术因素对费用发生的不同影响。作业成本法将直接费用和间接费用都视为产品消耗作业所付出的代价同等对待,对直接费用的确认和分配与传统成本计算方法并无差别;对间接费用的分配则依据作业成本动因,采用多元化的分配标准,并且集财务数据与非财务数据为一体,尤其是强调非财务数据如订单处理次数、运输距离、质检次数等,从而使间接成本的分配和计算更为准确。

二是以"作业"作为最基本的成本计算对象。传统的成本计算是资源耗费和成本计算对象之间的一对一的直接联系,而作业成本计算在资源耗费和成本计算对象之间引入了"作业",作为连接两者之间的桥梁。资源耗费首先按不同资源动因分配给作业,形成作业成本,作业成本再按不同的成本动因分配给最终的成本计算对象,作业成为最基本的成本计算对象。作业"插足"于资源耗费和成本计算对象两者之间,提供了多元化分配的平台,使间接费用的多元化分配方式成为可能。同时,作业成本法的多元化分配使得所有成本均成为变动成本,尽管有些成本不随业务量的变动而变动,但会随其他成本动因如产品批次、设备调整次数等的改变而变动。

与传统成本制度相比,作业成本法所得出的成本信息更为精确,更接近实际,但其计算也较为复杂,需要精细化和多元化组织文化的支撑,涉及管理理念的转变,也需要强有力的执行力做保证。就其实际操作而言,需要更多的记录工作和信息系统的支撑,会涉及大量的计算工作。

(三)作业成本法的应用层次

作业成本法在企业的应用有三个层次:成本核算层、成本管理层和作业优化层。企业在应用中,首先要做的是实施作业成本核算,在正确核算企业各作业以及产品作业成本的基础上,运用管理会计的方法,把作业成本的信息运用于企业各项决策和管理。最高的层次是借助作业成本的信息,开展作业管理,消除不增值作业,提高作业效率。作业成本法在过去20多年中受到了广泛的关注,新型的咨询公司已经扩展了作业成本法的应用范围并研发出相应的软件。

第二节 作业成本法的基本思路

作业成本计算一般需要经过以下几个阶段:分析和确定资源,建立资源库;分析和确定作业,建立作业成本库;确定资源动因,分配资源耗费至作业成本库;确定成本动因,分配作业成本至成本计算对象。

一、分析和确定资源,建立资源库

资源指支持作业的成本、费用来源,它是一定期间内为了生产产品或提供服务而发生的各类成本、费用项目。通常,在企业会计明细账中可清楚地得到各种资源项目,例如,对于装卸作业而言,其发生的装卸人员的工资及其他人工费支出、装卸设备的折旧费、维修费、动力费等都是装卸作业的资源费用。一般说来,资源可分为货币资源、材料资源、人力资源、动力资源以及厂房设备资源等。

各项资源被确认后,企业应当设立资源库,将一定会计期间的资源耗费归集至资源库。设置资源库时,有时需要将一些会计明细账目结合成一个资源库,有时需要将一些被不同作业消耗的明细账目分解开来。

如果一个企业会计科目分类足够细,通常可以从会计科目的子目中明确资源耗费。当通过会计记录确实无法获取资源耗费时,应区分情况,分别估算有关的资源耗费。例如,对于人工费,可以按照工资标准乘以约当职工人数计算,也就是说若某职工只花费其工作时间的1/3执行某项作业,则该职工工资的1/3计入该项作业的人工费支出。至于人工费中工资除外的其他内容包括奖金、津贴、保险、住房公积金等,可根据企业的福利政策进行估算。例如可以乘以工资支出的一定倍数;再如有关车辆、设备设施的折旧费支出,可按其使用年限计提折旧;有关材料、燃料支出,可以按实际成本计算,等等。

二、分析和确定作业,建立作业成本库

作业是企业为了某一特定目的而进行的资源耗费活动,是连接资源耗费和成本计算对象的桥梁。企业经营过程中的每个环节或每道工序都可以视为一项作业,企业的经营过程就是由若干项作业构成的。作业有两个基本特点:一是作业作为最基本的成本计算对象,必须具有量化特点;二是作业贯穿于企业经营的全过程,其定义根据管理需要可粗可细,但必须囊括全部经营活动。

不同类型的企业,因其规模、工艺和组织形式的不同,作业的划分和定义也不同,企业可根据实际情况,选择一定的作业划分和确定方式。一般说来,有两种方式:一是依照部门来确定作业分类,这是最合乎大多数人的一种选择,对部门内的作业按照工作内容自上而下层

层分解;二是依照业务程序来确定作业分类,按照作业的流程依次确定作业。

但作业的划分不一定与企业的职能部门相一致。有时作业是跨部门的,有时一个部门能完成若干项不同作业。作业的划分应当粗细得当,划分过细,会使作业总数过多,由此必然导致成本计算工作量太大,企业为此所付出的代价势必过高;反之,如果作业划分过粗,一个作业中含有多种不相关业务,必然使成本计算结果的准确性大大降低。因此,作业的确定应遵循成本效益原则。一般来说,若一个企业只定义了一项作业,就应将它进一步分解;若定义了10项以上的作业,就需要将其中一些作业合并,而合并的作业一般应具有相同的成本动因。

作业确定后,要为每一项作业设立一个作业成本库,然后将资源耗费分配至作业成本库,建立起作业和资源之间的对应关系。正如资源耗费按其计入成本计算对象的方式分为直接耗费和间接耗费一样,作业按其是否具有专属性分为专属作业和共同消耗作业。

专属作业是指为某种特定产品或劳务提供专门服务的作业。专属作业资源耗费价值应直接由该特定的产品或劳务负担,无须再按成本动因分配至成本计算对象,正如直接耗费直接计入成本计算对象一样。

共同消耗作业是指同时为多种产品或劳务提供服务的作业,需要按不同的成本动因分配至成本计算对象。共同消耗作业按不同的成本动因可分为数量动因作业、批次动因作业、工时动因作业以及价值管理作业等。数量动因作业指使每种产品或劳务的每个单位都均衡受益的作业。如包装作业,产品完工后,需要包装所有产品且每件耗费的资源相同,使每件产品都得到了均衡受益。这类作业通常选择数量作为成本动因来分配作业成本。批次动因作业指服务于每批产品或劳务并使每批产品或劳务都均衡受益的作业,如分批获取订单的订单作业,分批运送原材料或产品的搬运作业等。这类作业通常选择批次作为成本动因来分配作业成本。工时动因作业指资源耗费与工时成正比例变动的作业,如机加工作业等。这类作业通常选择工时作为成本动因来分配作业成本。价值管理作业指那些负责综合管理工作的部门作业,例如物流管理部门作为一项作业就是价值管理作业。

三、确认资源动因,分配资源耗费至作业成本库

(一)资源动因及其确认

资源动因是指资源被各项作业消耗的方式和原因,它反映了作业对资源的消耗情况,是把资源库价值分配到各作业成本库的依据。

作业成本法下,如果某项资源耗费能直观地确定为某一特定产品或劳务即最终成本计算对象所耗费,则直接计入最终成本计算对象,这时不需要确认资源动因和成本动因,这项资源耗费对最终成本计算对象而言,通常是直接成本,例如材料费支出。

作业成本法下,如果某项资源耗费从发生领域可直接确定为某项作业所耗费,则可直接计入该作业成本库,这时不需要确认资源动因,这项资源耗费对该项作业而言,通常是直接成本,例如各作业中心发生的办公费。

作业成本法下,如果某项资源耗费从最初消耗上即呈混合耗费形态,则需要选择合适的量化依据将资源分解并分配至各项作业,这时需要选择资源动因,而这个量化依据即为资源动因。例如,对于职工医疗保险、动力、房屋租金和折旧等资源而言,其资源动因可分别选择

职工人数、耗电数、房屋面积、设备价值等。

（二）根据资源动因分配资源耗费

在将各项资源按资源动因分配至作业成本时，应首先确定资源动因分配率，然后确定各项作业所耗费的资源，具体计算公式如下：

资源动因分配率 = 某项资源耗费/该项资源耗费的动因量

某项作业应分配的资源耗费 = 该项作业所耗费的资源动因量 × 资源动因分配率

某项资源耗费 = 耗费该项资源的作业成本之和

【例 4-1】 A 企业 3 月人工费用支出为 50 000 元，其主要的作业粗略划分为采购、生产、销售和管理，从事上述四项作业的人数分别为 4 人、7 人、5 人、6 人。

该例中资源耗费为 50 000 元，资源动因为作业人数，则

人工费支出分配率 = 50 000/(4 + 7 + 5 + 6) = 2 272.73(元)

采购作业分配的人工费 = 4 × 2 272.73 = 9 090.92(元)

生产作业分配的人工费 = 7 × 2 272.73 = 15 909.11(元)

销售作业分配的人工费 = 5 × 2 272.73 = 11 363.65(元)

管理作业分配的人工费 = 6 × 2 272.73 = 13 636.38(元)

各项作业分配的人工费之和 = 9 090.92 + 15 909.11 + 11 363.65 + 13 636.38

= 50 000.06(元) ≈ 50 000(元)

在成本分配过程中，各资源库价值要根据资源动因逐项分配至各作业中，这样，资源和作业之间的对应关系就建立起来了。

四、确定成本动因，分配作业成本至成本计算对象

（一）成本动因及其确定

1. 成本动因是指决定成本发生的那些重要的活动或事项

它可以是一个事项、一项活动或作业。从广义上说，成本动因的确定是作业成本计算实施的一部分；狭义地看，它又可视作企业控制制造费用努力的一部分。一般而言，成本动因支配着成本行动，决定着成本的产生，并可作为分配成本的标准。作业和成本动因的区别在于作业是为达到组织的目的和组织内部各部门的目标所需的种种行为；而成本动因是导致成本升降的因素。

计算成本动因的成本是首先要考虑的因素。成本—效益分析对于任何新的成本管理程序而言是适宜的。其次是成本动因同涉及的成本相关似乎是一个不言而喻的应考虑的因素。它们之间的相关性可通过统计的方法或直观的确定，然而，成本—效益考虑应优先于对较高相关性的关注。再次应考虑的又一个因素是动因的行为或刺激方面。减少动因将降低报告成本，从而激励企业法人去努力减少交易或所采用的任何动因的数量。最后，尚有一个需要考虑的因素，即采用成本动因的数量。企业通常都要经历一个确认很多的成本动因，来重新汇总成本库并选择有限数量成本动因的过程。最终选定成本动因的数量取决于成本库的数量、成本的多样性、所要求的精确程度和成本—效益密不可分。

2. 取得成本动因的基本方法

取得成本动因相关信息的基本方法包括观察、记录、问卷、访谈等。

（1）观察。观察往往需要对此项工作有经验的人来进行，这样可以迅速收集到与作业有关的资料，但这种方法收集到的资料相对较少，一般只能作为补充方法使用。

（2）记录。记录是通过工作日志等方法，记录执行某项工作的人员数以及所需时间等信息。为完整、准确地获取这方面信息，应通过建立制度明确记录人员的工作职责等。

（3）问卷。问卷是通过设计问卷由相关人员进行填写从而取得所需信息的一种方法。此种方法既可以单独使用，作为收集信息的主要工具，也可以作为访谈法的补充工具，在访谈前发放。问卷的设计应科学合理，尤其是需求信息的列示应清晰完整，以避免信息的收集不完整或不清晰。

（4）访谈。访谈是通过与被访谈对象面对面的交流以获取有关信息的一种方法，这是一种最主要且最普遍运用的方法。这种方法可以直观地获取较为详细的信息，但也比较费时。

总之，成本动因的确定应在充分考虑其与实际作业消耗之间的相关性、可计量性以及取得成本合理性的前提下，结合企业的实际情况，根据成本管理的要求，合理选择和确定。

（二）根据成本动因分配作业成本

在将作业成本分配到各成本计算对象时，应首先计算成本动因分配率，然后计算各成本计算对象应分配的作业成本，具体计算公式如下：

成本动因分配率 ＝ 某作业中心所发生的作业成本／该作业中心可提供的成本动因量

某成本计算对象应分配的某项作业成本 ＝ 该成本计算对象耗用的该项作业成本动因数 × 成本动因分配率

某作业中心的作业成本 ＝ 各有关成本计算对象分配的各项作业成本之和

【例4-2】 A 企业 3 月人工费用支出为 50 000 元，其中采购作业所分摊的人工费支出为 9 090.92 元，该企业生产甲、乙、丙三种产品，三种产品当月的采购次数分别为 2 次、3 次、4 次。

例中采购作业的作业成本为 9 090.92 元，成本动因为采购次数，成本计算对象为甲、乙、丙三种产品。具体计算如下：

成本动因分配率 ＝ 9 090.92/(2 + 3 + 4) ＝ 1 010.10(元)
甲产品应分配的采购作业成本 ＝ 2 × 1 010.10 ＝ 2 020.20(元)
乙产品应分配的采购作业成本 ＝ 3 × 1 010.10 ＝ 3 030.30(元)
丁产品应分配的采购作业成本 ＝ 4 × 1 010.10 ＝ 4 040.40(元)
采购作业成本合计 ＝ 2 020.20 + 3 030.30 + 4 040.40 ＝ 9 090.90(元)

在这里，需要注意的是上例中的计算是假定各成本计算对象实际耗用的某项作业的成本动因数之和等于该作业中心可提供的作业量，即甲、乙、丙三种产品的实际采购次数等于该作业中心可提供的采购次数总量。在实际运作过程中，由于各成本计算对象实际耗用的某项作业的成本动因数之和一般小于该作业中心可提供的作业量，因此按上述方法计算出来的各产品应分配的某项作业成本之和一般都小于该作业中心发生的作业成本，两者的差额即为未耗用的资源成本。在成本分配过程中，各作业中心的作业成本要根据作业动因逐项分配至各成本计算对象，这样，作业成本和各成本计算对象之间的对应关系就建立起来。

第三节 物流作业成本分析

企业物流成本分析主要应用在三方面:企业物流诊断、企业物流流程再造、企业财务管理。表 4-1 为公司实施物流作业成本分析提供了标杆,企业可以比较与最好做法之间的差距,明确目标。

表 4-1 实施物流作业成本分析的标杆

项目＼水平	第一层次	第二层次	第三层次	第四层次	第五层次
采购的成本	传统方法	非 ABC 的复杂成本法	ABC 局部实施	ABC 基本实施	ABC 全面实施
ABC 使用的程度	不理解 ABC	其他分配法分配成本	仅关键活动进行 ABC 分析	基本按 ABC 分析	包括上、下游完全按 ABC 进行分析
成本分析工具	没用使用成本分析工具	传统会计报表分析工具	偶然产生 ABC 报表	ABC 报表日常管理与决策分析	包括上、下游数据全面准确提供和动态更新
与供应链上、下游协作情况	不提供任何成本信息	提供的是传统成本信息	提供决策的成本信息	共同降低作业成本	共同系统的进行 ABC 核算与管理

一、利用物流作业成本的核算结果进行效益分析

(一) 产品效益分析

物流成本是企业乃至整个供应链总成本的重要组成部分,并且由于对"物流冰山说"的普遍接受,大家都在寻找"第三利润源泉",因而物流成本越来越受到管理者的重视。

进行产品效益分析,首先要计算出相关的产品成本,作业成本管理为核算总成本中的物流作业成本提供了很好的工具。使用作业成本管理能使企业乃至供应链更好地追踪物流成本,将资源消耗归集给相应的物流作业活动,然后将该项作业成本分配到消耗该项作业的产品上去,从而将总的物流成本分配给相应产品。除此之外,当企业发生经营变化时,如推出新产品,或运输方式改变等,都将使企业的物流成本发生很大变化,利用作业成本管理就能很快找出变化的物流作业活动,并且核算出相应的作业成本。因此,物流作业成本管理将有助于管理者进行产品效益分析。

(二) 客户效益分析

企业所有的作业中,只有得到客户认可的部分才能实现价值增值,才是应该保留的作业。对于一项物流作业来说,它的下一道工序即是该物流作业的客户,因而只有对下一道工序有价值的物流作业,才能称之为增值的物流作业。

把物流作业看成是商品,对其进行客户效益分析。研究显示,通常公司只有三分之一的客户是盈利的,即能带给企业增值价值;三分之一的客户保持盈亏平衡;还有三分之一则是亏损的,即为这部分客户服务的作业环节所消耗的资源多于能够获得的价值增值。利用作业成本管理对物流作业的成本进行核算,获得相应的成本信息,可以帮助决策者决定对于特

定的客户所应该提供的服务水平。因此,物流作业环节的操作者都应该既明了该项物流作业所消耗的资源及成本,同时又清楚客户的要求和客户所能带给企业的效益。

二、运用价值工程方法进行相关物流作业分析

传统企业长期以来对物流管理不够重视,因而现有的物流作业环节中存在大量不合理或不增值的作业,如何对物流作业进行分析,以判断其能否带来价值增值已成为当务之急。在这里,引入价值工程方法进行分析。价值公式:

$$V = F/C$$

式中,V——某项物流作业的价值;F——该项物流作业的功能;C——该项物流作业所消耗的成本费用。

利用该公式,分五种情况对具有增值作用的物流作业进行分析。

(一)F 上升,C 下降

这是最优的情况,说明该项物流作业在通常情况下都能产生价值增值。在对企业乃至整个供应链的物流作业进行改善的时候,这类物流作业应该是作业改善的中心环节,也是通过作业改善获利最大的环节。

(二)F 不变,C 下降

这是一种次优的情况,在功能不变的情形下,物流作业的成本有所下降,原因有可能是供应链企业间加强了合作,减少了企业间物流的重复作业,即减少了物流资源的浪费;也可能是提高了物流作业的熟练程度,即由于效率的提高,导致作业成本费用的降低。

(三)F 上升,C 不变

在这种情况下,消耗同样多的企业资源,可以获得更高的价值。这通常是由于供应链企业间相关物流作业的整合所致。例如,利用配送中心对运往某个特定零售商且来源不同的货物进行整合运输,由于减少了空载率和装卸次数,提高了配送效益。

(四)F 上升,C 上升

对于这种情况,必须对功能增加和成本上升进行详细分析,以得出相关的上升比率。通常这种作业是物流作业优化的主要对象,通过有效的成本—效益分析,作出作业环节的增减决策。

(五)F 下降,C 下降

对于这种情况,要进行详细分析,以得出功能下降和成本减少的相应比率。通常符合这种情况的物流作业是作业效率逐渐降低,亟须进一步改善或是消除作业环节。

应该指出,物流作业成本所包含的各项目是不能分割开来分析的,它们之间存在着互相联系、互相制约的关系。物流成本中某一组成项目的波动将会引起其他组成项目的变化,进而导致物流总成本的变化。例如,若招揽物流的业务费用(物流业务广告费用)偏低,不能使物流作业规模化和连续化,将会使有关物流设施利用率降低,相应增加其他物流成本,从而使物流总成本升高。若物流的规模化和连续化已达最佳,仍大幅增加物流业务广告费用,无疑会造成物流总成本不必要的上升,使总体效益降低。此外,物流节点成本、物流流动成本及途中意外损耗等成本之间也同样存在着相互联系、相互制约的关系。因此,对于物流作业的研究不能停留在单个作业的上面,而是应该具有全局观点,从整体上把握物流作业的价值增值过程和成本费用情况。

第四节　作业成本法在物流业中的实施

一、物流作业成本核算

商品价值是在一系列的作业活动(包括采购、制造、加工、配送、销售等)中形成的,企业通过连续的作业活动为消费者创造和提供价值,同时实现自身的价值增值。同样,贯穿供应链的所有物流作业也形成了一条联系链上所有企业的作业链,并且对该供应链的价值增值过程产生重要影响。因此,物流管理是以流程为基础的价值增值过程的管理,企业要实现物流作业链的整体最优,就必须站在供应链的角度对物流作业环节进行作业分析和管理。

作业成本管理为企业物流成本的核算提供了重要的成本信息,同时也为企业的物流管理引入了作业管理的观念,通过对产品、价值(作业)链、作业和资源的分析,为改善企业的物流管理提供了重要的信息,有效地促进了物流管理的发展。

物流系统就其自身的成本构成及其特殊性来看,其成本的最主要的特点是物流系统成本构成中无存货成本。物流系统的物流服务与有形产品相比,具有无形性、瞬时性和多样性的特点,其无形性是指某项物流服务的购买者在购买前无法直接感觉到该项服务的存在。瞬时性是指客户只能即时享受某项服务,该项服务不能储存到未来使用。多样性有两个方面的含义:一方面,每个客户要求的物流服务不同,货物的种类不同,运输的目的地不同,货物存放的时间不同,配送的频率与数量不同等;另一方面,提供服务的工作人员由于教育程度、工作经验不一样,甚至工作当天的个人情绪、家庭生活等的影响,都会生产出不同服务效率和服务质量的物流服务。

二、作业成本管理归集、分配物流成本的流程

作业成本管理归集、分配物流成本的流程,如图 4-2 所示。

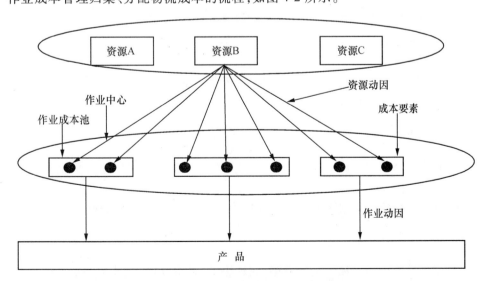

图 4-2　作业成本管理计算物流成本的流程

【例4-3】 一家汽车配件生产厂商,部分原材料需要进口。我国加入世贸组织后,汽车价格面临压力,希望通过物流成本的核算发掘成本下降的潜力。由于在原有的会计体系中,无法直接得到物流成本,因此采用作业成本进行了核算。

(1) 界定物流系统中涉及的各个作业,如表4-2所示。

表4-2 确定作业

作业 活动	活动1	活动2	活动3	活动4	活动5	活动6
计划管理	计划编制	档案管理				
采购	价格管理	谈判	发订单	委托采购		
储运	入库检查	仓库租赁	流通加工	报关、运输	搬运、装卸	流通加工
供货	运输	搬运、装卸				
供应商建设	月供应会	年供应大会	访问	评审		

(2) 确认企业物流系统中涉及的资源,如表4-3所示。

表4-3 确定资源费用

资源 活动	费用1	费用2	费用3	费用4	费用5	共同费用
计划	材料费					人工费、办公用品等低值易耗品、水电等费用
采购	差旅费	业务招待费				
储运	资金占用费	仓库租赁费	搬运器具折旧费	包装用材料费	报关运输费	
供货	运输费	运输器具折旧费	包装用材料费			
供应商建设	会议费	业务招待费	差旅费			

(3) 确认资源动因,将资源分配到作业。以人工费为例,将其分配到各个作业成本池,可选择工时为资源动因。

(4) 确认作业动因,将作业成本分配到产品或服务中。以采购成本池为例,将其分配到各个产品时,可选用采购材料在各产品中的比例为作业动因。

三、计算方法

确定了各项成本的归集和分配方案后,具体的核算比较容易操作。对这一部分内容,现举实例进行说明。

【例4-4】 某企业的采购物流活动由订货传输、订货处理、订货选择、订货运输、顾客递送五项作业构成,其中总人工成本为16万元,总折旧费为1.57万元。

核算步骤主要包括以下三步:

(1) 确认各项作业所消耗的资源种类,在这里以"订货处理"作业为例进行说明,也就是确认一项作业所包含的成本要素。"订货处理"作业消耗两种资源,即工资和折旧。

（2）确立各类资源的资源动因,将资源分配到各受益作业,据此计算出作业中该成本要素的成本额。据统计,企业采购物流活动中有30%的员工全职从事订货处理,故可得出"订货处理"作业所消耗的"工资"要素成本额为4.8万元。"订货处理"作业所耗的折旧成本额占总的采购物流活动折旧费的70%,可以得出"订货处理"所耗"折旧"要素成本额为1.099万元。

（3）开列作业成本单,汇总各成本要素,得出作业成本库的总成本额。以"订货处理"作业为例,开列成本计算单,如表4-4所示。

表4-4　成本计算单——订货处理

成本要素项目	数额/元	百分比/%
工资	48 000	81
折旧	10 990	19
总成本库	58 990	100

采用类似方法,可分别开列其他四项作业——订货传输、订货选择、订货运输、顾客递送的作业成本单,汇总这些成本单就可计算出采购物流活动的成本。

如果把基于作业成本管理的核算结果与基于传统会计核算的结果进行比较,会发现作业成本管理的核算结果要大出许多,说明利用作业成本管理核算物流成本能达到揭示"物流冰山"的目的,是物流成本核算的有力工具。

四、应用作业成本法应注意的问题

作业成本法在企业物流成本计算中的应用,主要是针对间接物流成本而言的。对于直接物流成本,可直接计入最终的物流成本计算对象,不涉及成本分配和计算问题。一般来说,应用作业成本法分配和计算企业物流成本应注意以下几个问题。

（一）掌握作业成本法的核心思想

企业应用作业成本法计算物流成本,首先必须了解和掌握作业成本法的核心思想,即资源、作业和成本计算对象之间的路径关联关系必须明确,这是使用作业成本法的前提。

（二）确保非财务性资料的易获取性和准确性

作业成本法中,间接成本的分配需要使用资源动因和成本动因,而资源动因和成本动因绝大多数是数量指标,很难从会计核算资料中取得。因此,为了推进作业成本法的实施,企业必须通过建立制度、明确职责等方式,确保资源动因和成本动因的易获取性和准确性。例如,在将电力资源耗费分配至不同作业时,需要取得不同作业耗用的电力度数,这就需要通过区分不同作业、设置不同电表等方式分别统计耗电度数;在将人工费分配至不同作业时,需要取得不同作业的职工人数,这就需要人事部门统一提供或各作业部门分别提供职工人数。再如,在将运输作业成本分配到不同产品时,需要取得不同产品的运输里程信息,这就需要司机按不同产品分别统计运输里程数,在产品品种较多且经常共同运输时,这项统计工作显然费力费时;在将装卸搬运作业成本分配至不同产品时,需要统计不同产品的装卸搬运次数,这需要工作人员按不同产品实时记录作业次数。上述资源动因和成本动因信息是否准确,往往取决于基层作业人员的责任心,而信息准确与否直接影响到物流成本的计算结果,所以为保证作业成本法的顺利实施,企业必须在制度建设、文化建设上下工夫,这是牵一发而动全身的工作,仅仅依靠企业某个部门或某几个人是很难完成的。

为保证有关数量信息的可得性和可靠性,在全面推行作业成本法时,企业应根据管理需求,确定作业及成本计算对象。在此前提下,详细分析所需要的资源动因和成本动因,然后通过设置表格或下达工作任务的形式,将资源动因和成本动因的统计工作落到实处。

（三）剔除非物流作业所消耗的资源

无论使用哪种方式计算物流成本,首先都应明确哪些是物流作业发生的资源耗费。对于可直接计入物流成本计算对象的资源耗费,必然是独立的、一对一的为成本计算对象所耗费;对于间接为物流成本计算对象所发生的资源耗费,在将资源分配至作业过程中,首先应剔除非物流作业所消耗的资源。具体做法是,在确定作业时,对于属于物流业务的作业,根据管理目标和计算需要,将其细分为不同的作业;对于非物流业务的耗费,将其作为一项作业即非物流作业,与其他细分的物流作业并列,通过相应的资源动因,共同参与资源耗费分配。通过这种方式,可计算出各细分的物流作业成本和单独的非物流作业成本。在后续的将作业成本向成本计算对象分配的过程中,仅有物流作业成本参与分配,非物流作业将不再参加分配,这样,在计算过程中就剔除了非物流成本及其所消耗的资源。

（四）明确物流作业及成本计算对象的多元性

多元性的概念贯穿于作业成本法计算的全程,资源、资源动因、作业、成本动因和成本计算对象均是多元的。在这里,尤其要特别注意作业和成本计算对象的多元性。

本书中,关于物流成本的构成、计算直至物流成本表的设计,均包括物流成本项目、物流范围和物流成本支付形态三个维度,结合作业成本法的核心思想,在介绍物流成本计算方法的过程中,为简便起见,也为了与物流成本的构成内容相符,我们在计算举例过程中,通常将支付形态物流成本例如人工费、材料费等定义为作业成本法中的资源耗费,将物流功能作业如运输、仓储等定义为作业成本法的作业,将范围物流成本定义为最终的物流成本计算对象,然后按资源、作业及成本计算对象这样的路径关系来计算物流成本。实际上,在应用作业成本法计算和管理企业物流成本过程中,资源耗费是固定的,是物流成本计算的起点,但中间环节物流作业的选择以及最终的物流成本计算对象的确定则是可变的,企业可根据实际情况和物流管理的要求,选择适合企业特定时期特定需要的作业和成本计算对象,例如,可将运输、仓储、包装、装卸搬运、流通加工、物流信息、物流管理定义为作业,也可根据管理需要对它们做相应的合并或者做进一步的细分;对于物流成本计算对象的选择,既可以选择前面提到的物流范围,也可以根据管理需要选择产品、部门、市场或区域等。一般来说,对相同的资源耗费而言,作业定义得越多,划分得越细,最终成本计算对象的成本计算越准确,但同时计算的工作量也越大。

（五）开发信息系统支持作业成本法在间接物流成本分配中的应用

作业成本法的实施离不开职责明确和严谨细致的企业制度和文化的支撑。但文化和制度从一定意义上说是管理中的"软方法"。为了确保作业成本法的顺利实施,企业应开发相应的信息系统,将文化和制度内化于信息系统设计的每一个环节,将定义好的资源、资源动因、作业、成本动因和成本计算对象置于信息系统的控制之中,同时体现上述各种元素的多元性特征,从而通过信息系统的"硬约束"来推动作业成本法的实施。

一般来说,作业基础信息系统应具有以下特点:一是资料归集的范围要广,各种资源动因和成本动因均应包括在资料归集的范围内,确保有关部门和人员日常工作日志记录落到实处。二是包含多种形式的物流作业及成本分类方式,作业根据管理需要可粗可细,满足灵活选择的需要;成本可以按照产品、服务、客户、订单或者部门加以归属。三是同时归集财务性和非财务性资料,作业成本法下的资源动因和成本动因往往是非财务性的,因此信息系统中应同时归集财务性和非财务性资料,非财务性资料往往需要根据有关部门和人员的工作日志单独输入,而财务性资料主要是指物流作业的资源耗费,这需要通过系统的设计,实现与财务会计系统的对接,将财务会计系统的有关资料转化为作业成本模块中的资源耗费。四是系统应具有弹性,也即通常所说的"柔性",确保可以实时地提供物流成本计算和管理决策分析所需要的不同信息。对于作业和成本计算对象的选取而言,这一点尤为重要。

(六)按照企业物流成本表的内容汇总计算物流成本

作业成本法的应用主要针对间接物流成本在作业及成本计算对象之间的分配。在企业物流成本计算过程中,除了间接物流成本的分配,还包括其他直接物流成本的界定及其计入物流成本计算对象等问题。根据企业物流成本表的构成内容,按照上述应用作业成本法分配间接物流成本的思路,需要明确以下几点。

1. 应用范围

作业成本法的应用仅限于企业自营物流成本的内容;对于委托物流成本,企业应根据发生的具体情况,另行统计和计算,并填列至企业物流成本表的相应位置。

2. 存货相关成本的计算

作业成本法的应用一般是资源、作业和成本计算对象三级路径之间的分配,我们在计算各项物流功能成本时,就是按照资源、作业和成本计算对象即支付形态、成本项目和物流范围的路径关系来计算的。例如,我们计算企业运输工具在供应物流阶段的油耗,这里的资源是支付的加油费(列入支付形态物流成本中的维护费),作业是运输,成本计算对象是供应物流阶段的油耗。但企业物流成本除了物流功能成本,还包括存货相关成本,对于企业物流成本表中与存货相关的流动资金占用成本、存货保险成本和存货风险成本,它们的资源耗费和作业成本、资源动因和成本动因都是合二为一的,不涉及资源耗费向作业的分配过程,其中流动资金占用成本需要根据相关统计资料按一定的公式计算得出。所以,对于这三部分成本的计算,能直接计入成本计算对象的,则直接计入;不能直接计入成本计算对象的,可以将它们分别定义为相应的作业,选择合适的成本动因,直接分配至最终的成本计算对象即物流范围成本。

3. 支付形态成本的计算

作业成本法应用的起点是首先界定哪些资源耗费是与物流作业相关的,而这些资源耗费通常是会计核算过程中最原始的资源耗费状态,如工资、职工劳动保险费、燃料费、修理费、办公费等,在将资源分配至作业的过程中,通常是从这些最原始的资源耗费开始,但企业物流成本表是将上述原始资源耗费根据资源耗费性质做了归纳和合并,最终以材料费、人工费、维护费、一般经费和特别经费五种形态来体现。所以，为了满足企业物流成本表的填写要求，企业在应用作业成本法分配和计算物流成本的过程中，在将最原始的资源耗费按资源动因分配至作业的同时，应按物流成本表中支付形态的内容和要求，将最原始的资源耗费分别计入材料费、人工费、维护费、一般经费和特别经费，以满足物流成本的分类要求和物流成本表的填写要求。

（七）企业内部物流成本的分配和计算应区分实际耗用资源和浪费资源

在前面应用作业成本法分配间接物流成本列举案例的过程中，我们均忽略计算未耗用资源这一环节，也就是在将作业成本分配至成本计算对象的过程中，假设各项作业可提供的作业动因量等于其实际耗用的作业动因量，因此，最终成本计算对象所分配的资源耗费不区分实际耗用资源和未耗用资源，而假定其所有资源耗费都为实际耗用资源。但实际中，很多作业都不是满负荷运转的，可能提供的作业动因量总是大于实际耗用的作业动因量，例如企业某月可以提供的信息作业工作小时数为176小时，但实际的工作小时数为120小时，这其中未利用即浪费的作业动因量为56小时。我们在计算成本动因分配率时，选择的成本动因量为176小时，但在计算不同成本计算对象如甲产品和乙产品所分配的信息作业成本时，选择的成本动因量为120小时，另外的56小时成本动因量所消耗的作业资源即为资源浪费。为了更好地说明这一点，在此举例说明如下。

【例4-5】 某流通企业想了解和掌握其在供应物流和销售物流阶段所发生的物流成本。某月该企业发生的资源消耗费主要有工资148 800元，电费7 392元，折旧费103 600元，办公费14 400元，其涉及的作业主要包括运输作业、装卸搬运作业、物流信息作业和物流管理作业。其他具体资料如下：

（1）该企业有运输车辆6辆，每月可提供的运输作业小时数为1 056小时，根据有关资料统计，运输车辆用于供应物流的运输小时数为462小时，用于销售物流的运输小时数为475.2小时。

（2）该企业有装卸机3台，每月可提供的作业机时为594，根据有关统计资料，在供应物流阶段所耗用的作业机时为231，在销售物流阶段所耗用的作业机时为297。

（3）该企业物流信息管理作业是采用计算机辅助系统来完成的，该系统全月可提供176个作业机时。本月在供应物流阶段提供了84个作业机时，在销售物流阶段提供了85个作业机时。

（4）该企业在物流管理作业人员及设施全月可提供176个作业小时，本月在供应和销售物流阶段分别提供了76个和48个作业小时。

根据上述资料，采用作业成本法计算企业供应物流成本和销售物流成本。

第一，确认企业本月所发生的资源耗费及作业。资料耗费主要包括工资148 800元，电费7 392元，折旧费103 600元，办公费14 400元；作业主要包括运输作业、装卸搬运作业、物流信息作业和物流管理作业。

第二，确定各资源动因，将各资源耗费分配至各作业。

（1）工资分配。采用的资源动因为作业人数，因此应根据各作业的人数和对应的工资标准对工资进行分配（若无工资标准，则可按人数直接应用简单算术平均数法分配），如表

4-5 所示。

表 4-5 工资分配一览表

资源 \ 作业	运输	装卸搬运	物流信息	物流管理	非物流作业	合计
人数	12	18	6	6	30	72
每人月工资(元)	2 000	1 800	2 200	2 200	2 200	
各项作业月工资(元)	24 000	32 400	13 200	13 200	66 000	148 800

（2）电费的分配。电力资源消耗采用的资源动因为用电度数,已知每度电的用电价格为 0.8 元,具体分配结构如表 4-6 所示。

表 4-6 电费分配一览表

资源 \ 作业	运输	装卸搬运	物流信息	物流管理	非物流作业	合计
用电度数		1 100	880	660	6 600	9 240
各作业消耗电费(元)		880	704	528	5 280	7 392

（3）折旧费的分配。折旧费发生的原因在于有关作业运用了固定资产,因此,可根据各项作业固定资产运用情况来分配折旧费,而特定固定资产通常由特定作业所运用,它们之间一般具有直接对应关系,因此折旧费相对于各作业而言是直接成本,不需要采用资源动因进行分配,可根据会计明细账资料分别统计计入,具体如表 4-7 所示。

表 4-7 折旧费用一览表

资源 \ 作业	运输	装卸搬运	物流信息	物流管理	非物流作业	合计
各作业折旧费(元)	24 000	8 000	6 600		65 000	103 600

（4）办公费的分配。办公费发生的原因在于各作业人员耗用了各项办公用品等发生了支出,其采用的资源分配动因为作业人数,人均办公费支出额为 14 400/72 = 200 元,具体分配结果如表 4-8 所示。

表 4-8 办公费分配一览表

资源 \ 作业	运输	装卸搬运	物流信息	物流管理	非物流作业	合计
人数	12	18	6	6	30	72
各作业办公费(元)	2 400	3 600	1 200	1 200	6 000	14 400

将上述计算结果进行汇总,即得表 4-9。

表 4-9 各资源耗费分配一览表　　　　　　　　　　　　　　　　单位:元

资源 \ 作业	运输	装卸搬运	物流信息	物流管理	非物流作业	合计
工资	24 000	32 400	13 200	13 200	66 000	148 800
电费		880	704	528	5 280	7 392
折旧费	24 000	8 000	6 600		65 000	103 600
办公费	2 400	3 600	1 200	1 200	6 000	14 400
作业成本合计	50 400	44 880	21 704	14 928	142 280	274 192

第三,确认各物流作业的成本动因,有关结果如表 4-10 所示。

表 4-10 各项作业及其成本动因

作业	作业成本动因
运输	作业小时
装卸搬运	作业机时
物流信息	作业机时
物流管理	作业小时

第四,计算各物流作业成本动因分配率,计算结果如表 4-11 所示。

表 4-11 物流作业成本动因分配率计算结果一览表

物流作业	运输	装卸搬运	物流信息	物流管理
物流作业成本(元)	50 400	44 880	21 704	14 928
成本动因量	1 056	594	176	176
成本动因分配率(%)	47.73	75.56	123.32	84.82

第五,计算供应物流、销售物流实际消耗的资源价值以及未消耗资源成本,计算结果如表 4-12 所示。

表 4-12 供应物流、销售物流实际消耗资源价值及未消耗资源成本一览表

作业	成本动因分配率	实际耗用成本动因量			未耗用成本动因量	实际耗用资源(元)		未耗用资源(元)
		供应物流	销售物流	合计		供应物流	销售物流	
运输	47.73	462.00	475.20	937.20	118.80	22 051.26	22 681.30	5 667.44
装卸搬运	75.56	231.00	297.00	528.00	66.00	17 454.36	22 441.32	4 984.32
物流信息	123.32	84.00	85.00	169.00	7.00	10 358.88	10 482.20	862.92
物流管理	84.82	76.00	48.00	124.00	52.00	6 446.32	4 071.36	4 410.32
合计						56 310.82	59 676.18	15 925.00

通过上述未耗用资源的计算,企业可以发现在物流运作过程中,哪些作业未满负荷运作,存在资源浪费现象,从而为资源的合理配置提供依据。但在企业对外提供的物流成本表中,无须反映未耗用资源情况,只需反映资源在所有成本计算对象之间的分配情况。尽管如

此,通过上述计算也可看出,在企业内部物流成本计算和管理过程中,计算未耗用资源对企业物流成本分析和管理具有重要意义。

本章小结

1. 作业成本法(Activity Based Costing,ABC)是将间接成本更准确地分配到作业、产品、顾客、服务以及其他成本计算对象的一种成本计算方法,体现的是一种精细化和多元化的成本计算和管理思想。其基本原理可概括为:产品消耗作业,作业消耗资源并导致成本的发生。作业成本法在企业的应用有三个层次:成本核算层、成本管理层和作业优化层。

作业成本计算一般需要经过以下几个阶段:分析和确定资源,建立资源库;分析和确定作业,建立作业成本库;确定资源动因,分配资源耗费至作业成本库;确定成本动因,分配作业成本至成本计算对象。

2. 作业成本管理为企业物流成本的核算提供了重要的成本信息,同时也为企业的物流管理引入了作业管理的观念,通过对产品、价值(作业)链、作业和资源的分析,为改善企业的物流管理提供了重要的信息,有效地促进了物流管理的发展。

3. 应用作业成本法计算企业物流成本应注意七个方面的问题:一是掌握作业成本法的核心思想;二是确保非财务性资料的易获取性和准确性;三是剔除非物流作业所消耗的资源;四是明确物流作业及成本计算对象的多元性;五是明确物流作业及成本计算对象的多元性;六是按照企业物流成本表的内容汇总计算物流成本;七是企业内部物流成本的分配和计算应区分实际耗用资源和浪费资源。

中英文关键术语

1. 资源(Resource)
2. 物流成本(Cost of Logistics)
3. 作业成本法(Activity-based Costing)
4. 作业成本池(Activity Cost Pool)
5. 产品效益分析(Product Benefit Analysis)
6. 客户效益分析(Customer Benefit Analysis)
7. 作业成本(Activity Costs)
8. 资源动因(Resource Driver)

思考题

1. 什么是作业成本法?其基本原理是什么?
2. 作业成本计算一般需要经过几个阶段?
3. 资源动因是什么?如何确认?
4. 选择成本动因要考虑哪两个方面的因素?取得成本动因的方法有哪些?
5. 应用作业成本法计算企业物流成本应注意哪些问题?

课外材料阅读　基于成本会计与作业成本法的物流成本核算研究

物流是企业"第三利润源泉",已成为企业界的共识。如何有效地进行物流成本核算也成为企业界和学术界共同关注的热点问题。研究企业物流成本管理,并建立有效的企业物流成本管理体系的重要性日益突出。原有成本会计核算体系无法直接准确计算出物流成本,作业成本法应用于物流成本管理,又有实施难度。而将二者有机地结合,其研究将具有现实意义和理论价值。

(一) 相关基本理论

1. 成本会计核算物流成本的原理及缺陷

在传统物流成本管理的方法下,物流成本的核算是按职能部门进行归集与核算,并对不同部门的物流成本采取不同的处理方法。这些一手数据均来自企业的会计核算体系。原有会计体系中成本会计核算方法是指将与成本核算对象相关的费用归集并分配至该成本核算对象的具体方法,它以产品或部门为核算对象、核算成本与费用。

由于物流成本没有被列入企业的财务会计制度,制造企业习惯将物流费用计入制造成本和诸项费用;流通企业则将物流费用包括在商品流通费用中。因此,无论是制造企业还是流通企业,不仅难以按照物流成本内涵完整地计算出物流成本,而且已被生产领域或流通领域分割开来的物流成本,也不能单独、真实地计算并反映出来,无法掌握物流成本真实的全貌。

表 4-13 列举了物流成本中显性成本与隐性成本所含主要项目及会计处理。与物流成本相关的各项支出,在实际发生时被归集入各相关会计科目,从性质上难以划分,金额上难以剥离。能否正确分离、核算,将是影响物流成本核算的关键。

表 4-13 物流成本主要项目的会计处理

物流成本	物流功能	项目(支付形态)	会计处理
显性成本	运输功能	支付外方采购费用(运输费、保险费等) 内部人员工资、福利费等	物资采购
	库存成本	仓储费用(保管费、维护费、仓库折旧费、搬运费、人员工资、福利费等) 存货资金占用贷款利息	制造费用 管理费用 财务费用
	流通加工成本 包装成本	生产过程搬运费、水电费等低值易耗品推销	制造费用 制造费用、管理费用等
隐性成本	库存成本 运输成本	保险、积压物降价处理、呆滞产品成本、产品损失、退货、缺货损失等返程或起程空驶,对流运输,迂回运输,重复运输等	散落于各相关会计科目

2. 作业成本法的理论基础

作业成本法(Activity-based Costing),即基于作业的成本计算法,是指以作业为间接费用归集对象,通过资源动因的确认、计量、归集资源费用到作业上,再通过作业动因的确认、计量,归集作业成本到产品或顾客上去的间接费用的分配方法。其理论基础是:产品消耗作业,作业消耗资源并导致成本的发生。

与传统成本会计不同的是,"作业"作为联系资源即各项费用与"成本对象"——产品、服务、作业、生产过程等的中介,通过资源动因与作业动因,资源最终精确的分配到成本对象上去。

成本动因是成本分配的基准,对于成本信息的准确性和相关性有重要影响,是进行成本分析的基础;通过成本动因可以建立成本分析的因果关系。因此,成本动因的确定是作业成本实施的重要内容。

(二)成本会计与作业成本法的结合

原有会计体系无法直接准确计算出物流成本,而作业成本法的复杂性使其应用于物流成本管理,又有实施难度;因此,本文将尝试就二者结合作理论性的探讨。

1. 结合作业成本法设置与物流成本相关的会计科目

(1)物流成本分类与物流作业成本分析要素。

首先,参考一般物流成本的分类,并根据会计准则中的重要性原则进行选择,笔者将物流成本按照物流作业功能,主要分为运输成本、库存成本、包装成本、流通加工成本、信息处理成本五项;而将花费少、对管理决策不具有重要影响的功能,则放在其他物流费用中。

物流作业是企业使投入转变为产出的活动。上述这五项物流功能可认为是物流作业中心;再根据"作业层级"的概念逐层分解,作业中心则由各项具体的作业组成。

物流资源表明物流作业所消耗的成本。按支付形态来划分物流成本,包括人员工资、福利费、包装材料费、水电费、折旧费、物流管理费、保险费、修理费等,可看作耗费的各项资源。

(2)科目级别设置。

关于将"物流成本"、"物流管理费用"、"物流财务费用"设置为一级科目还是二级,我们认为:"物流"是企业的支撑性活动,每一项功能都是与生产运作其他功能相联系的。如运输与原材料的购进、产成品的销售等有关。这也正是物流隐性成本难以剥离的原因。由于在原有会计核算体系中,与物流相关的支出散落在多个会计账户中,在不打破原有的财务会计的框架下,应在各级含有物流成本的一级科目下设置为二级科目。如此既不违反财务会计制度,又将物流成本纳入了管理会计体系,有利于物流成本的管理与控制。

在二级科目下按物流范围设"销售物流成本、供应物流成本、生产物流成本、退货物流成本、废弃物流成本"三级科目进行归集。在三级科目下按物流功能设置四级科目,再按支付形态下设子科目。物流成本核算科目表如图4-3所示。由上,便可以将会计核算方法与作业成本法从形式上结合起来。

图4-3 流成本核算科目表

在企业的实际操作中,科目设置是灵活可变的。一方面,可能会因为科目设置级别过多过细带来核算不便,企业可根据实际需要与自身条件,选择级别设置的层级数目;例如,企业极少设计退货或废弃物流,不需要独立了解该方面的信息,则可不设置"退货物流"与"废弃物流"的三级科目,而将按功能划分的科目设置为三级科目。另一方面,由于企业对物流成本的分类依据不同而产生了不同的类别,所以在进行明细科目设置时,一定要结合本企业的实际情况。视企业需要得到哪方面的信息而定。按支付形态类别进行科目设置,企业可以很清楚地掌握物流成本在整体费用中处于什么位置,物流费用中哪些偏高;按照物流功能设置科目,可以明确各物流环节的责任与成本。

总之,物流成本会计科目的设置因类别不同而有所差异。我们在进行物流成本核算时,应结合本企业的组织结构与运作流程等实际情况,设置一套相适应的会计账户体系,这关系到物流成本核算是否有效,关系到物流成本核算体系是否完整。

2. 间接费用分配率的选择

"间接费用",是指不可直接归集到最终成本对象上的费用。在第一步的设计中,仅仅将两者从形式上结合起来是不够的。作业成本法较传统成本会计科学之处即在于它分配率的选择——成本动因的选择。如第一步设想我们设置了相应的会计科目,但金额的准确性将直接关系到归结出的物流成本的准确性。我们认为,可按照作业成本法中成本动因的选择、设定与计算引入间接费用的分配上,将成本动因作为间接费用的"分配率"。

关于成本动因的选择需要考虑到以下几方面:

① 相关程度。在分配过程中,我们假设分配源的成本与动因的数量是线性相关。在实际中,存在着多个成本动因,而成本动因数量与分配源总成本线性相关,最好的成本动因是最恰当的成本动因,这样才能保证成本信息的准确性。

② 行为导向。不同的成本动因有不同的分配结果;不同的成本分配结果以及基于分配结果的管理决策,会对组织和员工的行为产生导向作用。因此,必须仔细分析成本动因的行为导向。

③ 成本收益。一次分配需要针对每个分配目标采集成本动因数据,无法采集的数据则无法分配。确定成本动因时,必须考虑成本数据的采集成本,保证相关的数据易于获取,如果数据采集成本太大,则可能使得作业成本无法实施。

(三) 应用范例

笔者将设计一个简单的应用范例,比较传统的会计核算模式下与二者结合的模式下,归集到最终成本对象上的物流成本有何不同。

1. 范例设计

假设某公司的生产需要A、B两种原材料,由公司自有运输部负责运输。现购进A、B各1吨,发生的资源和费用如表4-14所示。

表4-14 运输部资源和费用 单位:元

资源	运输人员	装卸人员(10人)	车辆损耗等	合计
费用	4 000	5 000	1 000	10 000

现假设原材料A体积大而数量少,仅4名装卸人员即可。而原材料B体积小而数量多,

故动用了6名装卸人员。传统的会计核算将采用单一分配率,按照原材料重量进行分配。会计分录如下:

借:原材料——A——运输成本 5 000
　　　　——B——运输成本 5 000
　贷:银行存款等　　　　　10 000

实际的账务处理将通过"物资采购"账户进行归集,待原材料检验入库后再转入"原材料"账户。此处为方便理解,直接计入"原材料"账户。

采用作业成本法的思想,A、B两种材料因特性不同,应分担的装卸费用也不同;如再单纯按重量在两种原材料间分配费用,就会出现问题。而按照下列过程进行归集,计算出的结果将更为科学,如表4-15和表4-16所示。

表4-15　ABC方法下间接费用分配率的计算

资源	运输人员	装卸人员(10人)	车辆损耗	总计
费用(元)	4 000	5 000	1 000	10 000
资源动因	100%	100%	100%	
作业	运输	装卸		
成本库(元)	5 000	5 000		
作业动因	重量	工人数量		
作业动因量	2吨	10人		
分配率	2 500	500		

表4-16　ABC方法下原材料费用归集成本

作业	分配率	A		B		总计(元)
		作业动因量	成本(元)	作业动因量	成本(元)	
运输	2 500	1吨	2 500	1吨	2 500	5 000
装卸	500	4人	2 000	6人	3 000	5 000
总计			4 500		5 500	10 000

此时做会计分录如下:

借:原材料——A——物流成本——运输成本 2 500
　　　　　　　　　　　　——装卸成本 2 000
　　原材料——B——物流成本——运输成本 2 500
　　　　　　　　　　　　——装卸成本 3 000
　贷:银行存款等　　　　　　　　　　10 000

2. 结果分析

公司自运输部发生的费用为间接费用。在本例中,前后对比可发现:原材料A的运输成本由原来的 5 000 元降低为 4 500 元,而 B 的运输成本则相应由 5 000 元上升至 5 500 元。

可见,在原有核算体系下,不能反映原材料成本中真实的物流成本比重,进而造成下游环节即产成品真实生产成本的核算不清。而在作业成本法下算出来的成本更接近实际情况。增加"物流成本"等各级明细科目,可用于有效分析原材料成本构成中,明确物流成本所占的比重及金额以及物流成本的结构构成,从而挖掘成本降低空间。

(四) 结论

在不打破原有财务会计框架的基础上,将成本会计核算方法与作业成本法相结合,通过设置"物流成本"等相关科目,各级科目分级汇总,可以有效地核算和归集出工业企业的物流成本及其构成;并且在此基础上,可以实施有效的管理和成本控制。两者的结合,既易为会计人员接受,又使核算出来的物流成本也更为准确。

资料来源:王玖河:《基于成本会计与作业成本法的物流成本核算研究》,《价值工程》2008 年第 7 期。

第三篇
物流成本预测、预算与决策

第五章

物流成本预测与预算

学习目标

1. 了解物流成本预测的概念及分类
2. 掌握物流成本预测的基本程序
3. 理解物流成本预算的作用
4. 掌握物流成本预算编制形式
5. 熟练运用物流成本预测及预算编制方法

引例

张矿集团狠抓成本应对危机

2008年,由美国次贷危机引发的金融海啸波及全球,给我国多个行业造成了消极影响,作为煤炭能源产业的冀中能源张矿集团也不例外。面对当前一系列有利因素和不利因素,张矿集团审时度势把增收节支作为经营管理工作的重中之重,下大力气,下真功夫,严格管理,积极应对市场变化,确保经济工作正常运行,力争把危机化为机遇。

该集团上下积极树立"大成本"意识,让企业的成本管理不仅局限于生产耗费,还扩展到施工设计、工艺改进、设备利用、原材料采购、人力资源分配等经济运行的各领域、各环节,做好源头谋划、过程控制,提高投入产出比;调动全体员工的积极性,实行全面成本管理,最大限度地挖掘企业降低成本的潜力,提高企业整体成本管理水平;继续深化成本预算管理,每项支出都要有预算,并根据材料市场变化,规划一定时期的成本水平和成本目标,动态下达成本计划,严格成本开支范围,适时制定实现成本目标的措施,并以此作为成本控制的依据,加强日常审核监督,随时发现并克服生产过程中的损失浪费现象;认真开展对标分析比较和成本考核制度,将成本指标层层分解,责任落实到人,分工明确,责任到位,切实把成本管理理念递延到每一个岗位、每一位员工、每一个生产活动,力保将成本费用控制在目标以内。

正是这样的力度,这样的举措,2009年,张矿集团所属各单位成本大大降低,实现盈利近百万元,为企业的发展积蓄了能量。

资料来源:http://www.hbgrb.net/epaper/html/2009-03/14/content_21357.htm。

第一节 物流成本预测概述

一、物流成本预测的概念及分类

(一) 物流成本预测概念

物流成本管理在完成了由简单的核算向企业内部管理的事中分析管理的转化后,必然使成本管理向更高层次发展,进入高级应用阶段——物流成本预测、决策、控制、分析等环节。

物流成本预测是经济成本预测的一种,是根据物流成本核算与各种技术经济因素的因果关系,结合发展前景及采取的各种措施,用科学的方法,对未来的成本水平及其变动趋势做出科学的推测和估计。具体而言,物流成本预测就是依据现有的历史资料,对计划进行的物流活动未来可能发生的成本做出客观的判断,其目的就是为企业的物流决策提供可靠的依据;更充分地利用有限的资金进行物流活动,取得最有价值得到经济效果。

由此,我们可以分析得出,物流成本预测具有以下三个共同的特征:各种成本预测都以不同程度的历史资料为依据;各种成本预测都涉及未来;各种成本预测都存在不稳定性。

不少企业都曾经尝试在不同的背景和环境下做过成本预测,其结果却经常与实际大相径庭,久而久之,便容易将成本预测视为形式主义或干脆放弃。一个重要原因是成本管理及成本预测需要使用整个企业的大量数据,这就需要良好的数据基础、企业部门间良好的数据沟通和迅速的信息反馈机制。此外,我国目前物流成本管理体系无论是理论还是实践都落后于企业管理发展的需要,这也是一个不容忽视的方面。即便如此,物流成本预测对被研究对象的发展趋势仍具有指导意义。这种规律性,可以被人们所认识和掌握,并据此事先对它们的发展变化进行科学的估计。

(二) 物流成本预测分类

1. 按预测的期限分类

按预测的期限,物流成本预测可以分为长期预测和短期预测。长期预测指对一年以上期间进行的预测,如三年或五年;短期预测指一年以下的预测,如按月、按季或按年。短期预测由于预测的时间短,不确定因素和影响因素较少,预测结果比较准。短期预测主要是为企业短期经营服务的。长期预测由于预测的时间比较长,有许多不确定因素的影响,所以预测结果一般不太精确,要经常搜集新的信息或数据对已预测方案和预测结果不断地进行完善和修补。长期预测是企业规划发展目标、战略对策的依据。

2. 按预测的内容分类

按预测的内容,物流成本预测可以分为制订计划或方案阶段的物流成本预测、在计划实施阶段的物流成本预测。

3. 按物流的不同功能环节分类

按物流的不同功能环节,物流成本预测可以分为运输成本预测、仓储成本预测、装卸搬运成本预测、流通加工成本预测、包装成本预测、配送成本预测等。

二、物流成本预测的作用

物流成本预测是企业物流成本管理的起点,也是物流成本事前控制成败的关键。物流成本预测的意义主要表现在以下几个方面。

1. 物流成本预测是进行物流成本决策的依据

物流成本预测是物流成本管理工作的首要环节。物流成本管理包括物流成本预测、物流成本控制、物流成本分析、物流成本决策、物流成本考核等几个环节。物流成本预测与物流成本决策是不可分割的,预测是为决策服务的,是决策的前提,为决策提供未来物流成本相关信息;而决策则是以预测的数据为基础,通过比较分析,权衡利害得失,进而选取最优方案的过程。所以,物流成本预测对于企业实施物流成本决策具有重要意义。

2. 物流成本预测是加强物流成本管理和降低物流成本的重要举措

物流成本预测的基本目标是揭示物流成本耗费的发展趋势,挖掘降低物流成本的潜力,为确定目标物流成本提供科学合理的依据。同时,物流成本预测指明了削减成本耗费、降低物流成本的方向。因此,做好物流成本预测工作,有助于企业在物流成本形成过程中,针对薄弱环节,加强物流成本管理,克服成本管理的盲目性,提高预见性,加强物流成本降低的事前管理,从源头上降低和控制物流成本。

3. 物流成本预测有助于提高企业物流成本管理的应变能力

物流成本预测是对企业物流活动全程的事先思考,通过物流成本预测,加深了企业物流成本管理人员对未来各种可能前景和信息的思考和认识,可以提高企业应对不确定事件的能力,从而减少不利事件出现可能带来的损失,增加利用有利机会带来的收益,对提高企业物流成本管理的应变能力具有重要意义。

第二节　物流成本预测的步骤与方法

一、物流成本预测的步骤

为了保证预测结果的客观性,企业在进行物流成本预测时,通常分为以下几个具体步骤:

1. 确定预测目标

进行物流成本预测,首先要有一个明确的目标。物流成本预测的目标又取决于企业生产经营活动期望达到的总目标。物流成本预测目标确定之后,便可明确物流成本预测的具体内容。

2. 收集预测资料

物流成本指标是综合性指标，涉及企业的生产技术、生产组织和经营管理等各个方面。在进行物流成本预测前，必须尽可能全面地占有相关的资料，并应注意去粗取精、去伪存真。

3. 建立预测模型

在进行预测时，必须对已收集到的有关资料，运用一定的数学方法进行科学的加工处理，建立科学的预测模型，借以揭示有关变量之间的规律性联系。

4. 评价与修正预测值

以历史资料为基础建立的预测模型可能与未来的实际状况之间有一定的偏差，且数量方法本身就有一定的假定性，因此还必须采用一些科学方法对预测的结果进行综合的分析判断，对存在的偏差及时予以修正。

5. 编写并提交预测报告

将预测的最终结果编制成文件和报告，提交有关部门，作为编制计划、制定决策和拟定策略的依据报告。除了应列出预测结果之外，一般还应包括资料的搜集与处理过程、选用的预测模型及对预测模型的检验、对预测结果进行修正的理由和修正方法等。预测报告的表述，应尽可能利用统计图表及数据，做到形象直观、准确可靠。

综上所述，物流成本预测程序可以用图 5-1 表示。

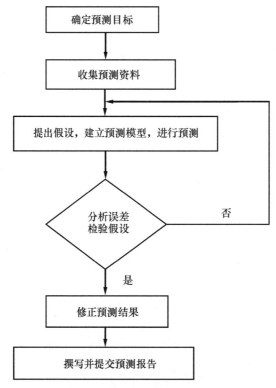

图 5-1　物流成本预测程序框架

二、物流成本预测的方法

（一）时间序列预测法（趋势预测法）

这种方法的基本思路是把时间序列作为随机变量序列的一个样本，应用概率统计的方法，尽可能减少偶然因素的影响，做出统计意义上较好的预测。

1. 趋势平均法

此法建立在过去的成本趋势及其规律性依然不变的这一假定之上，基本计算公式如下：

某期预测值 = 最后一期移动平均数 + 推后期数 × 最后一期趋势移动平均数

【例 5-1】 物流中心 2009 年各月的实际物流成本如表 5-1 所示，请按趋势平均法预测该厂 2010 年第一季度各月的物流成本（按三期移动平均）。

表 5-1 某物流中心 2009 年实际物流成本汇总　　　　　　　　　　　　单位：万元

月份	实际生产成本	三期移动平均	变动趋势	三期趋势移动平均
1	51			
2	53	52.67		
3	54	53.00	+0.33	
4	52	52.33	−0.67	−0.22
5	51	52.00	−0.33	+0.33
6	53	54.00	+2.00	+1.56
7	58	57.00	+3.00	+3.00
8	60	61.00	+4.00	+2.67
9	65	62.00	+1.00	+2.33
10	61	64.00	+2.00	+1.22
11	66	64.67	+0.67	
12	67			

根据上表的有关数据，可按上述公式进行生产成本的预测：

2010 年 1 月份物流成本 = 64.67 + 2 × 1.22 = 67.11（万元）
2010 年 2 月份物流成本 = 64.67 + 3 × 1.22 = 68.33（万元）
2010 年 3 月份物流成本 = 64.67 + 4 × 1.22 = 69.55（万元）

显然，采用趋势平均法计算若干期的平均数和趋势平均数时，前后各个时期所用的是同一个权数，即我们假定这些数据对未来的预测值具有同等的影响。因此，用此法预测的结果与实际情况往往差异较大。为了弥补这一缺陷，可以采用指数平滑法进行预测。

2. 指数平滑法

设以 F_n 表示下期预测值，F_{n-1} 表示本期预测值，D_{n-1} 表示本期实际值，a 为平滑数（其取值范围为 $0 < a < 1$），则 F_n 的计算公式为：

$$F_n = F_{n-1} + a(D_{n-1} - F_{n-1}) = aD_{n-1} + (1-a)F_{n-1} \tag{5-1}$$

由上式类推下去，可得展开式：

$$F_n = aD_{n-1} + a(1-a)D_{n-2} + \cdots + a(1-a)^{t-1}D_{n-t} + (1-a)^t F_{n-t} \tag{5-2}$$

可见,指数平滑法在预测时分别以 a、$a(1-a)$、$a(1-a)^2$ 等系数对过去各期的实际数进行了加权。远期的实际值影响较小,因而其权数也较小;近期的实际值影响较大,因而其权数也较大。显然,这种预测方法更符合客观实际,但 a 的确定具有较大的主观因素。

【例 5-2】 物流中心 2005 年 1—9 月的实际物流运作成本分别为 93 万元、85 万元、90 万元、88 万元、92.5 万元、90 万元、95 万元、94 万元、95.5 万元。设 1 月的成本预测值为 91.5 万元、$a=0.5$,请按指数平滑法预测该物流中心 10 月的物流运作成本。

可按公式计算如下:

$$\begin{aligned} F_{10} &= aD_9 + a(1-a)D_8 + a(1-a)^2D_7 + a(1-a)^3D_6 a(1-a)^4D_5 + a(1-a)^5D_4 \\ &\quad + a(1-a)^6D_3 + a(1-a)^7D_2 + a(1-a)^8D_1 + (1-a)^9F_1 \\ &= 0.5 \times 95.5 + 0.5^2 \times 94 + 0.5^3 \times 95 + 0.5^4 \times 90 + 0.5^5 \times 92.5 \\ &\quad + 0.5^6 \times 88 + 0.5^7 \times 90 + 0.5^8 \times 85 + 0.5^9 \times 93 + 0.5^9 \times 91.5 \\ &= 94.411133(万元) \end{aligned}$$

结论:该物流中心 2005 年 10 月的物流运作成本的预测值为 944 111.33 元。

(二) 回归分析法

回归分析法是通过对观察值的统计分析来确定它们之间的联系形式的一种有效的预测方法。从量的方面来说,事物变化的因果关系可以用一组变量来描述,因为因果关系可以表述为变量之间的依存关系,即自变量与因变量的关系。运用变量之间这种客观存在着的因果关系,可以使人们对未来状况的预测更加准确。线性回归分析法分为一元线性回归分析法和多元线性回归分析法,这里我们重点介绍一元线性回归分析法。

利用线性回归分析法时,首先要确定自变量 x 与因变量 y 之间是否线性相关及其相关程度,判别的方法主要有"散布图法"与"相关系数法"。所谓散布图法,就是将有关的数据绘制成散布图,然后依据散布图的分布情况判断 x 与 y 之间是否存在线性关系;所谓相关系数法,就是通过计算相关系数 r 判别 x 与 y 之间的关系。相关系数可按下列公式进行计算:

$$r_{XY} = \frac{\sum_{i=1}^{N}(X_i - \bar{X})(Y_i - \bar{Y})}{\sqrt{\sum_{i=1}^{N}(X_i - \bar{X})^2}\sqrt{\sum_{i=1}^{N}(Y_i - \bar{Y})^2}} \tag{5-3}$$

相关性的判断标准如表 5-2 所示。

表 5-2 相关性的判断标准

相关系数的数值	$\lvert r \rvert \geq 0.7$	$0.3 \leq \lvert r \rvert < 0.7$	$0 < \lvert r \rvert \leq 0.3$	$\lvert r \rvert = 0$
因变量与想变量的关系	强相关	显著相关	弱相关	无相关

在确认因变量与自变量之间存在线性关系之后,便可建立回归直线方程:

$$y = a + bx \tag{5-4}$$

在式中 y 为因变量,x 为自变量,a、b 为回归系数。

根据最小二乘法原理,可得到求 a、b 的方程:

$$a = \frac{\sum y - b \sum x}{n}$$
$$b = \frac{b \sum xy - \sum x \sum y}{n \sum x^2 - (\sum x)^2}$$
(5-5)

【例 5-3】 A 公司下半年某项物流业务的成本资料如表 5-3 所示，请预测次年 1 月物流业务量为 13 小时时，该项物流业务的成本。

表 5-3　A 公司下半年某项物流业务的成本资料

月份	物流业务量（小时）	物流成本（元）
7	6.5	120
8	8.5	130
9	5	110
10	8	130
11	10	140
12	6	125

解： 由题意可知

$$a = \frac{\sum y - b \sum x}{n} = \frac{755 - 5.25 \times 44}{6} = 87.33$$

$$b = \frac{n \sum xy - \sum x \sum y}{n \sum x^2 - (\sum x)^2} = \frac{6 \times 5625 - 44 \times 775}{6 \times 339.5 - 44^2} = 5.25$$

$$y = 87.33 + 5.25x = 87.33 + 5.25 \times 13 = 155.58(元)$$

故，该项物流业务的成本为 155.58 元

（三）专家意见法

专家意见法又称德尔菲法，属于定性预测，通常在预测对象历史数据信息资料缺乏或拥有历史数据资料信息但不满足连续性假定，难以进行定量预测的情况下采用。

专家意见法的具体做法是：根据物流成本预测的目的和要求，认真挑选出一定数量的有关专家，然后向这些专家提供有关预测对象的背景资料。这些专家凭借自身深厚的专业理论知识、丰富的实践工作经验及综合分析判断能力，对预测对象的过去和现状进行综合分析，并从中找出规律，并对今后的发展趋势做出判断，然后再由预测人员对专家的意见进行归纳整理，得出预测结果。

专家的选择是否恰当，在很大程度上直接影响了预测结果的好坏。那么谁是专家？如何选择专家呢？这里所称的"专家"是指对所要预测的目标比较了解，并有丰富的实践经验和较高的理论水平，对预测目标有一定见解的人。这些人既可以是教授、理论研究人员或工程师，也可以是有一定工龄的工人或管理人员。可通过单位专家推荐，或从报纸杂志上视其研究成果的大小进行挑选，或查询专家档案数据库等途径挑选出合适的专家。

为了保证预测结果的可靠性，选择专家时需注意以下几点：

第一，专家要具有代表性。选择专家时，要充分考虑到专家的代表性。这些专家应该来

自于与预测项目有关的各个方面,具有深厚的理论知识水平,较长的相关工作经历和较丰富的实践工作经验,良好的思维能力及表达能力。最好是专家之间彼此互不相识,这样可以避免专家之间发生横向联系,以保证预测结果的客观性。

第二,专家要具有一定的物流成本调研能力及预测方面的知识和经验。

第三,专家的人数要适当。经验表明,人数控制在15人以内比较恰当。

第三节 物流成本预算体系

一、物流预算体系内涵

任何一个企业,不论规模大小,其所拥有的物流资源(物流人员、物流设备和工具、物流资金)是有一定限度的。对于企业的物流部门来说,其所追求的目标是如何使用有限的物流资源实现尽可能大的物流效果。为此,企业在进行物流活动时就必须做好物流预算工作。所谓的物流预算就是所有以货币形式及其他数量形式反映的有关企业未来一定期间内全部物流活动的行动计划与相应措施的数量说明。

从目前来看,在我国企业的预算体系中还没有物流预算的位置,但是物流预算是存在的,只不过没有以"物流预算"的名义存在于企业预算体系之中,而是被分解为若干部分,分别属于销售预算、生产预算、采购预算、资金预算、设备预算、人员预算之中。因此,为了加强物流管理,有必要将上述分解的并分别从属于各项预算中的物流预算抽出、汇总,建立独立完整的物流预算体系。具体地说,就是要从销售预算中分离出销售物流预算;从生产预算中分离出生产物流预算;从采购预算中分离出供应物流预算;从资金预算、设备预算和人员预算中分别分离出物流资金预算、物流设备预算和物流人员预算。如果物流部门实行独立核算,则还可编制物流收益预算。这样,将所有物流预算汇集到一起便构成一个完整的物流预算体系。

二、物流成本预算编制形式

物流设备预算和物流人员预算是以物品和人员为中心作为3—5年的长期预算来编制的;物流收益预算和物流资金预算是以金额作为短期预算来编制的。物流成本预算的编制则存在下列三种形式:

(1)按物流成本的形态编制的物流成本预算,它包括物流人员工资、物流设备折旧费、消耗品费、修缮费以及各种其他费用的预算。这种形式的物流成本预算有利于评价、分析一定时期内企业物流的财务状况,但不利于企业的物流管理。

(2)按物流成本的功能编制的物流成本预算,它包括包装成本预算、运输成本预算和仓储成本预算,等等。这种形式的物流成本预算能够将预算同物流部门及其工作人员有机地结合起来,提高物流部门及其工作人员降低物流成本的积极性。这时,只要将预算与实际作一比较,就能知道各物流部门的预算执行情况,便于明确责任,从而有利于物流成本的降低。

(3)按物流成本的发生对象编制的物流成本预算,该预算通常是按不同商品、不同地区或不同用户编制的。这种形式的物流成本预算包括主要商品的物流成本预算、主要销售地区的物流成本预算和主要用户的物流成本预算。其中,主要商品的物流成本预算是按企业中若干主要商品编制物流成本预算,便于企业有效控制这些主要商品的物流成本支出,进行重点管理,从而达到降低物流成本的目的;主要采购或销售地区的物流成本预算是指企业在采购和销售商品的主要地区所花费的物流成本的预算,有利于控制企业在主要采购和销售地区的物流成本支出,便于在主要采购和销售地区采取措施完成预算进而降低物流成本;主要用户的物流成本预算是指企业在采购或销售商品时,向不同用户支付的物流成本的预算。这种形式的预算有利于调整企业与用户之间服务与成本的关系,经过努力可以实现既不影响对用户的服务质量也不至于因过高的服务水平而花费巨额的物流成本,从而有利于物流成本的降低。

可见,第三种形式的物流成本预算,其主要作用是通过编制不同地区、不同商品、不同用户的物流成本预算来实现重点管理,加强企业物流成本支出的重点控制,从而提高对物流管理的有效性。

三、物流成本预算的作用

物流成本预算包括预算编制和预算控制两项职能。作为计划本身与计划实施、控制的中间环节,物流成本预算具有重要作用:

(1) 物流成本预算可以使计划目标进一步明确化、具体化。企业的物流活动要有目标,它不仅要指明未来行动的方向,而且还要说明行动结果的数量要求,否则就无法实现对物流活动的有效控制。物流成本预算加强了计划目标的可比性,在计划执行过程中作为依据及时明确地提供偏差信息,以便管理层采取有效措施,扩大收益或减少损失。同时,物流成本预算使计划目标明确化,便于个人与组织理解和把握,帮助其了解自身在企业整体工作中的地位和作用,从而强化了计划目标的指导性和激励性。

(2) 物流成本预算可以协调企业的物流活动与企业物流的总体经营目标,如成本降低,必须层层分解为物流各部门、人员和经营环节上的具体目标才能够得到落实。而最重要的是各部门、人员和经营环节的具体目标在方向上必须与总体经营目标保持一致,总体经营目标才有可能最终实现。通过编制物流成本预算可以把各组织层次、部门、个人和环节的目标有机地结合起来,明确它们之间的数量关系,有助于各个部门和经营环节通过正式渠道加强内部沟通并互相协调其努力,从整个物流系统的角度紧密配合,取得最大的经济效益。

(3) 物流成本预算是控制日常物流活动的标准。在日常物流活动中,各项物流活动进展如何,是否符合预定进程,能否实现计划目标,都需要根据一定的标准进行分析和判断,以便及时采取措施。有了物流成本预算,有关部门和单位就可以以预算为依据,通过计量、对比,及时提供实际执行结果与预算标准之间的差异数额,分析其原因,采取有效的措施,保证预算任务和目标的顺利实现。

(4) 物流成本预算是评价物流工作业绩的。依据物流成本预算在确立组织内部各部门、环节、个人行动目标的同时,也进一步明确了他们所承担的经济责任,使之能够被客观评价并具有可考核性,即通过实际数与预算数的比较分析,可以检查评价各部门、个人和环节的经济责任和计划任务的完成情况。

四、物流成本预算编制的组织工作

编制物流成本预算是物流成本预算管理的首要内容,是实施物流成本预算控制的基础,同时也是一项非常复杂和综合性的工作。因此,物流成本预算的编制有赖于最高管理部门的支持和物流组织内各部门的通力合作,在实际中往往要专门成立一个预算委员会,其成员由总经理、财务副总经理和各职能部门的负责人组成。它的主要职责是:提出企业一定期间的总体经营目标,指导各部门形成自己的工作目标;审查协调各部门编制的预算,经过综合平衡确立组织的预算体系;监督检查预算的执行情况;分析评价预算执行的结果;并提出改进意见。

根据目标管理的原则,物流成本预算作为计划和控制物流活动的工具,其编制过程必须有物流部门全体员工的参与。为此,在编制物流成本预算时,可以采取"自编预算"或"参与预算"的方法,广泛吸收预算执行者参加预算编制。其主要程序是:首先由企业最高管理部门会同预算委员会提出经营目标的总体内容和具体要求,然后由物流部门根据经营目标的总体要求,结合本部门具体工作目标,提出本部门的初步预算,预算委员会对其进行分析审查和调整,并在此基础上编制企业的总体预算,报送企业最高领导机构审核批准,最后作为正式预算下发给物流部门执行。通过这种方法编制的预算与上级编好再交下级执行的"强制预算"相比,往往更加切合工作和经营业务的实际,同时容易得到广大预算执行者的理解和支持,增强了实现预算目标的积极性和自觉性,从而能使预算充分发挥其应有的作用。

第四节 物流成本预算的编制

由于企业的物流成本可以依据不同标准进行分类核算,因此,物流成本预算也可以依据不同的标准进行分类编制。

一、不同范围的物流成本预算的编制

不同范围的物流成本预算是对企业不同领域的物流成本编制的预算。这种预算规划出预算期内各物流领域中的物流成本支出数目,从而作为各领域的物流人员降低物流成本的目标。它包括供应物流预算、生产物流预算、销售物流预算、退货物流预算和废弃物物流预算等内容。

【例 5-4】 某公司 2009 年度发生的供应物流费用为 18 000 元,生产物流费用为 27 000 元,销售物流费用为 20 000 元,退货物流费用为 2 000 元,废弃物物流费用为 5 000 元。据公司有关部门分析预测,2010 年公司的原材料采购业务将大幅度增长,为此供应物流费用将比上年增加 10%,而生产物流费用仍将控制在上年的水平,销售物流费用预计可降 5%,退货物流费用可望削减 40%,废弃物物流费用预计降低 15%。根据上述资料,采用分析计算的方法,可编制不同范围的物流成本预算,如表 5-4 所示。

表 5-4　2010 年某公司物流成本预算　　　　　　　　　　单位:元

费用项目	上年实际数	预计增减比率	本年预算数
供应物流费	18 000	+10%	19 800
生产物流费	17 000	0	17 000
销售物流费	20 000	−5%	19 000
退货物流费	2 000	−50%	1 200
废弃物流费	5 000	−15%	4 250
合计	62 000		61 250

不同范围的物流成本预算除了可按年度编制以外,也可按季、按月分别编制,然后汇总编制年度预算。如果企业物流业务量较大,且不同月份的物流业务量增减变化较为明显,最好先按季分月编制预算,编制的方法与上述年度预算的编制相同。

二、不同功能物流成本预算的编制

不同功能的物流成本预算是指按不同的物流功能编制的费用预算。这种预算将不同功能的物流费用指标落实到具体的物流部门,从而有利于明确责任,便于正确考核和评价各物流部门在降低物流成本方面的贡献,并发现其存在的问题,确定奖惩。因此,这是一项有效控制物流成本的预算。这项预算的编制包括包装费预算、运输费预算、仓储费预算和装卸费预算等方面的内容。

(一) 包装费用预算的编制

包装费用是指商品包装过程中所发生的费用,可分为直接包装费和间接包装费。直接包装费是指与商品包装业务量大小直接有关的各种费用,包括直接材料费、直接人工费和直接经费。直接材料费是指包装某种商品直接耗用的材料费用;直接人工费是指直接参加某种商品包装的人员的工资及福利费;直接经费主要是指这种商品的包装设计费用。间接包装费是指与各种商品包装有关的共同费用,同样也是由间接材料费、间接人工费和间接经费所组成。间接材料费是指包装各种商品所共同耗用的材料费用,以及包装部门日常领用的耗用的材料费用;间接人工费是指包装管理人员的工资及福利费;间接经费是指包装设备的折旧费、设备维修费以及包装管理部门所耗用的水、电、气等。由于直接包装费随包装件数的增减而成比例增减,因此直接包装费一般属于变动费用。相反,间接包装费则属于固定费用,但也有一部分间接包装费是变动费用,如电费、水费等。

编制某类商品的包装费预算时,直接包装费可按商品的包装件数乘以该商品每件的直接包装费计算确定。间接包装费可用企业间接包装费总额按一定的分配标准计算出一个分配率,然后分别乘以各种商品的分配标准数(如包装的件数、包装商品的产值、销售收入等)以确定某种商品的间接包装费。

【例 5-5】 假定某公司 20××年第一季度某种商品包装总数为 6 000 件,每件直接材料费为 0.20 元,直接人工费为 0.30 元,直接经费为 0.10 元,变动间接经费为 0.10 元(其中,电费 0.05 元、煤气费 0.04 元、水费 0.01 元),分配记入该种商品的固定间接经费为 540 元(其中,折旧费 100 元、包装管理人员工资 300 元、包装设备维修费 140 元)。根据上述资料编制这类商品的包装费用预算如表 5-5 所示。

表 5-5　某商品包装费用预算　　　　　　　　　　　　　　　单位:元

成本项目	一月份(1 800件)		二月份(2 000件)		三月份(2 200件)		一季度(6 000件)	
	单件	合计	单件	合计	单件	合计	单件	合计
直接包装成本								
直接材料	0.20	360	0.20	400	0.20	440	0.20	1 200
直接人工	0.30	540	0.30	600	0.30	660	0.30	1 800
直接经费	0.10	180	0.10	200	0.10	220	0.10	600
变动间接成本								
水费	0.01	18	0.01	20	0.01	22	0.01	60
电费	0.05	90	0.05	100	0.05	110	0.05	300
煤气费	0.04	72	0.04	80	0.04	88	0.04	240
小计	0.70	1 260	0.70	1 400	0.70	1 540	0.70	4 200
固定间接费用								
折旧费		100		100		100		100
维修费		140		140		140		140
管理人员工资		300		300		300		300
小计		540		540		540		540
合计		1 800		1 940		2 080		5 820

（二）运输费用预算的编制

企业的运输费用包括营业运输费用和自营运输费用两个组成部分。营业运输费用是指利用营业性运输工具进行运输所支付的费用；自营运输费用则是用自己的运输工具进行运输所发生的费用。这两种费用的支付对象、支付形式及项目构成都有较大的差别，因而必须区别对待，分别编制预算。

1. 营业运输费用预算的编制

企业进行营业运输时，其运输费用是直接以劳务费的形式支付给承运单位（运输企业）的，营业运输费实质上是一种完全的变动费用，这种运输费的计算和预算的编制比较简单。如果企业采用汽车运输，运输费用可按汽车标准运费率乘以运输吨公里数计算确定；如果采用火车运输，其运费可按铁路标准运费率乘以运输吨公里数计算确定；水路、航空运输，以此类推。

【例 5-6】　假定某公司计划年度需完成 7 000 吨公里的运输任务。采用公路运输 1 000 吨公里，铁路运输 4 000 吨公里，水路运输 2 000 吨公里，可使该批商品的运输效益最佳。公路运输的平均运费率为 0.30 元/吨公里，铁路运输的运费率为 0.20 元/吨公里，水路运输的运费率为 0.15 元/吨公里。根据上述资料编制该批商品营业运输的运输费用预算，如表 5-6 所示。

表 5-6　某批商品营业运输费用预算

项目	运输率(元/吨公里)	运输量(吨公里)	运输费用(元)
公路运输费用	0.30	1 000	300
铁路运输费用	0.20	4 000	800
水路运输费用	0.15	2 000	300
合计	—	—	1 400

2. 自营运输费用预算的编制

自营运输费用的发生情况比较复杂,既有随运输业务量增减而成比例增减的变动运输费用,如燃料费、维修费、轮胎费等;也有不随运输业务量成比例变化的固定运输费用,如运输工具的折旧费、保险费、养路费等。因此,为了有效地实施预算控制,需要在编制运输费用预算之前,首先区分变动运输费和固定运输费。为了计算预算期各项变动运输费,可以先以上年该项变动运输费总额除以运输业务量,求出上年的变动费用率,在此基础上考虑预算期可能发生的各种变动,适当调整变动费用率,再以调整后的变动费用率乘以预算期的运输业务量,则可得到预算期该项变动运输费用的数额。在确定各项变动运输费用之后,再根据上期各项固定费用的分配数,并考虑预算期可能变化的因素,求出预算期的各项固定运输费用。最后,便可得出自营运输费用的预算。

【例 5-7】 假定某公司 20××年度需完成某种商品的运输任务为 20.0 万吨公里。上年各项变动运输成本的变动费用率经计算为:燃料费 0.8 元/吨公里,维修费 0.5 元/吨公里,轮胎费 0.7 元/吨公里,其他为 0.4 元/吨公里,预算期的各项变动费用率不变。根据上期的实际情况,并考虑预算期的变化因素,确定预算期支付各项固定运输费用的数额如下:运输设备折旧费 50 000 元,养路费 20 000 元,交通管理费 30 000 元,其他固定费用 10 000 元。根据上述资料,编制自营运输费用预算如表 5-7 所示。

表 5-7　营运输费用预算　　　　　　　　　　　　(20××年)

项目	变动费用率(元/吨公里)	计划运输量(万吨·公里)	费用预算(万元)
变动运输费			
燃料费	0.8	20	16
维修费	0.5	20	10
轮胎费	0.7	20	14
其他	0.4	20	8
小计			48
固定运输费			
折旧费			5
养路费			2
管理费			3
其他			1
小计			11
合计			59

3. 仓储费用预算的编制

仓储费用预算也是物流成本预算的重要组成部分。根据所使用的仓库是否归本企业所有，又可将仓储形式分为自营仓储和营业仓储。由于自营仓储和营业仓储所支付的费用形式与内容都有很大差别，所以在编制仓储费用预算时，要区别对待两种情况，即分别编制营业仓储费用预算和自营仓储费用预算。

（1）营业仓储费用的预算编制。如果使用营业性仓储设备储存保管商品，只需向仓储企业支付一笔保管费即可，保管费的多少，往往因储存商品价值的大小、保管条件的好坏以及仓库网点所处的地理位置而有所不同。因此，营业仓储费用预算可按两种标志来编制：一是按所保管的物资价值的大小、数量的多少、保管条件的好坏将物资分为 A、B、C 三个等级。其中，A 级商品是单位价值大、数量少、保管条件好的商品；B 级商品次之；C 级商品为单位价值小、数量多、保管条件差的商品。与此相适应，所支付的仓储费用也有三个档次，即 A 级商品的保管费、B 级商品的保管费和 C 级商品的保管费，并按上述三类费用的支出情况编制预算并进行控制。二是按仓库网点的地理位置不同、仓库条件不同、收费标准不同而将储存商品相应委托给不同仓储单位存储，并编制相应的仓储费用预算。现举例说明上述两种仓储费用预算的编制方法。

【例 5-8】 某公司实行 A、B、C 分类法进行仓储管理。预算年度有 A 类商品为 20 件，每月每件需支付保管费 20 元，B 类商品为 100 件，每月每件需支付保管费 2 元，C 类商品为 500 件，每月每件需支付保管费 0.2 元。现根据已知资料，编制营业仓储费用预算如表 5-8 所示。

表 5-8　营业仓储费用预算

类别	件数	每件所需保管费（元）	年度预算金额（元）
A 类商品	20	20	400
B 类商品	100	2	200
C 类商品	500	0.2	100
合计			700

【例 5-9】 某公司将委托甲、乙、丙三家仓储企业存储商品。这三家仓库的收费标准各不相同，根据三家仓库所存储商品的数量和时间，预计向甲仓储企业支付 3 000 元保管费，向乙仓储企业支付 3 800 元，向丙企业支 1 600 元。根据这一资料编制营业仓储费用预算如表5-9 所示。

表 5-9　营业仓储费用预算　　　　　　　　　　　　　　　　　　　　单位：元

仓储企业	年度预算金额			合计
	A 类	B 类	C 类	
甲企业	3 000			3 000
乙企业	1 800	1 500	500	3 800
丙企业		900	700	1 600
合计	4 800	2 400	1 200	8 400

（2）自营仓储费用的预算编制。自营仓储费用预算的编制相对于营业仓储费用预算的编制复杂。这是因为自营仓储费用所包括的内容比营业仓储费用多,计算起来比较麻烦。为编制自营仓储费用预算,首先也要区分变动仓储费用和固定仓储费用。变动仓储费用就是随仓储业务量的增减而成比例增减的仓储费用,而固定仓储费用则是指不随仓储业务量的增减可成比例增减的仓储费用。属于变动仓储费用的有:① 转库搬运费;② 检验、挑选、整理费;③ 临时人员工资及福利费;④ 库存物资损耗等。属于固定仓储费用的有:① 仓储设备及土地折旧费;② 维修费;③ 管理人员工资及福利费;④ 保险费;⑤ 其他费用,如水费、电费、煤气费等。

自营仓储费用的预算可按月、季和年度编制。不论是月度、季度,还是年度与预算,费用的计算方法基本相同,可根据上年统计资料在预算期的变化因素进行计算,然后编制预算表。现将年度自营仓储费用的预算表格设计如表5-10所示。

表5-10 自营仓储费用预算　　　　　　单位:元

成本项目	一月份(1 800件)		二月份(2 000件)		三月份(2 200件)		一季度(6 000件)	
	单件	合计	单件	合计	单件	合计	单件	合计
直接包装成本								
直接材料	0.20	360	0.20	400	0.20	440	0.20	1 200
直接人工	0.30	540	0.30	600	0.30	660	0.30	1 800
直接经费	0.10	180	0.10	200	0.10	220	0.10	600
变动间接成本								
水费	0.01	18	0.01	20	0.01	22	0.01	60
电费	0.05	90	0.05	100	0.05	110	0.05	300
煤气费	0.04	72	0.04	80	0.04	88	0.04	240
小计	0.70	1 260	0.70	1 400	0.70	1 540	0.70	4 200
固定间接费用								
折旧费		100		100		100		100
维修费		140		140		140		140
管理人员工资		300		300		300		300
小计		540		540		540		540
合计		1 800		1 940		2 080		5 820

本章小结

1. 物流成本预测是经济成本预测的一种,是根据物流成本核算与各种技术经济因素的因果关系,结合发展前景及采取的各种措施,用科学的方法,对未来的成本水平及其变动趋势做出科学的推测和估计。物流成本预测的主要目的是为企业物流决策提供可靠依据。

2. 物流成本预测一般需经过以下几个步骤:确定预测目标;收集预测资料;建立预测模型;评价与修正预测值;编写并提交预测报告。

3. 时间序列预测法的基本思路是把时间序列作为随机变量序列的一个样本,应用概率统计的方法,尽可能减少偶然因素的影响,做出统计意义上较好的预测,一般包括趋势平均法和指数平滑法。采用趋势平均法计算若干期的平均数和趋势平均数时,前后各个时期所用的是同一个权数,即我们假定这些数据对未来的预测值具有同等的影响。而指数平滑法在预测时分别以 a、$a(1-a)$、$a(1-a)^2$ 等系数对过去各期的实际数进行了加权。远期的实际值影响较小,因而其权数也较小;近期的实际值影响较大,因而其权数也较大。

4. 回归分析法是通过对观察值的统计分析来确定它们之间联系形式的一种有效的预测方法。从量的方面来说,事物变化的因果关系可以用一组变量来描述,因为因果关系可以表述为变量之间的依存关系,即自变量与因变量的关系。运用变量之间这种客观存在着的因果关系,可以使人们对未来状况的预测更加准确。

5. 物流成本预算通常是指以货币形式反映的企业未来一定期间的物流成本水平。物流成本预算编制存在三种形式:按物流成本的形态编制的物流成本预算,按物流成本的功能编制的物流成本预算,按物流成本的发生对象编制的物流成本预算。这三种编制形式对企业财务、物流、人员绩效等方面的管理影响各有不一。

中英文关键术语

1. 物流成本预测(Logistics Cost Forecast)
2. 时间序列预测法(Time Series Method)
3. 指数平滑法(Exponential Smoothing,ES)
4. 回归分析预测法 Regression Analysis Prediction Method)
5. 线性相关(Linear Dependence)
6. 最小二乘法(Generalized Least Squares)
7. 物流成本预算(Logistics Cost Accounting)

思考题

1. 物流成本预测的含义是什么?简要概述物流成本预测的意义。
2. 物流成本预测有哪些分类?
3. 简述物流成本预测的步骤。
4. 进行物流成本预测时,一般采用哪些方法?并比较这些方法的适用范围。
5. 什么是物流成本预算?

课外材料阅读　　　　　安利降低物流成本的秘诀

安利1992年进入中国内地,并于1995年正式开业,安利(中国)日用品有限公司为中美合作的大型企业,投资总额为1亿美元。安利在进入中国初期采用"店铺销售加雇佣销售代表"方式经营,通过遍布全国的店铺和销售代表为顾客提供优质产品和完善服务。2002年,安利在全国开设了100多家店铺,销售代表约7万人。安利在广州建有先进的大型生产基地,拥有占地4万多平方米的现代化物流中心。

同样面临物流资讯奇缺、物流基建落后、第三方物流公司资质参差不齐的实际情况,国内同行物流成本居高不下,安利(中国)的储运成本却仅占全部经营成本的4.6%。2003年1月21日,在安利的新物流中心正式启用之日,安利(中国)大中华区储运/营运总监许绍明透露了安利降低物流成本的秘诀:全方位物流战略的成功运用。

据许绍明介绍,安利的"店铺+推销员"的销售模式,对物流储运有非常高的要求。安利的物流储运系统,其主要功能是将安利工厂生产的产品及向其他供应商采购的印刷品、辅销产品等先转运到位于广州的储运中心,然后通过不同的运输方式运抵各地的区域仓库(主要包括沈阳、北京及上海外仓)暂时储存,再根据需求转运至设在各省市的店铺,并通过家居送货或店铺等销售渠道推向市场。与其他公司所不同的是,安利储运部同时还监管着全国近百家店铺的营运、家居送货及电话订货等服务。所以,物流系统的完善与效率,在很大程度上影响着整个市场的有效运作。

但是,由于目前国内的物流资讯极为短缺,他们很难获得物流企业的详细信息,如从业公司的数量、资质和信用等,而国内的第三方物流供应商在专业化方面也有所欠缺,很难达到企业的要求。在这样的状况下,安利采用了适应中国国情的"安利团队+第三方物流供应商"的全方位运作模式。核心业务如库存控制等由安利统筹管理,实行信息资源最大范围的共享,使企业价值链发挥最大的效益。而非核心环节,则通过外包形式完成。如在以广州为中心的珠三角地区主要由安利的车队运输,其他绝大部分地区的货物运输都是由第三方物流公司来承担。另外,全国几乎所有的仓库均为外租第三方物流公司的仓库,而核心业务,如库存设计、调配指令及储运中心的主体设施与运作则主要由安利本身的团队统筹管理。目前已有多家大型第三方物流公司承担安利公司大部分的配送业务。公司会派人定期监督和进行市场调查,以评估服务供货商是否提供具竞争力的价格,并符合公司要求的服务标准。这样,既能整合第三方物流的资源优势,与其建立坚固的合作伙伴关系,同时又通过对企业供应链的核心环节——管理系统、设施和团队的掌控,保持安利的自身优势。

从安利的物流运作模式来看,值得借鉴的是在非核心环节如仓储方面外包的同时,在核心环节上则大手笔投入。安利单在信息管理系统上就投资了9000多万元,其中主要的部分之一,就是用于物流、库存管理的AS400系统,它使公司的物流配送运作效率得到了很大的提升,同时大大地降低了各种成本。安利先进的计算机系统将全球各个分公司的存货数据联系在一起,各分公司与美国总部直接联机,详细储存每项产品的生产日期、销售数量、库存状态、有效日期、存放位置、销售价值、成本等数据。有关数据通过数据专线与各批发中心直接联机,使总部及仓库能及时了解各地区、各地店铺的销售和存货状况,并按各店铺的实际情况及时安排补货。在仓库库存不足时,公司的库存及生产系统亦会及时安排生产,并预定补给计划,以避免个别产品出现断货情况。

凭着先进的管理和经营手段,安利(中国)取得了骄人的成绩。2002年11月,在外经贸部公布的2001—2002年度中国最大的500家外商投资企业按销售额计的排名中,安利(中国)以48.2亿元人民币排在第56位;2003年7月,在《财富》(中文版)发表的第四届"最受赞赏的外商投资企业"的排名中,安利(中国)由 2002 年的第 37 位升到了第 27 位,在日用品生产企业中排在第 2 位(第 1 位是宝洁公司)。

资料来源:根据锦程物流网 http://www.marketing110.com/html/show-10-695-1.html 相关案例改编。

讨论分析题:

1. 安利的物流管理有什么特点?
2. 有人说物流就是运输,试以安利为例反驳这一观点。
3. 什么样的企业会重视物流?

第六章

物流成本决策

学习目标

1. 了解物流成本决策的内容及分类
2. 理解物流成本决策的重要性
3. 掌握物流成本决策的程序
4. 掌握量本利分析法、期望值决策法等成本决策方法

引例

布鲁克林酿酒厂的物流成本管理

布鲁克林酿酒厂在美国分销布鲁克林拉格和布郎淡色啤酒,并且已经经营了3年。虽然在美国还没有成为国家名牌,但在日本市场却已创建了一个每年200亿美元的局面。Taiyo资源有限公司是Taiyo石油公司的一家国际附属企业。在这个公司的Keiji Miyanmoto访问布鲁克林酿酒厂之前,该酿酒厂还没有立即将其啤酒出口到日本的计划。Miyanmoto认为,日本消费者会喜欢这种啤酒,并说明布鲁克林酿酒厂与Hiroyo贸易公司全面,讨论在日本的营销业务。Hiroyo贸易公司建议布鲁克林酿酒厂将啤酒航运到日本,并通过广告宣传其进口啤酒具有独一无二的新鲜度。这是一个营销战略,也是一种物流作业,因为高成本使得目前还没有其他酿酒厂通过航空将啤酒出口到日本。

(1) 布鲁克林酿酒厂运输成本的控制。布鲁克林酿酒厂于1987年11月装运了它的第一箱布鲁克林拉格到达日本,并在最初的几个月里使用了各种航空承运人。最后,日本金刚砂航空公司被选为布鲁克林酿酒厂唯一的航空承运人。金刚砂公司之所以被选中,是因为它向布鲁克林酿酒厂提供了增值服务。金刚砂公司在其J.F.K.国际机场的终点站交付啤酒,并在飞往东京商航上安排运输,金刚砂公司通过其日本报关行办理清关手续。

这些服务有助于保证产品完全符合新鲜要求。

（2）布鲁克林酿酒厂物流时间与价格的控制。与啤酒之所以能达到新鲜要求,是因为这样的物流作业可以在啤酒酿造后的 1 周内将啤酒从酿酒厂直接运达顾客手中,而海外装运啤酒的平均订货周期为 40 天。新鲜的啤酒能够超过一般价值定价,高于海运装运的啤酒价格的 5 倍。虽然布鲁克林拉格在美国是一种平均价位的啤酒,但在日本,它是一种溢价产品,获得了极高的利润。

（3）布鲁克林酿酒厂包装成本控制。布鲁克林酿酒厂将改变包装,通过装运小桶装啤酒而不是瓶装啤酒来降低运输成本。虽然小桶重量与瓶装啤酒相等,但减少了玻璃破碎而使啤酒损毁的机会。此外,小桶啤酒对保护性包装的要求也比较低,这将进一步降低装运成本。

物流成本管理的成效拉格的高价并没有阻碍啤酒在日本的销售。1988 年,即其进入日本市场的第一年,布鲁克林酿酒厂取得了 50 万美元的销售额。1989 年销售额增加到 100 万美元,而 1990 年则为 130 万美元,其出口总量占布鲁克林酿酒厂总销售额的 10%。

资料来源:根据 http://jpk.tjtc.edu.cn/07/wuliu/xuexiyuandi03_1.htm 相关内容改编。

第一节 物流成本决策概述

管理的重心在于经营,而经营的重心在于决策,合理的决策为经营目标的实现提供了行为起点。因此,成本决策的作用在于保证成本控制行为的合理性和有效性。

一、物流成本决策含义及意义

（一）物流成本决策含义

决策是指管理者为了实现某种特定的目标,运用一定的决策技巧和方法,并结合成本预测所提供的成本信息,从两个以上可供选择的方案中选择一个令人满意的方案的过程。决策作为一个系统过程,其构成要素包括决策者、决策目标、决策变量、状态变量、效果值、概率等。

物流成本决策是指针对物流成本,在调查研究的基础上确定行动的目标,拟定多个可行方案,然后运用统一的标准,选定适合本企业的最佳方案的全过程。决策是行动的基础,正确的行动来自正确的决策。在物流活动中,决策贯穿于物流管理工作的全过程。正确的决策必须建立在认识和了解企业内部条件和外部环境的基础上,首先必须按照决策的程序和步骤进行操作;其次,要运用适当的技术和方法,才能做出正确的决策。

物流企业的成本决策涉及企业的生产经营和资本运作等各个领域,可以说凡是发生成本费用支出的各项经济活动,都有一个成本决策问题。成本决策分析的最终目的是选出最优方案,选优的标准主要是看经济效益的高低,而影响经济效益高低的决定性因素则是分析、研究成本指标。人们在日常的工作和生活中,经常要做出决策,以规划自己的行为。正确的决策产生正确的行为,得出满意的结果;反之,一旦决策失误,将造成无可挽回的经济损失。因此,必须正确认识物流企业的成本决策行为,它对于企业增强其在市场的竞争优势,实现预测目标起着十分积极的作用。

（二）物流成本决策的意义

伴随着市场经济的不断发展，物流成本决策对企业的生存和发展有着越来越重要的作用，这也是一种客观的发展趋势。

1. 物流成本决策是企业管理体制改革的客观要求

企业自主经营、自负盈亏的性质决定了企业必须对经营结果负责，对企业自身与广大职工负责。在物流过程中势必要组织正确的决策，没有这一点，无须说发展，生存问题都要受到影响。

2. 物流成本决策是企业提高经济效益的迫切需要

企业为了增强自身的竞争能力和适应能力，必须不断研究、改进物流过程和降低物流成本方法，不断提高经济效益，并从中求得发展。严格地来讲，这一切都有赖于科学的物流成本决策。

3. 物流成本决策是企业内外部环境条件变化的必然结果

一方面，随着生产的社会性愈加强烈，企业外部环境条件处于急剧的变化之中，为了适应这种形势，必须从资金耗费得到巨大节约的角度来规划企业的经营行为；另一方面，生产的高技术与大规模越来越明显，生产投资额度不断升高，耗费也日显巨大。因此，企业应对自身的经营行为合理控制，而这又要维系于物流成本决策之上。

4. 物流成本决策是现代化成本管理的重要特征

近年来，管理科学的进步已对成本管理产生了重大影响，人们已经认识到，单一的计划管理和行政手段远远不能满足现代化生产经营管理的需要，应用新理论、采取新方法、更新传统的成本管理方式也就顺理成章。在目前阶段，最有必要并确有可能实施的更新莫过于物流成本决策了，这也是现代化管理的标志。

二、物流成本决策的分类

根据决策学理论，物流成本决策可以归纳为以下几种类型。

1. 战略决策和战术决策

战略决策是指关系到全局性、方向性和根本性的决策，其产生的影响深远，在较长时间内会对企业的物流成本产生影响。例如，企业运输、配送线路的规划、仓库及配送中心的选址、仓库采取租赁或是自建等问题，就属于战略决策。战术决策是为了保证战略决策的实施，对一些带有局部性、暂时性或者其他执行性质的问题所做的决策。例如运输决策、库存决策等就是战术决策。

2. 规范性决策和非规范性决策

规范性决策是指在管理工作中，经常遇到的一些重复性的问题，这些问题凭借现有的规章制度就可以解决。例如物流成本的预算与控制决策就是属于规范性决策。非规范性决策是指偶然发生的或初次发生的非例行活动所作出的决策，这类决策往往依赖于决策者的经验和判断能力。

3. 单目标决策和多目标决策

决策目标仅有一个，就称单目标决策；决策目标不止一个，就称多目标决策。

4. 个人决策和集体决策

个人决策效率高,但决策有局限性,风险也较大,适合于物流成本战术性决策或非规范性决策问题。集体决策能充分发挥集体智慧,信息比较全面,可以避免局限性,但决策过程较长,涉及的领导人较多,对一些紧急的决策问题,常常不能当机立断。

5. 确定性决策、风险性决策和不确定性决策

确定性决策方法的特点是只有一种选择,决策没有风险,只要满足数学模型的前提条件,数学模型就会给出特定的结果,例如企业常用到的量本利分析就属于确定性物流成本决策。风险性决策是指决策所遇到的未来事件的各种自然状态的发生具有不确定性,但可以测出各种自然状态出现的概率的决策,风险性决策方法可以采用期望值决策法和决策树法。不确定性决策是指在对决策问题的未来不能确定的情况下,通过对决策问题的变化的各种因素分析,估计有可能发生而做出的决策。

三、物流成本决策的程序

1. 确定决策目标

决策目标是决策分析的出发点和归结点。确定决策目标就是弄清一项决策究竟要解决什么问题,以便为决策分析的开展进行提供一个方向和依据。确定决策目标一般要注意处理好以下几点:

(1) 目标具体化。确定的目标不能过于笼统抽象,以免被误解。

(2) 目标定量化。尽可能地用定量指标表达决策目标。

(3) 明确约束条件。凡属有条件目标者,应充分揭示其约束条件。

(4) 目标系统化。对于多目标决策,应首先分清主次,区别对待。如要注意分清战略与战术目标;远景目标与近期目标;主要目标与从属目标;必达目标与期望目标等。进而理顺目标排列顺序,简化归并目标,使综合目标系统化。

2. 提出备选方案

在明确提出决策目标的前提下,应充分考虑现实与可能,设计各种可能实现决策目标的、具有可行性的备选方案。所谓"可行性"是指技术上可行、经济上合理。备选方案的提出一般要经过:形成基本设想——做出初步方案——最后形成备选方案的反复补充修改的过程。

3. 收集整理与备选方案相关的资料

备选方案一经提出,就要收集整理与备选方案有关的资料,特别是有关预期收入和预期成本的数据,作为今后决策的依据。对于收集的资料应进行认真的分析鉴别,采取去粗取精、去伪存真的做法,对于偶然事件的影响应予以剔除,必要时还要进行加工延伸。

4. 通过定量分析对备选方案做出初步评价

这是整个决策分析过程的关键阶段。这个步骤就是把各个备选方案的可计量资料先分别归类系统排列,选择适当的专门方法,建立数学模型,对各方案预期收入和预期成本进行计算、比较和分析,再根据经济效益对备选方案做出初步的判断和评价,确定哪个方案较优。

5. 考虑其他因素影响,确定最优方案

在综合比较各方案的优缺点的基础上,全面权衡利弊得失,按照一定原则要求确定最终

择优的标准及有关方法,筛选较为理想的相对最优的方案。

除了以上五个步骤,还应组织决策方案的实施、跟踪反馈。严格地讲,执行决策结果已超出了决策分析本身的范围,但它是决策分析过程的延伸。在组织落实决策方案的过程中,有助于发现问题、及时反馈、随时调整目标或修改方案乃至做出下一轮新的决策,使决策过程处于决策—实施—反馈—再决策—再实施的动态良性循环。当然在决策分析过程的前几个阶段上也必须不断地反馈信息为决策分析提供参考。

第二节　物流成本决策的方法

物流成本决策的方法很多,最常用的有量本利分析法、期望值决策法、决策树法、乐观准则、悲观准则、后悔值准则、成本无差别点分析法、重心法、差量分析法、线性规划法等。

(一) 量本利分析法(CVP 分析)

量本利分析法是针对确定性决策的一种求解方法。它就是研究决策方案的销量、生产成本与利润之间的函数关系的一种数量分析方法,是从目标利润或目标成本出发,来确定合理的物流业务量或业务规模的方法。

量本利分析所考虑的因素主要包括固定成本 a、单位变动成本 b、营业量 x、单价 p、营业额 px 和营业利润 P 等。这些变量之间的关系表示为:

$$利润 = 总收益 - 总成本$$

即
$$P = px - (a + bx) = (p - b)x - a \tag{6-1}$$

式(6-1)是建立量本利分析的数学模型的基础,是量本利分析的基本公式。利润等于零的点称为盈亏平衡点,记盈亏平衡点的营业量为 x',则由

$$(p - b)x - a = 0$$

得
$$x' = \frac{a}{p - b} \tag{6-2}$$

利润大于零,称为盈利,故盈利的营业量 x 必须满足: $x > x' = \frac{a}{p - b}$。利润小于零,称为盈利,故盈利的营业量 x 必须满足 $x < x' = \frac{a}{p - b}$。

为了使量本利分析的思想更加形象化,实践中常常会使用到量本利分析图。所谓量本利分析图就是在平面直角坐标系上,使用解析几何模型反映量本利关系的图形。量本利分析图不但能够反映固定成本、变动成本、营业量、营业额和盈亏平衡点、亏损区和利润区,而且还可以反映贡献边际、安全边际及其相关范围,甚至可以提供单价、单位变动成本和单位贡献边际的水平。其最基本的量本利分析图如图6-1所示。

进行物流成本量本利分析,可以帮助企业进行物流业务保本量分析、产品自制或外购问题的决策、设备更新决策、新建企业生产规模的决策问题等。

【例6-1】 某运输公司依据历史数据分析,确定单位变动成本为130元/(千吨·千米),固定成本总额为20万元,营业税税率为3%,单位运价为200元/(千吨·千米)。试确定该公司保本运输作业量;当货物周转量为5 000千吨·千米,该公司利润为多少?

解:据本题条件可知,固定成本 a 为 200 000 元,单位运价 p 为 200(1 - 3%)元/(千

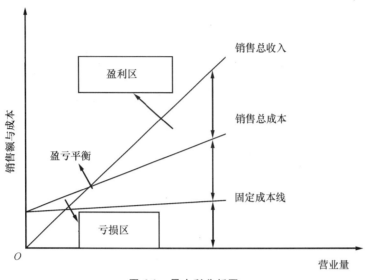

图 6-1 量本利分析图

吨·千米),单位变动成本 b 为 130 元/(千吨·千米), x = 5 000 千吨·千米。

根据公式 $x' = \dfrac{a}{p-b}$,得:

保本点运输作业量 x' = 200 000/[200(1 - 3%) - 130] = 3 125(千吨·千米)

根据公式 $P = px - (a + bx)$,当货物周转量 x 为 5 000 千吨·千米时:

公司利润 P = 200(1 - 30%) × 5 000 - 200 000 - 130 × 5 000 = 120 000(元),故该公司保本运输作业量为 3 125 千吨·千米;当货物周转量为 5 000 千吨·千米时,公司将获得 120 000 元的利润。

【例 6-2】 某企业每年需用包装箱 36 000 件,外购每件单价为 28 元,现该企业辅助车间有剩余生产能力可以生产这种包装箱,经测算自制时固定制造费用 10 万元,每件需支付直接材料 11 元,直接人工 4 元,变动性制造费用 2 元。要求:(1) 做出该包装箱是自制还是外购的决策;(2) 假定全年包装箱的需用量不知道,自制包装箱时辅助车间每年需追加固定成本 320 000 元。要求做出该包装箱是自制还是外购的决策分析。

解:(1) 已知单价 p 为 28 元,固定制造费用 a 为 100 000 元,自制的变动生产成本 b 为 11 + 4 + 2 = 17 元。首先计算盈亏平衡点产量,

$$x' = \dfrac{a}{p-b} = 100\,000/(28 - 17) \approx 9\,091(件)$$

现该企业每年需用包装箱 36 000 件,大于盈亏平衡点产量,故选择自制方案。

(2) 固定制造费用 a 为 320 000 元,计算盈亏平衡点产量

$$x' = \dfrac{a}{p-b} = 320\,000/(28 - 17) \approx 29\,091(件)$$

故如果包装箱全年需用量低于 40 000 件,宜外购;若超过 40 000 件,宜自制。

(二) 期望值决策法

期望值法是针对风险性决策的一种求解方法。它以收益和损失矩阵为依据,分别计算

各可行方案的期望值,选择其中收益值最大的方案作最优方案。在某一确定方案的情况下,根据不同的状态可能出现的概率可计算出期望值。例如,某种商品的未来市场状态可能有畅销、平销和滞销三种,到底属于何种,没有十分的把握,但可确定未来市场状态出现的概率。期望值决策法的步骤如下:

(1) 通过调查、研究,掌握决策所需的有关资料和信息;
(2) 列出决策条件表格;
(3) 根据决策条件表格给出的决策条件,计算各种策略下的期望收益值;
(4) 根据决策准则进行决策,期望收益最大者为最优策略。

其计算公式如下:

$$E = \max(\Sigma P_j O_{ij}) \tag{6-3}$$

式中,E 为期望值;P_j 为第 j 种自然状态可能发生的概率值($j=1,2,\cdots,n$);O_{ij} 为第 i 行第 j 列(或称 A_i 方案第 j 种自然状态下)的收益值($i=1,2,\cdots,m$)。

由上可知,期望值的计算公式采用了以概率为权数的加权算术平均法。

【例 6-3】 某商店要拟订 1、2、3 月某食品的日进货计划,该商品进货成本为每箱 60 元,销售价格为 110 元,即当天能卖出去每箱可获利 50 元,如果当天卖不出去,剩余一箱就要由于降价处理等原因亏损 20 元。现市场需求情况不清楚,但有前两年同期 180 天的日销售资料。现根据市场销售资料,问应怎样拟订日进货计划才使利润最大?

解:(1) 根据前两年同期日销售量资料,进行统计分析,确定不同日销售量的概率,如表 6-1 所示。

表 6-1 日销售表

日销售量(箱)	完成日销售量天数(天)	概率(%)
50	36	36/180 = 0.2
60	72	72/180 = 0.4
70	54	54/180 = 0.3
80	18	18/180 = 0.1
合计	180	1.0

(2) 根据每天可能的销售量,编制不同进货方案的条件收益表,如表 6-2 所示。

表 6-2 不同进货方案的条件收益表

进货量\销货量	50 (0.2)	60 (0.4)	70 (0.3)	80 (0.1)	期望利润(元)
50	2 500	2 500	2 500	2 500	2 500
60	2 300	3 000	3 000	3 000	2 860
70	2 100	2 800	3 500	3 500	2 940
80	1 900	2 600	3 300	4 000	2 810

日进货量 50 箱,售出 50 箱,则条件利润为 50 × 50 = 2 500(元);若需求量大于 50 箱,利

润依然为 2 500 元;又日进货量 60 箱而售出 50 箱,则条件利润为 50 × 50 − (60 − 50) × 20 = 2 300(元)。其他情况的收益计算方法类似。

(3) 计算各个进货方案的期望利润值。各个方案的期望利润值是在收益表的基础上,将每个进货方案在不同自然状态下的利润值乘以该自然状态发生的概率值之和。例如,日进货量 60 箱方案的期望利润值为 2 300 × 0.2 + 3 000 × 0.4 + 3 000 × 0.3 + 3 000 × 0.1 = 2 860(元)。

(4) 决策。从期望利润值可以看出:日进货量 70 箱的计划方案的期望利润值为最大。因此,最佳方案为日进货量 70 箱。

期望收益值是各种状态下的收益值和损失值的加权平均的结果,因此要重视平均值中损失值的原因分析,要加强调查研究,掌握决策问题的准确情报资料,权衡得失,尽可能减少决策的风险性,减少损失值,提高收益值。

(三) 决策树法

决策树又称决策图。其结构如图 6-2 所示。决策树是以方块和圆点作为节点,并由直线连接而成的一种树状结构。

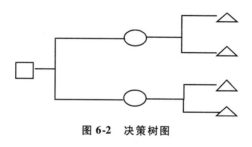

图 6-2 决策树图

图中,□表示决策节点,由它引出若干条树枝,每枝代表一个方案(方案枝);○表示状态节点,由它引出若干条树枝,表示不同的自然状态(状态枝),在每条状态枝上写明自然状态及其概率值;△表示每种自然状态相应的损益值。

一般决策问题具有多个方案,每个方案可能有多种状态。因此,图形从左到右,由简到繁组成一个树枝网络图。

决策树法也是针对风险性决策的一种求解方法。它是决策局面的一种图解,是按一定的方法绘制好决策树,用树状图来描述各种方案在不同自然状态下的收益,然后用反推的方式进行分析,据此计算每种方案的期望收益从而做出决策的方法。具体而言,应用树枝图进行决策的过程是:由右到左,逐步后退。根据右端的损益值和状态枝上的概率,计算出同一方案不同状态下的期望损益值,然后根据不同方案的期望损益值的大小进行选择。方案的舍弃称为修枝,舍弃的方案只需在枝上画以"∥"的符号,即表示修枝的意思。最后决策节点只留下一条树枝,就是决策的最优方案。

【例 6-4】 某流通企业为了增加所销售的产品的附加值,拟投资建设流通加工厂,据市场预测产品销路好的概率为 0.7,销路差的概率为 0.3,有三种方案可供企业选择。

方案 1:新建大厂,需投资成本 300 万元。据初步估计,销路好时,每年可获利 100 万元;销路差时,每年亏损 20 万元,服务期为 10 年。

方案 2:新建小厂,需投资成本 140 万元。销路好时,每年可获利润 40 万元;销路差时,每年仍可获利 30 万元。服务期为 10 年。

方案 3:选建小厂,三年后销路好时再扩建,需追加投资成本 200 万元,服务期为 7 年,估计每年获利 95 万元。根据上述情况,试用决策树法选择最优方案。

解:(1) 根据题意,先画出决策树,如图 6-3 所示。

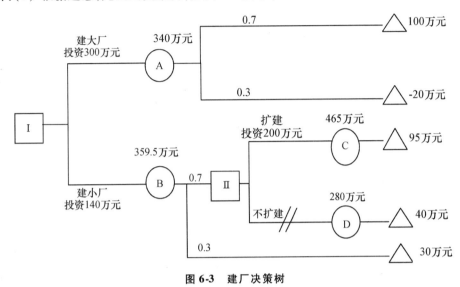

图 6-3 建厂决策树

(2) 计算各节点的期望收益值:

点 A:$[0.7 \times 100 + 0.3 \times (-20)] \times 10 - 300 = 340$(万元)

点 C:$[1.0 \times 95 \times 7 - 200] = 465$(万元)

点 D:$[1.0 \times 40 \times 7] = 280$(万元)

决策点 Ⅱ:点 C 与点 D 比较,点 C 期望收益值较大,因此新建小厂应采用 3 年后再扩建方案,3 年后仍维持小厂的方案则应舍弃。

点 B 有两个方案,即前三年建小厂,后七年扩建和小厂共同维持到 10 年。则点 B 的期望收益值:$[(0.7 \times 40 \times 3 + 465 \times 0.7) + 0.3 \times 30 \times 10] - 140 = 359.5$(万元)

(3) 选择最优方案:

将节点 A 与节点 B 比较,应选择先建小厂,3 年后销路好扩建,再经营 7 年,整个 1 年期间共计获利 359.5 万元。

(四)乐观准则、悲观准则、后悔值准则

乐观准则、悲观准则、后悔值准则是针对不确定性决策的求解方法。

乐观准则,也叫最大最大准则(maxmax 准则),其决策的原则是"大中取大"。持这种准则思想的决策者对事物总是抱有乐观和冒险的态度,他决不放弃任何获得最好结果的机会,争取以好中之好的态度选择决策方案。

悲观准则,又叫最大最小准则(maxmin 准则),其决策的原则是"小中取大"。这种决策方法的思想是对事物抱有悲观和保守的态度,在各种最坏的可能结果中选择最好的。决策时从决策表中各方案对各个状态的结果选出最小值,即在表的最右列,再从该列中选出最大者。

后悔值决策法也叫萨维奇方法或遗憾法,此决策法由萨维奇(或译沙万奇 Savage)提出的,决策者制定决策之后,若情况未能符合理想,必将产生一种后悔的感觉;决策者以后悔值作为依据进行决策的方法叫做后悔值决策法。后悔值准则需要计算后悔值,所谓后悔值也称机会损失值,是指在一定自然状态下由于未采取最好的行动方案,失去了取得最大收益的机会而造成的损失。

【例 6-5】 某企业从事某生鲜产品配送业务,该产品合理的进货量存在一定利润,若销路不好,进货量超过销量,将出现处理存货成本,可能导致企业亏损。现有三种配送方案待选,估计销路和损益情况如表 6-3 所示。试分别用乐观准则、悲观准则、后悔值准则选择最优产品方案。

表 6-3 损益表　　　　　　　　　　　　　　　　　　　　　　单位:万元

状态	甲方案	乙方案	丙方案
销路好	40	90	30
销路一般	20	40	20
销路差	-10	-56	-4

解:① 乐观准则(大中取大):

甲方案最大利润 40 万元,乙方案最大利润 90 万元,丙方案最大利润 30。因此,90 万元对应的乙方案为最优方案。

② 悲观准则(小中取大):

甲方案最大利润 -10 万元,乙方案最大利润 -50 万元,,丙方案最大利润 -4 万元。因此,-4 万元对应的丙方案为最优方案。

③ 后悔值准则:

后悔值 = 该自然状态下最大损益值 - 相应损益值,如表 6-4 所示。

表 6-4 后悔表值　　　　　　　　　　　　　　　　　　　　　　单位:万元

状态	甲方案	乙方案	丙方案
销路好	50	0	60
销路一般	20	0	20
销路差	6	46	0

甲方案最大后悔值 50 万元,乙方案最大后悔值 46 万元,丙方案最大后悔值 60 万元。因此,根据大中取小准则,46 万元对应的乙方案为最优方案。

对以上决策方案,企业究竟应如何选择,应通盘考虑企业经营战略,物流系统所处的环境,选择一种或多种方法综合决策。

(五) 成本无差别点分析法

成本无差别点分析法就是对不同的备选方案首先计算成本无差别点,然后把它作为数量界限来筛选最优方案的一种决策分析方法。成本无差别点是指两个备选方案在总成本相等时的业务量。当预计业务量低于成本无差别点时,则固定成本较小,单位变动成本较大的方案为较优方案;当预计业务量高于成本无差别点时,则固定成本较大,单位变动成本较小的方案为较优方案。

成本无差别点业务量是指能使两方案总成本相等的业务量,记作 x_0。

设 A 方案的成本为:$y_1 = a_1 + b_1 x$,B 方案的成本为:$y_2 = a_2 + b_2 x$,令 $y_1 = y_2$,即
$$a_1 + b_1 x = a_2 + b_2 x$$

解得成本平衡点:$x_0 = \dfrac{a_1 - a_2}{b_2 - b_1}$,如图 6-4 示。

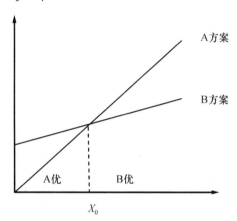

图 6-4 成本平衡分析

(1) 若业务量 $x > x_0$ 时,则固定成本较高的 A 方案优于 B 方案;
(2) 当业务量 $x < x_0$ 时,则固定成本较低的 B 方案优于 A 方案;
(3) 若业务量 $x = x_0$ 时,则两方案的成本相等,效益无差别。

【例 6-6】 企业需用的某配件既可自制,又可从市场上买到。若企业自制此配件,每年的相关固定成本为 20 000 元,单位变动成本为 4 元/件。从市场上外购此配件超过 5 500 件,则 6 元/件;5 500 件以下,8 元/件。

要求:作出企业取得此配件方式的决策。

解:
(1) 自制此零件,设业务量为 x 成本为 y,则 $y = a + bx = 20\,000 + 4x$
外购件 $\leqslant 5\,500$ 时,$y_1 = b_1 x = 8x$
外购件 $> 5\,500$ 时,$y_2 = b_2 x = 6x$
(2) 由题意可作图 6-5 所示。
(3) 求交点。

$$x \leqslant 5\,500 \begin{cases} y = 20\,000 + 4x \\ y = 8x \end{cases} \quad 解得 x = 5\,000$$

$$x > 5\,500 \begin{cases} y = 20\,000 + 4x \\ y = 6x \end{cases} \quad 解得 x = 10\,000$$

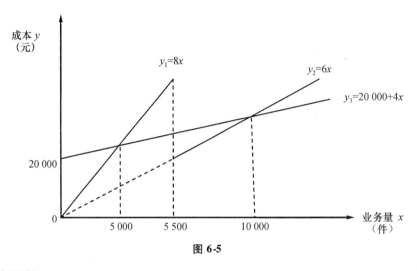

图 6-5

(4) 由图得：

$x \leqslant 5\,000$ 时，选 y_1 图像，即外购；

$5\,000 < x \leqslant 5\,500$ 时，选 y 图像，即自制；

$5\,500 < x \leqslant 10\,000$ 时，选 y_2 图像，即外购；

$x > 10\,000$ 时，选 y 图像，即自制。

（六）重心法

重心法是一种模拟方法，它是将物流系统中的需求点和资源点看分布在某一平面范围内的物体系统，各点的需求量和资源量看作物体的重量，物体系统的重心作为物流网点的最佳设置点，利用求物体系统重心的方法来确定物流网点的位置。

如在某计划区内，有 n 个资源点和需求点，各点的资源量或需求量为 $W_j(j=1,2,3,\cdots,n)$，它们各自的坐标是 $(x_j,y_j)(j=1,2,3,\cdots,n)$。需设置一个网点，设网点的坐标为 (x,y)，网点至资源点或需求点的运费率为 C_j，求平面中物体系统中心的方法有：

$$\begin{cases} \bar{x} = \sum_{j=1}^{n} C_j W_j x_j \Big/ \sum_{j=1}^{n} C_j W_j \\ \bar{y} = \sum_{j=1}^{n} C_j W_j y_j \Big/ \sum_{j=1}^{n} C_j W_j \end{cases} \tag{6-4}$$

代入数字，实际求得 (x,y) 的值即为所求物流网点位置的坐标，记为 $(\bar{x},\bar{y})$。

【例 6-7】 图 6-6 为某计划区域内资源点与需求点的分布情况，各点资源量、需求量和运费率列于表 6-5。需在该地区设置一个配送中心 D，只考虑运输费用，求 D 的最佳位置。

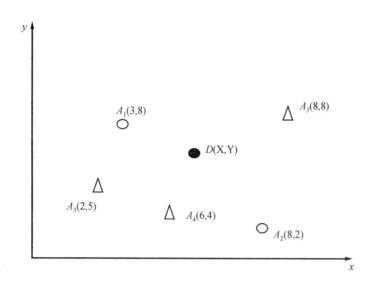

○ 表示资源点　△ 表示需求点　● 表示物流网点

图 6-6　计划区域内资源点与需求点的分布情况

表 6-5　各点资源量、需求量和运费率

	资源量或需求量	至 D 点的运费率
A_1	2 000	0.5
A_2	3 000	0.5
A_3	2 500	0.75
A_4	1 000	0.75
A_5	1 500	0.75

解：先由重心法公式(6-4)求得重心坐标(x_0, y_0)：

$$x_0 = \frac{2\,000 \times 0.5 \times 3 + 3\,000 \times 0.5 \times 8 + 2\,500 \times 0.75 \times 2 + 1\,000 \times 0.75 \times 6 + 1\,500 \times 0.75 \times 8}{2\,000 \times 0.5 + 3\,000 \times 0.5 + 2\,500 \times 0.75 + 1\,000 \times 0.75 + 1\,500 \times 0.75}$$

$$= 5.16$$

$$y_0 = \frac{2\,000 \times 0.5 \times 8 + 3\,000 \times 0.5 \times 2 + 2\,500 \times 0.75 \times 5 + 1\,000 \times 0.75 \times 4 + 1\,500 \times 0.75 \times 8}{2\,000 \times 0.5 + 3\,000 \times 0.5 + 2\,500 \times 0.75 + 1\,000 \times 0.75 + 1\,500 \times 0.75}$$

$$= 5.18$$

（七）差量分析法

差量分析法是根据两个备选方案的"差量收入"与"差量成本"的比较所确定的"量损益"来确定哪个方案最优的方法。"差量收入"是指两个备选方案的预期相关收入之间的差额；"差量成本"是指两个备选方案的预期相关成本之间的差额。如果"差量损益"小于零，则后一个方案较优；如果"差量损益"大于零，则前一个方案较优。应当注意计算时，方案的先后排列顺序必须一致。另外，如果有多个方案供选择时，可两两作比较最终来确定最优方案。

【例 6-8】　某企业面临生产哪一种产品的决策，生产甲产品的单位变动成本为 80 元，预计销售量为 1 000 件,预计销售单价为 110 元;生产乙产品的单位变动成本为 220 元,预计销售量为 500 件,预计销售单价为 260 元。若生产甲乙产品的固定成本相同,那么生产哪种产品对企业有利?

解:

$$差量收入 = (110 元 \times 1 000) - (260 元 \times 500) = -20 000 元$$
$$差量成本 = (80 元 \times 1 000) - (220 元 \times 500) = -30 000 元$$
$$差量损益 = (-20 000 元) - (-30 000 元) = 10 000 元$$

说明生产甲产品比生产乙产品可多获利润 10 000 元,生产甲产品对企业是有利的。

(八) 线性规划法

线性规划法用来解决资源的合理利用和合理调配问题。具体来说有两个方面:一是当任务已定时,如何统筹安排以最少的资源来完成任务;二是当资源的数量已定时,如何到合理利用、配置,使完成任务最大化。线性规划的实质是把经济问题转化为数学模型进定量分析,通过求函数极大值或极小值来确定最优方案。

本章小结

1. 物流成本决策是指针对物流成本,在调查研究的基础上确定行动的目标,拟订多个可行方案,然后运用统一的标准,选定适合本企业的最佳方案的全过程。具体来说,就是以物流成本分析和预测的结果为基础建立合适目标,拟定几种可以达到该目标的方案,根据成本效益评价从几个方案中选出最优方案的过程。

2. 物流成本决策有不同类型的决策,可归纳为战略决策与战术决策、规范性决策和非规范性决策、单目标决策和多目标决策、个人决策和集体决策、确定型决策、风险性决策与非确定型决策等。

3. 物流成本决策的过程,通常按照以下几个步骤进行:① 确定决策目标;② 提出备选方案;③ 收集整理与备选方案相关的资料;④ 通过定量分析对备选方案做出初步评价;⑤ 考虑其他因素影响,确定最优方案。

4. 量本利分析法是针对确定性决策的一种求解方法。它就是研究决策方案的销量,生产成本与利润之间的函数关系的一种数量分析方法,是从目标利润或目标成本出发,来确定合理的物流业务量或业务规模的方法。进行物流成本量本利分析,可以帮助企业进行物流业务保本量分析、产品自制或外购问题的决策、设备更新决策、新建企业生产规模的决策问题等。

5. 决策树又称决策图,是以方块和圆点作为节点,并由直线连接而成的一种树状结构。决策树法也是针对风险性决策的一种求解方法。它是决策局面的一种图解,是按一定的方法绘制好决策树,用树状图来描述各种方案在不同自然状态下的收益,然后用反推的方式进行分析,据此计算每种方案的期望收益从而做出决策的方法。

6. 重心法是一种模拟方法,它是将物流系统中的需求点和资源点看作分布在某一平面范围内的物体系统,各点的需求量和资源量看成是物体的重量,物体系统的重心作为物流网点的最佳设置点,利用求物体系统重心的方法来确定物流网点的位置。

中英文关键术语

1. 物流成本决策（Logistics Cost Decision）
2. 量本利分析法（Cost-Volume-Profit Analysis）
3. 期望值决策法（Expectations Decision）
4. 决策树法（Decision Tree）
5. 乐观准则（Optimistic Criterion）
6. 悲观准则（Pessimistic Criterion）
7. 后悔值决策法（Regret Value Method in Decision Making）
8. 重心法（The Centre-of-gravity Method）
9. 线性规划（Linear Programming）

思考题

1. 什么是物流成本决策？简述物流成本决策的基本步骤。
2. 物流成本决策有哪些分类？
3. 如何通过差量分析法进行物流成本决策？
4. 某物流企业为了扩大业务，拟建仓库，有建大、中、小型三种方案可供选择。据市场预测，仓储业出现景气、普通、不景气三种状态的概率分别为 0.3、0.4、0.3。表 6-6 给出了三种方案在三种状态下的收益值，请计算各方案的期望收益值，并进行比较分析，确定最优方案。

表 6-6 收益表   单位：万元

方案＼状态	景气	普通	不景气
建小型仓库	250	200	180
建中型仓库	350	400	150
建大型仓库	600	300	100

5. 设一个物流中心向四个企业运输货物，这四个企业的位置可以用坐标点来表示，有关资料如表 6-7 所示。为使运货系统成本最低，该物流成本的最佳位置应在哪里？

表 6-7 运货系统资料

企业	坐标 x,y（千米）	年需求量（万吨）
$D1$	2,2	80
$D2$	3,5	90
$D3$	5,4	20
$D4$	8,5	30

课外材料阅读　　中石化物流管理决策案例

中国石化集团公司主营业务范围包括：实业投资及投资管理；石油、天然气的勘探、开采、储运(含管道运输)、销售和综合利用；石油炼制；汽油、煤油、柴油的批发；石油化工及其他产品的生产、销售、储运、运输；石油石化工程的勘探设计、施工、建筑安装；石油石化设备检修维修；机电设备制造；技术及信息、替代能源产品的研究、开发、应用、咨询服务；自营和代理各类商品和技术的进口。

一、管理诉求

中国石油化工集团公司希望实现公司全国范围内的数据集中式管理，通过构建集中式决策支持平台，支持全国范围的业务决策多级扩展，使得公司内部的资源可以充分共享，总部可以更加关注诸如资源流向、调运计划、运力资源等有限关键资源，物流部可以实现对区域内的生产企业仓库、配送中心以及网店库的物流资源实行集中管理，最终达到可以全面控制供应链各环节的管理要求。

此外，中国石油化工集团公司也希望建立以订单处理、业务协同为核心的管理机制，通过加强对物流业务协同的核心经营管理，实现外部单一物流订单向内部多个作业执行指令的转变，当订单处理结束下达以后，各协同结构都可以看到与某订单有关的作业指令单，及时安排本责任范围内的操作，同时实现对物流全过程的业务监控，对运输配送的订单和调拨订单进行全程跟踪，对订单执行过程中的也无异常情况进行实时反馈至调度中心，调度中心根据实际情况进行相应决策，并对业务进行及时调整。

二、项目实施

中国石化作为中国石油化工行业的龙头老大，其信息化发展一直走在行业的最前沿，它的 ERP 系统项目是由世界知名公司 SAP 完成。此次选中上海博科咨询股份有限公司也正是看中博科公司强大的技术实力以及丰富的行业经验和完善的项目管理实施能力，尤其是在物流供应链软件方面拥有众多成功的知名实施案例。

中国石化对此次物流系统项目的要求极其严格，要求项目完成的时间仅有 3 个月。博科项目小组面对中国石化庞大的营销网络和复杂的物流调度决策体系，在如此紧迫的时间和质量要求下刻苦工作，废寝忘食，仅仅 2 个月就顺利完成项目调研和现场开发，中国石化物流调度决策支持信息系统项目于 2007 年成功上线，目前已在全国全面推广使用。在本次的项目实施过程中，项目组提出的项目目标为建立中石化国内统一的物流网，支持九个生产企业十一个省的化工销售业务。物流供应链管理决策支持项目范围包括基础信息系统、业务信息系统及管理信息系统三个子系统的构建。通过项目实施帮助中石化构建多级物流网络(生产企业、区域配送中心、网点库)，并可以按照销售情况合理安排资源流向。以上项目目标均在本次项目中达成。

三、应用效果

物流供应链管理决策支持项目上线后，中石化建立起了更加完备的现代物流体系，通过现代信息技术，企业优化了资源流向，保证了化工产品安全高效的运送，完全达到了项目建设初期提出的"稳定渠道、在途跟踪、提高效率、降低成本"的系统目标。截至目前，本项目已经成为除了 SAP 系统外支撑中石化化工销售业务板块的第二大管理信息系统。

从应用效果的层面看,该系统支撑了中石化全国业务近千亿化工产品的销售和物流配送,支撑了中石化全国各地数百个信息点的同时在线操作,实现了中石化全国各分公司信息的充分共享,系统为中石化整个供应链各个环节提供了数百个业务功能,通过系统的实际应用,中石化目前已节约了大量的巨额交通运输费用、平均每笔业务交货周期也缩短了数天。

四、物流新模式的拓展

由于中石化物流供应链管理决策支持系统的成功上线,中国石化集团公司从2007年起将采用三种物流模式,这三种物流模式分别为用户到石化厂自行提货,用户到网点(区域代理商)提货,销售分公司直接将货送到用户手中。三种模式执行三种不同的价格,到石化厂自行提货享受厂价,网点提货为区域价,送货上门模式采用送货价。此举目的旨在降低物流成本,提高配送效率,增强对用户的服务。

三种物流模式对中石化而言,可谓开了先河,更是一种变革。此前数十年,中石化采用的都是用户到石化厂自行提货或用户到网点提货两种模式,而这种变革,得益于中石化对物流调度决策支持管理水平的提升。

资料来源:http://www.itxinwen.com/view/new/html/2009-06/2009-06-12-552521.html。

第四篇
物流功能成本管理

第七章

运输成本管理与优化

> **学习目标**

1. 了解运输成本的概念、构成及影响因素
2. 理解运输企业定价方法
3. 了解运输合理化的影响因素及不合理运输的表现形式
4. 掌握物流运输成本的优化措施
5. 掌握各种运输方式的成本核算
6. 掌握降低运输成本的合理方法

> 引例

韩国三星公司合理化运输

企业物流进行的根本目标就是通过在采购、销售过程中有效地掌握物流、信息流去满足客户的需求,也就是在最合适的时间、最合适的地点提供给客户需要的产品。今天的商业环境正在发生显著的变化,市场竞争愈加激烈,客户的期望值正在日益提高。为适应这种变化,企业的物流工作必须进行革新,创建出适合企业发展、让客户满意的物流运输合理化系统。

三星公司从1989年到1993年实施了物流运输工作合理化革新的第一个五年计划。这期间,为了减少成本和提高配送效率进行了"节约成本200亿元"、"全面提高物流劳动生产率"等活动,最终降低了成本,缩短了前置时间,减少了40%的存货量,并使三星公司获得首届韩国物流大奖。

三星公司从1994年到1998年实施物流运输工作合理化革新的第二个五年计划,重点是将销售、配送、生产和采购有机结合起来,实现公司的目标。即将客户的满意程序提高

到 100%,同时将库存量再减少 50%。为了这一目标,三星公司将进一步扩展和强化物流网络,同时建立了一个全球性的物流链使产品的供应路线最优化,并设立全球物流网络上的集成订货——交货系统,从原材料采购到交货给最终客户的整个路径上实现物流和信息流一体化,这样客户就能以最低的价格得到高质量的服务,从而对企业更加满意。基于这种思想,三星公司物流工作合理化革新小组在配送选址、实物运输、现场作业和信息系统四个方面去进行物流革新。

三星公司是这样做的:

1. 配送选址革新措施提配送中心的效率和质量

三星公司将其配送中心划分为产地配送中心和销地配送中心。前者用于原材料的补充,后者用于存货的调整。这样对每个职能部门都确定了最优工序,配送中心的数量被减少,规模得以最优化,便于向客户提供最佳的服务。

2. 实物运输革新措施能及时地交货给零售商

配送中心在考虑货物数量和运输所需时间的基础上确定出合理的运输路线。同时,一个高效的调拨系统也被开发出来,这方面的革新加强了支持销售的能力。

3. 现场作业革新措施使进出工厂的货物更方便快捷地流动

为此公司建立了一个交货点查询管理系统,可以查询货物的进出库频率,高效配置资源。

4. 信息系统革新措施将生产配送和销售一体化

三星公司在局域网环境下建立了一个通信网络,并开发了一个客户服务器系统,公司集成系统(SAPR)的三分之一将投入物流中使用。由于将生产配送和销售一体化,整个系统中不同的职能部门将能达到信息共享。客户如有涉及物流的问题,都可以通过实行订单跟踪系统得到回答。

另外,随着客户环保意识的增强,物流工作对环境保护负有更多的责任,三星公司不仅对客户许下了环保的承诺,还建立了一个全天开放的由回收车组成的回收系统,并由回收中心重新利用那些废品,以此来提升企业在客户心目中的形象,从而更加有利于企业的经营。

资料来源:http://www.worlduc.com/blog2012.aspx?bid=732683。

第一节 运输成本的构成及影响因素

一、运输成本的构成

运输服务是一种创造价值的活动,运输成本是承运人为完成特定货物位移而消耗的物化劳动与活劳动的总和,其货币表现就是各种费用的支出,包括车队、燃料、设备维护、劳动力、保险、装卸等。

在现代物流企业中,运输在其经营业务中占有主导地位。因此,物流运输成本在物流业务中占有较大比例。一般综合分析计算,运输费在社会物流费用中约占 50%。由于运输是物流中最重要的功能之一,物流合理化在很大程度上依赖于运输合理化。而运输合理与否直接影响着运输费用的高低,进而影响着物流成本的高低。一般来说,运输总成本包括货运、车队、燃料、设备维护、劳动力、保险、装卸、逾期(滞留)费用、税收、跨国费用等。不同的运输方式所包含的运输成本有不同的构成类别和范围。

1. 根据成本的特性划分

运输成本的构成通常根据成本的特性划分,可以将运输成本划分为固定成本、变动成本、联合成本和公共成本。

2. 根据成本的类别划分

不同企业的运输成本会计分录名称多样,为了便于统一计算,根据成本的类别划分,可以将运输成本划分为营运成本、管理费用和财务费用。

3. 根据不同运输方式划分

在给定条件下,某一种运输方式的潜在优势可能会是其他服务方式无法相比的。而不同的运输方式所包含的运输成本有不同的构成类别和范围,可以将运输成本按运输方式不同分为铁路运输成本、公路运输成本、水路运输成本、航空运输成本和管道运输成本。

案例1　　　　　　　　　　　加拿大的公路快速货运

加拿大的公路运输领域,目前包括三类,即专业运输企业、小件快运公司和社会非专业运输企业。近年来,随着专业运输企业竞争的加剧,导致其在货运的及时或快运等物流服务方面的不断改善。

1. 为客户服务

近年来,许多生产企业开展准时生产制(Just In Time),要求公路运输(或物流)企业及时供应他们所需要的货物。为此,有的公路快运企业购进带卧铺的先进卡车,针对长距离的运输两个驾驶员可轮流开车。为了达到及时、快速、保持企业信誉的目的,有时不惜用航空运输;或根据需要安装(除了送货到门外),直到把货物安装调试完毕,客户满意签单后,才算完成任务;公路快运(物流)企业还拥有自己专门的营销队伍,专门负责联系工商企业,了解它们的所需,介绍本物流企业的服务项目。每个客户都有专门的营销员负责固定联系,驾驶员及所有工作人员都是兼职营销员,他们每一环节的优质服务都会影响顾客对物流企业的印象,由此也会波及到公司的业务量和市场份额。

2. 市场的选择

市场是无限的,不可能什么都想做。公路运输或物流企业必须根据企业的优势和特点来选择服务市场。如加拿大的BURHAM公司根据自己的特点,在第三方物流业务中以经营计算机办公设备、保健用品、生活基本用品、银行设备、通信设备及医疗用品为主。对有些一揽子的物流服务项目,如果本企业承包下来而又觉得无能力做好,则分包给有这样能力的企业去做。

3. 人员的培训

加拿大的公路快运(物流)企业特别重视驾驶员的培训,认为他们既是生产者又是经营者,代表着企业的形象,企业的成功与否关键在于驾驶员。驾驶员上岗前进行7周的业务培训,这种培训包括经营理念、物流业务、驾驶技术、运输地理等,以达到快速、安全、降低客户的赔付、维护企业信誉的目的。

4. 高效低成本

运输市场除了物流服务质量的竞争外,就是成本和价格的竞争。加拿大的公路快运在这方面表现突出,如使用大吨位、柴油化、拖挂式的车辆;运输组织中运用卫星定位调度系统以充分提高车辆的实载率;仓库和车厢采用立体隔架结构以提高其利用率;运用机械化或自动装货堆垛降低物流各环节的成本。而且营运比(营运成本与营运收入的比值)极高,只有靠大规模经营即业务量的扩大来增加利润额。

5. 发展高技术

加拿大的物流业也不是一开始技术就很高。以驾驶员监控系统为例,20 世纪 80 年代初,有的公路运输企业给车上安装"黑匣子",通过这个"黑匣子"中的双面圆形卡片记录运行过程中的行驶速度、停歇、转速、油耗等情况,司机在完成任务后交给公司,由公司统一用计算机分析,据此来考核驾驶员的行驶和节油情况。在 1998 年以后,有的物流企业才开始使用卫星技术,并在车上安装了小屏幕显示的微机,使司机和控制中心在几秒钟内即可完成数据交换(EDI)。另外,车门装卸感应器、仓库摄像监控系统、汽车空气悬挂、自动化装卸等高技术都是根据需要和企业的实际能力逐步发展起来。

资料来源:http://info.china.alibaba.com/detail/1025146065.html。

二、影响运输成本的因素

影响运输成本的因素很多,尽管这些因素并不是运费表上的组成部分,但在承运人制定运输费率时,必须对每一个因素加以考虑。这些因素主要有三个方面,即产品特征、运输特征和市场因素。

(一)产品特征

1. 产品密度

产品密度是指货物重量与体积之比。货物密度是把货物重量与空间的因素结合起来从而考虑运输成本。通常,密度小的货物每单位所占的运输成本比密度大的要高。在重量和空间方面,单独的一辆运输卡车更多受到空间的限制,而不是重量的限制。即使该货物的重量很轻,车辆一旦装满,就不可能再增加装运的数量。所以运输的货物密度大,相应的可以把固定成本分摊到增加的数量上,使单位货物承担的运输成本降低。货物密度越大,运输成本分摊到单位货物上的就越小,因此增加产品的密度一般可以降低运输成本。

企业在运输货物时,应根据货物的密度进行搭配,把多种货物混装,进行相互嵌套,充分利用运输工具的空间,降低运输成本。

2. 产品的可靠性

对容易损坏或者容易被偷盗、单位价值高的许多货物(如计算机、珠宝及家用娱乐产品等)而言,可靠性是非常重要的一个指标。货物运输时,需要承运人提供的可靠性越大,货物的运输成本就越高。其他因货物种类不同,其重要性也不同的因素包括产品是否是危险品,

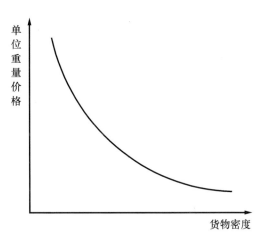

图 7-1 产品密度和运输成本之间的关系

是否需要牢固、严格的包装等,对化学行业和塑料行业的产品而言这些因素尤其重要。承运人必须通过向保险公司投保来预防可能发生的索赔,否则就有可能要承担任何可能损坏的赔偿责任。托运人可能通过改善保护性包装,或通过减少货物灭失损坏的可能性,降低其风险,最终降低运输成本。

3. 产品的装载性能

装载性能这一因素是指产品的具体尺寸及其对运输工具(如铁路列车、拖车或集装箱)空间利用程度的影响。例如:有些货物由于尺寸、密度、形状等比较特殊,以及超重超长等特征,使运输工具不能很好地进行装载,因此浪费了很多运输工具的空间,增加了运输成本。货物的装载性能由其大小、形状和弹性等物理特性所决定。

案例 2　　中航协封禁圆通敲响空运安全警钟

2012 年 11 月 25 日中航协决定注销上海圆通速递有限公司(以下简称圆通)二类航空货运代理资质,并请各航空公司终止与该公司货运销售代理企业的合作,不承运其揽收的货物。

快递行业方便了我们的生活,满足消费者和商家多元化寄递需求。作为一种先进的运输方式,现今在跟我们的生活息息相关,据权威部门统计,目前我国从事快递业的法人企业有 3 000 多家,从业人员 30 多万,年产值超 300 亿元。资料显示,刚刚过去的"光棍节"191 亿元的电商交易额产生 6 000 多万个快递包裹。如此庞大规模的快递业在此次事件暴露出的问题,是众多问题的再次升级。

快递行业中多数企业不注重对员工的培训,致使员工专业技能差,服务意识不强,服务态度差等问题,都属于民营快递业管理混乱的表现,这些将对客户造成损失,现今已经升级到威胁运输安全了。空运是快递行业的杀手锏服务,空运物品的时效很受客户的关注,为了吸引更多的客户,快递企业追求利润的驱动,使员工无视安全禁令,谎报违禁物品使之威胁航空器的安全。飞机本身就是一个高危险的行业,作为托运人有义务保证托运的物品不会对飞行器造成威胁,危险品运输是对乘客的安全的无视。

此次中航协封禁了圆通快递,是给快递行业敲响了一个警钟,也是给航空运输打个黄牌警告。航空运输的安全不能只靠中航协一家的监管,需要快递行业从员工的培训、规章的制定规范,抓源头控制。各个航空公司要加强对货物的检查,不能只对旅客进行安检,也要对飞机运输的物品进行安检,保证物品上飞机前的安全性。安全关系到我们大家,不是我不坐飞机,飞机的安全就跟我无关,就可以无视飞机的安全。安全无小事,人命大于天,只有每一个检查环节都安全,才能让我们享受更美好、更安全的生活。

资料来源:http://info.jctrans.com/news/kyxw/201211271653051.shtml。

(二)运输特征

1. 输送距离

输送距离是影响运输成本的主要因素,图 7-2 显示了距离和成本的一般关系,并说明了以下两个要点:

第一,成本曲线不是从原点开始的,因为它存在着与距离无关,但与货物的提取和交付活动所产生的固定费用有关。

第二,成本曲线的增长幅度是随距离增长而减小的一个函数,这种特征被称作递减原则。

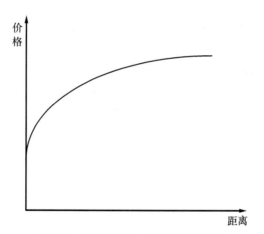

图 7-2　距离与运输成本之间的关系

2. 载货量

载货量之所以会影响运输成本,是因为与其他许多物流活动一样,大多数运输活动中存在着规模经济。这种关系如图 7-3 所示,它说明了每单位重量的运输成本随装载重量的增加而减少,之所以会产生这种现象,是因为提取和交付活动的固定费用及行政管理费用可以随载货量的增加而被分摊。

3. 装卸搬运

装卸搬运是运输的影子,在运输服务完成位移的过程中离不开装卸搬运,有时可能需要特别的装卸搬运设备。例如,船舶运输的装卸可能要借助起重机、集装箱、地盘车等设备。

在运输过程中通常要用刚性容器或承载工具(如托盘、集装箱、货捆、集装袋、集装罐、周转

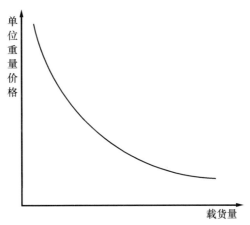

图 7-3 重量和运输成本之间的关系

箱等)使货物成组形成标准的运输单元,更好地利用装卸搬运设备,提高搬运效率。成组后的集装单元还增加了搬运灵活性,减少了装卸搬运过程中的损耗,从而可以降低运输成本。

(三)市场因素

1. 竞争性

不同运输模式间的单价、同一运输模式的线路竞争及同种运输方式之间的竞争会影响运输费用的波动。铁路、水路、航空及海运之间长期以来都存在不同程度的竞争,有时为了赢得市场份额,会提供一些不同的价格策略或优惠策略。例如,相同起运地的货物运输可采用两种不同的运输方式进行,运输速度较慢的那种运输方式只能实行较低的运价。

2. 流通的平衡性

运输通道流量和通道流量均衡等运输供需市场因素也会影响到运输成本。这里的"运输通道"是指起运地与目的地之间的移动,显然运输车辆和驾驶员都必须返回到起运地,于是对他们来说,最好能实现回程运输,否则只能空车返回。当发生空车返回时,有关劳力、燃料和维修保养等费用仍然必须按照原先的"全程"运输支付,于是理想的情况就是"平衡"运输,即运输通道两端的流量相等。但由于制造地点与消费地点的需求不平衡,通道两端流量相等的情况很少见。例如,有许多货物是在美国东海岸加工制造的,然后装运到美国西部的消费市场,这样就会产生运往西部的流量要大于流向东部的流量,这种不平衡会使东行运输的费率大大降低。此外,这种平衡也会受到季节性影响,类似于在销售旺季里运输水果和蔬菜的情况,这种需求的方向性和季节性会导致运输费率随方向和季节的变化而变化。

第二节 运输企业定价方法

一、运输价格内涵及分类

(一)运输价格概念及特点

运输价格是运输价值的货币表现,也即受雇承运人对所提供的服务收取的费用。运输劳务不同于有形的物质产品,但是它也有价值,其价值用货币表现出来就是运价。

运价具有如下特点:第一,运价只有销售价格一种形式。这是因为运输劳务不具有实物形态,只是所运输的对象发生空间位置的变化,并不改变运输对象的形态、数量、质量等。运输生产的过程同时也是消费的过程。运输服务的这些特征决定了运价只有销售价格一种形式。第二,运价与货物的重量和运送的距离有关。运输产品的计价单位是重量与距离的复合单位,如吨公里。第三,运价的种类繁多,结构复杂。第四,运价是社会产品价格的组成部分。第五,运价的变动与运输方式的运量、成本变动有一定的关系。第六,运价受政府管制政策限制。

运价结构是指运价内部各组成部分的构成及其相互间的比例关系。运价的价值构成包括三个组成部分,即物质消耗支出、劳动者报酬支出、盈利。制定运价依据的成本,是社会运输成本而不是个别运输成本。

(二)运输价格的种类

(1) 按适用的范围划分,运输价格可分为普通运价、特定运价、地方运价、国际联运运价。

(2) 按货物发送批量划分,运输价格可分为整车运价和零担运价,整车运价是按整车运输办理货物所规定的运价。

(3) 按计算方式不同划分,运输价格分为分段里程运价、单一里程运价和航线里程运价。

二、运输企业定价方法

(一)成本导向定价法:以运输成本为基础定价

1. 成本加成定价法

该方法是以单位运输成本为基础,加上一定百分比的利润,作为运输价格,售价与成本之间的差额即为"加成","加成"与成本的比率称为成本利润率。其计算公式为:

$$P = C \times (1 + r) \tag{7-1}$$

其中,P 为运价,C 为单位运输成本,r 为成本加成率。

采用成本加成定价法,优点是能够确保企业达到目标利润,计算方便;缺点是忽视了市场需求与竞争,同时,在许多情况下难于将总成本精确地分摊到各种运输劳务上去,因而真实性有限。

2. 目标利润定价法

该方法是在预测运量和确定期望利润的情况下制定期望价格的,其计算基础是保本点分析。其计算公式为:

$$运价 = \frac{固定成本 + 目标利润}{期望产量} + 变动成本$$

3. 边际成本定价法

边际成本定价是为了追求经济效率而采取的一种订价方法,又称边际贡献定价法,是企业寻求和确定边际成本略低于边际效益时的最后一个增量,以找出最有利可图的运量和运价的定价方法。在生产规模不变(即固定成本不变)时,边际成本实际上就是所增加的可变成本,边际成本随运量的变化而变化,边际成本定价法很适合于运输业的特点。

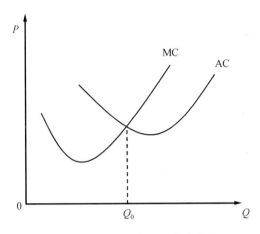

图 7-4 平均成本与边际成本关系

其计算公式为：

$$P = \text{MC} + r = \Delta \text{TC}/\Delta Q + r \qquad (7\text{-}2)$$

式中，P 为单位运价；MC 为边际成本；r 为单位运量利润和税金；ΔTC 为总成本的增加部分；ΔQ 为运量的增量。

在运力供过于求，市场竞争激烈的情况下，采用边际成本定价，其灵活性在于能及时通过调整预期边际收益来调整运输劳务价格，以便维持经营，保住市场占有率；对于货源充足，运力不足的线路，由于固定生产要素制约着生产规模，当运量超过最优的定量水平时，边际成本就会迅速增加，并大大超过平均成本，这时按边际成本定价，就可以限制运量的增长，缓解运力紧张的状况，迫使货源向其他线路或运输方式转移，使运输布局趋于合理，并促使各种运输方式在其可替代的各条线路上逐渐形成合理的比价关系。

但是，边际成本定价也存在缺陷。由于边际成本只考虑成本的边际变动状况，而不考虑总成本的状况，当边际成本长期小于平均成本时，就会造成运输企业的亏损，阻碍运输企业扩大再生产过程的顺利进行。另外，边际成本只反映现阶段运输企业财务上的成本状况，而没有反应基础设施的成本以及将来的成本支出状况。

（二）竞争导向定价法

1. 随行就市定价法

这是以市场上相互竞争的同类运输产品或服务的价格为主要依据的定价方法。在不完全竞争和完全竞争的市场结构条件下，大多数企业都采用该方法，以避免竞争风险。这种定价方法主要适用于质量差异较小的运输服务定价。

2. 差异定价法

差别定价也可称为价格歧视，指的是一家企业在提供运输产品或服务时，对不同的顾客索取不同的价格，以此对顾客产生一定的质量暗示。

3. 密封投标定价法

投标定价法是需求方引导运输产品或服务的提供者通过竞争成交的一种定价方法。

（三）需求导向定价法：根据市场需求变化情况来确定

1. 理解价值定价法

理解价值定价法，就是运输企业根据需求者对运输产品价值的认知和可接受程度来确定价格。

2. 需求差异定价法

需求差异定价法，是指对同一运输产品采用两种以上的不同价格。

其主要形式有：

（1）以不同的运输者群体为基础的差别定价；

（2）以不同的运输特点为基础的差别定价；

（3）以不同地域位置为基础的差别定价；

（4）以不同时间为基础的差别定价。

需求差异定价法一般应具有以下条件：

（1）市场能够根据需求强度的不同加以细分，而且需求差异较为明显；

（2）细分后的市场之间无法相互流通，即低价市场的消费者不可能向高价市场的需求者转手倒卖运输产品或服务；

（3）市场细分后所增加的管理费用应小于实行需求差异定价所得到的额外收入；

（4）不会因价格差异而引起消费者的反感。

3. 逆向定价法

逆向定价法主要是根据市场可接受价位来进行定价。这种定价不是单纯地考虑运输产品的成本，而是经过科学的市场调查，在充分考虑市场的竞争和需求状况之后，再确定运输产品的最终价格，并由此倒推出提供该产品时的出厂价格。

（四）组合定价

1. 业务与业务组合定价

在某一个客户下，把目标客户需要使用的众多业务打成一个或若干个包，为每一包都贴上一个总价钱。

2. 客户与客户组合定价

客户与客户组合定价指的是将不同客户运输需求同时进行。

3. 运输业务与非运输业务的组合定价

运输业务与非运输业务组合定价指的是运输服务与其他非运输服务同时服务，而仅仅收取一份费用的定价方法。

第三节　运输成本决策与优化

一、运输成本决策

要想进行科学的运输成本决策，首先应了解影响运输成本的因素。虽然在运输市场中存在着多种不同的运输方式以及不同的运输价格，但在实践中可以分析影响运输成本的因素，从而进行合理的运输成本决策。一般来讲，影响运输成本的因素有输送物品的种类、运输距离、运送量、产品密度、送达时间要求等方面。企业在进行物流运输成本决策时,都必须对这些因素加以综合考虑。

(一) 运输方式的选择

现以运输方式的选择来说明物流运输成本决策的具体方法。各种运输方式和运输工具都有各自的特点,不同类型的物品对运输的要求也不尽相同。因此,合理选择运输方式,是合理组织物流运输、保证运输质量、降低物流运输成本、提高物流运输效益的一项重要内容。

1. 物流运输服务方式选择的原则

物流运输是实现物品空间位移的手段,也是物流活动的核心环节。无论是物流企业,还是企业物流,对物流运输方式的选择应贯彻及时、准确、经济、安全、增值、优化的基本原则。

(1) 及时,是指按照产、供、运、销等实际需要,能够及时将物品送达指定地点,尽量缩短物品在途时间。

(2) 准确,是指在运输过程中,能够防止各种差错事故的发生,准确无误地将物品送交指定的收货人。

(3) 经济,是指通过合理地选择运输方式和运输路线,有效地利用各种运输工具和设备,运用规模经济的原理实施配货方案,节约人力、物力和运力,提高运输经济效益,合理地降低运输费用。

(4) 安全,是指在运输过程中,能够防止霉烂、残损及危险事故的发生,保证物品的完整无损。

(5) 增值,是指物流企业的专业化和规模化导致了低成本,节省物流运输作业成本,同时又提供了其他增值服务。这是物流企业生存的基本点,也是赢取客户的出发点。物流企业在提供基本业务服务的基础上,可以利用自身优势,结合客户的需要开展增值创造。只有这种增值创造才可能保证企业的利润空间,才可能增强物流企业不可复制的核心竞争力,与客户建立战略伙伴关系。

(6) 优化,是指按照客观经济规律,以一定的原则、程序和方法,对人力、物力和财力进行有效的组织、指挥、协调和监督,达到以最少的劳动消耗取得最佳经济效益的目的。运输作业优化,就是按照运输的规律和规则,对整个运输过程所涉及的运输市场竞争结构、物品发送、物品接运甚至物品中转等,对人力、运力、财力和运输工具,进行合理组织和平衡调整,达到提高运输效率、降低运输成本的目的。

物流运输方式的选择或某运输方式中服务内容的选择取决于物流运输服务的众多特性,从速度到对解决问题有无帮助等。但并非所有的运输服务特性都同样重要,在物流运输作业人员心目中,只有某些特性是头等重要的。研究表明,运输成本、时间要求和安全可靠性最为重要,其他特征在物流管理人员眼里都不十分重要。因此,运输服务的成本、平均运输时间(速度)和运输时间的波动性(可靠性)是选择运输方式的最重要的依据。物流运输方式的比较、选择及优化最终应该完全结合进整个物流运营管理中去。在评估潜在的方式和承运商时,对具体的运输组合所提供的服务价值,应按照相应的成本来衡量。

2. 运输方式的选择

物流运输方式的选择,一般要考虑两个基本因素:运输方式的速度问题和运输费用问题。从物流运输功能来看,速度快是物流运输服务的基本要求。但是,速度快的运输方式,其运输费用往往较高。同时,在考虑运输的经济性时,不能只从运输费用本身来判断,还要考虑因运输速度加快,缩短了物品的备运时间,使物品的必要库存减少,从而减少了物品的保管费的因素等。因此,运输方式或运输工具的选择,应该是在综合考虑上述各种因素后,寻求运输费用与保管费用最低的运输方式或运输工具。

为了对运输方式或运输工具进行选择,还可以从物流运输的功能来研究,采用综合评价的方法来选择运输方式或运输工具。物流运输系统的目标是实现物品迅速安全和低成本的运输。但是,运输的速度性、准确性、安全性和经济性,是相互制约的。若重视运输的速度性、准确性、安全性,则运输成本就会增大;反之,若运输成本降低,运输其他目标就不可能全面实现。因此,在选择运输方式或运输工具时,应综合考虑运输的各种目标要求,采取定性分析与定量分析相结合的方法,选择出合理的运输方式或运输工具。

(二) 运输组织成本计算的决策

在物流过程中,运输组织成本计算决策是很重要的问题。下面介绍两种比较常用的方法。

1. 成本比较法

如果不将运输服务作为竞争手段,那么能使该运输服务的成本与该运输服务水平导致的相关间接库存成本之间达到平衡的运输服务就是最佳服务方案。也即,运输的速度和可靠性会影响托运人和买方的库存水平(订货库存和安全库存)以及他们之间的在途库存水平。如果选择速度慢、可靠性差的运输服务,物流渠道中就需要有更多的库存。这样,就需要考虑库存持有成本可能升高,而抵消运输服务成本降低的情况。因此方案中最合理的应该是,既能满足顾客需求,又使总成本最低的服务。

【例 7-1】 某公司欲将产品从坐落位置 A 的工厂运往坐落位置 B 的公司自有的仓库,年运量 D 为 700 000 件,每件产品的价格 C 为 30 元,每年的存货成本 I 为产品价格的 30%。公司希望选择使总成本最小的运输方式。据估计,运输时间每减少一天,平均库存水平可以减少 1%。各种运输服务的有关参数如表 7-1 所示。

表 7-1 有关参数

运输方式	运输费率 R(元/件)	运达时间 T(天)	每年运输批次	平均存货量 $Q/2$(件)
铁路	0.10	21	10	100 000
驮背运输	0.15	14	20	50 000 × 0.93
卡车	0.20	5	20	50 000 × 0.84
航空	1.40	2	40	25 000 × 0.81

注:安全库存约为订货量的 1/2。

在途运输的年存货成本为 $ICDT/365$,两端储存点的存货成本各为 $ICQ/2$,但其中的 C 值有差别,工厂储存点的 C 为产品的价格,购买者储存点的 C 为产品价格与运费率之和。

运输服务方案比选如表 7-2 所示。

表 7-2 运输服务方案比选 单位:元

成本类型	计算方法	运输服务方案	
		铁路	驮背运输
运输	$R \times D$	$(0.10 \times 700\,000) = 70\,000$	$(0.15 \times 700\,000) = 105\,000$
在途存货	$ICDT/365$	$(0.30 \times 30 \times 700\,000 \times 21)/365 = 362\,466$	$(0.30 \times 30 \times 700\,000 \times 14)/365 = 241\,644$
工厂存货	$ICQ/2$	$(0.30 \times 30 \times 100\,000) = 900\,000$	$(0.30 \times 30 \times 50\,000 \times 0.93) = 418\,500$
仓库存货	$ICQ/2$	$(0.30 \times 30.1 \times 100\,000) = 903\,000$	$(0.30 \times 30.15 \times 50\,000 \times 0.93) = 420\,593$
总成本		2 235 466	1 185 737
成本类型	计算方法	运输服务方案	
		卡车	航空
运输	$R \times D$	$(0.20 \times 700\,000) = 140\,000$	$(1.40 \times 700\,000) = 980\,000$
在途存货	$ICDT/365$	$(0.30 \times 30 \times 700\,000 \times 5)/365 = 86\,301$	$(0.30 \times 30 \times 700\,000 \times 2)/365 = 34\,521$
工厂存货	$ICQ/2$	$(0.30 \times 30 \times 50\,000 \times 0.84) = 378\,000$	$(0.30 \times 30 \times 25\,000 \times 0.81) = 182\,250$
仓库存货	$ICQ/2$	$(0.30 \times 30.2 \times 50\,000 \times 0.84) = 380\,520$	$(0.30 \times 31.4 \times 25\,000 \times 0.81) = 190\,755$
总成本		984 821	1 387 526

由上例表计算可知,在四种运输服务方案中,卡车运输总成本最低,因此选择卡车运输。

2. 考虑竞争因素的方法

运输方式的选择如直接涉及竞争优势,则应采用考虑竞争因素的方法。当买方通过供应渠道从若干个供应商处购买商品时,物流服务和价格就会影响到买方对供应商的选择。反之,供应商也可以通过供应渠道运输方式的选择控制物流服务的这些要素,影响买方的惠顾。

对买方来说,良好的运输服务(较短的运达时间和较少的运达时间变动)意味着可保持较低的存货水平和较确定的运作时间表。为了能获得所期望的运输服务,从而降低成本,买方对供应商提供唯一他能提供的鼓励——对该供应商进行更多的惠顾。买方的行为是将更大的购买份额转向能提供较好运输服务的供应商,供应商可以用从交易额扩大而得到的更多利润去支付由于特佳的运输服务而增加的成本,从而鼓励供应商去寻求更适合于买方需要的运输服务方式,而不是单纯追求低成本。这样,运输服务方式的选择成了供应商和买方共同的决策。因此下述的例子说明的是在不涉及供应商的竞争对手反应的情况下,买方向能提供特佳运输服务的供应商转移更多交易份额的程度。

【例 7-2】 某制造商分别从两个供应商购买了共 3 000 个配件,每个配件单价 100 元。目前这 3 000 个配件是由两个供应商平均提供的,如供应商缩短运达时间,则可以多得到交易份额,每缩短一天,可从总交易量中多得 5% 的份额,即 150 个配件。供应商从每个配件可赚得占配件价格(不包括运输费用)20% 的利润。

于是供应商 A 考虑,如将运输方式从铁路转到卡车运输或航空运输是否有利可图。各种运输方式的运费率和运达时间如表 7-3 所示。

表 7-3　各种运输方式的运费率和运达时间

运输方式	运费率(元/件)	运达时间(天)
铁路	2.5	7
卡车	6	4
航空	10.35	2

显然,供应商 A 只是根据他可能获得的潜在利润来对运输方式进行选择决策。表 7-4 所示是供应商 A 使用不同的运输方式可能获得的预期利润。

表 7-4　供应商 A 使用不同运输方式的利润比较

运输方式	配件销售量(元)	毛利(元)	运输成本核算(元)	净利润(元)
铁路	1 500	30 000	3 750	26 250
卡车	1 950	39 000	11 700	27 300
航空	2 250	45 000	23 287.50	21 712.50

如果制造商对能提供更好运输服务的供应商给予更多份额交易的承诺实现,则供应商 A 应当选择卡车运输。当然,与此同时供应商 A 要密切注意供应商 B 可能做出的竞争反应行为,如果出现这种情况,则可能削弱供应商 A 可能获得的利益,甚至化为泡影。

运输方式的选择如直接涉及竞争优势,则有必要考虑竞争因素。当制造商通过不同的供应商处购入商品时,物流服务和价格都将对供应商的选择产生一定的影响。同时,供应商也可通过对供应渠道中运输方式的选择来控制物流成本。

二、运输成本优化

(一) 运输合理化的影响因素

所谓合理运输,就是按照货物流通规律、交通运输条件、货物合理流向、市场供需情况,走最少的里程、经最少的环节、用最少的运力、花最少的费用、以最快的时间,把货物从生产地运到消费地。也就是用最少的劳动消耗、运输最多的货物、取得最佳的经济效益。

运输合理化的影响因素很多,起决定性作用的有以下五个方面,称作合理运输的"五素"。

1. 运输距离

在运输时,运输时间、运输货损、运费、车辆或船舶周转等运输的若干技术经济指标,都与运距有一定比例关系,运距长短是判断运输是否合理的一个最基本的因素。缩短运输距离从宏观、微观角度都会带来好处。

2. 运输环节

每增加一次运输,不但会增加起运的运费和总运费,而且必须要增加运输的附带活动,如装卸、包装等,各项技术经济指标也会因此下降。所以,减少运输环节,尤其是同类运输工具的环节,对合理运输有促进作用。

3. 运输工具

各种运输工具都有其优势领域,对运输工具进行优化选择,按运输工具特点进行装卸运输作业,发挥所用运输工具的最大作用,是运输合理化的重要一环。

4. 运输时间

运输是物流过程中需要花费较多时间的环节,尤其是远程运输,运输时间占全部物流时间的绝大部分,所以运输时间的缩短对整个流通时间的缩短有决定性的影响。此外,运输时间短,有利于运输工具的加速周转,充分发挥运力的作用,有利于货主资金的周转,有利于运输线路能力的提高,这些都对运输合理化有很大贡献。

5. 运输费用

运费在全部物流费用中占很大比例,运费高低在很大程度上决定整个物流系统的竞力。实际上,运输费用的降低,无论对货主企业来说还是对物流经营业来说,都是运输合化的一个重要目标。最大限度地降低运费,也是各种合理化运输实施是否行之有效的判断依据之一。

(二) 不合理运输的表现形式

(1) 对流运输:同一种物资或两种能够互相代用的物资,在同一运输线或平行线上,做相对方向的运输,与相对方向路线的全部或一部分发生对流。

对流运输又可分两种情况,即明显的对流运输和隐蔽性的对流运输。

明显的对流运输:同一运输线上的对流。大多由于货主所属地区不同,企业不同造成的。

隐蔽性的对流运输:同种物资采用不同的运输方式在平行的两条线路上,相反方向运输。

(2) 迂回运输:货物从发送地到目的地不按最短路线而绕道运输。

物流过程中的计划不周、地理不熟、组织不善或调运差错都容易出现迂回运输。

(3) 重复运输:一种货物本可直达目的地,但因物流仓库设置不当或计划不周使其中途卸下,需中转或倒装,导致增加运输环节、浪费运输设备和装卸搬运能力、延长了运输时间的不合理运输方式。

(4) 过远运输:舍近求远去取所需物资。

(5) 倒流运输:货物从销地向产地或其他地点向产地回流的不合理运输方式,导致浪费运力,增加运费开支。

(6) 无效运输:不必要的运输。消除不必要的运输具有十分惊人的经济效果,比如大众石油由于增设了原有脱水设备,使原油含水量由 7% 下降到 2%,1963 年一年就消除了 18 万吨水的无效运输,由此可减少罐车 4 500 辆,节约运费 500 万元。

(三) 物流运输成本的优化措施——开展合理运输

1. 充分发挥运输各要素的能力

(1) 提高运输工具实载率。提高实载率的意义在于充分利用、控制运输工具的额定能力,减少空驶和不满载行驶的时间。提高装载效率,是组织合理运输、提高运输效率和降低运输成本的重要内容。一方面,是最大限度地利用车辆载重吨位;另一方面,是充分使用车辆装载容积。其主要做法有以下几种。

① 组织轻重配装。即把实重货物和轻泡货物组装在一起,既可充分利用车船装载容积,又能充分利用载重吨位,以提高运输工具的使用效率,降低运输成本。

② 实行解体运输。对一些体积大、笨重、不易装卸又容易碰撞致损的货物,如自行车、

缝纫机、科学仪器、机械等，可将其拆卸装车，分别包装，以缩小所占空间，并易于装卸和搬运，以提高运输装载效率，降低单位运输成本。

③ 高效的堆码方法。根据车船的货位情况和不同货物的包装形状，采取各种有效的堆码方法，如多层装载、骑缝装载、紧密装载等，以提高运输效率。当然，推进物品包装的标准化，逐步实行单元化、托盘化，是提高车船装载技术的一个重要条件。

（2）采用先进的运输技术装备。不断开发特殊运输技术和采用先进的运输工具是实现运输合理化的重要途径。例如，利用专用散装及罐车可以解决粉状、液态物运输损耗大、安全性差等问题，袋鼠式车皮、大型半挂车可以解决大型设备整体运输问题，"滚装船"可以解决车载货的运输问题，集装箱船比一般船能容纳更多的箱体，集装箱高速直达车船加快了运输速度等，这些都是通过运用先进的科学技术来实现合理化。运输合理化还要利用现代化信息系统，依靠先进的信息技术的支撑。

（3）选择合理的运输方式，降低运输成本。由于铁路、公路、水路、航空、管道等运输方式各具特点，所以在货物运输中要根据实际情况选用适宜的运输方式。例如，长距离、大批量的货物运输宜采用铁路或水路运输；小批量、多品种、近距离的货物运输宜采用公路运输；体积小、价值高的货物运输和紧急救灾、抢险物资的运输适合航空运输方式。

在中短距离运输中，可以实施铁路公路分流和"以公代铁"运输。这一措施是指在公路运输经济里程范围内，或者在经过论证，超出通常的平均经济里程范围，尽量利用公路进行货物运输。我国"以公代铁"运输目前在杂货、日用百货运输及煤炭运输中较为普遍，运输里程一般在 200 km 以内，有时可达 700—1 000 km。比如，经认真的技术经济论证，山西煤炭用公路代替铁路运至河北、天津、北京等地是经济合理的。

运输方式确定以后，还要考虑具体运输工具的选择问题，如公路运输中要选择什么样的汽车车型（大型、轻小型或专用车辆），是用自有车辆还是选择运输公司的车辆等。

2. 设计合理的运输方案

根据不同的运输内容设计合理的运输方案，可以有效地降低物流运输成本。

（1）直达运输。直达运输是追求运输合理化的重要形式，其对合理化的追求要点是通过减少中转过载（或换载）次数，来加快运输速度，节省装卸费用，降低中转货损。直达的优势，尤其是在一次运输批量和客户一次需求量达到了一整车时表现最为突出。此外，在生产资料、生活资料运输中，通过直达，建立稳定的产销关系和运输系统，也有利于提高运输的计划水平，考虑用最有效的技术来实现这种稳定运输，从而大大提高运输效率。特别值得一提的是，直达运输的合理性也是在一定条件下才会有所表现，不能绝对认为直达一定优于中转，这要根据客户的要求，从物流总体出发做综合判断。如果从客户需要量看，批量大到一定程度时，直达是合理的；批量较小时，中转是合理的。

（2）配载运输。配载运输是充分利用运输工具载重量和容积，合理安排装载的货物及载运方法以求得合理化的一种运输方式。配载运输也是提高运输工具实载率的一种有效形式。配载运输往往是轻重货物的混合配载，在以重质货物运输为主的情况下，同时搭载一些轻包货物（如海运石、黄沙等重质货物，在舱面搭运木材、毛竹等；铁路运矿石、钢材等重物上面搭运轻泡农、副产品等），在基本不增加运力投入、不减少重质货物运输的情况下，实现了轻泡货的搭运，因而效果显著。实行解体运输，即将体大笨重、且不易装卸又易致损的货物拆卸后分别包装，使其便于装卸和搬运，提高运输装载效率；提高堆码技术，即根据运输工具的特点和物品的包装形状，采取有效堆码方法，提高运输工具的装载量等。

（3）直拨运输。这是指商业、物资批发等企业在组织货物调运过程中，对于当地生产或由外地到达的货物不运进批发站仓库，而是采取直拨的方式，将货物直接分拨给基层批发、零售中间环节甚至直接分拨给用户，以减少中间环节，并在运输时间与运输成本方面收到双重的经济效益。在实际工作中，通常采用就厂直拨、就车站直拨、就仓库直拨、就车船过载等具体运作方式，即"四就"直拨运输。与直达运输的里程远、批量大相比，直拨运输的里程较近、批量较小。

（4）合整装载运输。这主要是指商业、供销等部门的杂货运输中，由同一个发货人将不同品种发往同一站、同一个收货人的零担货物组配在一起，以整车方式运输至目的地；或将同一方向不同到站的零担货物集中配在一起，以整车方式运输到适当的中转站，然后分运至目的地。采取合整装车运输，可以降低运输成本和节约劳动力。实际工作中，通常采用零担拼整直达、零担拼整接力直达或中转分运、整车分卸、整装零担等运作方式。实现物流运输方案的合理化有许多问题有待研究。在研究不同物流运输服务方案时应考虑以下几个方面：运输方式的选择；运输路线的确定；运输工具的配合；运输计划的制订；运输环节的减少；运输时间的节省；运输质量的提高；运输费用的节约；运输作业流程的连续性，等等。

案例3　百胜物流降低连锁餐饮企业运输成本之道

对于连锁餐饮这个锱铢必较的行业来说，靠物流手段节省成本并不容易。然而，作为肯德基、必胜客等业内巨头的指定物流提供商，百胜物流公司抓住运输环节大做文章，通过合理地运输安排，降低配送频率，实施歇业时间送货等优化管理方法，有效地实现了物流成本的"缩水"，给业内管理者指出了一条细致而周密的降低物流成本之路。据有关资料显示，在一家连锁餐饮企业的总体配送成本中，运输成本占到60%左右，而运输成本中的55%—60%又是可以控制的。因此，降低物流成本应当紧紧围绕运输这个核心环节。

1. 合理安排运输排程

运输排程的意义在于，尽量使车辆满载，只要货量许可，就应该做相应的调整，以减少总行驶里程。

由于连锁餐饮业餐厅的进货时间是事先约定好的，这就需要配送中心就餐厅的需要，制作一个类似列车时刻表的主班表，此表是针对连锁餐饮餐厅的进货时间和路线详细规划制定的。

众所周知，餐厅的销售存在着季节性波动，因此主班表至少有旺季、淡季两套方案。有必要的话，应该在每次营业季节转换时重新审核运输排程表。安排主班表的基本思路是，首先计算每家餐厅的平均订货量，设计出若干条送货路线，覆盖所有的连锁餐厅，最终达到总行驶里程最短、所需司机人数和车辆数最少的目的。

规划主班表远不止人们想象的那样简单。运输排程的构想最初起源于运筹学中的路线原理，其最简单的模型如图"7-5"，从起点A到终点O有多条路径可供选择，每条路径的长度各不相同，要求找到最短的路线。实际问题要比这个模型复杂得多，首先，需要了解最短路线的点数,从图上的几个点增加到成百甚至上千个,路径的数量也相应增多到成千上万条。其次,每个点都有一定数量的货物需要配送或提取,因此要寻找的不是一条串联所有点的最短路线,而是每条串联几个点的若干条路线的最优组合。另外,还需要考虑许多限制条件,比如车辆装载能力、车辆数目、每个点在相应的时间开放窗口等,问题的复杂度随着约束数目的增加呈几何级数增长。要解决这些问题,需要用线性规划、整数规划等数学工具,目前市场上有一些软件公司能够以这些数学解题方法作为引擎,结合连锁餐饮业的物流配送需求,做出优化运输路线安排的软件。

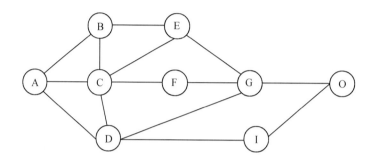

图 7-5　运输线路图

在主班表确定以后,就要进入每日运输排程,也就是每天审视各条路线的实际货量,根据实际货量对配送路线进行调整,通过对所有路线逐一进行安排,可以去除几条送货路线,至少也能减少某些路线的行驶里程,最终达到增加车辆利用率、增加司机工作效率和降低总行驶里程的目的。

2. 减少不必要的配送

对于产品保鲜要求很高的连锁餐饮业来说,尽力和餐厅沟通,减少不必要的配送频率,可以有效地降低物流配送成本。

如果连锁餐饮餐厅要将其每周配送频率增加 1 次,会对物流运作的哪些领域产生影响?

在运输方面,餐厅所在路线的总货量不会发生变化,但配送频率上升,结果会导致运输里程上升,相应的油耗、过路桥费、维护保养费和司机人工时都要上升。在客户服务,餐厅下订单的次数增加,相应的单据处理作业也要增加。餐厅来电打扰的次数相应上升,办公用品(纸、笔、电脑耗材等)的消耗也会增加。在仓储方面,所要花费的拣货、装货的人工会增加。如果涉及短保质期物料的进货频率增加,那么连仓储收货的人工都会增加。在库存管理上,如果涉及短保质期物料的进货频率增加,由于进货批量减少,进货运费很可能会上升,处理的厂商订单及后续的单据作业数量也会上升。

由此可见,配送频率增加会影响配送中心的几乎所有职能,最大的影响在于运输里程上升所造成的运费上升。因此,减少不必要的配送,对于连锁餐饮企业显得尤其关键。

3. 提高车辆的利用率

车辆时间利用率也是值得关注的,提高卡车的时间利用率可以从增大卡车尺寸、改变作业班次、二次出车和增加每周运行天数四个方面着手。

由于大型卡车可以每次装载更多的货物,一次出车可以配送更多的餐厅,由此延长了卡车的在途时间,从而增加了其有效作业的时间。这样做还能减少干路运输里程和总运输里程。虽然大型卡车单次的过路桥费、油耗和维修保养费高于小型卡车,但其总体上的使用费用绝对低于小型卡车。

运输成本是最大项的物流成本,所有别的职能都应该配合运输作业的需求。所谓改变作业班次就是指改变仓库和别的职能的作业时间,适应实际的运输需求,提高运输资产的利用率。否则朝九晚五的作业时间表只会限制发车和收货时间,从而限制卡车的使用。

如果配送中心实行24小时作业,卡车就可以利用晚间二次出车配送,大大提高车辆的时间利用率。在实际物流作业中,一般会将餐厅分成可以在上午、下午、上半夜、下半夜四个时间段收货,据此制定仓储作业的配套时间表,从而将卡车利用率最大化。

4. 尝试歇业时间送货

目前我国城市的交通限制越来越严,卡车只能在夜间时段进入市区。由于连锁餐厅运作一般到夜间24点结束,如果赶在餐厅下班前送货,车辆的利用率势必非常有限。随之而来的解决办法就是利用餐厅的歇业时间送货。

歇业时间送货避开了城市交通高峰时间,既没有顾客的打扰,也没有餐厅运营的打扰。由于餐厅一般处在繁华路段,夜间停车也不用像白天那样有许多顾忌,可以有充裕的时间进行配送。由于送货窗口拓宽到了下半夜,使卡车可以二次出车,提高了车辆利用率。

在餐厅歇业时段送货的最大顾虑在于安全。餐厅没有员工留守,司机必须拥有餐厅钥匙,掌握防盗锁的密码,餐厅安全相对多了一层隐患。卡车送货到餐厅,餐厅没有人员当场验收货物,一旦发生差错很难分清到底是谁的责任,双方只有按诚信的原则妥善处理纠纷。歇业时间送货要求配送中心和餐厅之间有很高的互信度,如此才能将系统成本降低。所以,这种方式并非在所有地方都可行。

资料来源:http://www.chinacpx.com/zixun/94333.html。

3. 压缩单位商品的运输成本

压缩单位商品的运输成本的能力取决于物流活动过程中由谁控制商品运输和对商品运输过程的控制力度。供应商、购货商、运输服务商决策管理过程相互独立,小型生产企业自营运输,都不利于对运输成本的控制。下面从单位商品(或单位货物)的运输成本的角度,分析一下在运输过程中成本压缩空间的大小。影响单位货物运输成本的因素很多,为简化起见,只从运输距离和单车运载的货物数量两个重要元素展开分析。在通常情况下,单位货物的运输成本与运输距离成正比,与运输货物的数量成反比。也就是说,运输距离越长,单位货物的运输成本越高;单车运载的货物数量越大,运输成本就越低。所以理想的运输服务系统应该是在运输距离固定的情况下,追求运输货物数量的最大化;而在运输货物数量不足的情况下,追求运输距离的最小化。理想的运输服务系统的解决方案是将长距离、小批量、多品种的货物运输整合起来,统一实施调度分配,并按货物的密度分布情况和时间要求在运输过程的中间环节适当安排一些货物集散地,用以进行货运的集中、分拣、组配。实行小批量近距离运输和大批量、长距离干线运输相结合的联合运输模式。货物运输中可以压缩成本空间的情况有:

(1) 如果长途货物运输回程实现有效配载,则单位货物的运输距离由往返减为单程。

距离减半,成本降低为50%。

(2) 如果供货商到购货商的货物采购运输由一对一独立完成的运输模式改为一次集中提货、多点投递的配送模式,并对配送路径进行优化,可以将单位货物的运输距离成倍降低,运输成本也将大幅度地下降。比如说,由供货商到购货商的距离为 10 km,如果有三家购货商相距很近,那么三次单独运输的往返距离为 60 km,而配送的运输距离为 20 km,运输成本可以降低为 30%。

4. 适当设立配送中心

当供货商与一批具有较强购买能力、彼此之间较近的购货商群体的距离超过一定极限时,小型车辆的长距离运输成本将显著增加,由此便产生了对配送中心的需求。比如,在 10 家购货商群体距离不到 20 km 的位置设置一个配送中心,配送中心距离供货商 200 km,每家购货商需一小型配送车来满载货物,那么在没有配送中心的情况下,完成 10 家购货商的运输总往返距离为 4 000 km。而设立配送中心后,这批货物可以由干线运输工具一次运到配送中心,运输距离为 400 km。又从配送中心到各个购货商的往返运输距离总和为 400 km,所以总往返运输距离压缩为 800 km,总成本降低为 20%。

5. 利用小型运输工具控制运输成本

在城市的应叫快递服务中,如果能够对司机的具体位置进行有效的追踪(GIS + GPS)和准确的预测,则呼叫中心的调度人员可以对司机进行实时监控调度,实现边捡边送。如果司机的车上有两个投递包裹,则运输成本降低为 50%。

在城市的包裹投递服务中,如果事先对司机的运行线路进行规划,则运输成本也可以有 10%—50% 的压缩空间。利用小型运输工具将货物从分散的货主手中集中起来,组配后形成批量的长距离干线运输,到达异地后分拣投递。对于长距离的"门到门"大货物运物服务,成本可以大幅度下降。

6. 采取集运方式控制物流成本

在物品运输中,运输批量越大,费率越低,这样促使企业采用大批量运输方式。将小批量货物合并成大批量进行运输是降低单位重量运输成本的主要方法。集运一般有四种途径:

(1) 库存合并。即形成库存以满足服务需求。这样做可以对大批量货物,甚至整车货物进行运输,并转化为库存,这就是库存控制的根本效果。

(2) 运输车辆合并。在拣取和送出的货物都达不到整车载重量的情况下,为提高运载效率可以安排同一辆车到多个地点取货。为实现这种形式的规模经济就需要对行车路线和时间表进行整体规划。

(3) 仓库合并。进行仓储的根本原因是可以远距离运送大批量货物,近距离运送小批量货物。例如,用于拆装作业的仓库。

(4) 时间合并。在这种情况下,企业将在一定时间内累积客户的订单,这样可以一次性发运较大批量的货物,而不是多次小批量送货。通过对大批量货物的运输路径进行规划和降低单位运输费率,企业可以获得运输中的规模经济效益。当然,由于没能在收到订单和履行订单之后及时发货会造成服务水平的下降,因此要在运输成本与对服务的影响之间寻求平衡。运输成本的节约是显见的,但服务水平下降的影响却是很难估计的。

7. 推进信息化

政府应建设公共的网络信息平台,支持工商企业和物流企业采用互联网等先进技术,实现资源共享、数据共用、信息互通。推广应用智能化运输系统,加快构筑全国和区域性物流信息平台,优化供应链管理。

8. 减少运输事故损失

在运输途中有可能发生货物丢失、货物变质,甚至出现事故,这些都将造成运输成本不必要的增加,因此对运输事故的关注十分必要。可以采取以下措施减少事故带来的损失:日常防范;购买保险;积极理赔;机动车辆的车辆损失险和第三者责任险。

9. 运输成本的数理控制

关于运输线路的选择是常用的运输决策。在现有的公路网、铁路网、水运航道和航空线中找到运输的最佳路线,尽可能地缩短运输时间和运输距离,从而使运输成本降低的同时改善客户服务。解决这类运输线路规划问题最简单、最直接的方法就是最短路径。具体可描述为:已知一个由链和节点组成的运输网络,其中节点代表运输起点、中途停靠点及终点,链代表节点之间的成本或距离时间或两两加权平均。现举例加以说明。

【例 7-3】 如图 7-6 所示,A 是一煤矿所在地,J 是煤炭需求地,B、C、D、E、F、G、H、I 是由 A 到 J 的可经过的城镇。每两节点之间的距离已经标出,试找出从 A 到 J 之间的最短路线。

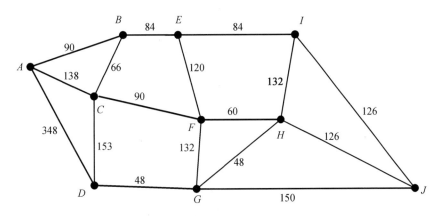

图 7-6　高速公路网络示意图(单位:千米)

这就是一个最短路线问题,求解这种问题的思路及步骤如下所述(见表 7-5)。

(1)找出第 n 个距起点最近的节点。对 $n=1,2,\cdots$ 重复此过程,直到所找出的最近节点是终点。

(2)第 n 次迭代的输入值。在前面的迭代过程中找出 $(n-1)$ 个距起点最近的节点,及其距起点最短的路径和距离。这些节点和起点统称为已解的节点,其余称为未解的节点。

(3)第 n 个最近节点的候选点。每个已解的节点直接和一个或多个未解的节点相连接,就可以得出候选节点——连接距离最短的未解节点。如果有多个距离相等的最短连接,则有多个候选点。

(4)计算出第 n 个最近的节点。将每个已解节点与其候选点之间的距离累加到该已解节点与起点之间短路径的距离之上,所得出的总距离最短的候选点就是第 n 个最近的节点。

第(1)步中A点直接相连的节点为B、C、D,A到B、C、D的距离分别为90、138、348千米,很快得出A到B点的路径最短,B点已解。

第(2)步中,列出了与A点直接相连的未解点C、D,距离分别为138、348千米;与B点直接相连的未解点C、E,距离分别为156、174千米。可以得出最短距离为138千米,C点成为已解点。注意从A点通过已解的节点到某一节点所需的时间应该等于到达这个已解节点的最短距离加上已解节点与未解节点之间的距离。

表 7-5 最短路径法的求解步骤

步骤	已解点	候选点	相关成本	第n个最近节点	最小成本	最新链接	A到各节点的最短路径
1	A	B,C,D	90,138,348	B	90	AB	A→B
2	A B	C,D C,E	138*,348 156,174	C	138	AC	A→C
3	A B C	D E D,F	348 174* 291,228	E	174	BE	A→B→E
4	A C E	D D,F F,I	348 291,228* 294,254	F	228	CF	A→C→F
5	A C E F	D D I H,G	348 291 258* 288,360	I	258	EI	A→B→E→I
6	A C F I	D D H,G H,J	348 291 288*,360 390,384	H	288	FH	A→C→F→H
7	A C F I H	D D G J G,J	348 291* 360 384 336,414	D	291	CD	A→C→D
8	F I H D	G J J G	360 384 414 339*	G	339	DG	A→C→D→G
9	I H D G	J J J J	384* 414 489	J	384	IJ	A→B→E→I→J

重复上述过程直到到达终点J,最短路径的距离是384千米,得出的最佳路径为A→B→E→I→J,从整个解题过程来看,其实已找到了A点到各个点的最短路径。

本章小结

1. 在物流的诸多功能要素中,最重要且最能体现物流核心本质的功能要素就是运输。运输服务是一种创造价值的活动,运输成本是承运人为完成特定货物位移而消耗的物化劳动与活劳动的总和,其货币表现就是各种费用的支出,包括车队、燃料、设备维护、劳动力、保险、装卸等。

2. 影响运输成本的因素很多,包括产品特征、运输特征和市场因素。其中产品特征主要体现在产品密度、产品的可靠性、产品的装载性能;运输特征主要体现在输送距离、载货量、装卸搬运;市场因素主要体现在竞争性、流通的平衡性。

3. 运价是运输价值的货币表现,也即受雇承运人对所提供服务收取的费用。运输劳务不同于有形的物质产品,但是它也有价值,其价值用货币表现出来就是运价。

4. 合理运输,就是按照货物流通规律、交通运输条件、货物合理流向、市场供需情况,走最少的里程、经最少的环节、用最少的运力、花最少的费用、以最快的时间,把货物从生产地运到消费地。也就是用最少的劳动消耗、运输最多的货物、取得最佳的经济效益。

5. 运输合理化的影响因素很多,起决定性作用的有以下五个方面,称作合理运输的"五素":运输距离、运输环节、运输工具、运输时间、运输费用。不合理运输的表现形式:对流运输、迂回运输、重复运输、过远运输、倒流运输、无效运输。

中英文关键术语

1. 运输(Transportation)
2. 运输成本(Transportation Cost)
3. 运输成本管理(Transportation Cost Management)
4. 产品密度(Product Density)
5. 成本导向定价法(Cost-oriented Pricing)
6. 目标收益定价法(Target-return Pricing)
7. 边际成本定价法(Marginal Cost Pricing)
8. 价格歧视(Discrimination Pricing)
9. 合理化运输(Rationalized Transport)

思 考 题

1. 运输合理化的影响因素有哪些?试举例说明。
2. 简述运输合理化的措施。
3. 运输系统信息化在优化运输成本中可起到什么作用?

课外材料阅读 家乐福中国的成功运输

成立于1959年的法国家乐福集团是大型超级市场概念的创始者,目前是欧洲第一,全球第二的跨国零售企业,也是全球国际化程度最高零售企业。家乐福于1995年进入中国市场,最早在北京和上海开设了当时规模最大的大卖场。目前,家乐福在中国31个城市相继开设了86家商店,拥有员工4万多人。家乐福中国公司经营的商品95%来自本地,因此家乐福的供货很及时,这也是家乐福在中国经营很成功的原因之一。

家乐福实行是"店长责任制",给予各店长极大的权力,所以各个店之间并不受太多的制约,店长能灵活决定所管理的店内的货物来源和销售模式等。由于家乐福采用的是各生产商缴纳入场费,商品也主要由各零售商自己配送,家乐福中国总公司本身调配干涉力度不大,所以各分店能根据具体情况灵活决定货物配送情况,事实证明这样做的效果目前很成功。

家乐福中国在网络设计方面主要体现为运输网络分散度高,一般流通企业都是自己建立仓库及其配送中心,而家乐福的供应商直送模式决定了它的大量仓库及配送中心事实上都是由供应商自己解决的,受家乐福集中配送的货物占极少数。这样的经营模式不但可以节省大量的建设仓库和管理费用,商品运送也较集中配送来说更方便,而且能及时供应商品或下架滞销商品,不仅对家乐福的销售、对供货商了解商品销售情况也是极有利的。

在运输方式上,除了较少数需要进口或长途运送的货物使用集装箱挂车及大型货运卡车外,由于大量商品来自本地生产商,故较多采用送货车。这些送货车中有一部分是家乐福租的车,而绝大部分则是供应商自己长期为家乐福各店送货的车,家乐福自身需要车的数量不多,所以它并没有自己的运输车队,也省去了大量的运输费用,从另一方面提高了效益。

在配送方面,供应商直送的模式下,商品来自多条线路,而无论各供应商还是家乐福自己的车辆都采用了"轻重配载"的策略,有效利用了车辆的各级空间,使单位货物的运输成本得以降低,进而在价格上取得主动地位。而先进的信息管理系统也能让供应商在最短时间内掌握货架上供其销售的各种商品的货物数量以及每天的销售情况,补货和退货因此而变得方便,也能让供应商与家乐福之间相互信任的,建立了长期的合作关系。

资料来源:http://www.cbismb.com/articlehtml/20131678.htm。

思考:
家乐福是如何在运输及配送方面实现其"成功"的?

第八章

仓储成本管理与优化

学习目标

1. 了解仓储成本构成及其影响因素
2. 理解仓储成本核算的目的
3. 掌握仓储成本决策与优化方法
4. 掌握仓储物流成本核算项目计算内容
5. 熟练掌握 EOQ 模型的几种形式并计算
6. 掌握存货存储期控制法的计算方法

引例

沉重的仓储——牛浪汉牛肉干的"流浪"路

一包牛肉干,通过网络销售和实体店销售,价高将近两倍,除了常被提及的运输费,要缴纳的过路过桥费,还会有哪些意想不到的流通成本呢?让我们从牛肉干产品产地重庆到北京的流浪之路一探究竟。

在牛浪汉牛肉干的生产基地重庆,牛肉经过清洗、卤煮、煎炸、切割、分装,然后形成了一袋袋各种口味的牛肉干。算上材料费、人工等各种成本,以 4.2 元的出厂价发往北京。

来到位于北京市北五环外的仓库,该仓库是牛浪汉产品到达北京的第一站。牛浪汉目前在北京的销售方式是区域代理,他们在北京市设立了 5 家区域总代理,北京市各卖场、超市、零售点的牛肉干,都由这 5 家总代理在进行分销。许可夫是牛浪汉产品在北京的 5 家总代理之一,他表示,仓储成本就是一笔不小的开支。

许可夫的仓库是 600 平方米,仓库每天要花去约 360 元,一年下来 13 万元以上。由于这几年仓库租金逐年看涨,北五环的仓库租金与 2008 年比,涨幅达 30%。仓库房租越来越贵,也越来越难找。这个 600 平方米的仓库不够用,这些天,许可夫天天都在找新的仓库。

许可夫说:"能满足(储藏)食品分离的条件也不太容易。"为了找到称心的仓库,他在东面、西面和北面的五环跑了个遍,有很多经销商如今都在更远的地方找仓库,他之所以还不放弃五环,实在是因为现在的油费太贵了,他们跑不起。如果要到六环以外,假如说距离要增加 20 公里,一个运输车百公里 18 个油,每一次运输出进都要增加 40 公里,按照这个百公里的油耗就能算出增加的费用。以每天出五辆车计算,如果仓库从五环扩大到六环,仅仅是来回运输,一天增加近 300 元的运输成本。一年增加 10 万元。作为总代理,他的盈利情况一般,一袋 60 克的牛肉干,出厂价是 4.2 元,他也是以 4.5 元的价格再卖给二级代理商或者是卖场,一袋牛肉干挣 0.3 元。

许可夫还表示,有些卖场为了减少自己的存货负担,要求每天送货数量减少,频繁送货,这也加大了他们的成本。比如说送到对方的门店,运输一次,如果往返 100 元钱,运输 10 箱货要花 100 元钱,运输 100 箱也要花 100 元钱。

针对超市的进货方式,超市工作人员表示,进货量不是很大,一次进货量一般在 8—10 箱,那么我柜台上面的临时存放商品的货架,足以存放它一周的销量。超市工作人员解释说,这种进货方式其实也是无奈之举,因为对于地处繁华地段的超市来说,找到能存放商品的仓库实在是太难了。在超市电梯一边的狭小空间已经堆满了货物。每一台货架的上面,也摞着至少两层商品。卖场工作人员说:"很多卖场是没有仓库的。"随着经营的需要,作为商业企业会考虑在其他地方,可能像物流公司,另外再找库房。

这样经过两次的周转,一袋牛肉干终于摆上了零售商的柜台。再加上各种运输成本、人工成本、进场费,牛浪汉产品的价格也从出厂价 4.2 元变成了 7 元钱左右。

物流协会的数据显示,仓储成本占整体物流成本的三分之一。在目前仓储成本逐年上涨的情况下,给流通带来的压力凸显肯定会在一定程度上影响商品价格。

资料来源:http://jingji.cntv.cn/20110518/112342.shtml。

第一节 仓储成本的构成及影响因素

一、仓储成本内涵

在物流系统中,仓储是一个不可或缺的构成要素。仓储业是随着物资储备的产生和发展而产生并逐渐发展起来的。仓储是商品流通的重要环节之一,也是物流活动的重要支柱。

仓储成本是指仓储企业在存储物品过程中,即装卸搬运、存储保管、流通加工、商品出库入库等各项业务活动,以及建造、购置仓库等设备设施所消耗的人力、物力、财力及风险成本的总和。简单地讲,仓储成本是指仓储企业在开展仓储业务活动中各种要素投入的以货币计算的总和。仓储成本是物流成本的重要组成部分,对物流成本的高低有直接影响。

大多数仓储成本不随存货水平变动而变动,而是随存储地点的多少而变。仓储成本包括仓库租金、仓库折旧、设备折旧、装卸费用、货物包装材料费用和管理费等。仓储成本的特点如下:

1. 重要性

仓储成本是物流成本的重要组成部分,而物流成本又占国民经济总产值的很大一部分。据世界银行分析,发达国家物流成本占国民经济总产值的10%左右,美国低于10%,中国估计为16.7%。

2. 效益背反性

增加客户满意度、提高物流水平会引起仓库的建设管理、仓库工作人员的工资、福利等费用增加,从而加大仓储成本。另外,为了削减仓储成本而减少物流网络中仓库的数量并减少存货,将会增加运输成本。

3. 复杂性

在现行的会计制度下,对物流成本的核算缺少统一成本标准,因此,增加了仓储成本内容与确定总仓储成本的复杂性。

案例1　　四级石油储备体系初具规模

古称"今若羌"的丝绸之路南道起点——鄯善,2008年迎来了我国最大的原油储备库的油品。不仅是鄯善,我国各地正在加紧构建一张我国境内的大型石油战略和商业储备网络,正在初步构筑国内能源的四级储备体系。

我国四级储备体系分为国家战略性石油储备、地方储备、国有公司商业储备以及中小型商业储备。

鄯善原油库的建成,是中国第二批战略石油储备库建设的标志性事件。我国的战略石油储备基地从2003年伊始筹划,将用15年时间完成硬件设施的建设,预计总投资约为1000亿元人民币,其中第一期约为1200万吨。根据估算,国家发改委发布的第二阶段的投资储备量2 680万立方米石油相当于2 358万吨石油(1立方米石油等于0.88—0.92吨石油),比一期高出近一倍。未来,战略储备将相当于90天的净进口量,基本达到国际标准,目前仅为10多天。

在四级储备体系中,两大石油公司的商业储备运作也极其关键。

中石油和中石化分别在2007申请注册成立了石油商业储备公司。按照计划,中石油将在辽宁铁岭、新疆、锦州港和独山子石化分别建设自己的商业储备基地。

中国石化在海南洋浦、镇海岚山、温州洞头、林源以及曹妃甸等地积极规划自己的商业储备设施。这类商业储备不仅可以为低价采购原油和成品油作准备,也会与战略储备一起在危急时铸成一道坚固的能源屏障。

除去上述两个部分,各个地方政府石油储备及中小型企业的石油储备计划,组成了中国四级石油储备的完整体系。

资料来源:http://business.sohu.com/20081225/n261408431.shtml。

二、仓储成本的构成

由于不同仓储商品的服务范围和运作模式不同,其内容和组成部分也各不相同,同时控制仓储成本的方法也多种多样。仓储成本主要由仓储储存成本、仓储订购成本、缺货成本、在途存货成本等构成。

（一）仓储储存成本

仓储储存成本是发生在仓储过程中，为保证商品合理储存，正常出入库而发生的与存储商品运作有关的费用。仓储储存成本包括房屋及设备的折旧、库房租金、水电气费用、设备修理费、人工费用等一切发生在库房中的费用。仓储储存成本可以分为固定成本和变动成本两部分。

1. 固定成本

仓储固定成本是在一定的仓储存储范围内，不随出入库量变化的成本。主要包括库房折旧、设备折旧、库房租金、库房固定工人工资等。

仓储固定成本在每月的成本计算时相对固定，与日常发生的运作、消耗没有直接的关系，在一定范围内与库存数量也没有直接关系。固定成本中的库房折旧、设备折旧、外租库房租金和固定人员工资从财务部可以直接领取。库房中的固定费用可以根据不同的作业模式而有不同的内容，包括固定取暖费、固定设备维修费、固定照明费用等。

2. 变动成本

仓储变动成本是仓储运作过程中与出入库量有关的成本。它主要包括水电气费用、设备维修费用、工人加班费用、货物损坏成本等。

库房运作变动成本的统计和计算是根据实际发生的运作费用进行的。包括按月统计的实际运作中发生的水电气消耗，设备维修费用，由于货量增加而发生的工人加班费和货品损坏成本等。

案例 2　　网购便宜　难在仓储

以前我们要买东西去商场、超市，现在我们只需要在电脑上轻轻地一点，选中的商品，后台的所有工作都在这里完成，会有专门的捡货员在仓库里把我们的货品收集好，放到购物筐里，再进行质监，质监结束以后就进行打包，最终通过物流公司送到消费者的手里。以前，企业销售产品，要一层层地转销和分销，要进店，要上架，现在通过网络的销售，你就直接可以把产品从仓库配送到顾客的手里。这样的一些改变，到底是怎么发生的呢？迅速增长的网购需求，又怎样冲击着传统的仓储物流业呢？产品好卖，仓库难寻，网购企业大举进军仓储业。资金缺乏，用地紧张，仓储业发展面临哪些难题？

电子商务公司的仓库像大卖场

当当网全国仓储部总监祖洪奎说："最理想的是拥有超过十万平方米的超级大仓库"，虽然到目前为止，我们已经有了超过六万平方米的仓库，但是对我们来说，最理想的是有一个超过十万平方米的、更现代化的、更整体型的超级大仓库来支持。当当网走到现在，正好是11年，仓库面积必须每年翻一番才能支持销售。我们在5年前才意识到我们找的不像仓库，而是介于零售店和仓库之间的。一般大家对仓库的看法是，盖一个房子，有基本保管条件就行，对于我们互联网来说不是。电子商务仓库需要的条件是：第一，要有很好的互联网传输，因为要拉数据专线；第二，地面要求金刚砂，要保护漆；第三，仓库是昼夜工作，要求必须有足够的采光和照明,当然还有更多的细节需要完善。

当当网总裁李国庆认为造成仓储建设这么难的原因是:政府规划缺位、专业人才缺乏以及资金问题等。首先是政府规划缺位,而且有超前规划的现象。目前不论北京、广东、上海、深圳,还是武汉,到处都是物流基地和物流园区,不考虑环境。其次是从业人才的问题,积蓄人才方面很不专业。再则是中国的企业喜欢自建,而不是发展第三方。

资料来源:http://www.chinawuliu.com.cn/zixun/201107/21/165245.shtml。

(二) 仓储订购成本

仓储订购成本是由于存货而发生的除储存成本以外的各种成本,包括以下几个方面。

1. 订货成本

订货成本是指企业为了实现一次订货而进行的各种活动的费用,包括处理货物的差旅费、办公费等支出。订货成本中有一部分与订货次数无关,如常设机构的基本开支等,称为订货的固定成本;另一部分与订货次数有关,如差旅费、通信费等,称为订货的变动成本。具体来讲,订货成本包括与下列活动有关的费用,即检查存货费用、编制并提出订货申请费用、对多个供货商进行调查比较、填写并发出订单、填写并核对收货单、检验货物费用、筹集资金和付款过程发生的各种费用。

2. 资金占用成本

资金占用成本是为购买货品和保证存货而使用的资金成本。资金成本可以用公司投资的机会成本或投资期望值来衡量,也可以用资金实际来源的发生成本来计算。为了方便和简化,一般资金成本用银行贷款利息来计算。

3. 存货风险成本

存货风险成本是发生在货品持有期间的,由于市场变化、价格变化、货品质量变化所造成的企业无法控制的商品贬值、损坏变质等成本。

(三) 缺货成本

缺货成本是指由于库存供应中断而造成的损失,包括原材料供应中断造成的停工损失、产成品库存缺货造成的延迟发货损失及丧失销售机会的损失(还应包括商誉损失)。不同物品的缺货成本随用户或组织内部策略的不同而不同。当一种产品缺货时,客户就会购买该企业竞争对手的产品,这就会对该企业造成直接利润损失,如果失去客户,还可能为企业造成间接或长期成本损失。另外,原材料、半成品或零配件的缺货,意味着机器的空闲,甚至停产。

缺货成本是由于外部和内部中断供应所产生的。当企业的客户得不到全部订货时,叫做外部缺货;而当企业内部某个部门得不到全部订货时,叫做内部缺货。

如果发生外部缺货,将导致以下情况发生:

1. 延期交货

延期交货可以有两种形式:一是缺货商品可以在下次订货时得到补充,再是利用快递延期交货。如果客户愿意等待,那么企业实际上没有什么损失。但如果经常缺货,客户可能就会转向其他供应商。

商品的延期交货会产生特殊订单处理费用和运输费用。延期交货的特殊订单处理用要比普通处理费用高。由于延期交货经常是小规模装运,运输费率较高。而且,延期交货的商品可能需要从一个地区的一个工厂的仓库供货,进行长距离运输。另外,可能需要利用速度快、收费较高的运输方式运送延期交货的商品。因此,延期交货成本可根据额外订单处理费用的额外运费来计算。

2. 失销

由于缺货,可能造成一些用户会转向其他供应商,也就是说,许多公司都有生产替代品的竞争者,当一个供应商没有客户所需的商品时,客户就会从其他供应商那里订货,在这种情况下,缺货导致失销,对于企业来说,直接损失就是这种商品的利润损失。因此,可以通过计算这批商品的利润来确定直接损失。

除了利润损失,失销还包括当初负责相关销售业务的销售人员所付出努力的损失,这就是机会损失。需要指出的是,很难确定在一些情况下失销的总损失。比如,许多客户习惯用电话订货,客户只是询问是否有货,而未指明订货多少,如果这种产品没货,那么客户就不会说明需要多少,企业也不会知道损失的总量。此外,很难估计一次缺货对未来销售的影响。

3. 失去客户

第三种可能发生的情况是由于缺货而失去客户,也就是说,客户永远转向其他供应商。如果失去客户,企业也就失去未来的一系列收入,这种缺货造成的损失很难估计,需要用科学的技术及市场营销的研究方法来分析和计算。除了利润损失,还有由于缺货造成的商誉损失。

(四)在途存货成本

在途存货成本与选择的运输方式有关。如果企业以目的地交货价销售商品,就意味着企业要负责将商品运达客户,当客户收到订货商品时,商品的所有权才转移。从财务角度来看,商品仍然是销售方的库存。因为这种在途商品在交付给客户之前仍然属于企业所有,运货方式及所需的时间是储存成本的一部分,企业应该对运输成本与在途存货持有成本进行分析。

在途物资库存的资金占用成本一般等于仓库中库存资金的占用成本。仓储运作成本一般与在途库存不相关,但要考虑在途货物的保险费用。选择快速运输方式时,一般货物过时或变质的风险较小一些,因此仓储风险成本较小。

一般来说,在途存货成本要比仓库中的存货成本小,在实际中,需要对每一项成本进行仔细分析,才能准确计算出实际成本。

三、仓储成本的影响因素

构成仓储成本重要部分的是仓储存货成本,仓储存货增加,即增大了仓库的占用面积和运作量,同时占用了大量资金。货物的存储量是仓储费用的决定性因素,那么决定货物存储量就成了控制成本的重要一环。

对于不稳定的易燃、易爆、易变质和时效性强的商品,库存量要小一些,以避免在仓储过程中发生质量变化和商品贬值;对时尚性不强的商品和耐储存的商品,库存量可高一些。从货物管理方面看,运输条件便利与否也是影响因素之一;从交通方面看,运输周期长的商品,可保持小的库存量,反之,运输不便,运输周期短的商品,应保持较高库存量;从货物使用和销售方面看,一般销售量增加,相应的库存量也要增加,反之,销售量减少,库存量也要减少。总之,一般考虑以下因素来决定采购批量和存货数量。

1. 商品的取得成本

它主要包括在采购过程中所发生的各种费用的总和,这些费用大体有两大类:一是随采购数量的变化而变化的变动费用;二是与采购数量关系不大的固定费用。

2. 商品的储存成本

生产销售使用的各种货物,在一般情况下都应该有一定的储存量。只要储备就会有成本费用的发生,这种费用也可分两大类:

(1) 与储备资金多少有关的成本,如储备资金的利息、相关的税金、仓储货物合理损耗成本等。

(2) 与仓储货物数量有关的成本,如仓库设施维修费、货物装卸搬运费、仓库设施的折旧费、仓库管理人员工资、福利费、办公费等。

3. 缺货成本

计划不同或环境条件发生变化,导致企业在仓储中发生了缺货现象,从而影响生产的顺利进行,造成生产或销售上的损失和其他额外支出称为缺货损失。所以,为了防止缺货损失,在确定采购批量时,必须综合考虑采购费用、储存费用等相关因素,以确定最佳的经济储量。

4. 运输时间

在商品采购过程中,要做到随要随到的情况是有条件的。在一般情况下,从商品采购到进入企业仓库需要一定的时间。所以在商品采购时,应将运输时间考虑进去。

第二节 仓储成本的核算

一、仓储成本核算的意义及目的

无论在理论上还是实际工作中,我们对于物流成本的认识都处于朦胧阶段,用以指导物流成本核算的方法也比较贫乏,对于仓储成本的核算与分析也存在偏差。完善仓储成本核算方法的意义主要是:第一,提高对仓储重要性的认识。物流过程需要经过众多的环节,其中仓储过程是最为重要的环节。仓储从传统的物质存储、流通中心,发展到成为物流的节点,作为物流管理的核心环节而存在并发挥着整体物流协调的作用。完善仓储环节的成本核算,可以提高人们对仓储重要性的认识,有利于人们寻求降低仓储成本的新途径。第二,为合理制定仓储价格提供依据,成本是制定价格的主要依据。同样,仓储成本是物流企业制定仓储价格的主要依据。随着物流业的不断发展,很多以仓储为主要业务的物流企业建立起来。为了考核企业的物流活动与管理绩效,他们在对外、对内提供各种仓储服务的同时,也要求按一定价格进行结算,由此,仓储成本就成为企业制定物流价格的主要依据。第三,有利于物流管理水平的提高。企业仓储成本是物流成本中最为主要的内容,而物流成本又是全面反映物流企业各项活动的综合性指标,所以说完善仓储成本核算方法对整个企业物流管理水平的提高有着非同凡响的作用。

完善仓储成本核算的意义重大,其最主要的目的为:

1. 库存保管费用预算的编制和实施管理会计

企业核算仓储管理费用的一个主要目的在于掌握和了解库存费用成本的状况,以及企业保管库存管理的绩效,据此合理地编制仓库库存管理成本预算。在这种状况下,运用单位库存费用,预测计划期间内的保管数量或费用成本,计划预算总库存费用,从而合理地调度企业的物流资源,评价和管理企业保管库存管理的绩效,系统控制和管理物流成本。

2. 收益性分析的需要

企业能否合理有效地分析仓储库存费用对企业的物流收益性分析至关重要。仓储库存费用的详细测算,能够帮助企业正确地分析不同出货、不同产品、不同顾客以及不同配送线路的经济收益。此外,仓库库存费用的合理计算对企业内不同部门的收益性分析也具有积极的作用,如果企业在全面细致地反映各种活动所产生的仓储库存成本,那么利用转账价格,就能将库存费用分摊到企业的不同领域或部门,从而更好地分析判断企业各部门的运作丙效以及成本费用的影响。

3. 确立配送计划

库存成本的计算可以作为制定配送计划的工具,利用库存仓储费用的成本信息,可以帮助企业合理规划配送线路或网络,确立自建仓库的依据和范围,以及合理规划各仓库对应配送地区和半径。

二、仓储成本核算的范围

在计算仓储成本之前,需要明确仓储成本核算的范围。核算范围取决于成本核算的目的,如果需要对所有的仓储物流活动进行管理,就需要计算出所有的仓储成本。同样是仓储成本,由于所包括的范围不同,计算结果也不一样。如果只考虑库房本身的费用,不考虑仓储物流等其他领域的费用,也不能全面反映仓储成本的全貌。每个企业在统计仓储费用时的口径不一样,往往缺乏可比性。因此,在讨论仓储成本时,首先应该明确成本计算所包括的范围。

(一)按仓储物流成本形成的计算

仓储成本主要包括仓储储存成本、取得成本、缺货成本和在途库存持有成本。

1. 仓储储存成本

仓储储存成本是指企业为保持适当的库存而发生的成本,它可以分为固定成本和变动成本。固定成本是不随存储货物数量的变化而变化的成本,与一定限度内的仓储数量无关,如仓储设备的折旧费、维修费、仓库工人工资等;变动成本与仓储数量的多少相关,如库存占用资金的利息费用、仓库的挑选整理费、仓储商品的毁损和变质损失、保险费用、搬运装卸费用等。仓储储存成本可以分为资金占用成本、仓储维护成本、仓储运作成本、仓储风险成本四项。

(1)资金占用成本也称利息费用机会成本,是仓储成本的隐性费用。资金占用成本反映失去的盈利能力,如果资金投入其他方面,就会要求取得投资回报,因此资金占用成本就是这种尚未获得的回报费用。资金占用成本通常用持有库存的货币价值的百分比表示,也有用企业新投资的最低回报率来计算资金占用成本,因为从投资角度来说,库存决策与做广告、建新厂、增加机器设备等投资决策是一样的。为了核算方便,一般情况下,资金占用成本指占用资金能够获得的银行利息。

（2）仓储维护成本主要包括与仓库有关的租赁、取暖、照明、设备折旧、保险费和税金等费用。仓储维护成本随着企业采取的仓储方式的不同而有不同的变化。如果企业利用自有仓库,大部分仓储维护成本是固定的;如果企业利用公共仓库,则有关存储的所有成本将直接随库存数量变化而变化。在做仓储决策时,这些成本都要考虑。另外,根据产品的价值和类型,产品丢失或损坏的风险高时,就需要较高的保险费用。同时,许多国家就将库存列入应税财产,高水平库存导致高税费。保险费用和税金将随着产品的不同而有很大的变化,在计算仓储维护成本时,必须对此加以考虑。

（3）仓储运作成本主要与商品出入库有关,即通常所说的搬运装卸成本。

（4）仓储风险成本,反映由企业无法控制的原因造成的库存商品贬值、损坏、丢失、变质等损失。

2. 取得成本

取得成本中的订货成本是指企业为了实现一次订货进行的各种活动的费用,包括处理订货的差旅费、办公费等支出。订货成本中有一部分与订货次数无关,如常设机构的基本开支等,称为订货的固定成本;另一部分与订货次数有关,如差旅费、通信费等,称为订货的变动成本。具体来讲。订货成本包括与下列活动有关的费用:检查和清点货物;编制并提出订货申请费用;对多个供货商进行调查比较;选择最合适的供应商;填写并发出订单;验收发来货物;筹集资金并进行付款。这些成本很容易被忽视,但在考虑涉及订货、收货的全部活动时,这些成本很重要。

取得成本中的生产准备成本是指当某些产品不由外部供应而是企业自己生产时,企业为生产这些产品而进行准备的成本。其中,更换模具、增添某些专用设备等属于固定成本。与生产产品的数量有关的费用如材料费、加工费、人工费等属于变动成本。

3. 缺货成本

缺货成本是指由于库存供应中断而造成的损失,包括原材料供应中断造成的停工损失、产成品库存缺货造成的延迟发货损失和丧失销售机会的损失(还有包括商誉损失)。

许多企业都会考虑保持一定数量的安全库存或称缓冲库存以防在需求方面的不确定性,但是安全库存的存在自然会产生一定的库存成本,同时应该注意到安全库存每一追加的增量都将造成效益的递减,超过期望需求量的第一个单位的保险库存所提供的防止缺货的预防效能最大,第二个单位所提供的预防效能比第一个单位小,以此类推。在保持一定保险存货水平,储存额外数量的存货成本加期望成本会有一个最小值,这个水平就是最优水平,高于或低于这个水平,都会产生净损失。

对于制造企业来说,如果发生内部原材料的短缺,就可能导致审查损失(人员和机器的闲置)和完工期的延误。如果由于某项物品短缺而引起整条生产线停工,这时的缺货成本可能非常高。尤其对于实施及时管理的企业来说更是这样。为了对保险存货量作出最好的决策,制造企业应该对由于原材料或零配件缺货造成的停产成本有全面的认识和理解。

【例 8-1】 某企业如果出现货物短缺现象,假设80%的缺货导致延期交货,延期交货成本是 2 000 元;10% 导致失销,失销成本是 5 000 元;10% 导致失去客户,成本是 8 000 元,计算总的缺货成本。

计算过程如下:
① 延期交货损失:$2\,000 \times 80\% = 1\,600$(元)
② 失销损失:$5\,000 \times 10\% = 500$(元)
③ 失去客户损失:$8\,000 \times 10\% = 800$(元)
所以每次缺货成本:$1\,600 + 500 + 800 = 2\,900$(元)。

4. 在途库存持有成本

如果企业以目的地交货价格销售商品,就意味着企业要负责将商品送达客户,当客户收到订购商品时,商品的所有权才转移。从财务角度来看,商品仍然是销售方的库存。因为这种在途商品在交付给客户之前仍然属于企业所有,运货方式及所需的时间是储存成本的一部分,企业应该对运输成本与在途存货持有成本进行分析。在途物资库存的资金占用成本一般等于仓库中库存资金的占用成本。库存持有成本包括存货资金占用成本、仓储维护成本、仓储运作成本、仓储风险成本等,这些成本对于在途存货来说有所变化。

在途库存的资金占用成本一般等于仓库中库存的资金占用成本、仓储维护成本、仓储运作成本之和,一般与在途库存不相关,但对保险费用要加以考虑。由于运输服务具有短暂性,货物过时或变质的风险要小一些,因此仓储风险成本较小。

(二)按仓储物流成本核算项目计算

按仓储物流成本核算项目计算,仓储成本包括保管费、修理费、动力费、租赁费、保险费等。

(1)保管费。保管费是指存储货物所开支的货物养护、保管费用,包括用于商品保管的货架、货柜的费用摊销,仓库场地的房地产税等。

(2)人工费。人工费是指支付给从事仓储业务活动的人员的工资及福利费用。工资部分应包括仓储管理人员的固定工资、奖金和各种生活补贴;福利费可按标准提取,包括库房基金、医疗(保险)基金、退休基金等。

(3)折旧费。折旧费是指固定资产按折旧期分年提取所得的折旧费用,包括库房、堆场等基础设施的折旧和机器设备的折旧等。

(4)修理费。修理费是指对仓库设施设备和运输工具等进行修理而发生的费用,可按一定的修理费用每年提取,主要用于设施设备和运输工具的定期大修。每年的大修基金可按设施设备和运输工具投资额的一定比率提取。

(5)动力费。动力费是指仓储照明和仓储设备运转所发生的电力和燃料、润滑材料费用。作为动力用的电力和燃料开支按装卸、搬运货物的吨数(有时可以按件数)分摊,照明用电的开支根据照明面积和规定的仓库照明亮度确定;用于设备润滑材料的费用可按设备使用情况计算。

(6)租赁费。如果仓储企业所使用的铁路线和码头不属于自己,则应按协议规定来支付这些设施的租用费用。

(7)保险费。货物仓储保险费是指为应对仓储企业在责任期限内因发生货物意外灾害所造成的经济损失而支付给保险部门的费用。

（8）其他业务开支。其他业务开支是指不属于以上项目的其他开支，如管理费（用于办公、业务处理、管理人员工资、人员培训等）、营销费（如企业宣传、广告及其他促销手段所需要的支出），水、煤、电话等费用的开支。

（三）按仓储物流作业环节计算

按仓储物流作业环节计算，仓储成本包括仓储费、进出库费、服务费用。

（1）仓储费。仓储费专指物资储存、保管业务发生的费用，主要包括仓库管理人员的工资，物资在保管保养过程中的衬垫、防腐、倒垛等维护保养费用，固定资产折旧费，修理费，劳动保护费，动力照明费等。

（2）进出库费用。进出库费用是指物资进出库过程中所发生的费用，包括进出库过程中装卸搬运和验收等开支的工人工资、劳动保护费，以及固定资产折旧费、大修费、材料费、燃料费、照明费、管理费等。

（3）服务费用。服务费用是指配送中心在保管服务过程中所消耗的物化劳动和活劳动的货币表现。

对以上每一项成本在进行核算时都要进行仔细分析，才能准确计算出实际成本。

三、不同仓储形式成本核算

（一）购进存货成本的计算

库存商品购进是指流通企业为了出售或加工后出售，通过货币结算的方式取得商品或商品所有权的交易行为。

存货的形式主要有外购和自制两个途径。从理论上讲，企业无论是从何种途径取得的存货，凡与存货形成有关的支出，均应计入存货成本。流通企业由于其行业的特殊性，在购进商品时，按照进价和按规定应计入商品成本的税金作为实际成本，采购过程中发生的运输费、装卸费、保险费、包装费、仓储费等费用，运输途中发生的合理损耗，入库前的挑选整理费等，直接计入当期损益。

流通企业加工的商品，以商品的进货价格、加工费用和按规定应计入成本的税金作为实际成本。

（二）仓储成本的不同计算

1. 按支付形态计算仓储成本

把仓储成本分别按仓储搬运费、仓储保管费、材料损耗费、人工费、仓储管理费、仓储占用资金利息等支付形态分类，就可以计算出仓储成本的总额。这样可以了解花费最多的项目，从而确定仓储成本管理的重点。

这种计算方法是从月度损益表中"管理费用"、"财务费用"、"营业费用"等各个项目中，取出一定数值乘以一定的比率（物流部门比率，分别按人数平均、台数平均、面积平均、时间平均等计算出来）算出仓储部门的费用。再将仓储成本总额与上一年度的数值作比较，弄清楚增减的原因并制定整改方案。表8-1为某企业按仓储成本支付形式编制的成本计算表。

表 8-1　仓储成本计算表　　　　　　　　　　　　　　　　　　　单位:元

仓储成本形态	管理等费用 ①	计入成本比率% ②	仓储成本 ③=①×②	备注
(1) 仓库租赁费	158 000	100	158 000	全额
(2) 材料消耗费	25 000	100	25 000	全额
(3) 工资津贴费	600 000	22.4	134 400	人数比率
(4) 燃料动力费	21 340	42.5	9 069.5	时间比率
(5) 保险费	9 600	48.8	4 684.8	面积比率
(6) 修缮维护费	25 876	45.2	11 695.952	固定资产比率
(7) 仓储搬运费	40 500	51.8	20 979	面积比率
(8) 仓储保管费	56 000	51.8	29 008	面积比率
(9) 仓储管理费	12 000	37.1	4 452	仓储费比率
(10) 易耗品费	15 000	37.1	5 565	仓储费比率
(11) 资金占用利息	35 000	37.1	12 985	仓储费比率
(12) 税金等	48 000	37.1	17 808	仓储费比率
仓储成本合计	1 046 316	41	433 647.252	仓储费占费用总额比率

2. 按仓储活动项目计算仓储成本

按仓储活动项目计算仓储成本是将仓库中的各个运作环节发生的成本分别统计,例如仓储费、入库费用、出库费用、分拣费用、检查费用、盘点费用等。在仓库众多的情况下,采用按活动项目计算仓储成本的方法可以比较容易地进行相互之间的比较,从而达到有效管理的目的。

3. 按适用对象计算仓储成本

仓储成本的计算也可以按照仓库商品所适用的对象,按产品、地区的不同分别计算仓储成本,这就是一般所说的按适用对象计算仓储成本。按照不同地点的仓储发生成本,计算出各单位仓储成本与销售金额或毛收入所占比例,及时发现仓储过程存在的问题,并加以解决。

(三) 销售存货的成本计算

仓储管理中的销售存货的成本计算是比较复杂的。对于种类众多、销售时间敏感的商品,必须选用正确的存货计算方法。所谓商品销售是指企业以现金或转账结算的方式,向其他企业销售商品,同时商品的所有权转移的一种交易活动。

1. 确认销售商品收入的条件

流通企业销售商品时,从财务角度出发需同时符合以下三个条件,即确认为收入:

第一,企业已将商品所有权上的主要风险和报酬转移给买方。风险主要指商品由于贬值、损坏、报废等造成的损失;报酬是指商品中包含的未来经济利益,包括商品因升值等给企业带来的经济利益。判断一项商品所有权上的主要风险和报酬是否已转移给买方,需要视不同的情况而定,在大多数情况下,所有权上的风险和报酬的转移伴随着所有权凭证的转移,或实物的交付而转移。但在有些情况下,企业已将所有权凭证或实物交付给买方,但商品所有权上的主要风险和报酬并未转移。

第二,与交易相关的经济利益能够流入企业。与交易相关的经济利益即为企业销售商品的价款,销售商品的价款是否能够收回,是确认收入的一个重要条件,如收回的可能性大,则可作为收入确认,如收回的可能性不大,则不能确认为收入。

第三,相关的收入和成本能够被可靠的计量。根据收入与费用配比原则,与同一项销售有关的收入和成本,应在同一会计期间予以确认。因此,如果成本不能被可靠地计量,相关的收入也无法确认。

2. 存货销货成本的计算

企业在将商品销售出去后,既要及时反映商品的销售收入,也要计算已售存货的成本,以便据以计算商品的销售成果。正确计算存货发出的成本,不仅影响当期的经营损益,而且还影响期末存货价值的真实性。

商品发出的计价方法主要有以下几种:

(1) 个别认定法。个别认定法也称个别计价法、分批认定法、具体辨认法等,是指以某批材料购入时的实际单位成本作为该批材料发出时的实际成本的存货计价方法。适用于大件物品、贵重物品。这种方法使存货的成本流动与实物流动完全一致,因而能准确地反映销货成本和期末存货成本。

优点:能正确计算存货的实际成本和耗用存货的实际成本。

缺点:分别记录各批的单价和数目,工作量大,进货批次较多时不宜采用。

(2) 加权平均法。加权平均法是指期末用期初结存和本期入库存货的实际成本之和,据以计算加权平均成本作为期末存货成本和销货成本的存货计价方法,计算方法如下:

$$加权平均单价 = \frac{期初结存金额 + 本期进货金额合计}{期初结存数量 + 本期进货数量合计}$$

$$期末存货成本 = 加权平均单价 \times 期末结存数量$$

$$本期销货成本 = 期初成本 + 本期进货成本 - 期末存货成本$$

(3) 移动加权平均法。移动加权平均法是指平时入库存货就根据当时库存存货总成本与总数量计算平均单位成本,作为下一次收入存货以前发出存货时的单位成本的存货计价方法。

采用移动加权平均法时,存货的计价和明细账的登记在日常进行,可以随时了解存货占用资金的动态,但日常核算工作较为繁琐。

$$移动加权平均单价 = \frac{新购进金额 + 原结存金额}{新购进数量 + 原结存数量}$$

(4) 先进先出法。先进先出法是指假定先购进的存货先耗用或先销售,期末存货就是最近入库的存货,因此,先耗用或先销售的存货按先入库存货的单位成本计价,后耗用或后销售的存货按后入库存货的单位成本计价的存货计价方法。它的特点是期末存货的账面价值反映最近入库存货的实际成本。

企业的仓储成本是影响企业经营效益的重要因素,企业必须在保证生产和销售正常运行的前提下,努力控制仓储经营过程中的各项成本,尽量减少不必要的开支,争取最大效益。

第三节 仓储成本决策与优化

一、存货成本控制

（一）经济批量（EOQ）控制法

1. 经济批量及其假设条件

经济批量又称经济订货量，是指使一定时期存货的总成本最低的每批订货数量。在确定材料采购或产品投产批量时，既要考虑材料采购费用或产品投产生产准备费用，又要考虑材料、产品保管费用。

订货批量越大，平均存货就越大，相应地，每年的维持成本也越大。然而，订货批量越大，每一计划期需要的订货次数就越少，相应地，订货总成本也就越低。把订货批量公式化可以确定精确的数量，据此，对于给定的销售量，订货和维持存货的年度联合总成本是最低的。使订货成本和维持成本总计最低的点代表了总成本。上述讨论介绍了基本的批量概念，并确定了最基本的目标。简单地说，这些目标是要识别能够使存货维持和订货的总成本降低到最低限度的订货批量或订货时间。

购进库存商品的经济订货批量，是指能够使一定时期购、存库存商品的相关总成本最低的每批订货数量。企业购、存库存商品的相关总成本包括购买成本、相关订货费用和相关储存成本之和。

经济订货批量模型是目前大多数企业最常采用的货物定购方式。该模型适用于整批间隔进货、不允许缺货的存储问题，即某种物资单位时间的需求量为常数 D，存储量以单位时间消耗数量 D 的速度逐渐下降，经过时间 T 后，存储量下降到零，此时开始订货并随即到货，库存量由零上升为最高库存量 Q，然后开始下一个存储周期，形成多周期存储模型。

虽然 EOQ 模型可以确定最佳的补给数量，但它需要某些相当严格的假设才能直接应用。在简单的 EOQ 模型中需要做出的主要假设有：(1) 已知全部需求的满足数；(2) 已知连续不变的需求速率；(3) 已知不变的补给完成周期时间；(4) 与订货数量和时间保持独立的产品的价格不变（即购买数量或运输价格不存在折扣）；(5) 不限制计划制定范围；(6) 多种存货项目之间不存在交互作用；(7) 没有在途存货；(8) 不限制可得资本等。不过，通过计算上的延伸，可以克服这些假设强加的限制。总而言之，EOQ 概念说明了与存放成本和收购成本有关的优选问题的重要性。

EOQ 模型基本公式：

$$TC(Q) = PR + \frac{CR}{Q} + \frac{PFQ}{2}$$

$$\frac{d_{TC(D)}}{d_Q} = \frac{d}{d_Q}\left(PR + \frac{CR}{Q} + \frac{PFQ}{2}\right) = 0$$

$$\frac{PF}{2} - \frac{CR}{Q^2} = 0 \tag{8-1}$$

$$Q^2 = \frac{2CR}{PR}$$

$$Q^* = \sqrt{\frac{2CR}{PF}} = \sqrt{\frac{2CD}{H}}$$

其中,Q^* 为经济订货批量;C 为单次订货成本;D 为年总需求量;H 为单位产品的库存成本;P 为单位采购成本;F 为年保管费率。

2. 经济批量的计算

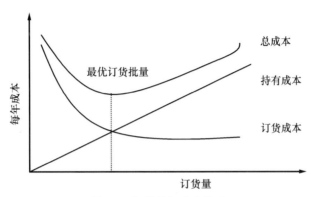

图 8-1　订货量与成本关系

最优订货批量反映了持有成本与订货成本之间的平衡,年持有成本等于库存平均持有量与单位年持有成本的乘积,平均库存是单位订货批量 Q 的一半,用字母 H 代表每单位的年持有成本,则

$$\text{总年持有成本} = \frac{Q}{2}H \tag{8-2}$$

另一方面,一旦订货批量增大,年订货成本就会下降,一般情况下,年订货次数等于 D/Q,这里 D 为年总需求。订货成本不像持有成本,对订货批量反应比较迟钝;无论订货批量是多少,特定活动都得照样进行,如确定需求量,定期评价供应源,准备发货单等。因而订货成本一般是固定的,年订货成本是年订货次数与每批订货成本(用 S 表示)的函数,则:

$$\text{年订货成本} = C\frac{D}{Q} \tag{8-3}$$

年总成本由库存的持有成本和订货成本两部分组成,若每次订货 Q 单位,则

$$\text{年总成本} = \text{年持有成本} + \text{年订货成本}$$

即:

$$TC = \frac{QH}{2} + \frac{DC}{Q} \tag{8-4}$$

这里 D 与 H 必须单位相同,总成本曲线呈 u 形,并在持有成本与订货成本相等的订货批量处达到最小值。运用微积分可以推导得到最优订货批量的表达公式:

$$Q' = \left(\frac{2 \times DC}{H}\right)^{(\frac{1}{2})} \tag{8-5}$$

因此,给定年总需求、每批订货成本和每单位年持有成本求出经济订货批量,进一步得到年最小总成本。

【例 8-2】　假设某厂全年耗用 A 材料 1 200 千克,每次订货成本 10 元,每千克材料的年

储存成本 0.6 元。要求计算:(1) 经济订货批量 Q^*。(2) 最低年成本 T^*。(3) 最佳订货次数 A/Q^*。

解:

$$Q^* = \sqrt{\frac{2 \times 1\,200 \times 10}{0.6}} = 200(千克)$$

$$T^* = \frac{200 \times 0.6}{2} + \frac{1\,200 \times 10}{200} = 120(千克)$$

$$A/Q^* = 1\,200 \div 200 = 6(次)$$

3. 价格有折扣的 EOQ 模型

单价有 n 级折扣,第一级规定的最低一次订购量最小,(一般可以从零开始),单价最高,以后各级规定的最低一次订购量逐级增加,而单价逐级降低,令 V_j 为第 j 级的物资单价($V_{j-1} > V_j$);Q_j 为第 $j+1$ 级的最低一次订购量($Q_j < Q_{j+1}$);Q 为实际一次订购量,则当 $Q_{j-1} < Q < Q_j$ 时,单价为 V_j,购货款为 $Q \cdot V_j$。

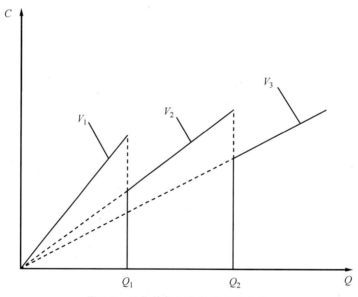

图 8-2 总货款与订货数量关系曲线

按这种折扣形式,所订购的物资,整批按一个统一单价计算货款。寻找经济订货批量 Q^*,即在定义域内,找出年总费用曲线的最低点。其方法为:

(1) 先求各种折扣价格 V_j 时的经济订货批量。

$$Q^* = \sqrt{\frac{2DC}{rV_j}} \tag{8-6}$$

(2) 如果 Q_j^* 处于实线段中,即 $Q_{j-1} < Q_j^* < Q_{j+1}$,则 Q_j^* 即该折扣单价 V_j 时的经济订货批量;如果 Q_j^* 处于虚线段中,则靠近 Q_j^* 的那个实线段端点即该折扣单价 V_j 时的经济订货批量。

(3) 在求出不同折扣价格 V_j 时的经济订货批量 Q_j^* 后,其中使年存贮总费用最低的 Q_j^*

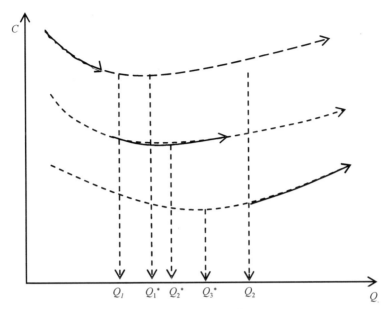

图 8-3　存储系统全年总费用曲线

最终选定的经济订货批量 Q^* 。(亦可用平均单位物资所需的费用来比较)

【例 8-3】 向批发商店订购某种商品,批发商店规定,不同订货量可以享受不同的价格,如下所示,年需要量 10 000 件,订货费为每次 9 元,年存贮费率 $r=0.08$ 元/年,求经济订货批量。

订货数量 Q(件)	价格折扣(%)	单价 V_j(元)
1—249	0	20.00
250—999	10	18.00
1 000 及以上	20	16.00

解:(1) 求出不同 V_j 时的理论经济订货批量 $\hat{Q}_j^*$ 。

$$Q_1^* = \sqrt{\frac{2DC}{rV_1}} = \sqrt{\frac{2 \times 10\,000 \times 9}{0.08 \times 20}} = 335(\text{件})$$

$$Q_2^* = \sqrt{\frac{2DC_2}{rV_2}} = \sqrt{\frac{2 \times 10\,000 \times 9}{0.08 \times 18}} = 353(\text{件})$$

$$Q_3^* = \sqrt{\frac{2DC_2}{rV_3}} = \sqrt{\frac{2 \times 10\,000 \times 9}{0.08 \times 16}} = 375(\text{件})$$

(2) 确定不同折扣价格 V_j 时的经济订货批量。

$$Q_1^* = 249(\text{件})$$
$$Q_2^* = 353(\text{件})$$
$$Q_3^* = 1\,000(\text{件})$$

(3) 计算各 Q_j^* 时的年总费用。

$$c_z(249) = DV_1 + \frac{C_2 D}{Q_1^*} + \frac{1}{2}Q_1^* rV_1 = 200\,560.65(元)$$

$$c_z(353) = DV_2 + \frac{C_2 D}{Q_2^*} + \frac{1}{2}Q_2^* rV_2 = 180\,509.12(元)$$

$$c_z(1\,000) = DV_3 + \frac{C_2 D}{Q_3^*} + \frac{1}{2}Q_3^* rV_3 = 160\,730(元)$$

（4）确定经济订货批量 Q^*。

$$Q^* = \min\{C_z(Q_j^*); j = 1,2,3\}$$

本题比较各 Q_j^* 年总费用，经济订货批量

$$Q^* = 1\,000(件)$$

如果资金充裕，将订货批量由 249 件调整到 1 000 件，这样，包括货款在内的全年存储系统总费用达到最小。

（二）订货点控制法

随机型库存模型要解决的问题是：确定经济订货批量或经济订货期；确定安全库存量；确定订货点和订货后最大库存量。随机需求下的库存控制有连续检查和定期检查两种基本控制策略，这两种控制策略通常称为定量订货技术和定期订货技术，统称为订货点技术。

1. 定量订货技术

所谓定量订货技术，就是预先确定一个订货点和订货批量，随时监控货物库存，当库存下降到订货点时，就发出订货单进行订货的控制技术，如图 8-4 所示。

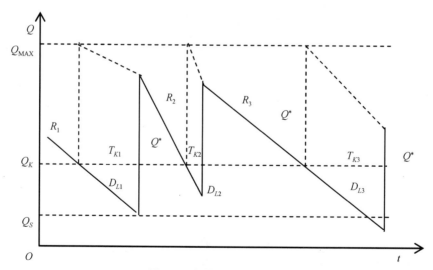

图 8-4　定量订货法原理图

（1）订货点的确定。在定量订货技术中，订货点以库存水平作为参考点，当库存下降到某个库存水平时就发出订货。因此，将发出订货时的库存量水平叫订货点。

显然订货点不能取得太高，如果太高，库存量过大，占用资金，导致库存费用上升，成本过高；同样订货点也不能取得过低，如果过低，则可能导致缺货损失。就一般而言，影响适度订货点的因素有两个：

① 销售速率(对供应者来说,是供应速率,下同)。即销售的快慢,用单位时间内的平均销售量 R_P 来描述。销售速率越高,订货点越高。

② 订货提前期。是指从发出订货到所订货物运回入库所需要的时间,以 T_K 表示,大小取决于路径的远近和运输工具速度的快慢。

(2) 订货批量的确定。所谓订货批量,是指一次订货的数量。订货批量的高低,不仅直接影响库存量的高低,而且直接影响货物供应的满足程度。订货批量过大,虽然可以充分满足用户需要,但将使库存量升高,成本增加;订货批量太小,虽然可以降低库存量,但难以确保满足用户需要,所以订货批量要适度。

订货批量大小的主要影响因素有两个:

① 需求速度 R_P。需求速度越高,说明用户的需要量大,因此订货批量越大。

② 经营费用。费用的高低,对订货批量有影响;经营费用低,订货量就可能大;经营费用高,订货量就可能小。

在确定订货批量时,需要综合考虑发生的各种费用,根据使总费用最省的原则来确定经济订货批量 Q^*(EOQ)。

如前所述,不同的模型中,考虑的库存费用种类不一样,所以订货批量的大小也不一样。如在不允许缺货、瞬时到货的模型中的经济订货批量可以表示为:

$$Q^* = \sqrt{\frac{2DC_0}{C_1}}$$

这里 Q^* 取决于单次订货费用 C_0,单位货物单位时间的保管费用 C_1 以及单位时间内的需求量 D。

在随机型的模型中,订货批量也可以采用这个公式计算。

(3) 订货的实施。定量订货的实施步骤可分为:

① 确定订货点和订货批量。

② 库存管理人员或销售人员每天检查库存。

③ 当库存量下降到订货点时,发出订货单。订货量取一个经济订货批量。

(4) 运用条件。并非任何情况下都可以运用定量订货技术,其应用的前提条件为:

① 只适用订货不受限制的情况。即什么时候想订货就能订到货,想到哪里订货就到哪里订到货。

② 只适用于单一品种的情况。如果要实行几个品种联合订货,则要进行灵活处理。

③ 不但适用于确定型需求,也可适用于随机型需求。对于不同需求的类型,可以导出具体的运用形式,但原理相同。

④ 它一般多用于 C 类物质,品种多而价值低廉,实行固定批量订货。

2. 定期订货技术

定期订货技术及其原理。定量订货技术是从数量上控制库存量,虽然操作简单,但是需要每天检查库存量,费时费力。在仓库大、品种多的情况下,工作量很大。定期订货技术能够比较好地解决这个问题。

定期订货技术是从时间上控制订货周期,从而达到控制库存量的目的。只要订货周期控制得当,既可以不造成缺货,又可以控制最高库存量,达到节省库存费用的目的。

定期订货的优点在于,可以不必每天检查库存,只是到了订货周期规定要订货的时间,才检查库存量,发出订货,其余时间不必检查库存。这就大大减轻了人员的工作量,又不影响工作效果和经济效益。

定期订货技术原理,是预先确定一个订货周期 T 和一个最高库存量 Q_{MAX},周期性地检查库存,发出订货,订货批量的大小应使得订货后的名义库存量达到额定的最高库存量 Q_{MAX},如图 8-5 所示。

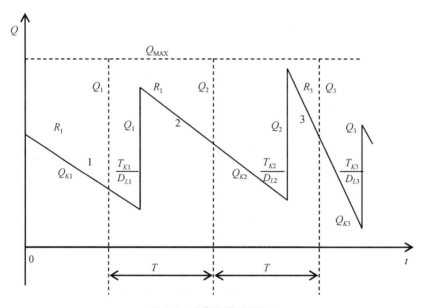

图 8-5　定期订货法原理

(三) 存货存储期控制法

1. 存货储存期控制的意义

储存存货会占用资金,发生储存费用,而且储存的时间越长,付出成本越多。因此必须对存货储存期进行控制,尽量缩短存货储存期,加速存货周转,以提高企业经济效益、降低企业经营风险。

2. 存货储存期的计算

企业存货的储存成本分为固定储存成本和变动储存成本。前者与存货储存期的长短无直接关系(如进、销货时发生的费用),后者则与存货储存期的长短有密切关系(如利息、保管费)。它们与利润之间的关系公式:

目标利润 = 毛利 - 销售税金及附加 - 固定储存成本 - 变动储存成本

　　　　 = 毛利 - 销售税金及附加 - 固定储存成本 - 每日变动储存成本 × 储存期存货

$$保利储存期 = \frac{毛利 - 销售税金及附加 - 固定储存成本 - 目标利润}{每日变动储存成本}$$

式中,若目标利润为零,表示企业购销过程中不亏不盈,则

$$存货保本储存期 = \frac{毛利 - 销售税金及附加 - 固定储存成本}{每日变动储存成本}$$

保本储存期是仓储企业允许的该物品的最长储存时间,一旦某物品储存时间至此临界点时,企业必须马上处理,否则就会导致亏损。保利储存期是指为实现目标利润,企业必须控制的货物储存时间。企业可根据行业利润水平或必要的投资报酬率确定目标利润,然后据此计算货物的保利储存期。

【例 8-4】 某商品流通企业购进甲商品 3 000 件,单位进价(不含增值税)50 元,单位售价 70 元(不含增值税),经销该商品的固定成本为 30 000 元,销售税金及附加 2 000 元,每日变动储存成本为 200 元,目标利润为 20 000 元。

解: 该商品的保本、保利储存期计算如下:

保本储存期 = [(70 − 50) × 3 000 − 2 000 − 30 000]/200 = 140(天)

保利储存期 = [(70 − 50) × 3 000 − 2 000 − 30 000 − 20 000]/200 = 40(天)

【例 8-5】 商店经营某种商品,固定费用 3 000 元,日增长费用 80 元,每日销售 20 个,单价 44 元,欲盈利 4 800 元。求:其保利点销售量和保利点销售额。

解: 单位变动成本 = 80/20 = 4(元/个)

单位边际贡献率 = (44 − 4)/44 = 0.9091

保利点销售量 = (3 000 + 4 800)/(44 − 4) = 195(个)

保利点销售收入 = 195 × 44 = 8 580(元)

或 = (3 000 + 4 800)/0.9091 = 8 579.9 ≈ 8 580(元)

(四) ABC 分类控制法

ABC 分类法又称帕累托分析法或主次因素分析法、分类管理法、重点管理法。它是根据存货在技术或经济方面的主要特征,进行分类排队,分清重点和一般,从而有区别地确定管理方式的一种分析方法,由于它把被分析的对象分成 A、B、C 三类,所以又称为 ABC 分析法。一般地,如表 8-2 所示,人们将价值比率为 60%—80%、数量比率为 5%—20% 的物品化为 A 类;将价值比率为 15%—30%、数量比率为 20%—30% 的物品化为 B 类;将价值比率为 5%—15%、数量比率为 60%—70% 的物品化为 C 类。

ABC 分析法的操作步骤:

(1) 分析本仓库所存货物的特征。这包括货物的价值、重要性以及保管要求上的差异等。

(2) 收集有关的货物存储资料。这包括各种货物的库存量、出库量和结存量。前两项应收集半年到一年的资料,后一项应收集盘点或分析时的最新资料。

(3) 资料的整理和排序。将所收集的货物资料按价值(或重要性、保管难度等)进行排序。当货物品种较少时,以每一种库存货物为单元统计货物的价值,当种类较多时,可将库存货物采用按价值大小逐步递增的方法分类,分别计算出各范围内所包含的库存数量和价值。

(4) 上面计算出的资料整理成表格形式,求出累计百分数。

(5) 根据表中统计数据绘制 ABC 分析图。再根据价值和数量比率的划分标准,可确定货物对应的种类。

表 8-2 存货分类比重表

类别	占存货项目的比重(%)	占资本耗用总额比重(%)
A 类	5—20	60—80
B 类	20—30	15—30
C 类	60—70	5—15

(6) 对存货分类管理和控制,如表 8-3 所示。

表 8-3 存货分类与管理方式表

类别	管理方式
A 类	重点规划和控制
B 类	次重要管理
C 类	一般管理

【例 8-6】 某公司生产所需 20 种材料,共占用材料资金 100 万元。其中:A 类材料 2 种(10% 的比重),价值量占用 60%;B 类 4 种(20% 比重),价值量占用 20%,C 类材料 14 种(70% 比重),价值量占用 20%。存货 ABC 分析法具体如图 8-6 所示。

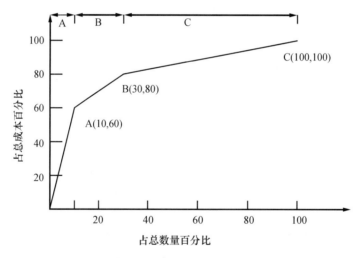

图 8-6 存货 ABC 分析法

根据 ABC 分析图,需要对不同等级的货物进行不同的管理方法(见表 8-4):

表 8-4 ABC 分类管理表

项目/级别	A 类库存	B 类库存	C 类库存
控制程度	严格控制	一般控制	简单控制
库存量计算	依库存模型详细计算	一般计算	简单计算或不计算
进出记录	详细记录	一般记录	简单记录
存货检查频度	密集	一般	很低
安全库存量	低	较大	大量

ABC 分类法是仓库管理的重要方法之一,其真正的目的是针对不同的分类采取不同的措施,控制程度、配置、管理要点、订货方式、记录检查方式、保管条件等方面给予不同的规划,使库存管理更加合理、更加优化。

(7) CAV 分类控制法

CAV 分类控制法是物流管理一种先进的方法,又称关键因素分析法,是对 ABC 分类法的进一步改进和完善。CAV 分类控制法管理模式同 ABC 分类法模式相比,具有更强的目的性。在使用中,使用的基本思路和程序和 ABC 分类法是一样的,但是它不是粗糙地将一类对象分成三类,而是将一类对象分成更多的类,从而采取相应的对应措施。

CVA 分类控制法将货物分为最高优先级、较高优先级、中等优先级、较低优先级。

二、降低仓储成本的途径

仓储成本管理是仓储企业管理的基础,对提高整体管理水平、提高经济效益有重大影响,但是由于仓储成本与物流成本的其他构成要素,如运输成本、配送成本,以及服务质量和水平之间存在二律背反的现象,因此,降低仓储成本要在保证物流总成本最低和不降低企业的总体服务质量和目标水平的前提下进行,常见的措施有:

1. 合理规划仓储空间的取得方式,降低仓储成本

影响仓储空间取得的因素主要有周转量,需求稳定性,市场密度。

(1) 周转量。公共仓库费用、自有仓库费用与存货周转量的关系,如图 8-7 所示。

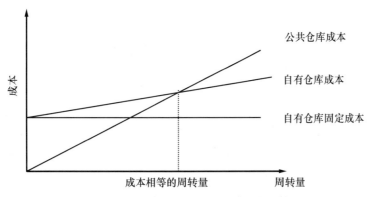

图 8-7 自有仓库与公共仓库的成本比较

(2) 需求的稳定性。

(3) 市场密度。

2. 合理选择适应不同吞吐量的仓储类型与作业模式

3. 进行合理的仓库结构与空间布局决策

影响仓库结构与空间布局决策的主要因素有:(1) 仓库的长度与宽度;(2) 仓库的高度;(3) 仓库的空间布局。

4. 降低验货与出入库作业成本

5. 降低备货作业成本

6. 降低仓库内装卸搬运成本

降低仓库内装卸搬运成本的方法有:
(1) 经济合理地选择装卸搬运设备。
(2) 在高峰期间或试用期间可临时租用外部装卸搬运设备,以减少设备投资。
(3) 合理布局仓库,优化搬运路线,尽量减少装卸、搬运次数与搬运距离。
(4) 尽量提高一次装卸搬运作业的处理量,充分利用装卸搬运设备的处理能力。

7. 降低流通加工成本

降低流通加工成本的方法有:
(1) 对加工方式进行经济核算和可行性研究,确定合理的加工方式和成本。
(2) 合理确定加工批量和加工工序,避免加工批量的不均衡而造成设备、人员的闲置。
(3) 加强流通加工的生产管理,降低加工耗费。
(4) 制定相应的经济指标,考核流通加工耗费和效益。

案例3　　物流仓储成本高　　家具"以旧换新"遇难题

北京市从2012年探索家具"以旧换新",家具"以旧换新"将会延续家电的政策思路。联合几家规模较大的零售卖场,将几大类常用家具作为"以旧换新"品类,按新产品成交额百分比进行补贴,并设置上限。

但物流和仓储成本高,显然是推行家具"以旧换新"无法回避的难题。"以旧换新"这种直补办法固然可以扩大内需、刺激消费。但回收的家具若无法二次销售,无法无害化处理,甚至将会给企业带来"倒贴"的尴尬。

例如:2011年年底参与家具"以旧换新"的集美家居就非常尴尬。原本这家企业与二手商合作,上门为旧家具估值,然后按3倍价格发放消费券,为消费者"以旧换新"。但这种模式在实践中根本难以为继。

集美副总裁沈耀俊坦陈:"物流和仓储成本要比想象中高很多,后来只有一面投资买货车、配司机、招工人,在公司内部建立新的支持体系;另一方面自己承担垃圾处理的费用。仅此两项,集美一年的花费至少需要1 000万元。"

因为,分类后的旧家具无论是送到二手市场还是再加工企业,都必须产生一笔费用。

那么"以旧换新"能不能实行?怎样推行?

首先,从技术角度来说,木质废旧家具进行再利用是可以做到的。比如,板材保存比较好的家具除去五金、塑料配件后,经除污、去缺、修补等处理后可采用以大改小、以厚改薄的方式改制;实木家具中的木材可以作为沙发等家具的内部支撑材料,也可制拼成桌椅的主要受力部件。即使无法将这些板材利用,还可通过粉碎后重新制成人造板,再循环运用到家具生产中。

假如以上方式都无法处理,就粉碎后卖给热电厂作燃料使用,我们应该把处理的眼光放得更宽些。

其次,废旧家具的再利用问题不是技术层面的问题,主要是成本过高的问题。

据了解,国内对废旧家具进行再加工利用的企业非常少,北京以及周边地区更是屈指可数,旧家具要进入再利用环节,缺少实际的承接点。国内几乎没有成熟的回收旧家具企业,即便有,也集中在北京、上海几座大城市。

按照家具木材的性质来分类,需要有专门的处理机器、运输和仓储等,还要考虑到防火。一旦某个环节没能把握好,就会出现库管不安全、环境污染等问题。

由此可见,家具"以旧换新"这项工作投资大、协调性要求高,仅仅靠企业单方面的力量是难以完成的。

因此,建议政府方面最好能够建立一个完整的回收加工运送体系。同时,家具"以旧换新"需要政府多给企业创造条件,出台实际的支持政策。若缺少了政府的资金和政策支持,家具以原料形式实现循环很难成为现实。

资料来源:http://www.xd56b.com:8080/zgwlcyw/mainnews/szyw_zw.jsp? NewsID = 129273&Classid = 2302。

三、现代仓储成本控制管理方法

(一) 物料需求计划(MRP)

物料需求计划即(Material Requirement Planning,MRP)是指根据产品结构各层次物品的从属和数量关系,以每个物品为计划对象,以完工时期为时间基准倒排计划,按提前期长短区别各个物品下达计划时间的先后顺序,是一种工业制造企业物资计划管理模式。MRP是根据市场需求预测和顾客订单制定产品的生产计划,然后基于产品生成进度计划,组成产品的材料结构表和库存状况,通过计算机计算所需物资的需求量和需求时间,从而确定材料的加工进度和订货日程的一种实用技术。

MRP是一种以计算机为基础的编制生产与实行控制的系统,它不仅是一种新的计划管理方法,而且也是一种新的组织生产方式。MRP的出现和发展,引起了生产管理理论和实践的变革。MRP的实质是根据总生产进度计划中规定的最终产品的交货日期,规定必须完成各项作业的时间,编制所有较低层次零部件的生产进度计划,对外计划各种零部件的采购时间与数量,对内确定生产部门应进行加工生产的时间和数量。一旦作业不能按计划完成时,MRP系统可以对采购和生产进度的时间和数量加以调整,使各项作业的优先顺序符合实际情况。

MRP系统的运行步骤为:

(1)根据市场预测和客户订单,正确编制可靠的生产计划和生产作业计划,在计划中规定生产的品种、规格、数量和交货日期,同时,生产计划必须是同现有生产能力相适应的计划。

(2)正确编制产品结构图和各种物料、零件的用料明细表。

(3)正确掌握各种物料和零件的实际库存量。

(4)正确规定各种物料和零件的采购交货日期,以及订货周期和订购批量。

(5)通过MRP逻辑运算确定各种物料和零件的总需要量以及实际需要量。

(6)向采购部门发出采购通知单或向本企业生产车间发出生产指令。

(二)制造资源计划(MRP Ⅱ)

制造资源计划(MRP Ⅱ)是企业信息集成的一个重要环节,它利用计算机软件技术对企业的制造资源进行有效的计划、管理和控制,体现物流和资金流的统一。MRP Ⅱ 从合理利用制造资源的角度,考虑了企业进行经营决策的战略层,中短期生产计划编制的战术层以及车间作业计划与生产活动的操作层的综合优化,其功能覆盖了市场销售、物料供应、各级生产计划与控制、财务管理、成本、库存和技术管理等部门的活动,已成为企业资源管理的有力工具。

1. 基本 MRP 的原理

基本 MRP 的原理是,由主生产进度计划(Master Production Schedule,MPS)和主产品的层次结构逐层逐个地求出产品所有零部件的出产时间、出产数量。如果是自己加工,就形成了加工任务单。如果是向外采购,就形成了采购任务单。因此,MRP 的基本原理是:从最终产品的生产计划导出相关物料的需求量和需求时间;根据物料需求时间和生产(订货)周期确定其开始生产(订货)的时间。

MRP 的基本任务是编制零件的生产计划和采购计划。然而,要正确编制这些计划,首先必须落实产品的出产进度计划,即主生产计划,这是 MRP 展开的依据。MRP 还需要知道产品的零件结构,即物料清单(Bill of Materials,BOM),才能把主生产计划展开成零件计划。同时,还必须知道所需物料的库存数量才能准确计算出零件的采购数量。

由此可见,基本 MRP 的依据是:主生产计划(MPS),物料清单(BOM),库存信息。它们之间的逻辑流程关系如图 8-8 所示。

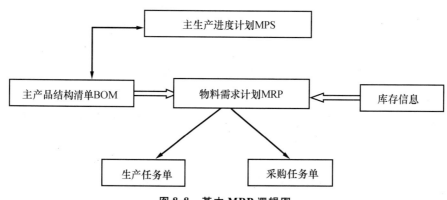

图 8-8 基本 MRP 逻辑图

(1)主生产计划。主生产计划是确定每一具体的最终产品在每一具体时间段内生产数量的计划。这里的最终产品是指对于企业来说最终完成、要出厂的完成品,它要具体到产品的品种型号。这里的具体时间段,通常是以周为单位,在有些情况下,也可以是日、旬、月。主生产计划详细规定生产什么,什么时间应该产出,它是独立需求计划。主生产计划根据客户合同和市场预测,把经营计划或生产大纲中的产品系列具体化,使之成为展开物料需求计划的主要依据,起到了从综合计划向具体计划过渡的作用。

(2)产品结构与物料清单。MRP 系统要正确计算出物料需求的数量和时间,特别是相关需求物料的数量和时间,首先要让系统能够知道企业所制造产品的结构和所有要使用的物料。当然,这并不是最终的 BOM。为了便于计算机识别,必须把产品结构图转换成规范的数据格式,这种用规范的数据格式来描述产品结构的文件就是物料清单。它必须说明部件中各种物料需求的数量和相互之间的组成结构关系。表 8-5 就是一张简单地与自行车产品结构相对应的物料清单。

表 8-5 自行车产品的物料清单

层次	物料号	物料名称	单位	数量	类型	成品率	ABC 码	提前期
0	GB950	自行车	辆	1	M	1	A	2
1	GB120	车架	件	1	M	1	A	3
1	GB120	车轮	个	2	M	1	A	2
2	GB300	轮圈	件	1	B	1	A	5
2	GB890	轮胎	套	1	B	1	B	7
2	GBA30	辐条	根	42	B	1	B	4
1	113 000	车把	套	1	B	1	A	4

注:类型中"M"为自制件,"B"为外购件。

(3) 库存信息。库存信息是保存企业所有产品、零部件、在制品、原材料等库存状态的数据,在 MRP 系统中,将产品、零部件、在制品、原材料等统称为"物料"或"项目"。

库存信息包括:

现有库存量 $H(t)$:是指在企业仓库中实际存放的物料的可用库存数量。

计划收到量(进货在途量)$P(t)$:是指根据正在执行中的采购订单或生产订单,在未来某个时段物料将要入库或将要完成的数量。

2. MRP 系统的发展

尽管 MRP 的目标之一是将库存保持在最低水平又能保证及时供应所需的物品,但是 MRP 仍存在一些缺陷,其主要缺陷是没有考虑到生产企业现有的生产能力和采购的有关条件的约束。因此,计算出来的物料需求的日期有可能因设备和工时的不足而没有能力生产,或者因原料的不足而无法生产。同时,它也缺乏根据计划实施情况的反馈信息对计划进行调整的功能。

正是为了解决以上问题,MRP 系统在 20 世纪 70 年代发展为闭环 MRP 系统。闭环 MRP 系统除了物料需求计划外,还将生产能力需求计划、车间作业计划和采购计划全部纳入 MRP,形成一个封闭的系统。

随后闭环 MRP 系统中又加入了对制造范围的资金控制,计划方法的名称随着控制的对象的升级而改为"制造资源系统(Manufacturing Resource Planning)",即 MRPⅡ。20 世纪 90 年代初美国人总结当时 MRPⅡ在应用环境和功能方面主要发展的趋势,提出"企业资源计划(Enterprise Resources Planning,ERP)"的概念。ERP 在资源计划和控制功能上的进步,其一是计划和控制的范围从制造延伸到整个企业;其二是资源计划的原理和方法应用到非制造业。

(三) 准时制(JIT)与零库存管理

1. 准时制生产(Just In Time, JIT)简介

准时制指的是,将必要的零件以必要的数量在必要的时间送到生产线,并且只将所需要

的零件、只以所需要的数量、只在正好需要的时间送到生产。这是为适应20世纪60年代消费需要变得多样化、个性化而建立的一种生产体系及为此生产体系服务的物流体系。所以准时生产制的出发点就是不断消除浪费,减少库存,进行持续的循环式的改进。在20世纪后半期,整个汽车市场进入了一个市场需求多样化的新阶段,而且对质量的要求也越来越高,随之给制造业提出的新课题即是,如何有效地组织多品种小批量生产,否则,生产过剩所引起的只是设备、人员、非必须费用等一系列的浪费,从而影响到企业的竞争能力以至生存。在这种历史背景下,1953年,日本丰田公司的副总裁大野耐一综合了单件生产和批量生产的特点和优点,创造了一种在多品种小批量混合生产条件下高质量、低消耗的生产方式即准时生产。

2. JIT的基本思想

准时生产方式基本思想可概括为"在需要的时候,按需要的量生产所需的产品",也就是通过生产的计划和控制及库存的管理,追求一种无库存,或库存达到最小的生产系统。准时生产方式的核心是追求一种无库存的生产系统,或使库存达到最小的生产系统。为此而开发了包括"看板"在内的一系列具体方法,并逐渐形成了一套独具特色的生产经营体系。准时制生产方式以准时生产为出发点,首先暴露出生产过量和其他方面的浪费,然后对设备、人员等进行淘汰、调整,达到降低成本、简化计划和提高控制的目的。在生产现场控制技术方面,准时制的基本原则是在正确的时间,生产正确数量的零件或产品,即时生产。它将传统生产过程中前道工序向后道工序送货,改为后道工序根据"看板"向前道工序取货,看板系统是准时制生产现场控制技术的核心,但准时制不仅仅是看板管理。准时生产制是一种理想的生产方式,这其中有两个原因。一是因为它设置了一个最高标准,一种极限,就是"零"库存。实际生产可以无限地接近这个极限,但却永远不可能达到零库存。二是因为它提供了一个不断改进的途径,即降低库存—暴露问题—解决问题—降低库存……这是一个无限循环的过程。

3. JIT生产方式消除库存、改善物流的关键做法

(1) 生产准备耗费与储存成本控制。传统观念是接受生产准备耗费或订购成本与储存成本为必然存在的。因而控制的方法是找到一个理想的储量,其成本之和为最低,与此相反,JIT的观念认为这两类成本并不为既定的,可以寻求方法和采取措施使之下降,或者趋于零。它的实现是通过:

① 引进先进的机器设备,计算机化的控制与操作已使得生产准备阶段所耗时间变得很短,从而使准备耗费大幅度下降。

② 仅选择几个可靠的供应商,且与他们建立起长期的订购关系,采取业务仅由电话或是传真的方式进行,由此采购费用大幅度下降。

③ 选定的供应商可按时、按量、按质将材料运到,因此企业的库存可以压低到极限,储存成本也可降低到最低水平。

(2) 保证交货期。能否按期交货是衡量企业是否有能力满足顾客需求的关键标准之一。传统处理方式是由储存一定量的产成品来达到。然而,JIT采用改善企业内部机制,大幅度缩短"提前期"的方式实现,这里的提前期是指顾客提出要货到拿到货物所需的时间。

提前期缩短,企业面临市场变化的需求的能力也越高。JIT 在这方面的改革包括:

① 降低生产准备时间以缩短提前期;

② 提高材料、零部件和产成品的质量,消除生产废品及事后检验的时间耗费;

③ 改革生产过程的布局方式,由部门型或职能型转化为以产品为中心的生产布局方式,由此缩短了由原材料—零部件—产品转移过程的路途;

④ 库存方式由集中型转化为小而分散式,减少了库存空间和资金的占用。

(3) 避免事故损失。JIT 的观念认为正是由于允许存货的存在而掩盖了急需管理的问题,如同河里的石头,水深是看不见的,要解决问题,必须让石头露出水面。JIT 的方法是:

① 追求设备失灵为零的目标。强调全员参与设备的日常保养与维修;

② 从采购到内部生产进行全过程的全面的质量控制;

③ 利用"看板管理法"保证生产过程物流畅通(看板管理:把工厂中潜在的问题或需要作的工作显现或写在一块显示板或表示板上,让任何工人一看板就知道出了何种问题或应采取何种措施。看板管理需借助一系列的手段来进行,比如告示板、带颜色的灯、带颜色的标记等,不同的方法表示不同的含义)。

本章小结

1. 仓储成本是指仓储企业在开展仓储业务活动中各种要素投入的以货币计算的总和。仓储成本是物流成本的重要组成部分,对物流成本的高低有直接影响。

2. 仓储成本的特点有重要性、效益背反性、复杂性。

3. 仓储成本主要由仓储储存成本、仓储订购成本、缺货成本、在途存货成本等构成。企业的仓储成本是影响企业经营效益的重要因素,企业必须在保证生产和销售正常运行的前提下,努力控制仓储经营过程中的各项成本,尽量减少不必要的开支,争取最大效益。

4. 仓储成本核算的范围主要由成本核算的目的决定,一般按照仓储物流成本形成、仓储物流作业环节等范围进行计算,不同仓储形式计算范围也有所不同。

5. 仓储成本决策与优化方法:经济批量控制、订货点控制、存货存储期控制、ABC 分类控制、CVA 分类控制等。

中英文关键术语

1. 仓储成本(Warehouse Cost)
2. 仓储成本管理(Storage Cost Management)
3. 仓储费用(Warehouse Charges)
4. 经济批量订购模型(Economic Order Quantity)
5. 经济批量订货(Economic Order Quantity)
6. 订货点控制制度(Order-point Control)
7. ABC 分类控制法(ABC Classification Control)

思考题

1. 仓储成本的定义是什么？
2. 仓储管理的作用和意义？
3. 仓储成本的构成？
4. 仓储成本的计算范围？
5. 降低仓储成本的途径有哪些？
6. 存货成本控制方法主要有哪些？

课外材料阅读 美的的新物流运动

美的作为前三名的空调制造企业，近来在供应链这条维系着空调企业的生死线上，频频出招。其中最主要的就是启动"供应商管理库存"（VMI）和"管理经销商库存"。至此，美的的"业务链条前移"策略浮出水面一角。以下是美的继 2000 年成立了完全市场化的第三方专业物流公司之后，在内部开展的一次新的物流运动。

1. 美的的零库存实践

自 2002 销售年度开始，美的开始导入供应商管理库存（VMI）。目前，美的各种型号产品的零配件加起来一共有三万多种，居于美的产业链上游且较为稳定的供应商共有 300 多家，60% 的供货商在美的总部顺德周围，还有部分供应商是车程三天以内的地方。因此，只有 15% 的供应商距离美的较远。在这个现有的供应链之上，美的实现 VMI 具有明显的优势。

对于 15% 的远程供应商，美的在顺德总部建立了很多仓库，然后把仓库分成很多片。运输距离超过 3 天以上车程的外地供应商，一般都会在美的的仓库里租赁一个片区，并把零配件放到片区里面储备。在美的需要用到这些零配件的时候，就会通知供应商，然后进行资金划拨、取货等工作。这时，零配件的产权才由供应商转移到美的的手上——在此之前，所有的库存成本都由供应商承担，即美的一直把库存转嫁给供应商。

美的国内营销本部物流部部长陈军介绍说，美的导入供应商管理库存之后，零库存这一目标已有实现的态势。他认为，实现零库存就是最大限度地逼近零库存。而且，对于零库存的理解也有必要澄清：有去向的货叫订单而不叫库存。目前，美的在进口的原材料中有一些库存——一部分长线材料、10% 的进口材料（主要是集成电路等），因为整个国际运货周期和订货周期都比较长，还需要美的自己备货。而国内采购的原材料和零部件，全部由供应商管理库存。实施供应商管理库存之后，美的的零部件库存也由原来平均的 5 天至 7 天存货水平，大幅降低为 3 天左右，而且这 3 天的库存也是由供应商管理并承担相应成本。

陈军先生还认为，由于受到不确定供应、不确定需求和生产连续性等诸多因素的制约，企业的库存不可能为零，适度的库存是不可缺少的。

2. 延伸供应链，消除链库存

虽然美的目前的销售仍然沿着一级经销商、二级经销商到零售商的渠道，但它的第三方物流公司一般把产品直接运送到指定的二级经销商或零售商处，从而缩短了与市场的距离。

也就是逐步将渠道扁平化。物流公司所掌握的市场流量信息的有效性相对提高,为物流部的库存预测提供了帮助。

美的空调处于领先的市场地位,竞争对手既有跨国巨人,又有本土企业,虽然营运规模庞大,但竞争中仍必须保持高度的灵活性。陈先生介绍,目前美的的物流管理主要采取了以下措施:

(1) 优化仓储网络,对全国的仓储网络进行重新定位。目前美的在芜湖和顺德有两个制造基地,分别辐射华东和华南两个主要家电市场。由于市场规模不断扩大,需要对仓储网络重新进行定位。目前,美的原来的63个仓库网点减少为一半。

(2) 仓储网点过于分散到相对集中。由于需求源太多,层层上报往往导致数据的失真。集中仓储网点之后,相对集中的需求源就可以共用一个仓库。

(3) 商流和物流分离以后,传统仓储中配送中心的职能也开始转化。

(4) 配送中心职能的转化带来管理重心的转移,物流管理重心逐步下移。

(5) 重点产品如空调,不论市场分析如何详细,始终会有偏差。只要背的是订单而不是存货,那么就不能把货放在制造基地上,不能把货放在较远的地方。尤其在多批次少批量特点的家电行业,货要出去还要靠仓储和运输资源。

陈军先生认为,只对业务链后端的供应体系进行优化是远远不够的,美的还必须加紧对前端销售体系的管理渗透。在经销商环节上,美的近年来公开了与经销商的部分电子化往来,由以前半年一次的手工性的繁杂对账,改为业务往来的实时对账和审核。

这样,美的不仅强化了内部管理,而且建立了一条由空调销售公司、经销商、零售商、网点、服务商组成的通畅、协调的市场营销信息链。使信息技术由以ERP为标志的内部管理应用提升到了以营销链、供应链为主体的外部客户、供应商的业务协同。

目前美的空调成品的年库存周转率大约是10次,而美的的短期目标是将成品空调的库存周转率再提高1.5到2次。目前美的空调成品的年库存周转率不仅远低于戴尔等电脑厂商,也低于年周转率大于10次的韩国厂商。

业内人士预计,入世后家电业的决战在物流。在美的一系列"润物细无声"的动作中,创造出令人侧目的一个又一个亮点。美的的这些"新物流运动",将造就一个新的利润增长点。

资料来源:http://www.ne56.com/experiential/ne5610911137559IGK3.html。

阅读上面的材料,结合本章所学的知识谈谈你的感想?

第九章

配送成本管理与优化

学习目标

1. 掌握配送成本的概念及构成
2. 了解配送作用及功能要素
3. 掌握配送成本的控制策略
4. 掌握配送成本的核算方法
5. 理解配送成本的优化方法

引例

便宜菜不便宜——最后一公里价格飙涨

据2011年5月9日CCTV《经济半小时》栏目报道,2010年中国物流总费用占国内生产总值比重约18%,比发达国家高出约一倍,过高的物流成本导致我们的不少商品价格畸高。物价高的背后,有许多复杂的原因,而物流不畅进城难,则是其中的一个重要推手。

从批发到零售,西葫芦价格上涨20倍

最近菜价暴跌,一些品种的蔬菜在田间地头的收购价才几分钱,但城里菜市场和超市的价格依然维持在几块钱的高价。什么原因导致了一方面菜贱伤农,而另一方面城市市民却又抱怨菜价居高不下了?今天我们先要从物流是如何堵在进城的最后一公里说起。

按照目前的价格,节目中的西葫芦在山东产地价格是0.05元/斤。那么西葫芦到了北京的社区菜市场后,价格又会变成多少呢?

从北京某社区菜市场得知西葫芦的市场价为1元/斤。

西葫芦从产地到市场,价格竟然翻了20倍。蔬菜价格到底是怎么涨上去的?在一张蔬菜进京的路径图中:山东的西葫芦经过长途运输后来到北京的新发地蔬菜批发市场,当初0.05元/斤的西葫芦加上运输费用和新发地市场的费用,这时批发价格已变成了0.25元/斤左右。

虽然知道城里的西葫芦能卖1元/斤,但山东蔬菜供应商也只能在新发地卖0.25元/斤,因为运菜货车进不了城。如同接力赛一般,另外一些蔬菜供应商把蔬菜从五环外的新发地贩运进了四环内的岳各庄蔬菜市场,虽然距离不远,但加上来回的搬运费、摊位费,这时每斤西葫芦已经涨到了每斤0.35元左右,涨幅高达30%。

对于社区蔬菜市场而言,蔬菜进城太难,环节太多,青菜的损耗很大。除此之外还有摊位费、卫生费、水电费等,这些最终都摊进了菜价。

北京市物流协会所做的一个调查发现蔬菜从批发市场到零售市场的这最后一公里,流通成本比从山东寿光运到北京的费用至少高出150%。比如从批发市场到零售摊点,白菜、菠菜、小油菜、小白菜加价100%,芹菜、韭菜、茴香、黄瓜、油麦菜、冬瓜加价50%以上。

北京物流公共信息平台执行总监肖和森表示:批发价格跟蔬菜初始收购价格对比,也可能会达到100%甚至200%,主要是长途运输的费用,包括保管费,那么第二个阶段是菜的批发市场到超市这个环节,价格进行大幅度跃升。从圆白菜来看,收购价格,从产地收购价格是0.04元/斤,到了批发的环节,新发地批发市场价格到0.15元/斤,但是到了超市的时候就达到了0.8元/斤,从超市到批发这个环节跃升了400%多。

资料来源:根据http://biz.cn.yahoo.com/ypen/20110504/343546.html资料改编。

第一节 配送成本概述

一、配送及配送成本的内涵

(一)配送的概念及特点

配送是指在经济合理区域范围内,根据客户要求,对物品进行拣选、加工、包装、分割、组配等作业,并按时送达指定地点的物流活动。从物流角度来说,配送几乎包含了所有的物流功能要素,是物流的一个缩影或较小范围中物流全部活动的体现。现代配送有以下几个特点:

1. 配送不是一般概念的送货,也不是生产企业推销产品时直接从事的销售性送货,而是从物流结点至用户的一种特殊送货形式;

2. 配送不是一般的运输和输送,而是运输与其他活动共同构成的结合体;

3. 配送不是供应和供给,不是广义概念的组织资源订货、签约、进货、结算及对物资处理分配的供应,而是以供应者送货到用户的形式进行供应;

4. 配送不是消极的送货发货,而是在全面配货的基础上,充分按照用户的要求进行服务,它是将"配"和"送"有机地结合起来,完全按照用户要求的数量、种类、时间等进行的分货、配货、配装等工作;

5. 配送是一项有计划的活动。配送需要根据客户的需求,以及从事配送的企业的能力,有计划地进行送货活动,以满足客户预定的需求。

(二)配送成本的内涵

通过配送,才能最终使物流活动得以实现,而且,配送活动增加了产品价值,还有助于提高企业的竞争力。但完成配送活动是需要付出代价的,即需配送成本。配送成本是指在配送活动的备货、储存、分拣、配货、配装、送货等环节所发生的各项费用的总和,是配送过程中所消耗的各种活劳动和物化劳动的总和。配送成本具有以下几个特性:

1. 配送成本的隐蔽性

日本早稻田大学教授西泽修先生提出了"物流成本冰山"说,透彻地阐述了物流成本的难以识别性。同样,要想直接从企业的财务中完整地提取出企业发生的配送成本也是难以办到的。因此,配送成本确实犹如一座海里的冰山,露出水面的仅是冰山一角。

2. 配送成本削减的乘法效应

配送成本削减具有乘法效应,配送成本的减少可以显著增加企业的效益与利润。假定销售额为1 000元,配送成本为100元。如果配送成本降低10%,就可能得到10元的利润。假定这个企业的销售利润率为2%,则创造10元利润,需要增加500元的销售额。可见,配送成本的下降会产生极大的效益。

3. 配送成本的效益背反性

所谓"鱼和熊掌不可兼得",配送系统的各项活动处于一个相互矛盾的系统中,要想较多地达到某个方面的目的,必然会使另一方面受到一定的损失。例如,企业尽量减少库存点以及库存,必然引起库存补充频繁,从而增加运输次数。同时,仓库的减少,会导致配送距离变长,运输费用进一步增大。此时库存费用降低,而运输费用增加,产生配送成本的效益背反状态。

4. 配送成本的不可控性

配送成本中有许多是物流管理部门不可控制的,例如保管费用中包括了出于过多进货或过多生产而造成积压的库存费用,以及紧急运输等例外发货的费用。这些费用是物流部门不能控制的。

案例1　　日本"7-11"便利店的高效物流配送

全球最大的连锁便利店7-11就是通过其集中化的物流管理系统成功地削减了相当于商品原价10%的物流费用。目前,它共设立23 000个零售点,业务遍及四大洲二十个国家及地区,每日为接近3 000万的顾客服务,75年来一直稳居全球最大连锁便利店的宝座。在扩张的同时,7-11先进的物流管理系统也一并蔓延至内地,从而为其带来了另一个利润增长点,那么7-11是怎么做到的呢?

1. 物流路径集约化

事实上,对零售业而言,中国目前物流服务水准或多或少在短期内是由处于上游的商品生产商和经销商来决定的,要改变他们的经营意识和方法无疑要比企业自身的变革困难、复杂并漫长。这种情景与当初日本7-11在构筑物流体系所处的环境类似。为此,7-11改变了以往由多家特约批发商分别向店铺配送的物流经营方式,转为由各地区的窗口批发商来统一收集该地区各生产厂家生产的同类产品,并向所辖区内的店铺实行集中配送。

2. 设立区域配送中心

但尽管如此,对于盒饭、牛奶等每日配送的商品,各产品窗口企业向各店铺的配送费用依然很高。

对于这一点,7-11 开始将物流路径集约化转变为物流共同配送系统,即按照不同的地区和商品群划分,组成共同配送中心,由该中心统一集货,再向各店铺配送。地域划分一般是在中心城市商圈附近 35 公里,其他地方市场为方圆 60 公里,各地区设立一个共同配送中心,以实现高频度、多品种、小单位配送。实施共同物流后,其店铺每日接待的运输车辆数量从 70 多辆下降为 12 辆。另外,这种做法令共同配送中心充分反映了商品销售、在途和库存的信息,7-11 逐渐掌握了整个产业链的主导权。在连锁业价格竞争日渐犀利的情况下,7-11 通过降低成本费用,为整体利润的提升争取了相当大的空间。

3. 量身定造物流体系

当然,值得指出的是,经营规模的扩大以及集中化物流体制的确立虽然由 7-11 主导,但物流体系的建设却是由合作生产商和经销商根据 7-11 的网点扩张,根据其独特的业务流程与技术而量身打造的。这些技术有订发货在线网络、数码分拣技术、进货车辆标准化系统及专用物流条形码技术等。

在日本,7-11 的点心配送都是由批发商 A 公司承担。起初,它们利用自己的一处闲置仓库为 7-11 从事物流活动,并安排了专门的经营管理人员。但随着 7-11 的急剧扩张,A 公司为了确保它的商品供应权,加大了物流中心的建设和发展,在关东地区建立了四大配送中心。每个配送中心为其临近的 500 家左右店铺配送所有点心,品种为 650—700 个。

每天早上,8 点至 10 点半从生产企业进货,进货的商品在中午之前入库。为了保证稳定供货,每个配送中心拥有 4 天的安全库存,在库水准根据销售和生产情况及时补充。中午 11 点半左右配送中心开始安排第二天的发货,配送路线、配送店铺、配送品种、发货通知书等及时地打印出来,交给各相关部门。同时,通过计算机向备货部门发出数码备货要求。

4. 设置配送流程以分钟计算

从一个配送小组的物流活动时间看,一个店铺的备货时间大约 65 秒,货运搬运时间花费 5—6 分钟。从点头分拣到结束需要 15 分钟,所有 170—180 个店铺要 4 个多小时,即整个物流活动时间大约为 4 个小时(不算货车在配送中心停留等待出发的时间)。货车一般在配送中心停留一晚,第二天早上 4 点半到 5 点半,根据从远到近的原则配送到各店。最早一个到店的货车时间应该是上午 6 点钟,运行无误的话,店铺之间的运行为 15 分钟距离,加上 15 分钟的休息时间,每个店铺商品配送需要的时间为半个小时。也就是最迟在早上 9 点半或 10 点半左右,完成所有店铺的商品配送任务。从每辆车的配送效率看,除了气候特殊原因,平均每辆车配送商品金额为 75 万日元,装载率能稳定达到 80%。配送中心每月平均商品供应为 50 亿日元,相当于为每个店铺供应 100 万元的商品。货车运行费用每天为 2.4 万日元,相当于供应额的 3.2%,处于成本目标管理值的 3.0%—3.5%,为 7-11 压缩了大量的物流成本。

现在,7-11 已经实现一日三次配送制度,其中包括一次特别配送,即当预计到第二天会发生天气变化时对追加商品进行配送。这些,使 7-11 及时向其所有网点店铺提供高鲜度、高附加值的产品,从而为消费者提供了更便利、新鲜的食品,实现了与其他便利店的经营差异化。

资料来源:http://www.ceconlinebbs.com/FORUM_POST_900001_900006_897505_0.HTM。

（三）配送的功能要素

配送实际是一个物品集散过程，这一过程包括集中、分类和散发三个步骤，是由一系列的配送作业环节组成，通过这些环节的运作，使配送的功能得以实现。因此，这些作业环节称为配送功能要素。配送的基本功能要素主要包括集货、储存、分拣、加工、配货、配装、送货等。

1. 集货

集货是配送的首要环节，是将分散的、需要配送的物品集中起来，以便进行分拣和配货。为了满足特定用户的配送要求，有时需要把用户从几家甚至数十家供应商处预订的物品集中到一处。

集货是配送的准备工作。配送的优势之一就是通过集货形成规模效益。如深圳中海物流公司为 IBM 公司配送时，先将 18 家公司遍布世界各地的 160 多个供应商提供的物品集中到吞港中转站，然后通关运到深圳福田保税区配送中心，这是一个很复杂的集货过程。

2. 储存

储存是按一定时期的配送经营要求而形成的对配送的资源保证。不管是工商企业，还是物流企业配送，一般采取集中储存的形式。主要目的是集分散库存于一体，在取得集中规模效益的同时，还可以降低配送企业的物资商品的整体库存水平，减少库存商品占用的流动资金及为其所支付的利息和费用，降低物资商品滞销压库的风险，从而提升配送服务企业的经济效益。

3. 加工功能

加工功能是配送中心的一个衍生功能，是为了扩大经营范围和提高配送水平的需要发展起来的。配送中心能够按照用户的要求将货物加工成一定的规格、尺寸和形状，由此形成了加工功能。

4. 分拣

将需要配送的物品从储位上拣取出来，配备齐全，并按配装和送货要求进行分类，送入指定发货地点堆放的作业。分拣是保证配送质量的一项基础工作，是完善送货、支持送货的准备性工作。成功的分拣，能大大减少差错，提高配送的服务质量。

5. 配货

配货是将完成拣取分类的货品，经过配货检查，装入容器并做好标记，再运到发货准备区，待装车后发送。

6. 配装

配装也称配载，指充分利用运输工具（如货车、轮船等）的载重量和容积，采用先进的装载方法，合理安排货物的装载。在配送中心的作业流程中安排配载，把多个用户的货物或同一用户的多种货物合理地装载于同一辆车上，不但能降低送货成本，提高企业的经济效益，还可以减少交通流量，改善交通拥挤状况。配装是配送系统中具有现代特点的功能要素，也是配送不同于一般送货的重要区别之一。

7. 送货

送货是将配好的货物按照配送计划确定的配送路线送达用户指定地点，并与用户进行交接。如何确定最佳路线，如何使配装和路线有效结合起来，是配送运输的特点，也是难度较大的工作。

二、配送的作业流程

配送业务的组织要求各个环节相互配合、协调,使整个配送流程经济、合理、安全、高效。由于不同类型、不同功能的配送中心或物流结点的配送活动不完全相同,其配送流程会有区别,而且不同的商品,由于其特性、用途及需求状况不一样,其配送流程也会有所区别。一般是按照功能要素展开的,其基本流程如图9-1所示。

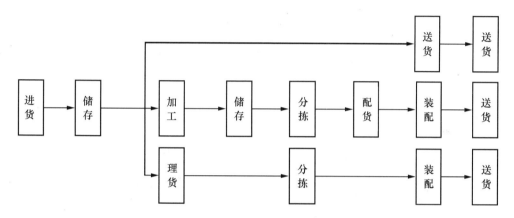

图 9-1　配送作业基本流程

在实践中,某些有特殊性质、形状的货物,其配送活动有许多独特之处。因此,对这些有特殊性质、形状的货物,分别采用特殊的配送流程。

1. 各类食品的配送流程(见图9-2)
2. 煤炭等散货的配送流程(见图9-3)

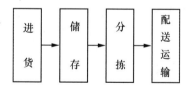 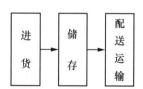

图 9-2　各类食品的一般配送流程　　　　图 9-3　散货的配送流程

3. 木材、钢材等原材料配送流程(见图9-4)

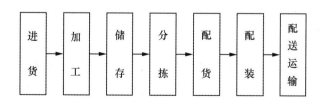

图 9-4　木材、钢材等原材料的配送流程

4. 机电产品中的散件、配件的配送流程(见图9-5)

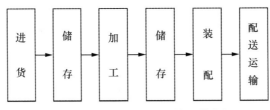

图9-5 机电产品散件、配件配送流程

三、配送成本的构成

配送成本根据费用划分的方式不同,有不同的分类方法。如果将其按支付形态划分,可细分为如下10种:运费、仓储费、人工费、车辆费、设备折旧费、贷款利息、材料费、外协费、信息处理费、其他费用。

根据配送流程及配送环节,配送成本实际上含运输费用、储存保管费用、配装及流通加工费用等。

(一)运输费用的构成

运费是由运输成本、税金和利润构成的,其具体数量一般都有法律法规约束。配送费用占物流费用的比重大,而运费又在配送成本中占据主要地位,是影响物流费用的主要因素。由于运输采用的运输工具、运输范围、运输距离、货物品种等因素的不同,货物运费有以下几种形式。

1. 按实用范围划分

(1)普通运价。它是适用于一般货物的正常运输,是货物运价的基本形式。例如,铁路运价适用于全国正式营业的铁路,是全国各地统一的铁路运价。

(2)特定运价。它是运价的一种辅助形式,用以补充普通运价。它是指对某种货物、某种流向、某一段线路规定的特殊运价。特殊运价是根据运价政策考虑制定的,比普通运价水平升高或降低一定的数量,或改用较低的、较高的运价标准,在某一时间内对某种货物以鼓励或限制,有时也可以单独指定运价。

(3)地方运价。它是适用于某地区、某一条线路的运价,如临管营业的新建铁路或未与铁路网接通的营业铁路规定临管运价率和交通系统的地方水运运价等。

(4)国际联运运价。它是国际联运出口、进口或过境货物,国内区段按有关规定办理,过境运价根据国际有关规定办理。

2. 按货物发送批量、使用的容器划分

(1)整车运价。是指按整车运送办理的货物所规定的运价,按整车运价规定的运价率计算费用。

(2)整批运价。是指满一定重量可作为一张运单、一批托运的按整批运价计算。

(3)集装箱运价。是指以集装箱运送货物规定的运价。

3. 按计算方式不同划分

(1)分段里程运价。是指把里程分为若干区段,在不同区段使用不同的运价。铁路和交通部直属运输企业的现行运价就是采用的这种计算方式。

（2）单一里程运价。是指在同一航线上使用同一基本运价，航空运输的现行运价就是采用的这种计算方式。

（二）储存保管费用的构成

储存保管费用是指物资在储存、保管过程中所发生的费用。因为储存活动是生产过程在流通领域的继续，故储存保管费用的性质属于生产性流通费用。

1. 储运业务费用

储运业务费用是指货物在经济活动过程中所消耗的物化劳动和活劳动的货币表现。因为物流配送中心主要经营的业务是组织物品的配送，其中必然要包括储存和保管，这是生产过程在流通领域内继续所消耗的劳动，由此所发生的储运业务费用是社会必要劳动的追加费用。虽然这种劳动不会提高和增加物资的使用价值，但参加了物资价值的创造，增加了物资的价值。储运业务费用主要由仓储费、进出库费、代运费、机修费、验收费、代办费、装卸费、管理费组成。

2. 仓储费

仓储费专指物资储存、保管业务发生的费用。仓储费主要包括仓库管理人员的工资，物资在保管保养过程中的毡垫、防腐、倒垛等维护保养费，固定资产折旧费，以及低值易耗品的修理费、劳动保护费、动力照明费等。

3. 进出库费

进出库费是指物资进出库过程中所发生的费用。进出库费用主要包括进出库过程中搬运装卸和验收等所开支的工人工资、劳动保护费等，固定资产折旧费，以及大修理费、照明费、材料费、燃料费、管理费等。

4. 服务费用

服务费用是指物流配送中心在对外保管服务过程中所消耗的物化劳动和活劳动的货币表现。

（三）配装费用的构成

配装起着保护产品、方便储运、促进销售的作用，它是生产过程中的一个重要组成部分。绝大多数商品只有经过配装，才能进入流通领域。据统计，配装费用占全部流通费用的10%左右，有些商品（特别是生活消费品）配装费用高达50%。但物流配送成本中的配装费用，一般是指为了销售或配送的方便所进行的再配装的费用。

1. 配装材料费

常见的包装材料有木材、纸、金属、自然纤维及合成纤维、塑料等。这些包装材料功能不同，成本相差也很大。物资包装花费在材料上的费用称为包装材料费用。

2. 配装机械费用

现在包装发展的重要标志之一是包装机械的广泛运用。包装机械不仅可以极大地提高包装的劳动生产率，也可以大幅度地提高包装的水平。然而，包装机械的广泛使用，也使得包装费用明显提高。

3. 配装技术费用

由于物资在物流过程中可能受到外界不良因素的影响，因此，物资包装时要采取一定的措施，如缓冲包装技术、防震包装技术、防潮包装技术、防锈包装技术等。这些技术的设计、实施所支出的费用,合称为包装技术费用。

4. 配装辅助费用

除上述包装费用外,还有一些辅助性费用,如包装标记、标志的印刷和拴挂费用的支出等。

5. 配装工人费用

从事包装工作的工人及有关人员的工资、奖金、补贴的费用总和,即称为包装工人费用。

(四) 流通加工费用的构成

为了提高配送效率,便于销售,在物资进入配送中心后,配送必须按照用户的要求进行一定的加工活动,这便是流通加工。由此而支付的费用称为流通加工费用。

1. 流通加工设备费用

流通加工设备因流通加工的形式不同而不同。例如,剪板加工需要剪板机、木材加工需要电锯,而购置这些设备所支出的费用,以流通加工的形式转移到被加工的产品中去。

2. 流通加工材料费用

在流通加工过程中,投入到加工过程的一些材料(如包装加工要投入包装材料、天然气的液化加工所需要的容器等)消耗所需要的费用,即流通加工费用。

3. 流通加工劳务费用

在流通加工过程中从事加工活动的管理人员、工人及有关人员的工资和奖金等费用的总和,即流通加工劳务费用。应当说明,流通加工劳务费用的大小与加工的机械化程度和加工形式存在密切关系。一般来说,加工机械化程度越高,则劳务费用越低;反之,则劳务费用越高。

4. 流通加工其他费用

除上述费用之外,在流通加工中耗用的电力、燃料、油料等所产生的费用,也应加到流通加工费用中去。

第二节 配送成本的核算

一、配送运输成本的核算

配送成本在为企业创造利润方面有着不可替代的优势,在一定条件下,想要企业更大程度创造利润,得做好配送成本的管理与核算。配送成本费用的计算由于涉及多环节的成本计算时,对每个环节应当计算各成本计算对象的总成本。总成本是指成本计算期内成本计算对象的成本总额,即各个成本项目金额之和。配送成本费用总额是由各个环节的成本组成。其计算公式如下:

配送成本 = 配送运输费用 + 储存保管费用 + 配装费用 + 流通加工费用

需要注意的是,在进行配送成本核算的时候要避免成本费用的交叉重复。配送运输成本的核算,是指将配送车辆在配送生产过程中所发生的费用,按照规定的配送对象和成本项目,计入到配送对象的运输成本项目中去的方法。

> **知识链接**
>
> **当当网配送费收取标准**
>
> 1. 快递送货上门配送费 5 元/单。订单金额满 99 元免 5 元配送费。
> 2. 加急送货上门的配送费,北京、上海地区为 10 元/单,其他地区为 30 元/单(活动期间加急配送费用 15 元/单)。VIP 用户订购的订单的商品总额超过 99 元免 5 元加急配送费用。订单金额满 500 元配送费全免。
> 3. 平邮的配送费为 5 元/单。订单金额满 99 元免 5 元配送费。
> 4. 上门预收款的配送费为:10 元/单 + 订单相应的配送费。

(一)配送运输成本的主要来源

1. 燃料

根据"燃料发出凭证汇总表"中各车型耗用的燃料金额计入成本。配送车辆在本企业以外的油库加油,其领发数量不作为企业购入和发出处理的,应在发生时按照配送车辆领用数量和金额计入成本。

2. 工资及职工福利费

根据"工资分配汇总表"和"职工福利费计算表"中各车辆分配的金额计入成本。

3. 修理费

辅助生产部门对配送车辆进行保养和修理的费用,根据"辅助营运费用分配表"中分配各车型的金额计入成本。

4. 折旧费

根据"固定资产折旧计算表"中按照车辆种类提取的折旧金额计入各分类成本。

5. 轮胎费

轮胎使用成本主要体现在:

(1)轮胎外胎采用一次摊销法的,根据"轮胎发出凭证汇总表"中各车型领用的金额计入成本;

(2)采用按行驶胎千米提取法的,根据"轮胎摊提费计算表"中各车型应负担的摊提额计入成本;

(3)发生轮胎翻新费时,根据付款凭证直接计入各车型成本或通过待摊费用分期摊销;

(4)内胎、垫带根据"材料发出凭证汇总表"中各车型成本领用金额计入成本。

6. 养路费及运输管理费

配送车辆应缴纳的养路费和运输管理费,应在月终计算成本时,编制"配送营运车辆应缴纳养路费及管理费计算表",据此计入配送成本。

7. 营运间接费用

根据"营运间接费用分配表"计入有关配送车辆成本。

8. 车船使用税、行车事故损失和其他费用

(1)如果是通过银行转账、应付票据、现金支付的,根据付款凭证等直接计入相关车辆

成本;

(2) 如果是在企业仓库内领用的材料物资,根据"材料发出凭证汇总表"、"低值易耗品发出凭证汇总表"中各车型领用的金额计入成本。

物流配送企业月末应编制配送运输成本计算表,如表 9-1 所示,以反映配送总成本和单位成本。

表 9-1 配送运输成本计算表

成本项目	运输工作组		
	1 组	2 组	3 组
燃料			
工资及职工福利费			
修理费			
折旧费			
轮胎费			
运输管理费			
养路费及运输管理费			
营运间接费用			
车船使用税、行车事故损失和其他费用			
运输总成本			

(二) 配送运输成本核算时的几个重要概念

1. 配送运输总成本

配送运输总成本是成本计算期内成本计算对象的成本总额,即各个成本项目金额之和。

2. 单位成本

单位成本是指成本计算期内各成本计算对象完成单位周转量的成本额。

3. 各成本计算对象计算的成本降低额

各成本计算对象计算的成本降低额,是指用该配送成本的上年度实际单位成本乘以本期实际周转量计算的总成本,减去本期实际总成本的差额。它是反映该配送运输成本由于成本降低所产生的节约金额的一项指标。

4. 按各成本计算对象计算的成本降低率

按各成本计算对象计算的成本降低率,是指该配送运输成本的降低额与上年度实际单位成本乘以本期实际周转量计算的总成本比较的百分比。它是反映该运输成本降低幅度的一项指标。各成本计算对象的降低额和降低率的计算公式如下:

成本降低额 = 上年度实际单位成本 × 本期实际周转量 − 本期实际总成本

成本降低率 = 成本降低额 / (上年度实际单位成本 × 本期实际周转量) × 100%

> **知识链接**

快餐配送公司的质检职责

质检的工作职责主要有：

1. 负责整个公司食品卫生安全制度的建立、维护。指导培训员工食品卫生安全知识并与公司总经理做出食品卫生安全奖惩制度。
2. 对公司所有的食品卫生安全事故负责。
3. 定期对生产厨房、仓库、打包间、初裁兼所有的陈设、摆放……进行卫生检查,检查过程中严格按照食品卫生安全管理制度进行,严禁徇私舞弊。一般是一周一次、一月一次、一季度一次。这三种都必须进行。
4. 对采购供应原料进行检查,保证原材料符合食品卫生安全标准。
5. 负责公司所有原材料、半成品、成品食物的食品卫生安全管理。定期抽查操作方式、卫生习惯等。
6. 负责公司消防安全培训、指导。如果有保安,这些划分到保安负责。

二、储存保管成本的核算

储存保管成本的计算可按支付形态,将该类费用划分为工资及福利费、材料费、折旧费、维护保养费(租赁费、保管费、物业管理费、水电费等)及其他费用。

1. 工资及福利费

根据"工资分配汇总表"和"职工福利费计算表"中分配的储存成本的金额计入成本。

2. 材料费

根据"材料发出凭证汇总表""领料单"及"领料登记表"等原始凭证中记录的金额,计入储存成本。

3. 折旧费

根据固定资产折旧计算表中按照存储器具提取的折旧金额计入成本。

4. 维护保养费、水电费、物业管理及保管费等依据相关原始凭证及费用分配表依次计入储存成本费用。

配送中心应于期末编制配送储存成本计算表,以反映此环节的总成本,其计算表格如表9-2所示。

表9-2 配送储存成本计算表　　　　　　　　　　单位:元

成本项目	本年计划数	本月实际数	占总成本比例
工资及福利费			
材料费			
折旧费			
维护保养费			

(续表)

成本项目	本年计划数	本月实际数	占总成本比例
水电费			
物业管理及保管费			
其他费用			
储存保管成本合计			

三、配装成本的核算

配装成本是指在完成包装货物过程中所发生的各种费用。

（一）配装成本包括配装直接费用、配装间接费用

1．配装直接费用

（1）工资指按规定支付的配装作业工人的标准工资、奖金、津贴。

（2）职工福利费指按规定的工资总额和提取标准计提的职工福利费。

（3）材料指配装过程中消耗的各种材料，如包装纸、箱、塑料等。

（4）辅助材料指配装过程中耗用的辅助材料，如标志、标签等。

（5）其他指不属于以上各项的直接装配费用，如配装工人的劳保用品费等。

2．配装间接费用

配装包装间接费用指配送包装管理部门为实现和组织配装生产所发生的各项费用，包括配装成本负担的各项管理费用和业务费用。

上述配装直接费用和配装间接费用则构成了配装成本。

（二）配装成本的计算方法

配送环节的配装活动是配送的独特要求，其成本的计算方法，是指配装过程中所发生的费用，按照规定的成本计算对象和成本项目，进行计算的方法。

（1）工资及福利费根据"工资分配汇总表"和"职工福利费"中分配的配装成本的金额计入成本。

计入产品成本中的直接人工费用的数额，是根据当期"工资结算汇总表"和"职工福利费计算表"来确定的。

"工资结算汇总表"是进行工资结算和分配的原始依据。它是根据"工资结算单"按人员类别（工资用途）汇总编制的。"工资结算单"应当依据职工工作卡片、考勤记载、工作量记录等工资计算的原始记录编制。

"职工福利费计算表"是依据"工资结算汇总表"确定的各类人员工资总额，按照规定的提取比例计算后编制的。

（2）材料费用根据"材料发出凭证汇总表"、"领料单"及"领料登记表"等原始凭证，配装成本耗用的金额计入成本。

在直接材料费用中，材料费用数额是根据全部领料凭证汇总编制"耗用材料汇总表"确定的；在归集直接材料费用时，凡能分清某一成本计算对象的费用，应单独列出，以便直接计入该包装对象的产品成本计算单中；属于几个配装成本对象共同耗用的直接材料费用，应当

选择适当的方法,分配计入各配装成本计算对象的成本计算单中。

(3) 辅助材料费用根据"材料发出凭证表"、"领料单"中的金额计入成本。

(4) 其他费用根据"材料发出凭证汇总表"、"低值易耗品发出凭证"中配装成本领用的金额计入成本。

(5) 配装间接费用根据"配送间接费用分配表"中的金额计入配装成本。

(三) 配装成本计算表

物流配送企业月末应编制配送环节配装成本计算表,以反映配装总成本。

配装作业是配送的独特要求,只有进行有效的配装,才能提高送货水平,降低送货成本。表9-3为配装成本计算表。

表 9-3　配装成本计算表

编制单位:　　　　　　　　　　　　　　　　年　　月　　　　　　　　　　单位:元

项目		计算依据	合计	分类品种			
				货物甲	货物乙	货物丙	货物丁
一、配装直接费用	工资						
	福利费						
	材料费						
	辅助材料费						
	其他						
二、配装间接费用							
	配装总成本						

四、流通加工成本的核算

流通加工在物流配送中心是较为常见的一种作业,在一般的物流企业或工商企业中也不同程度地存在,是物流配送中心成本管理中不可缺少的重要一环。

物流配送中心,甚至仓库有时也提供各种各样的流通加工服务,流通加工成本的计算对它们而言是至关重要的。

(一) 流通加工材料费用

流通加工材料费用是指流通加工过程中消耗的辅助材料、包装材料等的费用。

1. 流通加工材料费用的归集

流通加工材料费用由材料的消耗数量和材料的价格确定。

(1) 数量确定:根据"领料单"、"限额领料单"、"退料单"等原始凭证,连续、及时地记录材料消耗数量。

(2) 价格确定:购入的流通加工材料的成本计算与包装材料的成本计算相同,也包括材料购买价款和材料入库前发生的各种附带成本。由于不同批次的材料购进单价不同,与包装材料类似,必须选择恰当的方法计算发出材料的价格。

2. 材料费用的分配

按全部领料凭证汇总编制"耗用材料汇总表",对能直接分配至某一加工对象的材料成本直接计入该加工对象;否则,应选择合理、简便的分配标准计算材料成本并分别计入各加工对象。

(二) 流通加工人工费用

流通加工人工费用是指直接进行加工生产的工人的工资总额(包括计时工资、计件工资、奖金、补贴等)和按工资总额提取的职工福利费。

1. 流通加工人工费用的归集

根据"工资结算单"并按人员类别汇总编制"工资结算汇总表"和"职工福利费计算表"来计算人工费。"工资结算单"应当依据职工工作卡片、考勤记录、工作量记录等原始凭证编制。

2. 流通加工人工费用的分配

计件工资形式的工资成本一般直接计入所加工的对象成本中。计时工资形式的工资成本,如果只加工一个对象,则计入该对象成本;如果加工多个对象,需要按加工工时分配分别计入各对象成本中去。

(三) 流通加工制造费用

1. 制造费用的归集

通过编制"折旧费用计算汇总表"得出各生产单位的折旧费用,再依此得出流通加工部门的折旧费用。修理费用一般计入当月的成本中,一次发生的维修费用数额较大时,可分期计入制造费用。其他费用一般按会计期间编制的制造费用预算,控制总额即可。

2. 制造费用的分配

制造费用的受益对象是当期进行加工的全部产品。如果只加工一个对象,则全部计入该对象成本;如果加工多个对象,可采用生产工时分配法、机器工时分配法等在各加工对象中进行分配。

(四) 流通加工费用在完工产品和在产品之间的分配

与生产过程一样,流通加工也存在完工产品和在产品。流通加工费用在它们之间的分配方法,与传统生产过程中生产成本在完工产品和在产品之间的分配方法类似。

流通加工成本的计算与产品生产成本的计算相似,只是内容、程序更简单些而已。

流通加工具体有多种形式,大致有以下几种:

(1) 以保存产品为目的的流通加工,如水产品的保鲜、保质加工;

(2) 为满足需求多样化的流通加工,如平板玻璃开片加工;

(3) 为提高物流效率、降低物流损失的流通加工,如气体的液化;

(4) 为实现配送的流通加工。

【例 9-1】 某流通加工中心的加工车间,对甲产品进行流通加工,其工艺过程为单步骤流水线加工。该流通中心另设有供水、机修两个辅助生产车间,为基本加工车间及其他部门提供产品及劳务。该中心采用品种法计算流通加工成本,产成品:100 件;加工产品名称:甲产品;在产品:20 件;加工产品计算单见下表 9-4。

表 9-4　加工产品计算单　　　　　　　　　　　　　　　　单位：元

成本项目	月初在产品	本月费用	成本费用合计	分配率	流通加工成本	月末在产品加工成本
材料费	100	3 000	3 100	31	2 480	620
人工费	400	17 600	18 000	163.64	16 364	1 636
制造费用	258.50	31 041.5	31 300	284.55	28 455	2 845
合计	758.50	51 641.5	52 400	479.19	47 299	5 101

第三节　配送中心物流成本控制策略

一、配送中心物流成本的分析

（一）配送中心物流成本的全面分析

计算出配送中心物流成本之后,可以计算出以下各种比率,再用这些比率同上年、上两年同类比率比较来考察配送中心物流成本的实际状况,还可以与同行业其他企业比较,或者与其他行业比较。

1．单位成本物流成本率

$$单位成本物流成本率 = \frac{物流成本}{总成本} \times 100\%$$

这是考察物流成本占总成本比率的一个指标,一般作为连锁企业内部的物流合理化目标或检查企业是否达到合理化目标的指标来使用。

2．单位销售额物流成本率

$$单位销售额物流成本率 = \frac{物流成本}{销售额} \times 100\%$$

这个比率越高则其对价格的弹性越低,从连锁企业历年的数据中,大体可以了解其动向,另外,通过与同行业和行业外进行比较,可以进一步了解配送中心的物流成本水平。但该比率受价格变动和交易条件变化的影响较大,因此作为考核指标还存在一定的缺陷。

3．单位营业费用物流成本率

$$单位营业费用物流成本率 = \frac{物流成本}{(销售费用 + 一般管理费)} \times 100\%$$

通过物流成本占营业费用(销售费用 + 一般管理费)的比率,可以判断连锁企业物流成本的比重,而且,这个比率不受制造成本变动的影响,得出的数值比较稳定。因此适合于做连锁企业配送中心物流合理化的指标。

4．物流职能成本率

$$物流职能成本率 = \frac{物流职能成本}{物流总成本} \times 100\%$$

该指标可以明确包装费、运输费、保管费、装卸费、流通加工费、信息流通费、物流管理费等各物流职能成本占物流总成本的比率。

（二）配送中心物流成本的详细分析

通过全面分析,我们可以了解到物流成本的变化情况及变化趋势,但是对引起物流成本变化的原因,我们还要进一步按照职能分类,对物流成本进行详细分析,然后提出对策。详细分析所用的指标有四类,通过这四类指标的序时分析或按配送中心内的部门、设施分类比较以及与同行业其他企业进行比较,就可以掌握物流成本的发展趋势及其差异。

1. 与运输、配送相关的指标

（1）装载率。装载率 = $\dfrac{实际载重量}{标准载重量} \times 100\%$

（2）车辆开动率。车辆开动率 = $\dfrac{月总开动次数}{拥有台数} \times 100\%$

（3）运行周转率。运行周转率 = $\dfrac{月总运行次数}{拥有台数} \times 100\%$

（4）单位车辆月行驶里程。单位车辆月行驶里程 = $\dfrac{月总行驶里程}{拥有台数}$

（5）行驶三费。行驶三费 = 修理费 + 内外胎费 + 油料费

（6）单位运量运费。单位运量运费 = $\dfrac{运输费}{运输总量}$

2. 有关物流信息活动指标

（1）物流信息处理率。物流信息处理率 = $\dfrac{物流信息处理数量}{标准物流信息处理量}$

（2）单位产品物流信息流通费。单位产品物流信息流通费 = $\dfrac{物流信息流通量}{总产量}$

3. 有关装卸活动的指标

（1）单位人时工作量。单位人时工作量 = $\dfrac{总工作量}{装卸作业人时数}$

（2）装卸效率。装卸效率 = $\dfrac{标准装卸作业人时数}{实际装卸作业人时数}$

（3）装卸设备开工率。装卸设备开工率 = $\dfrac{装卸设备实际开动时间}{装卸设备标准开动时间}$

（4）单位工作量修理费。单位工作量修理费 = 装卸设备修理费/总工作量

（5）单位工作量卸载费。单位工作量卸载费 = 装卸费/总工作量

4. 有关保管活动的指标

库存周转次数。

库存周转次数 = $\dfrac{年出库金额(数量)}{平均库存金额(数量)} = \dfrac{2 \times 年出库金额(数量)}{(年初库存金额 + 年末库存金额)}$

知识链接

物流配送中心如何选址

配送中心的选址直接影响配送中心各项活动的成本,同时也关系到配送中心的正常运作和发展。因此,配送中心的选址和布局必须在充分调查分析的基础上综合考虑自身经营的特点、商品特性及交通状况等因素,在详细分析现状及预测的基础上对配送中心进行

选址。

1. 交通运输条件

配送中心地址选择应靠近交通运输枢纽,以保证配送服务的及时性、准确性。

2. 用地条件

配送中心建设需占用大量的土地资源,土地的来源、价格、土地的利用程度等要充分考虑并落实。

3. 顾客分布情况

准确掌握配送中心现有服务对象的分布情况以及未来一段时间内的发展变化情况,因顾客分布状况的改变、配送商品数量的改变及顾客对配送服务要求的改变都会对配送中心的经营和管理产生影响。

4. 政策法规条件

掌握政府对配送中心建设的法律法规要求,哪些地区不允许建设配送中心,哪些地区政府有优惠政策等。

5. 附属设施条件

配送中心周围的服务设施也是考虑因素之一,例如外部信息网络技术条件、水电及通信等辅助设施、北方地区的供暖保温设施等。

6. 其他

要考虑不同类别的配送中心对选址的需要的不同。如有的配送中心所保管的商品有保温设施、冷冻设施、危险品设施等对选址都有特殊要求。

二、配送成本的控制

(一)配送成本控制的意义

配送成本控制,是指在配送经营过程中,按照规定的标准调节影响成本的各种因素,使配送各环节生产耗费控制在预定的范围内。

配送企业所取得的收入是通过降低配送过程中的成本费用,和客户共同分享这一节约的利润。配送成本控制不仅是客户考虑的内容,也是配送企业考虑的内容。因此,进行配送成本控制显得尤为重要。由于配送是一个多环节物流活动的集成,实际运行中常常会出现一些不合理的情况。

(1)资源筹措的不合理。配送是通过筹措资源的规模效益来降低资源筹措成本,使配送资源筹措成本低于客户自己筹措资源成本,从而取得优势。如果不是集中多个客户需要进行批量筹措资源,而仅仅是为某一两个用户代购代筹,对客户来讲,不但不能降低资源筹措费用,相反却要多支付一笔代办费给配送企业,显然是不合理的。

(2)库存决策不合理。配送应实现集中库存总量低于各客户分散库存总量,从而大大节约社会财富,同时降低客户实际平均分摊库存负担。因此,配送企业必须依靠科学管理来实现一个低总量的库存,否则就会出现只是库存转移,而未解决库存降低的不合理的现象。

(3)价格不合理。总的来讲,配送的价格应低于客户自己完成物流活动的总和,这样才会使客户有利可图。有时候,由于配送有较高的服务水平,价格较高,客户是可以接受的,但这不是普遍的原则。如果配送价格普遍高于客户自己进货价格,损伤了客户的利益,就是一种不合理的表现。价格制定过低,使配送企业处于无利或亏损状态下运行,会损伤配送企业自身,也是不合理的。

(4) 送货中不合理运输。配送与客户自提比较,尤其对于多个小客户来讲,可以集中配装一车送几家,这比一家一户自提可大大节省运力和运费。如果不能利用这一优势,而仍然是一户一送,而车辆达不到满载,就属于不合理。

以上几种不合理形式,会增加配送的成本费用,使配送企业丧失成本领先的竞争优势。另外,配送成本是物流多环节的成本费用组成的,对配送成本控制也是对各环节成本的分项控制,所以对配送成本的控制要有系统的观点,使配送成本费用控制在预定范围内。

(二) 配送成本控制的策略

1. 推行一定综合程度的专业化配送

通过采用专业设备、设施及操作程序,取得较好的配送效果并降低配送过分综合化的复杂程度及难度,从而追求配送合理化。

2. 推行加工配送

通过加工和配送结合,充分利用本来应有的中转次数,而不增加新的中转求得配送合理化。同时,加工借助于配送,加工目的更明确,和用户联系更紧密,更避免了盲目性。这两者有机结合,投入不增加太多却可追求两个优势、两个效益,是配送合理化的重要经验。

3. 推行共同配送

共同配送,即在核心企业的统筹安排和统一调度下,各配送企业分工协作,联合行动,共同对某一地区或某些用户进行配送,从而以最近的路程、最低的配送成本完成配送,追求合理化。

4. 实行送取结合

配送企业与用户建立稳定、密切的协作关系,配送企业不仅成了用户的供应代理人,而且承担用户储存据点,甚至成为产品代销人。在配送时,将用户所需的物资送到,再将该用户生产的产品用同一车运回,这种产品也成了配送中心的配送产品之一。或者代存代储,免去了生产企业库存包袱。这种送取结合,使运力充分利用,也使配送企业功能有更大的发挥,从而追求合理化。

5. 推行准时配送系统

准时配送是配送合理化重要内容。配送做到了准时,用户才有资源把握,可以放心地实施低库存或零库存,可以有效地安排接货的人力、物力,以追求最高效率的工作。另外,保证供应能力,也取决于准时供应。从国外的经验看,准时供应配送系统是现在许多配送企业追求配送合理化的重要手段。

6. 推行即时配送

即时配送是最终解决用户企业担心断供之忧、大幅度提高供应保证能力的重要手段。即时配送是配送企业快速反应能力的具体化,是配送企业能力的体现。即时配送成本较高,但它是整个配送合理化的重要保证手段。此外,用户实行零库存,即时配送也是重要保证手段。

案例 2　　　　　　　　　亚马逊物流配送模式分析

目前,亚马逊在美国的 11 个州建有 19 个配送中心,在英、法、德等欧洲国家,以及日本、中国等亚洲国家都建有配送中心。同时通过电子数据交换系统(EDI),顾客可以随时查询订购状况、追踪自己的包裹。

亚马逊物流配送的特点有四个:一是按商品类别设立配送中心,不同的商品由不同的配送中心进行配送。二是降低库存、提高周转。只做 200 种最受欢迎的畅销书库存,而且是在顾客下订单后,才从出版商那里进货。三是组合包装,灵活配送。建议顾客在订货时,对现货和需要等待的商品做不同订单处理,这样在发运时,承运人将来自不同顾客、相同类别、存有现货的商品组合在同一货车内发运。在送货方式上,也为顾客提供多种选择,并按照送货期限设定收费标准。灵活的配送政策使顾客购买方便。四是降低退货比率。在商品采购环节就严格把关,尽量符合顾客需求,以此从源头规避较高的退货率。极低的退货率不仅减少了退货成本,也保持了较高的顾客服务水平,并取得良好的商业信誉。

配送中心的建立和运营,极大地增强了亚马逊的整体竞争力。例如,依托信息管理系统,高效率地分拣商品;在各配送中心之间,拥有统一的、集中的物流配送网络等。随着运作效率的提高,亚马逊平均存货周转率达到 19.4 次,这使得亚马逊可以节省巨大的采购和存储成本,并极大地优化现金流。

除自建物流配送中心外,亚马逊还与许多第三方物流公司开展合作。亚马逊通过"邮政注入"减少送货成本,即用自己的货车或由独立的承运人将整卡车的订购商品从亚马逊的仓库送到当地邮局的库房,再由邮局向顾客送货。这样就可以免除邮局对商品的处理程序和步骤,为邮局发送商品提供便利条件,也为自己节省了资金。

另外,亚马逊的物流配送中心拥有极高的科技含量,大规模的 IT 技术投入使得亚马逊能够迅速处理每一张客户订单,虽然日均发货几十万笔订单,高峰期甚至超过 900 万份订单,但差错率很低。信息技术的先进性使亚马逊能降低物流成本、提高配送效率,并有能力不断降低免费配送的最低门槛。

资料来源:http://www.51emo.com/Read.Asp? PPNewsID = 9759。

(三) 配送成本控制方法

配送成本控制方法,包括绝对成本控制法和相对成本控制法。

1. 绝对成本控制

绝对成本控制是把成本支出控制在一个绝对金额以内的成本控制方法。绝对成本控制从节约各种费用支出,杜绝浪费的途径进行配送成本控制,要求把配送过程中发生的各环节的一切费用支出,都列入成本控制范围。标准成本和预算控制是绝对成本控制的主要方法。

2. 相对成本控制

相对成本控制是通过成本与产值、利润、质量和功能等因素的对比分析,寻求在一定制约因素下取得最优经济效益的一种控制方法。

相对成本控制扩大了配送成本控制领域,要求配送企业在降低配送成本的同时,充分注意与成本关系密切的因素,诸如配送产品结构、项目结构、配送服务水平等,目的在于提高控制成本支出的效益,即减少单位产品成本投入,提高整体经济效益。

(四) 配送成本控制的基本程序

1. 制定控制标准

成本控制标准是控制成本费用的重要依据。物流配送的成本标准的制定,应按实际的配送环节分项制定。不同的配送环节,其成本项目是不同的。配送作业的成本控制标准和业务数量标准通常由技术部门研究确定;费用标准由财务部门和有关责任部门研究确定,同时尽可能吸收负责执行标准的职工参加各项标准的制定,从而使所制定的标准符合实际配送活动的要求。

2. 揭示成本差异

成本的控制标准制定后要与实际费用比较,及时揭示成本差异。差异的计算与分析也要与所制定的成本项目进行比较。

3. 成本信息反馈

成本控制中,成本差异的情况要及时反馈到有关部门,以便及时控制与纠正。

第四节 配送成本的优化

随着物流配送集约化、一体化的发展,常将配送的各环节综合起来考虑,核心部分为配送车辆的集货、货物装配及送货过程。进行配送系统优化,主要就是指配送车辆的优化调度,包括车辆选择优化、装载货物选择优化、配送路线规划优化,以及三者一体化的优化。在处理该问题时,可以根据配送调度不同要求的目标函数,如运距最短、配送时间最短、运输费用最少等,将调度问题归结为表述问题的数学模型,然后用计算机求得合理可行的优化方案,在配送运作中付诸实施。

案例3　戴尔成功的诀窍——高效物流配送

在不到 20 年的时间内,戴尔计算机公司的创始人迈克尔·戴尔,白手起家把公司发展到 250 亿美元的规模。即使目前面对美国经济的低迷,在惠普等超大型竞争对手纷纷裁员减产的情况下,戴尔仍以两位数的发展速度飞快前进。根据美国一家权威机构的统计,戴尔 2001 年第一季度的个人电脑销售额占全球总量的 13.1%,居世界第一。

"戴尔"现象,令世人为之迷惑。

戴尔公司分管物流配送的副总裁迪克·亨特一语道破天机:"我们只保存可供 5 天生产的存货,而我们的竞争对手则保存 30 天、45 天,甚至 90 天的存货。这就是区别。"

物流配送专家詹姆斯·阿尔里德在其专著《无声的革命》中写到,主要通过提高物流配送打竞争战的时代已经悄悄来临。看清这点的企业和管理人员才是未来竞争激流中的弄潮者,否则,一个企业将可能在新的物流配送环境下苦苦挣扎,甚至被淘汰出局。

戴尔公司的亨特,无疑是物流配送时代浪尖上的弄潮者。亨特在分析戴尔成功的诀窍时说:"戴尔总支出的 74% 用在材料配件购买方面,2000 年这方面的总开支高达 210 亿美元,如果我们能在物流配送方面降低0.1%,就等于我们的生产效率提高了10%。"物流配送对企业的影响之大由此可见一斑。

信息时代,特别是在高科技领域,材料成本随着日趋激烈的竞争而迅速下降。以计算机工业为例,材料配件成本的下降速度为每周1%。从戴尔公司的经验来看,其材料库存量只有5天,当其竞争对手维持4周的库存时,就等于戴尔的材料配件开支与对手相比保持着3%的优势。当产品最终投放市场时,物流配送优势就可转变成2%—3%的产品优势,竞争力的强弱不言而喻。

在提高物流配送效率方面,戴尔和50家材料配件供应商保持着密切、忠实的联系,庞大的跨国集团戴尔所需材料配件的95%都由这50家供应商提供。戴尔与这些供应商每天都要通过网络进行协调沟通:戴尔监控每个零部件的发展情况,并把自己新的要求随时发布在网络上,供所有的供应商参考,提高透明度和信息流通效率,并刺激供应商之间的相互竞争;供应商则随时向戴尔通报自己的产品发展、价格变化、存量等方面信息。

几乎所有工厂都会出现过期、过剩的零部件。而高效率的物流配送使戴尔的过期零部件比例保持在材料开支总额的0.05%—0.1%,2000年戴尔全年在这方面的损失为2100万美金。而这一比例在戴尔的对手企业都高达2%—3%,在其他工业部门更是高达4%—5%。

即使是面对如此高效的物流配送,戴尔的亨特副总裁仍不满意:"有人问5天的库存量是否为戴尔的最佳物流配送极限,我的回答:当然不是,我们能把它缩短到两天。"

资料来源:http://www.56756.cn/News/Detail-3161.html。

一、降低配送成本的策略

(一) 差异化策略

差异化策略的指导思想是:产品特征不同,顾客服务水平也不同。当企业拥有多种产品线时,不能对所有产品都按同一标准的顾客服务水平来配送,而应按产品的特点、销售水平,来设置不同的库存、不同的运输方式以及不同的储存地点,忽视产品的差异性会增加不必要的配送成本。

例如,一家生产化学品添加剂的公司,为降低成本,按各种产品的销售量比重进行分类:A类产品的销售量占总销售量的70%以上,B类产品占20%左右,C类产品则为10%左右。对A类产品,公司在各销售网点都备有库存,B类产品只在地区分销中心备有库存而在各销售网点不备有库存,C类产品连地区分销中心都不设库存,仅在工厂的仓库才有存货。

经过一段时间的运行,事实证明这种方法是成功的,企业总的配送成本下降了20%之多。

(二) 混合策略

混合策略是指配送业务一部分由企业自身完成。这种策略的基本思想是,尽管采用纯策略(即配送活动要么全部由企业自身完成,要么完全外包给第三方物流完成)易形成一定的规模经济,并使管理简化,但由于产品品种多变、规格不一、销量不一等情况,采用纯策略的配送方式在一定程度上不仅不能取得规模效益,反而还会造成规模不经济。

而采用混合策略,合理安排企业自身完成的配送和外包给第三方物流完成的配送,能使配送成本最低。例如,美国一家干货生产企业为满足遍及全美的 1 000 家连锁店的配送需要,建造了 6 座仓库,并拥有自己的车队。随着经营的发展,企业决定扩大配送系统,计划在芝加哥投资 700 万美元再建一座新仓库,并配以新型的物料处理系统。但该计划提交董事会讨论时,却发现这样不仅成本较高,而且就算仓库建起来也还是满足不了需要。

于是,企业把目光投向租赁公共仓库,结果发现,如果企业在附近租用公共仓库,增加一些必要的设备,再加上原有的仓储设施,企业所需的仓储空间就足够了,但总投资只需 20 万美元的设备购置费,10 万美元的外包运费,加上租金,也远没有 700 万美元之多。

(三) 标准化策略

标准化策略就是尽量减少因品种多变而导致附加配送成本上升,尽可能多地采用标准零部件、模块化产品。例如,服装制造商按统一规格生产服装,直到顾客购买时才按顾客的身材调整尺寸大小。采用标准化策略要求厂家从产品设计开始就要站在消费者的立场去考虑怎样节省配送成本,而不要等到产品定型生产出来了才考虑采用什么技巧降低配送成本。

(四) 延迟策略

传统的配送计划安排中,大多数的库存是按照对未来市场需求的预测量设置的,这样就存在着预测风险,当预测量与实际需求量不符时,就出现库存过多或过少的情况,从而增加配送成本。

延迟策略的基本思想就是对产品的外观、形状及其生产、组装、配送应尽可能推迟到接到顾客订单后再确定。一旦接到订单就要快速反应,因此采用延迟策略的一个基本前提是信息传递要非常快。

一般说来,实施延迟策略的企业应具备以下几个基本条件:

(1) 产品特征:模块化程度高,产品价值密度大,有特定的外形,产品特征易于表述,定制后可改变产品的容积或重量;

(2) 生产技术特征:模块化产品设计、设备智能化程度高、定制工艺与基本工艺差别不大;

(3) 市场特征:产品生命周期短、销售波动性大、价格竞争激烈、市场变化大、产品的提前期短。

实施延迟策略常采用两种方式:生产延迟(或称形成延迟)和物流延迟(或称时间延迟)。而配送中往往存在着加工活动,所以实施配送延迟策略既可采用形成延迟方式,也可采用时间延迟方式。具体操作时,常常发生在诸如贴标签(形成延迟)、包装(形成延迟)、装配(形成延迟)和发送(时间延迟)等领域。

例如,美国一家生产金枪鱼罐头的企业就通过采用延迟策略改变配送方式,降低了库存水平。历史上这家企业为提高市场占有率曾针对不同的市场设计了几种标签,产品生产出来后运到各地的分销仓库储存起来。

由于顾客偏好不一,几种品牌的同一产品经常出现某种品牌的畅销而缺货,而另一些品牌却滞销压仓。

为了解这个问题,该企业改变以往的做法,在产品出厂时都不贴标签就运到各分销中心储存,当接到各销售网点的具体订货要求后,才按各网点指定的品牌标志贴上相应的标签,这样就有效地解决了此消彼长的矛盾,从而降低了库存。

(五)合并策略

合并策略包含两个层次,一是配送方法上的合并;另一个则是共同配送。

1. 配送方法上的合并

企业在安排车辆完成配送任务时,充分利用车辆的容积和载重量,做到满载满装,是降低成本的重要途径。

车上如果只装容重大的货物,往往是达到了载重量,但容积空余很多;只装容重小的货物则相反,看起来车装得满,实际上并未达到车辆载重量。这两种情况实际上都造成了浪费。

实行合理的轻重配装、容积大小不同的货物搭配装车,就可以不但在载重方面达到满载,而且也充分利用车辆的有效容积,取得最优效果。最好是借助电脑计算货物配车的最优解。

2. 共同配送

共同配送是一种产权层次上的共享,也称集中协作配送。它是几个企业联合集小量为大量共同利用统一配送设施的配送方式,其标准运作形式是:

在中心机构的统一指挥和调度下,各配送主体以经营活动(或以资产为纽带)联合行动,在较大的地域内协调运作,共同对某一个或某几个客户提供系列化的配送服务。

这种配送有两种情况:

第一种是中小生产、零售企业之间分工合作实行共同配送,即同一行业或在同一地区的中小型生产、零售企业在单独进行配送的运输量少、效率低的情况下进行联合配送,不仅可减少企业的配送费用,配送能力得到互补,而且有利于缓和城市交通拥挤,提高配送车辆的利用率。

第二种是几个中小型配送中心之间的联合,针对某一地区的用户,由于各配送中心所配物资数量少、车辆利用率低等原因,几个配送中心将用户所需物资集中起来,共同配送。

二、配送成本优化方法

(一)加强配送作业的计划性

在物流实务中,配送作业的随意性安排经常导致配送效率不高,大幅度增加配送成本。例如,事先计划不好,为了保持服务水平又不能拒绝的临时配送就是典型的无计划配送。在此项作业中,由于时间紧张,无法认真安排车辆配装及配送路线,车辆未满载,里程多,有一笔送一笔,造成配送资源的极大浪费。为了加强配送的计划性,配送中心必须与客户共同探讨各种物品的需求规律,掌握不同物品的配送节奏,有计划、有组织地安排配送,尽可能减少低效率配送情形的出现。例如,对鲜活度要求高的商品不断调整配送计划,配送就会相对稳定。

(二)优化配送路线,合理配装各项物品

配送路线合理与否对配送速度、配送成本的影响很大,采用科学方法确定合理的配送路线是配送的一项重要工作。在配送服务质量保持不变的情况下,尽可能采用各种数学方法和在数学方法基础上发展、演变出有借鉴意义的经验。

在优化配送路线的基础上,合理提高车辆货物装载率也是节约配送成本重要环节,由于货物的需求复杂多样,货物的包装形态也变化多端,如果有效利用车辆的装载空间,提高单次装载货物的负荷,将大大降低运输费用。在配送业务中,可结合物品的密度及体积,实行轻重配装等方法科学装载多种物品。

本章小结

1. 配送是与市场经济相适应的一种先进的物流方式,是物流企业按用户订单或配送协议进行配货,经过科学统筹规划,在用户指定的时间,将货物送达用户指定地点的一种供应方式。从整个物流系统来讲,配送几乎包括了所有的物流功能要素,是物流活动的一个缩影或在某小范围中物流全部活动的体现。

2. 一般的配送集装卸搬运、包装、保管、运输于一体,通过一系列物流活动将货物送达目的地。特殊的配送则还要以流通加工活动为支撑,严格来讲,整个物流活动,没有配送环节就不能成为完整的物流活动。

3. 通过配送,物流活动才得以最终实现,但完成配送活动是需要付出代价的,即需配送成本。配送成本是配送过程中所支付的费用总和,根据配送流程及配送环节,配送成本实际上是含配送运输费用、储存保管费用、配装及流通加工费用等的全部费用。

4. 配送中心物流成本控制主要包括配送中心物流成本的全面分析及降低配送成本的差异化、标准化、混合及延迟等配送策略。

中英文关键术语

1. 分拣(Sorting)
2. 集货(Goods Collection)
3. 装载率(Loading Rate)
4. 配送成本(Distribution Cost)
5. 运行周转率(Operation Rate of Turnover)
6. 国际联运运价(International Intermodal Freight)
7. 配送成本控制(Logistics Cost Control)
8. 准时配送系统(On Time Delivery System)
9. 绝对成本控制(Absolute Cost Control)
10. 相对成本控制(Relative Cost Control)
11. 差异化策略(Differentiation Strategy)
12. 混合策略(Mixed Strategy)
13. 延迟策略(Delay Policy)
14. 合并策略(Consolidation Strategy)
15. 标准化策略(Standardization Strategy)

思考题

1. 简述配送的概念、特征及作用。
2. 什么是配送成本？其构成有哪些？
3. 怎样进行配送成本的核算？
4. 如何理解配送成本的全面分析和详细分析？
5. 如何进行配送成本的控制？
6. 降低配送成本的策略主要有哪些？

课外材料阅读　　高效的物流配送体系——沃尔玛制胜的法宝

沃尔玛之所以能够迅速增长，并且成为现在非常著名的公司，与沃尔玛在节省成本以及在物流运送、配送系统方面的成就是分不开的。下面是沃尔玛中国有限公司高级商品总监芮约翰和飞驰有限公司沃尔玛区域经理戴豪文与大家一起分享的沃尔玛公司在物流运输以及配送方面的一些经验。

1. 沃尔玛对物流的重视

芮约翰：沃尔玛的业务之所以能够迅速增长，并且成为现在非常著名的公司，是因为沃尔玛在节省成本以及在物流运输、配送系统方面取得了一些成就。与其他竞争者相比沃尔玛能够给顾客提供更好的价值，这是由于沃尔玛把注意力放在物流运输和配送系统方面，这也正是沃尔玛公司的焦点业务。沃尔玛公司的新任CEO，就来自物流部门，由此可见物流和配送在公司中的重要性。

2. 沃尔玛的配送中心

飞驰公司是向沃尔玛提供物流服务的公司，在世界上的其他地方为沃尔玛提供物流方面的支持。在美国国内，沃尔玛做自己的物流和配送。沃尔玛拥有自己的卡车运输车队等等，用沃尔玛自己的后勤和物流方面的团队，但是在国际上的其他地方沃尔玛就没有这样的专门力量来做了，所以就由戴豪文先生所在的飞驰公司来完成。

戴豪文：在物流运营过程当中，要尽可能降低成本，因为在沃尔玛降低成本之后就可以让利于消费者，这是沃尔玛的哲学，就是"以最佳服务，最低的成本，提供最高质量的服务"。

飞驰公司同沃尔玛是一种合作伙伴的关系，也是沃尔玛大家庭的一员，并百分之百献身于沃尔玛的事业。其与沃尔玛共同的目标就是努力做到最好。

沃尔玛建立了一个"无缝点对点"的一个物流系统，能够为商店和顾客提供最迅速的服务。这种"无缝"的意思指的是，使整个供应链达到一种非常顺畅的链接，沃尔玛所指的供应链是说产品从工厂到商店的货架，这种产品的物流应当是尽可能平滑，就像一件外衣是没有缝的。

以下是一个物流的循环。物流的循环没有结束，也没有开始，它实际上是循环的过程，是一个圆圈。在这个循环过程当中，任何一点都可以作为开始，而且循环涉及每一点。沃尔玛就从顾客这一点开始谈（因为顾客是第一位，因此，沃尔玛就从这里开始。）。顾客到一个商店之中，他们买了一些产品，比如说给孩子买尿布，如果物流循环是比较成功的，那么在他买了之后，这个系统就开始自动地进行供货。这个系统当中的可变性使得这些卖方和买方（工厂与商场）可以对于这些顾客所买的东西和订单能够进行及时的补货。

这个系统应当是与配送中心联系在一起，应当从供货商那里就可以直接拿到货。它实际上是一个中枢，有供货方的产品，然后提供给商场且只提供给配送中心。

沃尔玛有的时候是采用空运，有的时候采用轮船运输，还有一些采用卡车进行公路运输。在中国，沃尔玛百分之百采用公路运输，就是卡车把产品运到商场，然后卸货，然后自动放到商店的系统当中。在沃尔玛的物流当中，非常重要的一点，沃尔玛必须要确保商店所得到的产品是与发货单上完全一致的产品，因此沃尔玛整个的过程都要确保是精确的，没有任何错误的。

这样，商店把整个卡车当中的货品卸下来就可以了，而不用把每个产品检查一遍。因为他们相信过来的产品是没有任何失误的，这样就可以节省很多的时间。沃尔玛在这方面已经形成了一种非常精确的传统，这可以有助于降低成本，而这些商店在接受货物以后就直接放到货架上，来卖给消费者，这就是沃尔玛物流的整个循环过程。

沃尔玛进行物流业务的指导原则，不管是在美国还是世界上其他地方，都是百分之百一致和完整的物流体系。不管物流的项目是大项目还是小项目，沃尔玛必须要把所有的物流过程集中到一个伞形结构之下。在供应链中，每一个供应者都是这个链当中的一个环节，沃尔玛必须使整个供应链是一个非常平稳、光滑的过程，一个顺畅的过程。

这样，沃尔玛的运输、配送以及对于订单与购买的处理等所有的过程，都是一个完整的网络当中的一部分。在沃尔玛的供应链当中，能够做到这一点，就可以把所有环节上可以节省的钱都节省下来。

3. 沃尔玛的补货系统

芮约翰：沃尔玛之所以能够取得成功，是因为沃尔玛有一个补货系统。每一个商店都有这样的系统，包括在中国的商店。

沃尔玛的补货系统使得沃尔玛在任何一个时间点都可以知道，现在这个商店当中有多少货品，有多少货品正在运输过程当中，有多少是在配送中心等等。同时它也使沃尔玛可以了解，沃尔玛某种货品上周卖了多少，去年卖了多少，而且可以预测沃尔玛将来可以卖多少这种货品。

沃尔玛之所以能够了解这么细，就是因为沃尔玛有UPC统一的货品代码。商场当中所有的产品都要有一个统一的产品代码叫UPC代码。所有的货品都有一个统一的产品代码，这是非常重要的，在中国叫EAN数码。在沃尔玛的所有商场当中，都不需要用纸张来处理订单。

沃尔玛这个自动补货系统，可以自动向商场经理来订货，这样就可以非常及时地对商场进行帮助。经理们在商场当中走一走，然后看一看这些商品，选到其中一种商品，对它扫描一下，就知道现在商场当中有多少这种货品，有多少订货，而且知道有多少这种产品正在运输到商店的过程当中，会在什么时间到，所有关于这种商品的信息都可以通过扫描这种产品代码得到，不需要其他的人再进行任何复杂的汇报。

资料来源：http://www.yaoq.net/thread-4185-1-1.html。

第十章

装卸搬运成本管理与优化

学习目标

1. 了解企业装卸搬运的各种形式
2. 掌握装卸搬运的一般流程
3. 掌握装卸搬运的成本构成及其计算方法
4. 理解装卸搬运成本分析与优化

引例

不可忽视的装卸搬运

云南双鹤医药有限公司是一个以市场为核心、现代医药科技为先导的新型公司,是西南地区经营药品品种较多、较全的医药专业公司。经过40多年的经营和发展,公司现已成为云南医药市场药品、化学试剂、医疗器械、商业流通的主力军,拥有药品配送中心、药品零售连锁店、医疗器械中心、化学试剂中心等经营部门。公司集批发、调拨、零售、维修为一体,品种齐全,门类众多,设施完备,以昆明为中心,拓展批发调拨、特约经销、总经销与总代理业务,其零售连锁网点遍布昆明辖区及部分地(州)市、县,商业批发终端覆盖全省各大医院、地(州)县级部分医院、诊所、科研单位、工矿企业、大专院校和部分周边省市。

虽然云南双鹤已形成规模化的产品生产和网络化的市场销售模式,但其流通过程中物流管理严重滞后,造成物流成本居高不下,不能形成价格优势。这严重阻碍了公司业务的开拓与发展,成为公司业务发展的"瓶颈"。

在整个物流活动过程中,装卸搬运是衔接物流各环节活动正常进行的关键,而云南双鹤恰好忽视了这一点。公司搬运设备的现代化程度很低,只有几个小型货架和手推车,大多数作业仍处于以人工作业为主的原始状态,致使工作效率低下;另外,其仓库设计不合理,造成长距离搬运,并且造成库内作业流程混乱,形成重复搬运和高达70%的无效搬运,既容易损坏商品,又浪费大量时间。

针对该公司的状况,相关人士给出了如下建议和方法来改善:

"如果说物流硬件设备犹如人的身体,那么物流软件解决方案则构成了人的智慧与灵魂,心灵与肉体的结合才是完整的人。同理,要想构筑先进的物流系统,提高物流管理水平,单靠物流设备是不够的。"

"减少装卸搬运环节,改善装卸作业,即要设法提高装卸作业的机械化程度,还必须尽可能地实现作业的连续化,从而提高装卸效率,缩短装卸时间,降低物流成本,其合理化措施有:装卸搬运使物品发生垂直和水平位移,必须通过做功才能完成。由于我国目前装卸机械化水平还不高,许多尚需人工作业,劳动强度大,因此必须在有条件的情况下利用重力进行装卸,将设有动力的小型运输带(板)斜放在货车、卡车上进行装卸,使物品在倾斜的输送带(板)上移动,这样就能减小劳动强度和能量的消耗。"

"进行正确的设施布置,采用'L'形和'U'形布局,以保证物品单一的流向,既避免了物品的迂回和倒流,又减少了搬运环节。"

"防止和消除无效作业。尽量减少装卸次数,努力提高被装卸物品的纯度,选择最短的作业路线等都可以防止和消除无效作业。"

资料来源:SCM物流及供应链管理 霍俊婷/来源于中小企业IT网。

第一节 装卸搬运构成

一、装卸搬运的含义及分类

(一)装卸搬运的含义

在同一地域范围内(如车站范围、工厂范围、仓库内部等)以改变"物"的存放、支撑状态的活动称为装卸,以改变"物"的空间位置的活动称为搬运,两者全称装卸搬运。有时候在特定场合,单称"装卸"或单称"搬运"也包含了"装卸搬运"的完整含义。在习惯使用中,物流领域(如铁路运输)常将装卸搬运这一整体活动称做"货物装卸",在生产领域中常将这一整体活动称做"物料搬运"。实际上,活动内容都是一样的,只是领域不同而已。

所谓装卸是指物品在指定地点以人力或机械装入运输设备或卸下,而搬运是指在特定场所内,对物品进行水平移动为主的物流作业。也就是说,装卸搬运实际上包含两步活动,在同一地域范围内以改变货物存放状态的活动称为"装卸";货物发生上下或水平移动以改变货物空间位置的活动则称为"搬运"。

在实际操作中,装卸与搬运是密不可分的,两者常常是伴随在一起发生。因此,在学科中并不过分强调两者差别,而是将它们作为一种活动来对待,两者全称装卸搬运。所以装卸搬运的含义就是在同一场所范围内进行的,主要内容和活动目的是改变物品的存放状态和空间位置,例如装上、卸下、移动、拣选、分类、堆垛、入库、出库等活动。

装卸搬运作业是物流的主要环节之一,它贯穿于物流活动的全过程,是物流各项活动出现频率最高的一项作业活动(见图10-1)。装卸搬运活动效率的高低,会直接影响物流整体效率,然而装卸搬运活动本身并不产生效用和价值。但是,由于装卸搬运活动对劳动力的要求高,需要使用装卸设备,因此物流成本中装卸费用所占的比重较大。通过装卸搬运设备的使用可以减轻人的作业压力,改善劳动环境,提高装卸搬运效率,缩短物流时间。

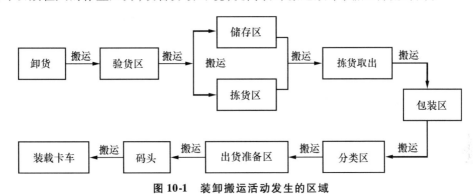

图 10-1 装卸搬运活动发生的区域

（二）装卸搬运的分类

1. 按作业场所分类

按照作业场所,装卸搬运可分为车间装卸搬运、站台装卸搬运及仓库装卸搬运等。

（1）车间装卸搬运,指在车间内部工序间进行的各种装卸搬运活动。

仓库装卸配合出库、入库、维护保养等活动进行,并且以堆垛、上架、取货等操作为主。

（2）站台装卸搬运,指在企业车间或仓库外的站台上进行的各种装卸搬运活动。

（3）仓库装卸搬运,指在仓库、堆场、物流中心等处的装卸搬运活动。

2. 按作业对象分类

按作业对象分可分为单件作业法、集装作业法和散装作业法。

（1）单件作业法是指单件、逐件装卸搬运的方法,这是以人力作业为主的作业方法。

（2）集装作业是指先将货物集零为整,再进行装卸搬运的方法。其主要有集装箱作业法、托盘作业法、货捆作业法、滑板作业法、网装作业法等。

（3）散装作业法是指对煤炭、矿石、粮食、化肥等块、粒、粉状物资,采用重力法（通过筒仓、溜槽、隧洞等方法）、倾翻法（铁路的篸车机）、机械法（抓、舀等）、气力输送法（用风机在管道内形成气流,利用压差来输送）等方法进行装卸。

3. 按作业方式分类

装卸搬运的机械及机械作业方式分可分为吊上吊下方式、叉上叉下方式、滚上滚下方式、移上移下方式、散装散卸方式等。

（1）吊上吊下方式。采用各种起重机械从货物上部起吊,依靠起吊装置的垂直移动实现装卸,并在吊车运行的范围内或回转的范围内实现搬运或依靠搬运车辆实现小搬运。由于吊起及放下属于垂直运动,这种装卸方式属垂直装卸。

（2）叉上叉下方式。采用叉车从货物底部托起货物,并依靠叉车的运动进行货物位移,搬运完全靠叉车本身,货物可不经中途落地直接放置到目的处。这种方式垂直运动不大而主要是水平运动,属水平装卸方式。

(3) 滚上滚下方式。主要指港口装卸的一种水平装卸方式。利用叉车或半挂车、汽车承载货物,连同车辆一起开上船,到达目的地后再从船上开下。利用叉车的滚上滚下方式,在船上卸货后,叉车必须离船,利用半挂车、平车或汽车,则托车将半挂车、平车拖拉至船上后,托车开下离船而载货车辆连同货物一起运到目的地,再原车开下或拖车上船拖拉半挂车、平车开下。滚上滚下方式需要有专门的船舶,对码头也有不同要求,这种专门的船舶称"滚装船"。

(4) 移上移下方式。是在两车之间(如火车及汽车)进行靠接,然后利用各种方式,不使货物垂直运动,而靠水平移动从一个车辆上推移到另一车辆上。移上移下方式需要使两种车辆水平靠接,因此,对站台或车辆货台需进行改变,并配合移动工具实现这种装卸。

(5) 散装散卸方式。对散装物进行装卸,一般从装点直到卸点,中间不再落地,这是集装卸与搬运于一体的装卸方式。

二、装卸搬运的地位

装卸活动的基本动作包括装车(船)、卸车(船)、堆垛、入库、出库以及连结上述各项动作的短程输送,装卸搬运是随运输和保管等活动而产生的必要活动。

在物流过程中,装卸活动是不断出现和反复进行的,它出现的频率高于其他各项物流活动,每次装卸活动都要花费很长时间,所以装卸活动往往成为决定物流速度的关键。装卸活动所消耗的人力也很多,所以装卸费用在物流成本中所占的比重也较高。以我国为例,铁路运输的始发和到达的装卸作业费占运费的20%左右,船运占40%左右。因此,为了降低物流费用,装卸是个重要环节。此外,进行装卸操作时往往需要接触货物,因此,这是在物流过程中造成货物破损、散失、损耗、混合等损失的主要环节。例如,袋装水泥纸袋破损和水泥散失主要发生在装卸过程中,玻璃、机械、器皿、煤炭等产品在装卸时最容易造成损失。由此可见,装卸活动是影响物流效率、决定物流技术经济效果的重要环节。

为了说明上述看法,列举几个数据如下:(1) 据我国统计,火车货运以500公里为分界点,运距超过500公里,运输在途时间多于起止的装卸时间;运距低于500公里,装卸时间则超过实际运输时间。(2) 美国与日本之间的远洋船运,一个往返需25天,其中运输时间13天,装卸时间12天。(3) 我国对生产物流的统计,机械工厂每生产1吨成品,需进行252吨次的装卸搬运,其成本为加工成本的15.5%。

| 案例1 | 学学宜家的装货之道 |

想象一个蓝色的、底座比杯口要窄很多的杯子。如果想要把这种杯子从工厂运到销售的商店中,最常见的做法就是一个摞一个地码放在一个货板上,然后把它们装入卡车运往商店。

但这里有一个问题,那就是如何处理杯子把手。这个小小的凸起部分如果按照常规5

厘米的宽度设计,一个货板放不了多少个杯子。

最后,设计师决定将把手宽度设定为 3 厘米。他们的理由是杯子之所以设计把手就是因为人们可以握住把手拿住它,但是这个功能通常只需要一个手指就可完成,而一个手指只需要 3 厘米的空间就足够了。每个把手节省 2 厘米空间,每个货板上就可多码放 576 个杯子,每辆货车就可多装载 2.3 万个,运输效率会大大提高,运输成本会降低很多。

成本降低了,这个杯子的定价也随之下降,由原来的 0.99 欧元降到 0.8 欧元。消费者们会因为价格的降低而选择多买几个。如果不小心打碎了,也不会费力气把碎片黏合起来,而是会购买一个新的。

这是最近发生在世界著名家居企业——瑞典宜家集团公司的故事。

一个全球性的企业,把商品配送到世界各地,运输成本必定会占经营成本的相当比重。在配送商品时,想办法把每辆运输车都装得满满的,达到最大装载率,是宜家自创始起为降低运输成本而不断追求的目标。

只对杯子把手作了一个小小的设计改动,消费者和商家都能从成本降低中得到好处。宜家在 60 多年的发展进程中,形成了一套靠产品设计以求达到最大装载率的独特装货之道。

其一,在产品设计时就考虑追求装货时的最大装载率,打破了在运输前夕才考虑现成商品装载率的惯性思维。当然,设计时不能简单地考虑最大装载率,而要在不改变商品功能和消费者需求的前提下,充分考虑其可行性,做到尽力而为。就像上述那个杯子的故事一样,为了在运输时能多装载些杯子,可以想象只有宜家的设计师们才会这么费尽心思。1956 年,宜家开始设计出了可拆分家具,使得立体式的家具变成了以平板包装方式装货,装货量达到原先的 6 倍,成为达到最大装载率的产品设计经典模式,被广泛应用。

其二,装货时随时关注装载率,用心发现新方法,通过合理改进产品设计来不断提高装载率。一次,宜家装箱人员在装箱的过程中发现有一款沙发如果每张少 5 厘米,一个集装箱就可以多装一张沙发,而 5 厘米对于一张沙发来说,不会影响使用者的舒适度,顾客也能够得到更低的价格。为了在集装箱里多放一张沙发,后来宜家就把这一款沙发的设计长度减少了 5 厘米。宜家现在在运输中所使用集装箱的平均填充率达到 75% 以上。

从创业初的"一辆小车就可拉走"发展到今天"我们不希望为所运输的空气支付费用",宜家用它更先进的装货理念时时刻刻激励着从事设计、运输、仓储到销售的每一位员工都去深入思考和寻求提高装载率的新方法。

提高装载率是企业界普遍采取的降低运输成本的办法。在这方面,宜家的装货之道确实给我们的企业提供了一个很好的学习典范。只有跳出"就运输管运输、为装货而装货"的思维框框,把"获得最大装载率"的目标放到产供销的每一个环节去思考,才能找到新的更大的突破口。

资料来源:http://news.dayoo.com/finance/57399/200904/28/57399_5800552.htm。

三、装卸搬运的特点

（1）装卸搬运是附属性、伴生性的活动。装卸搬运是物流每一项活动开始及结束时必然发生的活动，无论是生产领域的加工、组装、检测，还是流通流域的包装、运输、储存，一般都以装卸搬运作为起始和终结。因而有时常被人忽视，有时被看做其他操作时不可缺少的组成部分。因而，装卸搬运具有与其他环节"伴生"（伴随着产生）和"起讫"性的特点。

（2）装卸搬运是支持、保障性活动。装卸搬运不产生有形的产品，而是提供劳动服务，是生产领域与流通领域的其他环节的配套"保障"和"服务"性作业。装卸搬运的附属性不能理解成被动的，实际上，装卸搬运对其他物流活动有一定决定性。装卸搬运会影响其他物流活动的质量和速度，例如，装车不当，会引起运输过程中的损失；卸放不当，会引起货物转换成下一步运动的困难。许多物流活动在有效的装卸搬运支持下，才能实现高水平。

（3）装卸搬运作业具有均衡性与波动性。生产领域的装卸搬运必须与生产活动的节拍一致，表现为与生产过程均衡性、连续性的一致性；流通领域的装卸搬运，虽力求均衡作业，但随着车船的到发和货物出、入库的不均衡，作业是突击的、波动的、间歇的，因此装卸搬运作业应具有适应波动性的能力。

（4）装卸搬运作业具有复杂性与延展性。通常认为货物装卸搬运改变物料存放状态和几何位置者居多，作业比较单纯，但由于它经常和运输、存储紧密衔接，除装卸搬运外，还要同时进行堆码、装载、加固、计量、取样、检验、分拣等作业，以保证充分利用载运工具、仓库的载重能力与容量，因此作业是比较复杂的。这些作业也可看成是装卸搬运作业的分支或附属作业，它丰富了"改变货物存放状态和位置"这一基本概念的内涵，装卸搬运系统对这些分支作业应有较强的适应能力。

（5）装卸搬运是衔接性的活动。在任何其他物流活动互相过渡时，都是以装卸搬运来衔接，因而，装卸搬运往往成为整个物流"瓶颈"，是物流各功能之间能否形成有机联系和紧密衔接的关键，而这又是一个系统的关键。建立一个有效的物流系统，关键看这一衔接是否有效。比较先进的系统物流联合运输方式就是着力解决这种衔接而实现的。

四、装卸搬运的作业构成

（一）堆码拆取作业

堆码是将物品从预先放置的场所移送到运输工具或仓库等储存设施的指定场所，再按所规定的位置和形态码放的作业；拆取是与堆码逆向的作业。

（二）分拣配货作业

分拣作业是配送中心根据顾客的订单要求或配送计划，迅速、准确地将商品从其储位或其他区位拣出来，并按一定的方式进行分类、集中的作业过程。在装卸搬运作业中，分拣是在堆码作业前后或配送作业之前把货物按品种、出入先后、运送方向进行分类，将货物堆码到指定地点的作业。配货是将货物从所定的位置，按照货物种类、作业次序、发货对象等分类取货、堆码在规定场所的作业。有如下几种方法：

1. 分货式分拣方法

这种方法是分拣货架不动，即货物不运动，通过人力拣取货物。在这种情况下，分拣货架是静止的,而分拣人员带着流动的集货货架或容器到分拣货架,即拣货区拣货,然后将货物送到静止的集货点。也有放到皮带上的。

2. 分拣式配货作业

这种作业方法是人不动,托盘(或分拣货架)带着货物来到分拣人员面前,再由不同的分拣人员拣选,拣出的货物集中在集货点的托盘上,然后由搬运车辆送走。

3. 自动分拣式配货作业

自动化分拣系统的分拣作业分为三大类:

一是自动分拣机分拣系统。自动分拣机,一般称为盒装货物分拣机,是药品配送中心常用的一种自动化分拣设备。这种分拣机有两排倾斜的放置盒状货物的货架,架上的货物用人工按品种、规格分别分列堆码;货架的下方是皮带输送机;根据集货容器上条码的扫描信息控制货架上每列货物的投放;投放的货物接装进集货容器,或落在皮带上后,再由皮带输送进入集货容器。

二是机器人分拣系统,与自动分拣机分拣相比,机器人分拣具有很高的柔性。

三是自动分拣系统,当供应商或货主通知配送中心按订单发货时,自动分拣系统在最短的时间内可从庞大的存储系统中准确找到要出库的商品所在的位置,并按所需数量、品种、规格出库。自动分拣系统一般由识别装置、控制装置、分类装置、输送装置组成,需要自动存取系统(AS/RS)支持。

(三) 搬送移送作业

搬送移送作业是为进行装卸、分拣、配送等活动而进行的各种移动货物的作业,包括水平、垂直、斜向搬送及其组合。

(四) 其他作业

第二节 装卸搬运成本核算

一、装卸搬运成本项目及其内容

(一) 装卸搬运成本的账户设置

1. 装卸搬运收入

对物流企业所发生的装卸搬运业务所取得的收入,可以作为企业经营活动的收入。在取得价款时或取得获取价款的权利时记入"主营业务收入"账户的贷方,借记"银行存款"、"应收账款"等其他账户。

2. 装卸与搬运费用

对于企业发生的装卸与搬运费用,需要在"营业费用"账户下设置二级账户"营业费用——装卸搬运费"对该部分费用进行核算。发生装卸搬运费用时,借记"营业费用——装卸搬运费",贷记相关明细账户(工人工资、福利、固定资产折旧、修理费用、材料费用、损耗费、保险费用等)。

【例10-1】 A企业2011年9月在物资装卸与搬运中发生以下费用支出:9月10日发生装卸人员工资4 000元,福利费390元;9月20日领用苫布、枕木等低值易耗品价值合计640

元;9月22日定额内搬运耗损共计300元,定额外耗损250元;月末本月应负担的折旧费用4 000元。试作会计分录。

解:借:营业费用——装卸搬运费　　9 330
　　　管理费用——商品毁损　　　　250
　　　贷:应付工资　　4 000
　　　　　应付福利费　390
　　　　　低值易耗品　640
　　　　　制造费用　　300
　　　　　累计折旧　　4 000
　　　　　库存商品　　250

(二)装卸搬运成本计算的特点

物流企业经营装卸业务时,应按照机械化作业和人工作业的不同,分别计算成本。物流企业既有机械化作业,又有人工作业。例如,以机械化作业为主仅配备少量人工作业时,计算电脑机械作业成本;以人工作业为主仅配备少量机械作业时,可只计算人工装卸搬运成本。物流企业的装卸搬运成本,通常实行两级核算的办法。各作业班组或作业队仅计算其装卸搬运成本,然后再汇总其业务范围。在实施计算时,机械装卸搬运与人工装卸搬运分别计算。装卸搬运所配备的车辆等运输工具,一般作为装卸机械并入计算,不再进行单独成本核算。

(三)装卸搬运费用的归集与分配

装卸费用的归集与分配方法,与运输费用基本相同,其有关的汇总表、计算表和分配表,一般都可并入核算运输业务的有关凭证(如汇总表、计算表、分配表)中。大致上装卸业务成本项目包括装卸直接费用和营运间接费用两类。

(四)装卸总成本和单位成本的计算

物流企业的装卸搬运总成本是通过主营业务成本——装卸支出账户的明细账所登记的各项装卸搬运费用总额确定的。装卸业务的单位成本,以"元/千吨"为计算单位。其计算公式为:

$$装卸单位成本 = \frac{装卸总成本 \times 1\,000}{装卸操作量}$$

二、装卸搬运成本项目核算

装卸搬运成本业务核算一般包括两大类,即装卸直接费用与营运间接费用。

(一)装卸直接费用

装卸直接费用包括:

1. 直接人工

企业的直接人工可根据工资结算表等有关资料,编制工资及职工福利费汇总表,据以直接计入各类装卸搬运成本。

在实际计件工资制的企业,应付工人的计件工资等于职工完成的装卸搬运数量乘以计件单价。如果工人在同一月内从事多种作业,作业计件单价各不相同,就需逐一计算相加。

计件工资可分为个人计件工资和班组计件工资两种算法。计算公式表示如下：

算法一：个人计件工资制

方法一：应付工人的计件工资等于职工完成的合格品数量乘以计件单价。

$$应付计件工资 = 装卸数量 \times 装卸该种货物的计件单价$$

【例10-2】 某工人装卸A产品100件，计件单价0.60元，装卸B产品60件，计价单价0.80元，则该工人的工资为：

解：$100 \times 0.6 + 60 \times 0.8 = 108(元)$

方法二：

完成定额工时数

$$= \sum (各种装卸搬运产品数量 \times 此种产品装卸搬运定额工时应付计件工资)$$
$$= 完成定额工时数 \times 小时工资率$$

【例10-3】 某工人月装卸A产品300个，每件定额工时30分钟，装卸B产品198件，每件定额工时10分钟，该车间小时工资率为1.50元，应得计件工资为：

解：

$$完成工时定额 = (300 \times 30 + 198 \times 10)/60 = 183(小时)$$
$$应得计件工资 = 183 \times 1.50 = 274.50(元)$$

算法二：班组计件工资制

如果实行班组计件工资制，在班组内按每人贡献大小进行分配，通常是按每人的标准工资和实际的工作时间（日数或工时数）的综合比例进行分配。其计算公式如下：

$$班组内工作分配率 = \frac{班组集体计件工资额}{每人日工资率(或小时工资率) \times 出勤日数(或工时数)}$$

$$某工人应得计件工资 = 该工人日工资率(或小时工资率) \times 出勤日数(或工时数) \\ \times 班组内工作分配率$$

【例10-4】 某生产小组集体装卸货物，其中A货物2 000件，计件单价0.50元，B货物500件，计件单价3.00元，共计2 500元，该小组由三人组成，出勤情况及每人应得计件工资，如表10-1所示。

表10-1 出勤情况及每人应得计件工资表

姓名	工资标准（元）	小时工资率（小时）	出勤工时（小时）	小时工资率×分配率	小组工资分配率	应得计件工资（元）
王平	870.00	5.00	166	830.00	—	780.07
李勇	1 131.00	6.50	168	1 092.00	—	1 026.61
张明	783.00	4.50	164	738.00	—	693.61
合计	—	—	—	2 660.00	0.939 849 6	2 500.00

注：全年法定休假天数为115天，折算工资时不剔除国家规定的11天法定节假日。

解：

$$日工资 = 月工资收入/月计薪天数$$
$$小时工资率 = 月工资收入/(月计薪天数 \times 8 小时)$$

全年计薪天数 = 365 天 − (115 天 − 11 天) = 261 天

月计薪天数 = 261 天 / 12 月 = 21.75 天 / 月

所以，表 10-1 中：

$$小时工资率 = \frac{月标准工资}{21.75 \times 8}$$

$$小时工资分配率 = \frac{2\,500 \text{ 元}}{2\,660 \text{ 元}} = 0.939\,849\,6$$

2. 直接材料中的燃料和动力

对于燃料和动力，企业可于每月终了根据油库转来装卸机械领用燃料凭证计算实际消耗数量计入成本。企业耗用的电力可根据电力部门的收费凭证或企业的分配凭证直接计入装卸搬运成本。

3. 直接材料中的轮胎

物流企业装卸机械的轮胎磨耗是在装卸场地操作过程中发生的，因此其轮胎费用不宜采用公里摊销方法处理。一般可以领用新胎时将其价值一次直接计入装卸成本。装卸机械轮胎的翻新和零星修补费用，一般在费用发生和支付时，直接计入装卸成本。装卸队配属各种车辆所领用新胎及翻新和零星修补的费用，也可按上述方法计入装卸搬运成本。

4. 其他直接费用中的保养修理费

由专职装卸接卸保修工或保修班组进行装卸机械保修作业的工料费，直接计入装卸成本；由保修车间进行装卸机械保修作业的工料费，通过"辅助营运费用"账户核算，然后分配计入装卸搬运成本。

装卸搬运机械的大修理预提费用，可分别按预定的计提方法（如按操作量计提）计算，并计入装卸费用。

装卸搬运机械在运行和装卸操作过程中耗用的机油、润滑油以及装卸机械保修领用周转总成的价值，月终根据油料库、材料库提供的领料凭证直接计入装卸搬运成本。

5. 其他直接费用中的折旧费

折旧是指装卸搬运机械由于在使用过程中发生损耗，而定期逐渐转移到装卸搬运成本中的那一部分价值。装卸搬运的损耗分为有形损耗和无形损耗两种。有形损耗是指装卸搬运机械在使用过程中，由于使用和自然力影响而引起的在使用价值和价值上的损失；无形损耗是指装卸搬运机械由于技术进步而引起的在价值上的损失。

装卸机械的折旧应按规定的折旧率计提，根据固定资产折旧计算表直接计入各类装卸搬运成本。装卸机械计提折旧的计算方法如下：

方法一：平均年限法

平均年限法又称直线法，是指按固定资产使用年限平均计算折旧的一种方法。其计算公式为：

$$月折旧率 = (1 - 预计净残值率)/(折旧年限 \times 12) \times 100\%$$

$$月折旧额 = 固定资产原值 \times 月折旧率$$

【例 10-5】 A 企业有一台装卸搬运机械原值为 200 000 元，使用年限为 20 年，净残值率为该机械原值的 4%。计算按月计提的折旧额。

解：

$$月折旧率 = (1 - 4\%)/(20 \times 12) \times 100\% = 0.4\%$$
$$月折旧额 = 200000 元 \times 0.4\% = 800 元$$

方法二：工作量法

工作量法是按固定资产预计作业总量计提折旧的方法，其计算公式为：

$$单位作业量折旧额 = (固定资产原值 - 预计净残值)/预计作业总量$$
$$各期折旧额 = 单位作业量折旧额 \times 各期实际作业量$$

【例10-6】 B公司一台装卸搬运机械原值为100 000元，预计全部工作小时为200 000小时，预计净残值为原值的8%，本月统计表明该机器工作小时为200小时。试计算本月该机器的折旧额。

解：

$$每工作小时折旧 = 10000 元 \times (1 - 8\%)/200000 小时 = 0.46 元/小时$$
$$本月计提折旧额 = 0.46 元/小时 \times 200 小时 = 92 元$$

6. 其他直接费用

其他直接费用包括机械租赁与劳动保护费用等。装卸机械领用的随机工具、劳保用品和装卸过程中耗用的工具，在领用时根据领用凭证可将其价值一次直接计入各类装卸搬运成本。一次领用数额过大时，可作为待摊费用处理。工具的修理费用以及防暑、防寒、保健饮料、劳动保护安全措施等费用，在费用发生和支付时，可根据费用支付凭证或其他有关凭证，一次直接计入各类装卸搬运成本。

物流企业对外发生和支付装卸费时，可根据支付凭证直接计入各类装卸搬运成本。事故损失一般于实际发生时直接计入有关装卸搬运成本，或先通过其他应收款——暂付赔款账户归集，然后于月终将应由本期装卸搬运成本负担的事故损失结转计入有关装卸搬运成本。

（二）营运间接费用

营运间接费用指应由装卸搬运作业负担的营运间接费用。装卸队直接开支的管理费和业务费，可在发生和支付时，直接列入装卸搬运成本。当按机械装卸和人工装卸分别计算成本时，可先通过营运间接费用账户汇集，月终再按直接费用比例分配计入各类装卸搬运成本。

第三节 装卸搬运成本分析

一、装卸搬运成本分析内容

成本分析是利用成本核算及其他有关资料，分析成本水平与构成的变动情况，研究影响成本升降的各种因素及其变动原因，寻找降低成本的途径的分析方法。装卸搬运成本分析是装卸搬运成本管理的重要组成部分，其作用是正确评价企业成本计划的执行结果的一部分，揭示装卸搬运成本升降变动的原因，为编制整个成本计划和制定经营决策提供重要依据。

对全部装卸搬运流程中成本计划的完成情况进行总的评价，分为三个方面：第一，在核算资料的基础上，通过深入分析，正确评价企业装卸搬运成本计划的执行结果，提高企业和职工讲求经济效益的积极性。第二,揭示成本升降的原因,正确地查明影响成本高低的各种因素及其原因,进一步提高企业装卸搬运管理水平。第三,寻求进一步降低装卸搬运成本的途径和方法。装卸搬运成本分析还可以结合企业生产经营条件的变化,正确选定适应新情况的最合适的成本水平。

二、装卸搬运成本分析方法

在进行装卸搬运成本分析中可供选择的技术方法(也称数量分析方法)很多,企业应根据分析的目的,分析对象的特点,掌握的资料等情况确定应采用哪种方法进行成本分析。在实际工作中,通常采用的技术分析方法有对比分析法、因素分析法和相关分析法等几种。

(一)对比分析法

对比分析法是根据实际装卸搬运成本指标与不同时期的装卸搬运成本指标进行对比,来揭示差异,分析产生差异原因的一种方法。在对比分析中,可采取实际指标与计划指标对比,本期实际与上期(或上年同期,历史最好水平)实际指标对比,本期实际指标与国内外同类型企业的先进指标对比等形式。通过对比分析,一般地可了解企业装卸搬运成本的升降情况及其发展趋势,查明原因,找出差距,提出进一步改进的措施。在采用对比分析时,应注意本期实际指标与对比指标的可比性,以使比较的结果更能说明问题,揭示的差异才能符合实际。若不可比,则可能使分析的结果不准确,甚至可得出与实际情况完全不同的或相反的结论。在采用对比分析法时,可采取绝对数对比,增减差额对比或相对数对比等多种形式。比较分析法按比较内容分为比较会计要素的总量、比较结构百分比、比较财务比率。

(二)因素分析法

因素分析法是将某一综合性指标分解为各个相互关联的因素,通过测定这些因素对综合性指标差异额的影响程度的一种分析方法。在装卸搬运成本分析中采用因素分析法,就是将构成装卸搬运成本的各种因素进行分解,测定各个因素变动对成本计划完成情况的影响程度,并据此对企业的成本计划执行情况进行评价,并提出进一步的改进措施。

(三)相关分析法

相关分析法是指在分析某个指标时,将与该指标相关但又不同的指标加以对比,分析其相互关系的一种方法。企业的经济指标之间存在着相互联系的依存关系,在这些指标体系中,一个指标发生了变化,受其影响的相关指标也会发生变化。如将利润指标与产品销售成本相比较,计算出成本利润率指标,可以分析企业成本收益水平的高低。再如,产品产量的变化,会引起成本随之发生相应的变化,利用相关分析法找出相关指标之间规律性的联系,从而为企业成本管理服务。

(四)差额计算法

差额计算法是因素分析法的一种简化形式,它利用各个因素的目标值与实际值的差额来计算其对成本的影响程度。

三、装卸搬运人工费用和机械费用的标准成本分析

装卸搬运人工费用的标准成本,是指装卸搬运单位产品所需的标准工时乘以标准工资率。

直接人工标准成本 = 单位产品标准工时 × 小时标准工资率

装卸搬运机械费的标准成本,是指装卸搬运单位产品所需的标准工时乘以标准分配率。

机械使用标准成本 = 单位产品标准工时 × 小时标准分配率

(一)装卸搬运人工成本差异的分析

(1)价差,工资率差异:

工资率差异 = 实际工时 ×(实际工资率 - 标准工资率)

(2)量差,人工效率差异:

人工效率差异 =(实际工时 - 标准工时)× 标准工资率

(二)装卸机械费用成本差异的分析

装卸机械费用成本差异,是指实际装卸机械费用与标准装卸机械费用之间的差额。

装卸机械费用成本差异可分为耗费差异和能量差异:

耗费差异 = 装卸机械费用实际发生数 - 装卸机械费用预算数

能量差异 = 装卸机械费用预算数 - 装卸机械费用标准成本

= 固定费用标准分配率 × 生产能量 - 固定费用标准分配率 × 实际产量标准工时

【例10-7】 某企业本月装卸A产品600件,实际工时为1 200小时,每件产品的标准工时为1.5小时,企业装卸能量为900件/小时,经过测定,装卸A产品的标准工资率为8元/小时,每件产品装卸机械费用标准成本为1.5元/件(即标准分配率为1元/小时),本月实际支付工资10 200元,实际发生机械费用1 100元,试分析装卸成本差异。

解:

(1) 人工成本差异:10200 - 600 × 1.5 × 8 = 3000(元)

工资率差异 =(10200/1200 - 8)× 1200 = 600(元)

人工效率差异 =(1200 - 1.5 × 600)× 8 = 2400(元)

(2) 机械费用成本差异:1100 - 600 × 1.5 = 200(元)

耗费差异 = 1100 - 900 × 1.5 = - 250(元)

能量差异 =(900 - 600)× 1.5 = 450(元)

第四节 装卸搬运成本优化

一、装卸搬运成本优化方法

(一)提高货物装卸搬运的灵活性与可运性

提高货物装卸搬运的灵活性与可运性是合理装卸搬运和降低装卸搬运成本的重要手段之一。装卸搬运的灵活性就是要求装卸搬运作业必须为下一环节的物流活动提供方便。装卸搬运的可运性是指装卸搬运的难易程度。影响装卸搬运难易程度的因素主要包括:物品的外形尺寸,物品的密度或笨重程度,物品形状,损伤物品、设备或人员的可能性,物品所处的状态,物品的价值和使用价值等。

(二)利用货物装卸搬运中的重力作用

尽可能利用重力进行装卸搬运,以减轻劳动力和其他能量的消耗。如在进行人力装卸时"持物不步行",即货物的重量由台车、传送带等负担,人的力量只用于使载货车辆水平移动;又如将槽或无动力的小型传送带倾斜安装在载货汽车或站台上进行货物装卸,使货物依靠本身重量完成装卸搬运作业。

（三）选择合理的装卸搬运机械

装卸搬运机械化是提高装卸效率、降低装卸搬运成本的重要环节。装卸搬运机械化程度共分为3个层次:第一层次是用简单的装卸器具;第二层次是使用专用的高效率机具;第三层次是依靠电脑控制实行自动化、无人化操作。以哪一层次作为目标实现装卸搬运机械化,要从是否经济性、能否加快物流速度、减轻劳动强度和保证人与物的安全等方面来考虑。同时装卸搬运机械的选择必须根据装卸搬运物品的性质来决定。对用箱、袋或集合包装的物品可采用叉车、吊车、载货汽车装卸,散装粉粒体物品可使用传送带装卸,散装液体物可直接向装运设备或储存设备装取。

（四）选择合理的装卸搬运方式

在装卸搬运过程中,必须根据货物的种类、性质、形状、质量来确定装卸搬运方式。在装卸时对货物的处理大体有3种方式:一是"分块处理",即按普通包装对货物逐个进行装卸;二是"散装处理",即对粉粒状货物不加小包装而进行的原样装卸;三是"单元组合处理",即货物以托盘、集装箱为单位进行组合后的装卸。我们可以根据实际情况选择不同的处理方式。

（五）改进装卸搬运作业方式

改进装卸搬运各项作业可以提高装卸搬运效率,同时对降低装卸搬运成本有着重要的意义。我们可采用以下方法达到改进的目的:通过直线搬运,以减少货物搬运次数,使货物搬运距离最短;避免装卸搬运流程的"对流"、"迂回"现象;防止人力和装卸搬运设备的停滞现象;合理选用装卸机具、设备等。同时我们应注意,在改进作业方法上,尽量采用现代化管理方法和手段,从而有效实现装卸搬运的连贯、顺畅、均衡。

总之,要发现并消除各种由于装卸次数过多、货物过大过重、无用物质搬运等的无效装卸搬运作业,并采取相应解决方案改进。

案例2 物料搬运技术的愿景与超越

2007年11月15日,日本株式会社大福(DAIFUKU CO.,LTD.)正式对外宣布已与美国威勃公司(Jervis B. Webb Company)达成协议,由大福全资收购威勃,并有望在年底前获得美国政府最终许可。据界内人士称,这一并购表明大福正在加速其国际化的进程;同时并购一旦完成,大福公司将一跃成为全球销售额排名第一的物流系统集成商。

"早在1957年大福与威勃就开始了漫长而稳定的技术合作,两个公司所具有的互补性的文化将推动我们在全球范围内业务的稳健发展",株式会社大福代表取缔役社长竹内克己这样说。大福将把威勃作为一个新的核心业务部门并入大福集团。大福的代表取缔役副社长北条正树将作为新威勃的董事长,并将与威勃现任总裁兼CEO苏珊·威勃(威勃的创始人杰维斯·威勃的孙女)共同担任联合CEO。

大福公司此次并购威勃公司正是大福加强海外拓展的重要一步。成立于1919年的威勃公司被公认为全球物料搬运领域的领先企业。威勃在汽车组装线车体搬运用链式输送机的发展过程中,扮演着重要的角色。链式输送机如今仍然是威勃公司的主打产品。同时,威勃现在还向航空运输业以及生产制造业,提供机场行李搬运系统、自动引导小车(AGV)、自动化仓库系统及其他自动化物流设备。

兼具制造企业和物流设备制造企业两种特质的日本大福株式会社,也在2007年迎来了自己70周年的庆典,并成就了全球最大的物流设备制造及物流系统集成商的霸业。同样在分享这一荣耀的大福日新馆,经过改扩建也成为全球规模最大的物流设备和系统的展览馆。随着大福滋贺工厂,L、K两幢厂房的落成并投入使用,也使这一块大福在1970年日本经济衰退时取得的120万平方米的山地,经过近40年的建设和经营成为了全球规模最大,集中度最高的物流设备制造基地。

资料来源:http://www.texindex.com.cn/Articles/2008-4-15/139261.html。

二、装卸搬运设备配置优化研究

(一)装卸搬运设备配置的原则

仓库的装卸搬运设备是仓储设施的重要组成部分,其配置直接影响到仓库的自动化水平、运作流程和效率。为保证装卸搬运设备系统的高效、经济,在进行设备配置时应考虑如下原则。

1. 适用性和先进性相结合原则

装卸搬运作业的类型、作业环境、作业量、搬运距离、货物本身的物理化学性质等决定了装卸搬运设备的类型、额定作业能力和数量。装卸搬运设备的配置,必须以能够适应作业的需求为基本原则。仓库的作业量大、作业频繁时,需要充分掌握作业发生的规律,考虑配备作业能力较高的大型专用机械设备;作业量小、作业不频繁时,只要根据作业量的平均水平,配备构造简单、造价低廉而又能保持相当作业能力的中小型通用机械设备即可。此外,装卸搬运设备都有一定的经济寿命,因此在配置设备时,还要充分考虑仓库或配送中心未来的发展和技术的进步,使设备能够在其经济寿命周期内保持适当的技术先进性和作业能力空间。设备配置就是要在设备的适用性和先进性之间寻找一个适当的均衡点,使设备既能满足需求,又不因为配置过高导致投资过大及作业能力的浪费。

2. 经济性原则

经济性是衡量装卸搬运系统的重要指标。装卸搬运是一个不直接产生经济效益的物流作业环节,装卸搬运设备的购置成本和使用及维修保养成本就直接反映了该环节的经济效益。设备配置的目标就是在满足作业需求和合理的技术先进性的前提下,实现设备在整个购置、安装、运行、维修、改造、更新,直至报废的全过程内的总成本最小,即设备的LCC(Life Cycle Cost,全寿命周期成本)最小。

3. 系统化原则

装卸搬运设备的配套,是保证前后作业相互衔接、相互协调,保证装卸搬运工作连续稳定进行的重要条件。因此,在进行设备配置时,还要对整个装卸搬运系统进行流程分析,充分考虑各个作业工序之间的衔接，以使配置的设备相互适应，减少作业等待时间，提高作业效率。在新建仓库和配送中心时，应将搬运设备的配置与仓库的布局、设施的规划设计同时考虑，使装卸搬运设备与场地条件、周边辅助设备相匹配，这样才能够实现仓储作业的整体最优。

知识链接

效果卓著的装卸搬运改善方法，如日本物流作业效率的"六不改善"法等。"六不改善"具体内容如下：

1. 不让等：闲置时间为零。通过正确安排作业流程和作业量，使作业人员和作业机械能连续工作，不发生闲置现象。

2. 不让碰：与物品零接触。通过利用机械化、自动化物流设备进行装卸、搬运、分拣等作业，使作业人员在从事机械、搬运、分拣等作业时，尽量不直接接触物品，以减轻劳动强度。

3. 不让动：缩短移动距离和减少移动次数。通过优化仓库内物品位置和采用自动化搬运工具，减少物品和人员的移动距离和次数。

4. 不让想：操作简便。按照专业化、简单化和标准化的三五原则进行分解作业活动和作业流程，并用计算机等现代化手段，是物流作业操作简单化。

5. 不让找：整理整顿。通过作业现场管理，使作业现场工具和物品放置在一目了然的地方。

6. 不让写：无纸化。通过应用条码技术等物流信息技术使作业记录自动化。

（二）装卸搬运设备配置优化步骤

1. 作业流程分析

仓库或配送中心的作业流程分析，是明确作业类型、作业环节之间的衔接关系，进而确定装卸搬运设备类型，明确各装卸搬运设备之间的配比关系的必要环节。在这一步骤中，需要明确仓库的布局、货物的出入库流程和库内作业流程，确定各环节中所需设备的基本类型，如是否需要吊车作业、需要何种类型的叉车、是否需要连续输送设备等。

2. 设备类型分析

在作业流程分析的基础上需要进一步明确各种装卸搬运设备的类型。如需要吊车作业，要明确使用的吊车类型，如塔吊、龙门吊、汽车吊等。各种叉车的类型也需要明确，针对其动力装置，即叉车的结构和用途明确所需叉车的类型如手动叉车、电动叉车、内燃叉车的选择。

3. 设备品牌选择

设备品牌选择是设备配置优化中的重要环节，通过对各种装卸搬运设备品牌的初步选择，可以大大减少最优配置的搜索范围，提高优化模型的效率。在设备的品牌选择中，需要对供应商的资质、设备的各种技术参数、作业性能等进行综合评价，并可以结合现场操作人员的口碑，对设备品牌和供应商初步进行筛选，确定备选的设备品牌与供应商的范围。

完成以上工作之后,就可以进入设备配置优化的下一步工作,建立优化配置模型。

(三) 装卸搬运设备配置优化模型

1. 模型假定

(1) 作业流程假定。作业流程不同,对设备的需求也会不同。这里假定仓库的入库作业流程包括两个主要环节,一是使用龙门起重机从卡车、火车等运输工具上将货物卸下;二是使用叉车将货物运到指定的储存场所,其中一部分货物从卡车、火车上卸下后可以直接存放在站台附近的露天货场,另一部分货物需要再使用叉车运到其他储存场所存储。入库作业流程如图 10-2 所示,出库作业流程则与之相反。

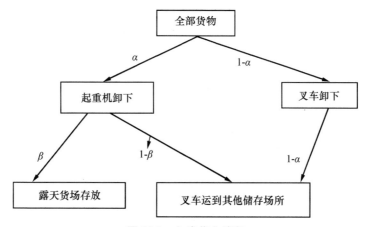

图 10-2　入库作业流程

(2) 设备性能假定。考虑不同型号的叉车、汽车吊之间的替代作用,这里假定在具体作业中可以用较大吨位的设备替代较小吨位的设备,但设备的利用率将降低。为保证实际作业的便利性和不过度损失设备的作业能力,本文只允许相邻吨位的设备才可以替代。

2. 建立模型

因在作业流程分析中已充分考虑了起重机与叉车之间的配套关系,因此在此分别建立起重机与叉车的配置模型。

(1) 起重机数量配置模型。设根据设备类型分析所确定的适合现场作业的起重机有 n 种类型(按额定起重量分类),将需要采用起重机卸下的货物也进行相应分类,如表 10-2 所示。其中,起重机类型按吨位数由大到小排列;货物所占比例除考虑重量外,也可结合货物的尺寸、性质进行分类,$\sum_{i=1}^{n} a_i = 1$,αi 是需要使用起重机装卸的货物占全部货物的比例;B 是日平均吞吐量的预测值,α 和 B 可综合考虑仓库或配送中心的现状与计划期的发展进行估算。则起重机数量配置模型如下:

表 10-2　用起重机进行作业的货物分类

起重机类型	1	2	…	n
货物所占比例	a_1	a_2	…	a_n
大致重量	$B\alpha \times a_1$	$B\alpha \times a_2$	$B\alpha \times a_3$	$B\alpha \times a_n$

$$\min z = \sum_{i}^{m}\sum_{j}^{n} c_{ij} x_{ij} \tag{10-1}$$

$$\text{s. t.} \begin{cases} \sum_{i=1}^{m} P_{i1} x_{i1} t_{i1} \geqslant Ba \times a_1 & (10\text{-}2) \\ \sum_{i=1}^{m} (P_{ij} x_{ij} t_{ij}) + (P_{ij+1} x_{ij+1} t_{ij+1}) \geqslant Ba \times (a_j + a_{j+1}), j = 1, 2, \cdots, n-1 & (10\text{-}3) \\ t_{ij} \leqslant 8 & (10\text{-}4) \\ x_{ij} \geqslant 0, \quad\quad\quad\quad\quad\quad\quad\quad\quad\quad\quad\quad\quad\quad\text{且为整数} \end{cases}$$

其中,

i 为备选的起重机的品牌,$i = 1, 2, \cdots, m$;

j 为适合的起重机的类型或吨位,$j = 1, 2, \cdots, n$;

C_{ij} 为 i 品牌 j 型号起重机的全寿命周期成本按经济寿命折算后的年度值,由于不同型号的设备的经济寿命会有所差别,按年度折算之后的数值会更有可比性。

X_{ij} 为配备的 i 品牌 j 型号起重机的台数,必须为整数;

P_{ij} 为 i 品牌 j 型号起重机的小时作业能力,可根据相应公式计算得到;

t_{ij} 为 i 品牌 j 型号起重机的日作业时间。

式(10-1)表示使起重机的全寿命周期成本最小;式(10-2)表示最大吨位的起重机的作业能力要满足相应货物的作业需求;式(10-3)表示相邻的大吨位的起重机可以和小吨位的起重机一起完成相应吨位货物的作业;式(10-4)则表示在单班作业下起重机的日工作时间不超过 8 小时。

(2) 叉车数量配置模型。叉车数量配置模型原理与起重机数量配置模型相同。设根据设备类型分析所确定的适合现场作业的叉车有 S 种类型,将需要使用叉车装卸搬运的货物进行分类(见表 10-3)。

表 10-3 用叉车进行作业的货物分类

叉车类型	1	2	…	S
货物所占比例	c_1	c_2	…	c_s
大致重量	$B_1 \times c_1$	$B_1 \times c_2$	…	$B_1 \times c_s$

其中,叉车类型按吨位数由大到小排列;货物所占比例为货物占所有需用叉车作业的货物总量的比例,其总量为 $B_1 = B(1-\alpha) + B\alpha(1-\beta) = B(1-\alpha\beta)$,$\alpha$、$\beta$ 的含义同起重机配置模型。则叉车数量配置模型如下

$$\min z = \sum_{i}^{m}\sum_{j}^{n} c_{ij} x_{ij} \tag{10-5}$$

$$\text{s. t.} \begin{cases} \sum_{i=1}^{m} P_{i1} x_{i1} t_{i1} \geqslant Ba \times a_1 \\ \sum_{i=1}^{m} (P_{ij} x_{ij} t_{ij}) + (P_{ij+1} x_{ij+1} t_{ij+1}) \geqslant Ba \times (a_j + a_{j+1}), \quad j = 1, 2, \cdots, n-1 \\ t_{ij} \leqslant 8 \\ x_{ij} \geqslant 0, \quad\quad\quad\quad\quad\quad\quad\quad\quad\quad\quad\quad\text{且为整数} \quad i = 1, 2, \cdots, t \end{cases}$$

其中,i 为备选的起重机的品牌,$i=1,2,\cdots,m$;

j 为适合的起重机的类型或吨位,$j=1,2,\cdots,n$;

C_{ij} 为 i 品牌 j 型号起重机的全寿命周期成本按经济寿命折算后的年度值,由于不同型号的设备的经济寿命会有所差别,按年度折算之后的数值会更有可比性;

X_{ij} 为配备的 i 品牌 j 型号起重机的台数,必须为整数;

P_{ij} 为 i 品牌 j 型号起重机的小时作业能力,可根据相应公式计算得到;

t_{ij} 为 i 品牌 j 型号起重机的日作业时间。

【例 10-8】 某储备仓库的设施与作业情况如表 10-4、10-5 所示。为简便起见,这里假定备选的起重机和叉车只有一种品牌,经济寿命周期相同,利用上述模型进行计算后得到该仓库装卸搬运设备的配置方案为配置 32 吨及 20 吨龙门起重机各 1 台,配置 10 吨叉车 1 台、6 吨叉车 1 台、5 吨叉车 2 台、3 吨叉车 2 台。经分析发现,此配置方案虽然满足了该仓库日常作业的需求,但也发现设备有很大一部分的作业能力闲置了,究其原因是该仓库的业务量过小,储备的货物又必须有相应吨位的起重机或叉车作业,因此该仓库需要做的进一步工作是加强业务拓展,提高仓库作业量。

表 10-4 某储备仓库的设施与作业情况

日吞吐重(t)	起重机作业比例		叉车作业比例	起重机类型			叉车类型				
	$\alpha=0.25$		$1-\alpha\beta=0.825$	1	2	3	1	2	3	4	5
122	货场	库房		32t	20t	16t	10t	8t	6t	5t	3t
	$\beta=0.7$	$1-\beta=0.3$									
日作业能力(t/h)				92.2	57.6	46.1	20.4	16.3	12.2	10.2	6.1
全寿命周期成本(万元)				120	90	80	60	45	40	36	30

表 10-5 设施类型及货物比例

起重机类型	1	2	3	叉车类型	1	2	3	4	5
货物比例	0.7	0.2	0.1	货物比例	0.05	0.1	0.1	0.15	0.6

资料来源:宋伯慧,王耀球,《物流技术物流技术》,2006(07)。

本章小结

1. 装卸搬运是物流系统的构成要素之一,虽然它不直接创造价值,但它却是影响物流效率、决定物流成本的重要环节。装卸搬运是物流各环节之间相互转换的桥梁,它不仅把物资运动的各个阶段连接成为连续的"流",而且把各种运输方式连接起来,形成各种运输网络,极大地发挥其作用。

2. 装卸搬运的合理化主要从以下几个方面考虑:防止和消除无效作业、提高装卸搬运的灵活性、实现装卸作业的省力化、合理组织装卸搬运设备提高装卸搬运作业的机械化水平、推广组合化装卸搬运、合理地规划装卸搬运方式和装卸搬运作业过程。

3. 装卸搬运成本主要由装卸直接费用和营运间接费用这两部分构成。

4. 降低装卸搬运成本的方法主要有：提高货物装卸搬运的灵活性与可运性、利用重力作用减少能量消耗、合理选择装卸搬运机械、合理选择装卸搬运方式、改进装卸搬运作业方式。

中英文关键术语

1. 装卸搬运（Loading and Unloading）
2. 物流设施（Logistics Facilities）
3. 成本分析（Cost Analysis）
4. 铁路装卸（Railway Loading and Unloading）
5. 港口装卸（Port Loading and Unloading）
6. 汽车装卸（Car Loading and Unloading）
7. 飞机装卸（Aircraft Loading and Unloading）
8. 标准成本分析（Standard Cost Analysis）
9. 因素分析法（Factor Analysis Method）

思考题

1. 装卸搬运的定义是什么？
2. 装卸搬运如何分类？
3. 装卸搬运在物流活动中有什么地位？
4. 装卸搬运成本由哪些费用构成？
5. 装卸搬运成本分析方法有哪些？
6. 如何优化装卸搬运成本？

课外材料阅读　武汉港汉口港埠公司卸货作业纠纷案

案由：1989年5月20日，武汉港汉口港埠公司卸货作业，货物为坛装榨菜，共破损1 788坛，因赔偿责任发生争端。

案情：1989年5月20日，重庆长江轮船公司（简称轮船公司）所属的"江渝3号"轮，"货字0839"驳承运货主魏某榨菜8 210坛，抵达武汉港汉口港埠公司，卸货作业完毕后，发现榨菜破损达1 788坛，其中原残164坛，船残、工残1 624坛。因船港交接不明，船、工残未作划分。

造成这批榨菜破损原因，一是货主发运的榨菜坛子规格不一，榨菜包装陈旧；没有按承运人要求备足2%的空坛以备破损后换装，以致部分破坛混凝土装舱内，造成其他好坛包装霉烂；货主同意托运人四川省万县市贸易公司在运单上作"无空坛换装，破损自负"和"破损自负"的批注。二是港埠公司的装卸工人未能谨慎卸船和转运；理货人员见有批注而疏于督促以减少破损率。三是承运船舶的记载与交接有不当之处。

这批榨菜为货主自己加工,无国家定价。根据销售、处理榨菜的市场价格,平均每坛榨菜的正常售价与应处理的榨菜价格的差价损失为 21 元,计货主的榨菜损失合人民币 34 104 元。

货主魏某认为:港埠公司野蛮卸货作业,造成我方榨菜破损 1 788 坛,港方应赔偿我方经济损失。港埠认为:货主魏某发运的榨菜包装质量不符合国家标准,因而造成榨菜坛破损,港口卸货作业操作工艺得当,我方拒绝赔偿损失。轮船公司认为:货主魏某的榨菜包装不良,其损失应由其自行承担。

最终此案由法院受理,法院在审理后认定:这一批榨菜损失系货主魏某、港埠公司、轮船公司混合过错所致。依据法律规定,过错方均应承担民事责任,但由于船、港交接不明,所以港埠公司、轮船公司应负责任比例不清,港埠公司应承担轮船公司的连带责任。处理结果为:此案经法院主持调解,货主魏某、港埠公司、轮船公司三方互谅互让,自愿达成协议如下:

1. 货主魏某自行承担榨菜损失 17 052 元;
2. 港埠公司赔偿货主魏某榨菜损失 17 052 元;
3. 轮船公司应承担的榨菜损失数额由其与港埠公司自行商定;
4. 诉讼费 2 700 元,由货主魏某承担 1 350 元,港埠公司承担 1 350 元。

资料来源:http://www.chinawuliu.com.cn/xsyj/200603/06/130174.shtml。

思考:
该案件给我们什么样的启示?在实际贸易操作中我们应该注意些什么事项?

第五篇
物流成本绩效评价及控制

第十一章

物流成本绩效评价

学习目标

1. 了解物流成本绩效评价的意义和形式
2. 熟悉物流成本绩效评价的步骤与标准
3. 掌握物流成本绩效评价的方法
4. 掌握物流成本绩效评估指标体系

引例

烟草商业企业物流成本绩效评价体系构建

依据成本作业法将物流成本分为直接成本、间接成本、综合成本进行绩效分析管理。烟草商业企业的基础管理是体系的基础支撑保障,是保证评价体系有效性的基础。它使企业能在正常运作条件下,进行物流成本管理优化;企业运营效率是企业物流成本的耦合牵引维度,两者相辅相成,可为物流成本绩效管理提供分析依据;财务在体系中对物流成本起到监控作用,从直观的侧面监控着物流成本的动向;最终,对物流成本的绩效管理,将对客户服务质量和企业管理的综合水平起到积极的影响作用。

烟草商业企业物流成本绩效评价体系包括以下 5 大维度:

(1)基础管理监督维度。其评价指标通过基础管理、质量管理、队伍建设等方面对卷烟物流配送中心实际运营情况进行定性评价。

(2)成本管理维度。对成本的绩效评估,即对烟草商业企业的运营过程及成本管理情况进行真实描述。其从组织机构、产品质量、劳动管理、产品价格等方面对烟草商业企业进行监测、调整、控制,以提高企业整体经济效益与竞争实力。成本管理指标体系包括直接成本、间接成本、综合成本以及各成本所占的比率,是衡量物流中心整体运作的定量性指标。

（3）企业运营效率维度。运营效率评价主要是对卷烟配送中心运作情况的评价,是实现财务绩效和保证客户服务质量的关键环节。运营评价指标从实现期望收益的角度出发,重新认识经营过程,有效监控关键环节,以实现在短期经营目标与长期可持续发展之间取得平衡。运营效率层面的指标体系从业务分工角度出发,从仓储、分拣、配送及管理层面入手构建。

（4）财务监控维度。财务方面指标主要围绕四个方面来设置:盈利能力,典型指标有利润率、投资报酬率等;运营能力,典型指标有存货周转率、资产周转率等;偿债能力,典型指标有资产负债比率、速动比率等;发展能力,典型指标有主营业务收入增长率、资本积累率。

（5）客户服务管理及企业管理优化维度。烟草商业企业主要为客户提供直接服务,提高对客户的控制能力,能够创造更多的利润。客户的控制力是衡量烟草商业企业经营绩效的重要指标。客户服务管理层面的绩效指标体系的构建,要在一定成本和满足一定工作效率的前提下,确定服务评价标准,提升客户满意度,主要通过顾客忠诚度、顾客保持率、事后顾客满意率、市场份额、挖掘潜在顾客能力等方面来体现。

资料来源:http://wuxizazhi.cnki.net/Search/WLJS201011040.html。

第一节 物流成本绩效评价概述

一、物流成本绩效评价的原则和意义

任何工作都要通过对该项工作涉及的一系列活动所产生的效果进行度量和评价,以此判断这项工作的绩效及其存在的价值。物流绩效评价是指在会计和财务管理的基础上,运用数量统计和运筹学方法,采用特定的指标体系,对照统一的评价标准,按照一定的程序,通过定量、定性分析,对企业物流系统的运行状况和物流活动的业绩进行的综合评判。在物流成本绩效评价时要坚持以下原则:

1. 整体性原则

绩效评价要反映整个物流系统的运营情况,不仅仅是某一个环节的运营情况,在设计评价指标和标准时,要着眼于整体的优化,不因为局部利益而损害整体利益。

2. 动态性原则

绩效评价要反映未来物流系统的运营情况,对未来的趋势进行预测,这就要求通过成本绩效评价,预见未来趋势并做出正确的判断。

3. 例外性原则

物流活动涉及面广;内容较多。通过评价,要找到例外情况的存在,使管理人员将注意力集中到少数严重脱离预算的因素和项目,并对其进行深度的分析。

物流成本绩效评价的意义在于可以正确评价物流企业过去的业绩状况,指出企业取得的成绩,找出存在的问题以及产生的原因;可以全面反映和评价物流企业的现状;可以准确评价物流企业的潜力,满足投资者的需求还可以充分揭示物流企业存在的风险。

二、物流成本绩效评价的基础工作

物流成本绩效评价的基础工作包括以下内容:

(一) 合理划分责任中心,明确规定权责范围

实施物流成本绩效评价首先要按照分工明确、责任明确、便于考核的原则,合理划分物流责任中心。其次必须依据各个物流责任中心的特点,明确规定其权责范围,使每个物流责任中心在其权责范围内,独立行使其职责。

(二) 定期编制责任预算,明确各物流责任中心的考核标准

定期编制责任预算,使物流活动的总体目标按各个物流责任中心进行分解、落实和具体化,并以此作为开展日常物流经营活动的准则及评价工作成果的基本内容。考核标准应当具有可控性、可计量性和协调性,其考核内容应作为物流责任中心可控制的因素;考核指标的实际执行情况,要能准确计量和报告,并使各个物流责任中心在完成物流活动总目标的过程中,明确各自的目标和任务,以实现局部与整体的统一。

(三) 区分各个物流责任中心的可控和不可控费用

对各个物流责任中心工作成果的评价与考核,应仅局限于其可控项目,不能把不该由它负责的不可控项目列为考核项目。因此,要对企业所发生的全部物流成本一一判别责任归属,分别落实到各个物流责任中心,并根据可控费用来科学地评价各个物流责任中心的成绩。

(四) 合理制定内部转移价格

为分清经济责任,正确评价各个物流责任中心的工作成果,各物流责任中心之间互相提供的产品、劳务和服务,要根据各物流责任中心经营活动的特点,合理制定内部转移价格,并据此进行结算。企业内部制定的转移价格,要有利于调动各方面的工作积极性和主动性,有利于实现总体目标。

(五) 建立、健全严密的记录、报告系统

要建立一套完整的日常记录,计算和考核有关责任预算执行情况的信息系统,以便计量和考核各物流责任中心的实际经营业绩,并对各个物流责任中心的实际业绩起反馈作用。一个良好的报告系统,应当具有相关性、适时性和准确性等特征,报告的内容要适应各级管理人员的需要,要列出其可控范围内的有关信息;报告的时间要适合报告使用者的需要;报告的信息要有足够的准确性,保证评价和考核的正确合理性。

(六) 制定合理有效的奖惩制度

要对各个物流责任中心制定一套既完整又合理有效的奖惩制度,根据其实际工作成果的好坏进行奖惩,做到功过分明,奖惩有据。奖惩制度及其执行包括以下内容:① 奖惩制度必须结合各物流责任中心的预算责任目标制定,体现公平、合理、有效的原则。② 要形成严格的考评机制,包括建立考评机构、程序,审查考评数据,按照制度进行考评,执行结果。③ 要把过程考核和结果考核结合起来,把即时考核和期间考核结合起来,一方面要求在绩效评价过程中随时考核各物流责任中心的责任目标和执行情况,并根据考核结果进行奖惩;另一方面要求一定时期终了,根据预算的执行结果,对各物流责任中心进行全面考评,并进行相应奖惩。

三、物流成本绩效评价形式

由于进行物流成本绩效评价的角度不同,如分析的主体不同、客体不同、目的不同等,因此物流企业成本绩效评价的形式也有所不同。明确不同的物流成本绩效评价形式的特点及用途对于准确分析物流企业的财务状况,实现分析目标都有着重要意义和作用。通常,成本绩效分析的形式分为以下几个方面。

(一) 内部分析与外部分析

根据分析主体不同,可分为内部分析与外部分析:

1. 内部分析

内部分析亦称内部物流成本绩效评价,主要指物流企业内部经营者对物流企业成本状况的分析。内部分析的目的是判断和评价物流企业成本是否正常、顺利,如可通过收益性分析,评价物流企业盈利能力和资本保值、增值能力;通过对物流企业经营目标完成情况的分析,可考核与评价物流企业经营业绩,及时准确地发现物流企业的成绩与不足,为物流企业未来生产经营的顺利进行以及提高经济效益指明方向。

2. 外部分析

外部分析亦称外部物流成本绩效评价,主要指物流企业外部的投资者及政府部门等,根据各自需要或分析目的,对物流企业的有关情况进行的分析。投资者的分析,关心的主要是物流企业的盈利能力及发展后劲,以及资本的保值与增值状况;政府有关部门对物流企业的分析,主要是看物流企业的经营行为是否规范,以及对社会的贡献状况。在现代物流企业制度条件下,外部物流成本绩效评价是物流成本绩效评价的重要或基本形式。

应当指出,内部分析和外部分析并不是完全孤立或隔离的,要保证成本绩效分析的准确性,内部分析应站在外部分析的角度进行,而外部分析也应考虑或参考内部分析的结论,以避免出现片面性。

(二) 全面分析和专题分析

根据分析的内容与范围不同,可分为全面分析和专题分析:

1. 全面分析

全面分析是指对物流企业在一定时期的生产经营各方面的情况进行系统、综合、全面的分析与评价。全面分析的目的是找出物流企业在生产经营中带有普遍性的问题,全面总结物流企业在当期的成绩与问题,为协调各部门关系,搞好下期生产经营安排奠定基础或提供依据。全面分析通常在年终进行,形成综合、全面的成本绩效分析报告,向职工代表大会或股东代表大会汇报。

2. 专题分析

专题分析是指根据分析主体或分析目的的不同,对物流企业生产经营过程中某一方面的问题所进行的较深入的分析。如经营者对生产经营过程某一环节或某一方面存在的突出问题进行分析。专题分析能及时、深入地揭示物流企业在某方面的财务状况,为分析者提供详细的资料信息,对解决物流企业的关键性问题有重要作用。

在物流成本绩效评价中,应将全面分析与专题分析相结合,这样才能全面、深入地提示物流企业的问题,正确地评价物流企业的各方面状况。

(三) 趋势分析、现状分析和潜力分析

根据分析的时期和目的不同,可分为趋势分析、现状分析和潜力分析:

1. 趋势分析

趋势分析是指对物流企业某个时期各单位时间的总体成本绩效状况或某个成本绩效评价指标的变动情况所作的分析,借以评价物流企业成本管理的发展趋势。趋势分析是成本绩效分析的基本形式之一,它不仅有利于评价过去,而且有利于指导现在和预测未来。趋势分析可广泛应用于不同的分析领域和分析目的。

2. 现状分析

现状分析是成本绩效分析的最基本和最主要的形式,是指对物流企业当期的成本活动所进行的分析,以评价物流企业当期的各项经营和财务活动状况。现状分析最真实地反映了物流企业经营状况、盈利状况,为投资者、经营者及其他有关部门和人员提供了了解物流企业,作出决策的直接依据。通过对不同物流企业现状的分析,还可反映物流企业成本管理水平在同行业或在社会各部门中所处的地位,发现自己的差距和不足,为物流企业改进成本管理工作、制定正确的成本控制目标提供依据。

3. 潜力分析

潜力分析是在趋势分析和现状分析的基础上,结合物流企业资源变动状况和经营目的,对物流企业未来发展能力的估价与判断。潜力分析对于经营者和投资者都是至关重要的,潜力分析的正确与否,决定着决策的正确与否。应当指出,潜力分析通常与风险分析是紧密相关的,因此根据潜力分析进行决策时必须考虑潜力的风险程度,这也就加大了潜力分析的难度和复杂性。

从上述三种形式的含义与特点可看出,趋势分析、现状分析及潜力分析是相互联系进行物流成本绩效评价,不能将它们割裂开来,孤立地使用某一种形式则可能得出片面的结论。

第二节　物流责任中心

一、物流责任中心的含义与特征

物流责任中心就是承担一定经济责任,并享有一定权利和利益的物流责任单位。建立物流责任中心是实行物流责任预算和物流责任成本考核的基础。物流责任中心通常具有以下特征:

(1) 物流责任中心是一个责、权、利相结合的实体。这意味着每个物流责任中心都要对一定指标的完成承担责任;与此同时,每个物流责任中心也被赋予与其所承担责任的范围和大小相适应的权利;另外,有关的物流业绩考核标准和利益分配标准也应提前予以明确。

(2) 物流责任中心具有承担经济责任的条件。它有两方面含义:一是物流责任中心具有履行经济责任中各条款的行为能力;二是物流责任中心一旦不能履行其经济责任,能对其后果承担责任。

（3）物流责任中心所承担的责任和行使的权利都应是可控的。每个物流责任中心只能对其责权范围内可控的成本、收入、利润和投资负责,在物流责任预算和业务考核评价中也只应包括它们能控制的项目。可控是相对于不可控而言的不同的责任层次,其可控的范围并不一样。一般而言,责任层次越高,其可控范围越大。

（4）物流责任中心具有相对独立的物流业务和财务收支活动。它是确定物流经济责任的客观对象,是物流责任中心得以存在的前提条件。

（5）物流责任中心便于进行单独核算。物流责任中心不仅要划清责任,而且要能单独核算。只有既划清责任又能单独核算的物流内部单位,才能作为一个物流责任中心。

二、物流责任中心的类型

根据企业内部各物流责任中心的权责范围及物流业务活动的不同,物流责任中心可分为物流成本中心、物流利润中心和物流投资中心三大类。

（一）物流成本中心

物流成本中心是指对物流成本或费用承担责任的物流责任中心。它不会形成可以用货币计量的收入,因而不对收入、利润或投资负责。物流成本中心的应用范围最广,在企业物流活动过程中,凡有物流成本费用发生,需要对物流成本费用负责,并能实施物流成本费用控制的单位,都可以成为一个物流成本中心。

物流成本中心可分为技术性物流成本中心和酌量性物流成本中心。

技术性物流成本中心。所谓技术性物流成本中心,是指物流成本发生的数额,通过技术分析可以相对可靠地估算出来的物流成本中心。其特点是投入量与产出量有密切关系,能通过一定的函数根据投入量计算出产出量,如商品在包装和流通加工过程中发生的直接材料、直接人工支出,商品在运输过程中发生的油耗等。技术性物流成本可通过物流标准成本或弹性预算予以控制。

酌量性物流成本中心。所谓酌量性物流成本中心,是指物流成本是否发生以及发生数额的多少是由管理人员决定的,主要包括各种物流管理费用和部分间接物流成本,如物流营销费用、物流人员培训费用等。酌量性物流成本的发生主要是为企业物流活动提供一定的专业服务,其控制的重点应放在对其预算的审批上。

（二）物流利润中心

物流利润中心是指既能控制物流成本,又能控制物流收入的物流责任中心。它不但要对物流收入、成本负责,而且要对物流收入与成本的差额即物流活动产生的利润负责。物流利润中心一般指在物流活动开展中有独立经营决策权的物流组织部门。

物流利润中心可分为自然物流利润中心和人为物流利润中心。

自然物流利润中心,是指既可以向企业内部其他部门提供物流服务,也可以直接对外提供物流服务的物流利润中心。其功能与独立企业相近,如企业内实行独立核算的运输、配送等物流部门。

人为物流利润中心,是指仅对本企业提供各种物流服务,而不直接对外提供物流服务的物流利润中心。成为人为物流利润中心应具备两个条件:一是该中心可以向其他责任中心提供物流服务；二是能为该中心的物流服务确定合理的内部转移价格,以实现公平交易、等价交换。

（三）物流投资中心

物流投资中心是指既对物流成本、收入、利润负责,又对物流投资效果负责的物流责任中心。物流投资中心的控制区域和权责范围,一般比物流利润中心要大,它拥有物流投资决策权。物流投资中心是企业最高层次的责任中心,具有最大的决策权,也承担最大的责任。一般而言,大型企业集团中承担母公司物流业务的物流子公司往往都属于物流投资中心。

第三节 物流责任成本预算、报告及业绩考核

一、物流责任成本预算及报告

（一）物流责任成本预算

物流责任成本预算是以物流责任中心为主体,以其可控物流成本为对象编制的预算。通过编制物流责任成本预算,可以明确各物流责任中心的成本责任,同时也为控制和考核物流责任中心物流成本管理活动提供依据。物流责任成本预算是物流成本总预算的补充和具体化。

物流责任成本预算的编制程序有以下两种：

（1）以物流责任中心为主体,将物流成本总预算在各物流责任中心之间层层分解,形成各物流责任中心的物流成本预算。它实质上是自上而下实现物流成本总预算目标。这种自上而下、层层分解物流成本指标的方式是一种常用的预算编制程序,其优点是使企业整个物流活动形成一体,便于物流成本的统一管理和控制,不足之处是可能会遏制各物流责任中心管理物流成本的积极性。

（2）各物流责任中心自行列示各自的物流成本预算指标,层层汇总,最后由企业专门机构或人员进行汇总和调整,确定企业的物流成本总预算。这是一种由下而上、层层汇总、协调的预算编制程序,其优点是有利于发挥各物流责任中心参与物流成本管理的积极性,不足之处是各物流责任中心只注意本中心的具体情况,造成彼此协调困难,同时层层汇总和协调的工作量大,协调成本高,影响物流成本预算编制的质量和时效。

（二）物流责任成本报告

物流责任成本报告是根据会计记录编制的反映物流责任成本预算实际执行情况,揭示物流责任成本预算与实际执行差异的报告。物流责任成本报告的形式主要有报表、数据分析和文字说明等。将物流实际责任成本、预算责任成本及其差异用报表予以列示是物流责任成本报告的基本形式。

物流责任成本报告一般按成本责任单位或责任人编制,在报告中区分可控成本和不可控成本,列示各物流成本明细项目的实际数、预算数、差异额和差异率等,揭示物流预算责任成本的完成情况,并用文字说明物流成本差异产生的原因。值得注意的是,由于物流责任成本为责任中心的各项可控物流成本之和,所以,利用物流责任成本报告实施考核主要以其中的可控物流成本为依据。物流责任成本报告的基本格式如表11-1所示。

表 11-1　物流责任成本报告表　　　　　　　　　　　　　　　单位：元

项目	实际数	预算数	差异额	差异率	原因
可控成本					
车辆油耗					
司机工资					
……					
不可控成本					
折旧费					
保险费					
……					

二、物流责任成本考核

物流责任成本的考核要通过编制物流责任成本报告来完成。一般而言，当物流实际责任成本大于预算责任成本时，形成不利差异；当物流实际责任成本小于预算责任成本时，形成有利差异。物流责任成本的考核应根据有利和不利差异及其差异的数额实施相应的奖惩。在揭示差异时，还要对重大差异予以定量和定性分析，并根据分析的原因提出改进建议。

物流责任成本考核是以物流责任成本报告为依据，分析、评价各责任中心物流责任成本预算的执行情况，发现差距，查明原因，从而考核各责任中心物流成本管理工作成果，并实施奖罚，促使各责任中心积极纠正行为偏差，完成物流责任成本预算的过程。

（一）物流责任成本考核指标

企业物流责任成本考核指标包括物流责任成本差异额和物流责任成本差异率两项，其公式如下：

物流责任成本差异额 = 物流实际责任成本 − 物流预算责任成本

物流责任成本差异率 = 物流责任成本差异额／物流实际责任成本

由于技术性物流成本中心的投入量与产出量有密切关系，且只对既定物流服务量的物流耗费负责，所以对于技术性物流成本中心来说，公式中的物流预算责任成本可以根据实际物流工作量或产出量和各物流成本项目的标准成本进行预计。如果物流实际责任成本低于预算责任成本，则一般说明该物流责任中心的物流成本管理业绩是良好的。

酌量性物流成本中心的投入与产出关系不明显，其业绩评价涉及工作质量和服务水平。因此，对于酌量性物流成本中心来说，公式中的物流预算责任成本有赖于了解情况的专业人员的合理判断。具体来说，主要有三种方法：一是采用零基预算，即详尽分析物流成本中心每一项物流成本开支的必要性以及合理的开支数额；二是采用增量预算法，根据历史经验来确定物流预算责任成本；三是考察同行业类似职能的物流成本支出水平来确定物流预算责任成本。对于酌量性物流成本中心而言，如果其物流实际责任成本低于预算责任成本，并不一定说明该责任中心的物流成本管理业绩就是良好的，有可能是提供服务质量和数量低于计划的要求而导致的，这时还应结合有经验的专业人员对其物流服务水平所作出的判断，客观地进行评价。

（二）物流责任成本考核应注意的问题

1. 确定物流成本责任单位或责任人

物流成本责任单位或责任人是指企业在物流成本控制方面具有一定权利并承担相应责任的各级物流组织和物流管理人员。为做好物流责任成本考核工作，企业应按可控性原则，合理划分和确定物流成本责任单位或责任人，明确规定其权利和责任范围，以确保其在权限范围内，独立、自主地开展物流成本管理工作，确保物流责任成本考核工作的顺利实施。

2. 合理编制物流责任成本预算

物流责任成本考核是揭示物流实际责任成本与预算责任成本之间的差异，并实施奖惩的过程。所以，合理编制物流责任成本预算是实施物流责任成本考核的前提。企业应对物流成本总目标按照物流责任单位或责任人进行分解、落实和具体化，使之成为责任单位和责任人开展日常物流成本管理的准绳，成为企业对责任单位和责任人实施物流成本考核的基本标准。

3. 合理制定内部转移价格

为分清责任，便于正确评价和考核各物流成本责任单位或责任人的物流成本管理工作业绩，各物流成本责任单位或责任人之间相互提供物流服务或劳务时，应使用合理的内部转移价格进行结算。企业制定内部转移价格时，应根据各物流成本责任单位或责任人物流活动的特点。在综合考虑全局性、公平性、自主性和重要性原则的基础上，可采用市场价格、协商价格、双重价格和成本转移价格等作为内部转移价格。

4. 合理激励

物流责任成本考核要制定一套合理有效的激励制度，根据各物流责任单位或责任人的物流成本管理业绩好坏进行激励，做到功过分明、奖惩有据。物流责任成本考核激励方式包括正强化和负强化两种。正强化是对超额完成目标物流成本行为的奖励，即对物流实际责任成本低于预算责任成本产生的有利差异的奖励。正强化的两大手段是物质激励和精神激励，这两种手段的统一能够调动物流责任单位或责任人加强物流成本管理的积极性。与之相对应，负强化则是对未完成目标物流成本行为的惩罚，即对物流实际责任成本高于预算责任成本产生的不利差异的惩罚。负强化的惩罚手段包括批评、扣发奖金、降级、降职以及免职等。

第四节 物流绩效评价指标体系的设立

物流绩效评价指标体系中包含两类指标：财务评价指标和非财务评价指标。企业作为一个独立的法人实体，它的物流活动财务绩效如何，受到企业内部和外部利益相关者的普遍关注。正常情况下，利益相关者可以通过企业公开发布的财务报表中的财务数据来分析评估企业的财务情况和企业的经营成果。这种情况也适用于企业物流活动的绩效评估，通过对企业财务报表的分析，能够知道企业物流活动绩效的财务情况。

一、物流绩效财务评价指标

物流绩效财务评价指标反映的是各项物流活动的投入与产出的对比关系，也可以说是物流活动的经营效率。通过财务评价指标的比较分析，能够发现企业物流活动中存在的问题。在评价活动结束之后，根据面临的具体问题，有效地采取解决问题的对策，提高物流活动的经营效率。物流绩效的财务评价指标主要包括营运能力评价指标和获利能力评价指标两类。

（一）物流营运能力评价指标

企业物流活动的基本动机是追求利润最大化，而企业的物流运营能力正是获取利润的基础。企业的物流运营能力是指物流活动基于外部市场环境的需要，通过内部人力资源和作业资源的配置组合而对实现财务目标的生产作业作用的程度。企业物流活动的运营能力对企业的获利能力具有非常重要的影响，主要包括两个核心指标，即人力资源运营指标和作业资源运营指标。

1. 人力资源运营指标

人力资源是物流活动的主题，它可以源源不断地为企业物流活动创造利润。人力资源整体实力的高低对企业物流运营能力具有决定性作用。企业可以通过分析物流人力的特点来调动经营管理者的积极性和能动性，从而通过物流活动效率的提高来奠定物流运营能力持续、稳定扩展的基础。物流活动是以人为核心展开的，衡量人力资源的营运能力指标是物流劳动作业效率。

物流劳动作业效率又称劳动效率，是指物流活动收入净额与平均员工人数的比值，其计算公式为：

$$物流劳动作业效率 = \frac{物流活动收入净额}{从事物流活动平均员工人数}$$

其中：

$$物流活动收入净额 = 物流营业额 - 物流营业折扣与折让$$

有的企业也使用"工时数"来代替"平均工人数"求劳动效率，这要根据企业的实际情况而定。一般而言，劳动效率越高，说明企业的人力资源使用情况越好。物流绩效评价指标体系遵循可比性原则，因此，在进行物流绩效评价指标分析时，要注意将企业实际的劳动效率指标和计划劳动效率、同行业平均劳动效率进行比较，找出和分析差异的原因，充分发掘人力资源的潜力。

2. 作业资源运营指标

企业物流活动中花费的成本大部分是为了获取完成各项物流活动所需的作业资源而耗费的，物流拥有或控制的企业资源表现为各项资产的占用。因此，作业资源的营运能力实际上就是物流总资产及其各构成要素的营运能力。具体的评价指标主要有物流总资产周转率、物流流动资产周转率、应收账款周转率、存货周转率和物流固定资产周转率。

（1）物流总资产周转率。物流总资产的营运能力集中在总资产的营运水平，即其周转率方面。物流总资产的周转率代表着物流总资产的营运能力，它是指物流活动营业收入净额与平均资产总额的比值。

物流总资产周转率也可以用周转天数表示，它与物流总资产周转率相配比使用，其计算公式为：

$$物流总资产周转天数 = \frac{计算期天数}{物流总资产周转率}$$

在物流总资产周转率和周转天数的计算公式中,平均物流资产总额应按照不同的计算期分别确定,且公式中的平均物流资产总额与物流活动营业收入净额应保持期间口径上的一致性。一般情况下,年平均物流资产总额的计算公式为:

$$年平均物流资产总额 = \frac{\frac{1}{2}年初数 + 第一季度数 + 第二季度数 + \frac{1}{2}年末数}{4}$$

当物流总资产额所占用的资金波动比较大时,可以采取加大数据采集密度的方法来计算平均物流资产总额,把上式中的季度数据改为月份数据,再进行计算;当物流资产总额所占用的资金相对比较稳定、波动较小时,可以采取计算期的期初和期末物流资产占用额来计算平均物流资产总额。

物流总资产周转率可以综合、全面地反映企业全部物流资产的营运能力。正常情况下,物流总资产周转率越高,表明企业物流周转速度越快,表明企业物流总资产的营运能力就越高。

通过物流总资产周转率和物流总资产周转天数这两个指标的评价可以判断企业物流活动的流动资产和固定资产的周转情况。需要说明的是,企业物流活动的营业收入直接来源是企业物流活动的流动资产周转额,而固定资产是对流动资产有效规模的推动及对流动资产价格转换能力与转换效率具有一定的影响。所以,在物流绩效评价时,也要考虑企业营业收入的现实情况,而对固定资产则侧重于利用效率的评价。

(2)物流流动资产周转率。物流流动资产营运能力主要表现在物流流动资产周转率上,其计算公式为:

$$物流流动资产周转率(次数) = \frac{物流活动营业收入净额}{物流流动资产平均占用额}$$

通过这个指标可以揭示企业物流流动资产实现营业的能力,以及流动资产投资的节约与浪费等情况。在一定时期内,物流流动资产周转速度越快,说明计算期内实现同样的物流活动营业收入净额占用的流动资金就越少,对财务目标的贡献也就越大,企业物流活动的流动资产利用效率就越好。

$$物流流动资产占用率 = \frac{物流流动资产平均占用额}{物流活动营业收入净额} = \frac{1}{物流流动资产周转率}$$

另外,物流流动资产周转率也可以用物流流动资产周转天数表示,其计算公式为:

$$物流流动资产周转天数 = \frac{计算期天数}{物流流动资产周转率}$$

物流流动资产周转天数越短,表明周转速度越快。为了详尽地揭示物流流动资产的周转速度,还需要依靠其他一些指标补充说明,如应收账款周转率和存货周转率等指标。

(3)应收账款周转率。应收账款周转率是企业营业收入净额与平均应收账款之比。与总资产周转率和流动资产周转率一样,这个指标能够通过周转次数和周转天数来反映。其计算公式为:

$$应收账款周转率 = \frac{物流活动营业收入净额}{平均应收账款额}$$

$$应收账款周转天数 = \frac{计算期天数}{应收账款周转率} = \frac{计算期天数 \times 平均应收账款额}{物流活动营业收入净额}$$

计算公式中的平均应收账款额是指资产负债表中的应收账款和应收票据之和的期初和期末数的平均值,它是期末扣除坏账准备的应收账款金额。在一些关于物流绩效评价的书中,也有使用赊销收入净额来替代物流活动营业收入净额的,使得分子、分母的口径一致。但是,赊销收入净额这一数据是财务报表的外部使用人很难获取的,即使是财务报表的内部使用人,有时也很难获得真实的数据。所以,为了保持历史的一贯性,企业可以使用物流活动的营业收入净额来计算应收账款周转率。

应收账款周转率这一评价指标是反映企业物流活动应收账款变现速度快慢及管理效率的指标。一般情况下,应收账款周转率越高,说明企业应收账款回收速度越快,短期偿债能力越强。可以减少坏账损失和收账费用,从而增加物流流动资产的投资收益。若应收账款周转速度慢,企业过多的运营资金会被应收账款所占用,影响到其他活动资金的使用,严重时会导致资金的枯竭甚至瘫痪。因此,应收账款周转率这个指标应该掌握一定的度,应收账款周转率过大,可能导致企业的信用政策或者付款条件过于苛刻,连锁反应会影响企业的销售情况,影响企业物流活动的盈利能力。

在利用公式计算应收账款周转率时应该注意三个方面:第一,如果企业物流活动的营业收益具有季节性,那么该指标就无法正确反映企业物流活动的实际经营状况;第二,平均应收账款应该是扣除平均坏账准备后的净额,否则应收账款周转率的水分较大;第三,若应收账款余额的波动性较大,应尽可能使用更详尽的计算资料。

(4) 存货周转率。存货周转率是营业成本与平均存货额的比值,它是衡量和评价企业物流活动在存货、生产、销售和回收等环节综合管理水平的财务指标。它的计算公式为:

$$存货周转率 = \frac{营业成本}{平均存货额}$$

$$存货周转天数 = \frac{计算期天数}{存货周转率} = \frac{计算期天数 \times 平均存货额}{营业成本}$$

在存货周转率计算公式中,没有采用营业收入净额而使用了营业成本,主要是因为要除去营业毛利对存货周转速度的虚假影响。因为存货是按照成本计价的,应用营业成本正好可以保持分子和分母口径的一致性。此外,由于企业可以选择采用不同的存货计价方法,因此在和其他企业进行指标的比较时,应该充分考虑到由于会计处理方法的不同而造成的影响,增强评价指标的可比性。

存货周转速度的快慢,不仅反映物流采购、存储、作业、营业等各环节管理工作状况的好坏,而且对物流的偿债能力及获利能力有着决定性的影响。一般来说,存货周转率越高,说明周转速度越快,存货占用资金的水平就越低,那么存货变为应收账款或现金的速度也就越快。但是,存货周转率过高也并非好事,它可能反映企业的存货水平过低,或者采购的次数过多,这可能意味着企业的存货不足,容易导致企业发生缺货现象。反之,如果企业的存货周转率过低,应该仔细分析存货的质量结构,明确存货中是否包含次品或者实际价格低于账面价格的存货。因此,企业应该根据自身所处的行业特点和同行业水平,确定一个合理的存货周转率,并根据企业自身的实际情况不断进行调整。

有的企业为了进一步分析物流内部各个组成部分的存货周转率,把它细化分为原材料周转率、产成品周转率和在产品周转率,计算公式分别为:

$$原材料周转率 = \frac{耗用原材料成本}{平均原材料成本}$$

$$产成品周转率 = \frac{产成品营业成本}{平均产成品存货}$$

$$在产品周转率 = \frac{在产品制造成本}{平均在产品存货}$$

（5）物流固定资产周转率。一般情况下，物流服务的收入直接来自流动资产的周转，固定资产的周转本身并不能直接创造收入。固定资产要完成一次周转必须经过整个折旧期。因此，如果用营业收入除以固定资产占用额来反映固定资产周转速度具有很大的缺陷，即它并非固定资产的实际周转速度。但如果从固定资产对推动流动资产周转速度的作用来看，固定资产与物流营业收入有着必然的联系，即流动资产投资规模、周转额的大小以及周转速度的快慢在很大程度上取决于固定资产的作业经营能力及利用效率。因此，结合流动资产投资规模、周转额、周转速度来分析固定资产的营运能力还是非常必要的。固定资产周转率的计算公式为：

$$固定资产周转率 = \frac{营业收入净额}{固定资产平均占用额}$$

$$= \frac{流动资产平均占用额}{固定资产平均占用额} \times 流动资产周转率$$

由于企业采用的固定资产折旧方法或者折旧年限可能存在差异，为了计算方便，固定资产周转率计算公式中的固定资产平均占用额应按照资产负债表中固定资产原值数据计算，这样处理就可以避免由于上述差异造成的误差，进而提高该指标的可比性。

固定资产周转率越高，企业的固定资产的营运能力就越强，同等规模的固定资产可以为企业创造更多的物流服务收入；固定资产周转率越低，表明企业的固定资产的营运能力就越差。

（二）物流获利能力评价指标

企业物流活动对利润的不断追求是其经营的最大动力和最终目的，也是企业物流活动进行成本控制的根本原因。企业物流获利能力实际上指的是物流的资金增值能力，通常表现为物流收益数额的大小和水平的高低，它是企业进行物流绩效评价的重点所在。

一般情况下，企业物流活动的获利能力强弱是由其经常性的经营管理业绩决定的。在物流绩效评价中通过获利能力指标，可以发现企业经营管理中存在的问题，并对症下药，改善企业物流活动的获利能力。企业物流活动的获利能力指标主要包括以下三种。

1. 物流营业利润率

物流营业利润率是指在一定时期内企业物流活动的营业利润与营业收入净额的比值。从利润表上可以看出，物流活动的利润主要分为营业收入毛利、经营利润、营业利润、利润总额和净利润。其中，利润总额与净利润都包含着非营业利润因素，所以能够直接反映企业物流活动获利能力的指标是毛利率、经营利润率和营业利润率。其中，尤以营业利润率更能综合地反映企业的正常生产经营的获利能力，其计算公式为：

$$企业物流营业利润率 = \frac{营业利润}{营业收入净额} \times 100\%$$

企业物流营业利润率指标是一个正向指标,能够反映企业物流活动最基本的获利能力,是评价企业获利能力最重要的指标之一。它表明每一元钱的物流活动营业收入中有多少能够转化成企业的物流营业利润。物流营业利润率越高,说明企业物流活动主营业务的盈利能力越强;反之,则盈利能力就越差。

2. 企业物流活动的成本利润率

成本利润率是指利润与成本的比值,物流活动的成本利润率的计算公式为:

$$物流活动的成本利润率 = \frac{物流活动的利润}{物流活动的成本} \times 100\%$$

在这里需要指出的是,物流活动的成本和利润可以分为多个不同的层次,在进行成本利润率计算时,物流活动的利润和物流活动的成本的口径要相匹配,这样计算出来的成本利润率才有价值。利润的层次在前面已经提及,在此通过图示予以说明成本的层次,如图 11-1 所示。

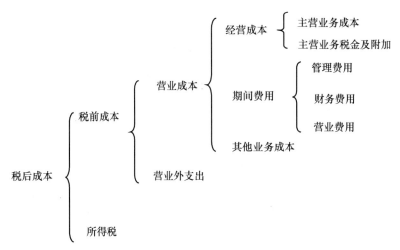

图 11-1 成本层次图

按照利润和相应层次口径的成本的匹配关系,企业物流活动的成本利润率的具体计算公式如下:

$$经营成本利润率 = \frac{经营利润}{经营成本} \times 100\%$$

$$营业成本利润率 = \frac{营业利润}{营业成本} \times 100\%$$

$$税前成本利润率 = \frac{税前利润}{税前成本} \times 100\%$$

$$税后成本利润率 = \frac{税后利润}{税后成本} \times 100\%$$

在实际应用中,经营成本利润率是最重要的,因为它能够反映主要物流成本的利用结果。同时,如果把经营成本利润率和其他利润指标配合使用,就可以帮助企业发现物流系统中存在的问题。在各项收入和税收不变的情况下,若经营成本利润率很高而税前成本利润率很低,有可能是由于企业物流活动的管理费用、财务费用和营业费用等支出过多所致,若是这样,企业就应该针对这些成本费用的项目进行重点分析,找出问题所在,并提出有效的解决方法;如果经营成本利润率和税前成本利润率均很低,且差异不大,则表明企业物流成本过高,是今后控制的重点;当经营成本利润率和税前成本利润率都很高时,表明企业在物流成本管理方面的工作取得了良好的效果,企业的获利能力较强。

(三) 物流资产利润率指标

企业物流活动的资产利润率是反映物流资产获利能力的指标,根据资产的不同层次,可以将其分为四个细化指标,即物流总资产利润率、物流固定资产利润率、物流流动资产利润率和物流活动的净资产利润率。

(1) 物流总资产利润率。物流总资产利润率是指一定时期内利润额和物流总资产水平的对比。根据利润的层次不同,可以把物流总资产利润率分为以下 3 种计算方法。

$$物流总资产息税前利润率 = \frac{息税前物流利润总额}{平均物流资产总额} \times 100\%$$

$$物流总资产利润率 = \frac{物流利润总额}{平均物流资产总额} \times 100\%$$

$$物流总资产净利润率 = \frac{物流利润净额}{平均物流资产总额} \times 100\%$$

在此需要指出的是,息税前物流利润的计算口径为:

息税前物流利润 = 物流利润总额 + 利息支出 = 物流净利润 + 利息支出 + 所得税

其中,利息支出包括基于物流活动所发生的财务费用的利息支出和计入固定资产原值的资本化利息。

物流总资产利润率主要是从资金来源的角度出发,对物流资产的使用效益进行评价。对于这个指标,所有利益相关者和债权人都十分重视。该指标越高,表明企业物流活动运用全部资产获利能力越强。同时,只要物流总资产的息税前利润率大于负债利息率,就可以实行负债经营,利用财务杠杆效应,借钱生钱,提高企业物流活动的获利能力。虽然较高的物流总资产息税前利润率能降低或避免一部分偿还债务的风险,但是,为了确保资本得到保值增值,还需要对物流总资产净利润进行分析,这个指标是企业物流经营活动产生的最直接的财源。

(2) 物流固定资产利润率。仅仅依靠分析物流总资产利润率有时候并不能满足实际工作的需要,因此,企业还需要对物流固定资产利润率作进一步分析,了解企业总资产内部各部分的利润率水平。这里主要通过两个指标来表现,即物流固定资产利润率和流动资产利润率。其中,物流固定资产利润率根据成本与所对应的利润层次不同,可以分为两个层次的指标,即固定资产经营利润率和固定资产营业利润率,计算公式分别为:

$$固定资产经营利润率 = \frac{经营利润}{固定资产平均占用额} \times 100\%$$

$$固定资产营业利润率 = \frac{营业利润}{固定资产平均占用额} \times 100\%$$

物流固定资产利润率主要反映的是企业物流活动运用固定资产获利的能力,该指标越高,说明企业物流活动运用固定资产获利的能力越强,反之则获利能力越弱。物流固定资产是企业物流流动资产周转获利的物质基础,在分析物流固定资产利润率后,有必要对物流流动资产利润率进行分析。

（3）物流流动资产利润率。物流流动资产是直接创造物流活动收入的主要来源，它是能够体现出企业物流活动利润增长是否稳定的物质基础。与物流固定资产利润率一样，物流流动资产的利润率主要由物流流动资产经营利润率和物流流动资产营业利润率两个指标构成，计算公式分别为：

$$流动资产经营利润率 = \frac{经营利润}{流动资产平均占用额} \times 100\%$$

$$流动资产营业利润率 = \frac{营业利润}{流动资产平均占用额} \times 100\%$$

比较而言，流动资产经营利润率指标比较重要，该指标越高，表明企业物流活动流动资产获利的能力就越强；反之，则物流活动流动资产获利能力较弱。

（4）物流活动的净资产利润率。物流活动的净资产利润率是企业物流活动利润净额与物流活动净资产的比值，其计算公式为：

$$物流净资产利润率 = \frac{物流利润净额}{物流净资产} \times 100\%$$

企业进行物流活动的最终目的是实现物流系统利润的最大化，要到达这一目的，最主要的就是最大限度地提高物流净资产利润率。物流净资产利润率是企业物流获利能力的核心指标，其数值的高低主要取决于三个方面：资产获利能力、产权比率和资产运营效率。该指标越大，说明企业资产的获利能力和资产运营能力越强，反之则越弱。

二、物流绩效非财务评价指标

企业物流绩效评价除了受财务指标的影响，还受到非财务指标的影响，主要包括顾客服务绩效评价指标、市场影响力指标、物流活动业务绩效指标和物流活动的相关负责人学习和发展绩效指标。

（一）顾客服务绩效评价指标

企业管理物流活动最主要的目的是更好地满足顾客的需求，要做到这一点，就要了解顾客的需要。企业可以从时间、产品品质和效益等方面来衡量对顾客需要的满足程度。一般情况下可以用顾客保持率、新顾客吸引率和顾客满意度等指标来衡量。

1. **顾客保持率**

企业物流活动的客户保持能力对企业的整体发展非常重要，它表明企业的现有顾客是否愿意继续与企业保持业务往来。这个指标属于企业的效益型指标，留住一个老顾客比吸引一个新顾客要容易得多。企业顾客保持率越高，说明企业物流服务水平及服务质量越好。其计算公式为：

$$顾客保持率 = \frac{本期老顾客数量}{本期顾客数量} \times 100\%$$

这里的期数可视企业物流活动的特点具体选择年、半年、季度或月来确定。

2. **新顾客吸引率**

新顾客吸引率主要反映的是企业通过物流活动吸引新顾客的能力，它在某种程度上能够体现企业物流的综合管理水平和企业物流竞争能力，该指标和顾客保持率一样，也属于效益型指标。该指标越大,说明企业对新顾客的吸引能力越强,也就表明企业在市场发展中占有比较有利的位置。若该指标较低,表明企业在产品本身或物流过程中存在不足和缺陷,要尽可能找出原因进行改善,只有牢牢地抓住顾客才是企业的生存法则。该指标的计算公式为:

$$新顾客吸引率 = \frac{本期新获得的顾客数}{本期顾客总数} \times 100\%$$

3. 顾客满意度

顾客满意度是指在所有顾客中满意的顾客所占的比重,用来反映顾客对于企业通过物流活动所提供的产品和服务的满意程度。顾客满意的时间从企业开始接受订单到顾客最终收到产品为止的整个物质流通过程。这个指标能够反映企业内部物流活动运行的便捷和流畅程度,它有利于企业降低顾客成本,提高顾客的认知价值。

$$顾客满意率 = \frac{本期满意顾客数量}{本期顾客总数量} \times 100\%$$

该指标越高,表明企业的产品和服务产生的价值要大于顾客所付出的成本,即顾客让渡价值越大。这是企业在经营活动中希望得到的结果。顾客满意度越高,说明企业越有可能留住老顾客,同时借助于老顾客的口碑传播,能吸引到更多的新顾客,从而形成良性循环,使企业不断发展壮大。同理,如果该指标低,那就意味着顾客流失的可能性就越大,这样也容易形成恶性循环。所以,企业应该竭尽所能地提高顾客的满意度,促进企业健康良性地发展。

(二)市场影响力指标

企业通过一系列的物流活动能够为企业市场竞争情况形成多大的影响力是市场影响力指标追求的结果。具体而言,主要有市场占有率、市场增长率及市场应变能力。

1. 市场占有率

市场占有率又称为市场份额,主要是指企业的产品在同行业中的竞争力,是企业在其目标市场上所占的比重。这个指标对企业来说至关重要,它一方面能够反映企业经营业绩,同时也能反映企业市场地位,是测定企业市场发展潜力的横向对比指标。它的计算公式为:

$$市场占有率 = \frac{本企业产品所占有的市场份额}{同行业的市场总份额} \times 100\%$$

有时也可以用相对市场占有率来替代市场占有率,相对市场占有率是指本企业产品所占有的市场份额与该行业最大竞争企业的市场份额之比,它能够使企业更好地找到自己与竞争强者之间的差距,并据此进行改进。这个指标也是正向指标,该指标越大,说明企业产品或服务的渗透程度越深,企业的竞争实力越强;反之则竞争能力越弱。

2. 市场增长率

市场增长率主要是指产品或劳务的市场销售量或销售额在比较期内的增长比率。它能够表明企业在激烈的市场竞争中的发展潜力。市场增长率是测定企业市场发展的纵向对比指标,同时也是企业在进行产品战略发展中不可缺少的一项标准。它的计算公式为:

$$市场增长率 = \frac{比较期市场销售量 - 前期市场销售量}{前期市场销售量} \times 100\%$$

从统计学角度来看,市场占有率和市场增长率是反映企业在经济竞争格局中最直观、最简明的一对经济统计指标,在二维空间中的双指标组合能够反映企业在市场中的竞争态势。

3. 市场应变能力

市场应变能力是一个定性指标,主要是指企业对市场需求变化的敏捷反应力和对顾客需求变化的柔性能力。它是企业适应市场变化的能力体现,反映了企业在物流过程中的生产管理协调能力。通常会采取十分制打分法,请本企业的相关部门负责人和业内人士给予评价。

(三)企业物流活动的业务绩效指标

这类指标主要反映企业物流活动的业务能力,主要包括物流准时率、物流准确率和物流安全率三个方面。

1. 物流准时率

物流准时率是对企业的物流活动时间协调绩效的描述,主要反映了企业物流的协调能力,即物流活动在要求的时间内完成,满足下一步工作的需要。这个指标属于效益型指标,该指标越高,表示企业的物流协调能力越强。它的计算公式为:

$$物流准时率 = \frac{准时完成的物流工作量}{物流活动的总工作量} \times 100\%$$

2. 物流准确率

该指标主要是指企业在进行物流各项活动过程中工作准确性。这个指标能够反映企业物流活动与企业顾客之间物流关系协调能力,它是对企业物流活动绩效评价的一个重要方面。该指标越大,说明企业物流工作的准确性越高,即表现出企业提高服务的高质量。该指标的计算公式为:

$$物流准确率 = \frac{准确完成的物流工作量}{物流总工作量} \times 100\%$$

3. 物流安全率

现代企业在进行物流活动时除了要求准时、准确之外,还有一项很重要的要求就是安全。从产品的原材料供应开始到最终产品达到消费者手中这一系列过程中不仅要求材料和产成品的安全,同时也要求物质存储及运输过程中人、财、物的安全。物流安全指标能够反映企业在进行物流活动时安全完成物流过程的产品比率,其计算公式为:

$$物流安全率 = \frac{安全的物流工作量}{物流总工作量} \times 100\%$$

(四)物流活动的相关负责人学习绩效指标

这类指标主要是由参与物流工作的人员素质、业务培训、新技术开发和流程创造四个方面决定,它们是企业物流工作发展的驱动力。

1. 人员素质

企业的物流工作人员素质是指反映企业物流人员的学习能力、创新能力等的定性指标,这项指标可以由直接领导进行评价打分,一般来说都是采取十分制量化,以便进行评价。

2. 员工培训率

这个指标主要反映企业为员工个人能力发展的规划,包括个人职业能力的培养、进修机

会等,员工的整体培训率越高,说明企业重视物流绩效的发展,企业整体的后续发展动力就越高。它的计算公式为:

$$员工培训率 = \frac{每年参加培训的员工数量}{员工的总数量} \times 100\%$$

3. 新技术开发能力

新技术开发主要是指企业研发部门的工作成效,它不仅能够反映企业的科研能力和企业的财务实力,同时也反映了企业在整个行业中的整体技术水平,是企业的核心竞争力的表现,该指标属于效益型指标。新技术开发可由每年技术引进和改进总次数来表示,也可以根据同行业的平均水平为标准进行打分,同样采用十分制定量化,便于进行比较。该指标越高,说明企业的科研能力越强或者企业有足够的资金实力引进新技术,企业在市场中的竞争优势也就越大。

4. 物流流程创造

物流流程创造主要反映了企业对物流生产流程的改进和重造能力,可以用每年流程再造和改造的次数表示。主要体现企业的生产流程的改进和重塑,为求以最小的投入取得最大的产出。

企业进行物流绩效评价时,绩效指标应根据企业的实际需要进行选择和设置。不同的企业,其物流绩效指标的选取不同;即使同一企业,在不同时期进行物流绩效评价所选取的指标也不一定相同,要具体问题具体分析。

第五节 物流企业的综合绩效评估方法

在不同的时期,由于生产经营特点以及所处的社会经济环境不同,企业绩效评估与管理方法大不相同。20 世纪以来,财务绩效评估被企业广泛使用,但财务指标存在重短期利益而轻长期利益、重局部利益而轻全局利益等诸多缺陷。因此,20 世纪 90 年代以来,人们提出了将财务指标和非财务指标相结合的绩效评估方法,如关键业绩指标法、项目"金三角"评价法、平衡计分卡、标杆法等。本节将介绍这些方法,并着重对平衡记分法和物流企业的综合绩效评估。

一、关键业绩指标法(又称为 KPI 考核法)

竞争性绩效评判体系对企业把握市场是很重要的,在公司众多的衡量绩效的标准中一些数量相对少但对市场成功具有举足轻重的指标就是绩效关键指标。关键绩效指标考核法是通过对组织内部流程的输入端、输出端的关键参数进行设置、取样、计算、分析,衡量流程绩效的一种目标式量化管理指标。它是把企业的战略目标分解为可操作的工作目标的工具,通过对各部门、岗位指标实施情况的考核来落实战略目标,提高企业绩效。KPI 可以使部门主管明确部门的主要责任,并以此为基础,明确部门人员的业绩衡量指标。因此,它可以衡量企业营销战略目标实施的效果,促使企业整体的营销战略转化为内部过程和活动。在实践中,KPI 考核法不仅是绩效管理的有效工具,更是战略管理乃至组织设计的基础。

KPI方法的核心在于关键指标体系的建立,关键绩效指标的建立遵循一个重要的SMART原则。KPI方法在具体指标上常常看起来令人满意,但实际上这种方法扭曲了真实的绩效。而最严重的是,KPI在操作中还存在缺口,使有经验的管理人员知道怎样"赌一把"或者修补指标,以令它们被外人看起来满意。所以,KPI方法常与其他方法结合起来使用,比如平衡记分法就是其中的一种。

二、项目"金三角"评价方法

项目"金三角"评价方法是将涉及项目的时间、成本和质量各因素进行综合分析、评价的方法。由于物流系统是由若干单项物流活动构成的,主要包括运输、库存、订单处理和客户服务等方面。将每个物流单项活动的每一次运作看做一个项目,所以运用项目"金三角"评价方法对物流单项活动进行评估,对每个项目进行评价,然后再对其综合评价,得出物流系统的评估结果。

一个项目绩效的大小与这三个要素的变动密不可分。在一个项目结果一定的条件下,所投入的时间、成本以及产生的服务质量与保证项目绩效前提下的最小时间、最小成本、最大服务质量比较,就会得出我们的评价标准及评估结果。

项目评价是以企业自身完成的每一个项目结果作为标杆进行的分析评价,为物流企业的内部控制提供了最佳标准。物流系统绩效的量度主要是从服务质量、时间、成本等方面展开,然而物流系统涉及多个环节,每个环节的运作形式不尽相同,所以逐个环节进行统计不易得出统一的标准,评价结果误差率就会增大。由于物流系统分为多个单项物流活动,可以将每个环节的每一次运作看做一个项目,并以此为对象,以项目的"金三角"评价为工具,将所有的物流系统评价指标统一起来进行分析,最后以发生指标实际平均值和最佳标准值为依据进行比较,得出物流系统绩效评估结果。第三方物流供应商可根据项目评价、物流系统评估制定相关的单项物流活动策略和物流企业发展战略,为企业物流业务的执行、控制提供规范的管理。而单项物流活动的绩效评估只关注单一物流活动中能体现绩效的关键指标,对物流企业而言,从物流整体角度来衡量运作绩效才能做好物流管理。

三、模糊综合评判方法

模糊综合评判是对受多种因素影响的事物作出全面评价的一种多因素决策方法。在模糊的环境中,考虑多种因素的影响,出于某种目的对某事物作出的综合决断或决策。

物流绩效评价的过程中存在许多的定性指标,有些指标的样本值很难精确得到,如对临场应变能力的评价、对学习发展能力的评价等,具有一定的模糊性。因此,采用模糊综合评判方法是一种行之有效的方法。对于这些定性的指标常采用专家评分或者问卷调查法来评价,具有一定的主观性,对此通过对评价指标赋予相应的权数进行综合评价,这得到的评价结果更接近现实、更加合理。

模糊综合评判方法是用单因素隶属函数来表示某个因素对评判对象的影响,综合评价法是对反映企业财务能力的指标进行量化处理和赋予权重后加权计算这些指标综合指数的方法。其主要优点就在于可以量化企业绩效且简单易实施,主要缺点在于选取的指标都是财务指标,仅仅反映企业财务能力。

四、标杆管理

(一)标杆法的含义

标杆法是建立在过程概念之下,通过对先进的组织或者企业进行对比分析,了解竞争对手的长处和具体的行事方式,在此基础上,对比自己的行事方式,然后制定出有效的赶超对策来改进自己的产品服务以及系统的一种有效的改进方式或改进活动。

标杆法可以描述为:以那些出类拔萃的企业作为基准,将本企业的产品、服务和管理措施等方面的实际状况与这些基准进行定量评价和比较,分析这些基准企业的绩效达到优秀水平的原因,在此基础上选取改进的最优策略。这种程序连续不断地反复进行,利用所获取的信息作为制定企业绩效目标、战略和行动计划的基准。

(二)标杆法的特点

标杆法是美国施乐公司确立的经营分析手法,以定量分析自己公司现状与其他公司现状,并加以比较。其主要特点在于:将那些出类拔萃的企业作为企业测定基准,以它们为学习的对象,迎头赶上,并进而超过之;除要求测定相对最好公司的企业的成效外,还要发现这些优秀公司是如何取得这些成就的,并利用这些信息作为制定企业绩效目标的依据;它是战略和行动计划的基准;作为企业测定基准的优秀公司也并非局限于同行业中的佼佼者,也可以是各种业务流程活动中已取得出色成绩的企业;标杆法也并不总是一定要与竞争对手比较,也经常与非竞争对手比较。

(三)绩效标杆的种类

绩效标杆一般分为三种:

第一种是战略性标杆,它包含一个企业的市场战略与其他企业的市场战略的比较,通常包括以下几个方面的问题:竞争对手强调什么样的市场?竞争对手是什么样的市场战略?支持竞争对手市场战略的资源水平?竞争对手的竞争优势集中于哪些方面?战略性标杆可以使一个企业获取优秀企业的市场战略。

第二种是操作性标杆,它是以各方面的职能性活动作为重点,找出有效的方法,在各种职能方面都取得最好的成绩。为了解决主要矛盾,一般选择对标杆职能有重要影响的有关职能与活动,以便使企业获取最大效益。

第三种是支持活动性标杆,企业内的支持功能应该显示出比竞争对手更好的成本效率,通过支持活动性标杆控制内部间接费用和防止费用的上升。

案例 　　**美国施乐公司的物流绩效标杆**

在北美洲,绩效标杆法(Bench Marking)这个术语是和施乐公司同义的。在过去15年中,有100多家物流企业去学习施乐公司在这个领域的专门知识。施乐公司创立绩效标杆法开始于1979年,当时日本的竞争对手在复印行业中取胜,他们以高质量、低价格的产品,使施乐的市场占有率在几年时间里从49%减少到20%。为了迎接挑战,施乐高级经理们引进了若干质量和生产率计划的创意,其中绩效标杆法就是最有代表性的一项。所谓"绩效标杆法"就是对照最强的竞争对手,或著名的顶级物流企业的有关指标对自己的产品、服务和实施过程进行连续不断的衡量。施乐考虑到了顾客的满意度,绩效标杆法执行得比原先最佳的实践还要好。达到这个目标的主要实践方法是取悦顾客,展示给顾客看与施乐公司做生意是多么容易和愉快,达到这个目标的主要途径是公司与顾客之间的接触点,例如拿取和填写订货单、开发票的全过程都必须保证顾客满意的最佳实践标准。

在施乐公司,绩效标杆法是一个由如下四个阶段和十个步骤组成的程序。

第一阶段(两个步骤):识别什么可以成为标杆;识别可作为对照或对比的物流企业。

第二阶段(三个步骤):确定当今的绩效水平;制订未来绩效水平计划;标杆的确认。

第三阶段(两个步骤):建立改进目标;制订行动计划。

第四阶段(两个步骤):执行行动计划和监督进程;修正绩效标杆。

一个绩效标杆作业往往需要6—9个月的实践,才能达到目标。需要这么长时间,是因为绩效标杆既需要战略的,也包括战术或运作的因素。从战略上讲,绩效标杆涉及物流企业的经营战略和核心竞争力问题;从战术上讲,一个物流企业必须对其内部运作有充分的了解和洞察,才能将之与外部诸因素相对比。

绩效标杆的实践运作主要包括以下三种类型:

第一种类型是工作任务标杆。比如搬运装车、成组发运、排货出车的时间表等单个物流活动。

第二种类型是广泛的功能标杆。就是要同时评估物流功能中的所有任务,例如改进仓储绩效的标杆(从储存、堆放、订货到运送等每一个作业)。

第三种类型是管理过程的标杆。把物流的各个功能综合起来,共同关注诸如物流的服务质量、配送中心的运作、库存管理系统、物流信息系统及物流操作人员的培训与薪酬制度等,这种类型的标杆更为复杂,因为它跨越了物流的各项功能,运用绩效标杆法实际上可打破传统的思维模式,将物流企业的经营目标与外部市场有机地联系起来,从而使物流企业的经营目标得到市场的认同而更加合理化。

施乐公司物流绩效标杆已取得了显著的成效。以前公司花费了80%的时间关注市场的竞争,现在施乐公司却花费了80%的精力集中研究竞争对手的革新和创造性活动,施乐公司更多地致力于产品质量和服务质量的竞争而不是价格的竞争。结果公司降低了50%的成本,缩短了25%的交货周期,并使员工增加了20%的收入,供应商的无缺陷率从92%提高到95%,采购成本也下降了45%,最可喜的是,公司的市场占有率有了大幅度的增长。

资料来源:http://doc.mbalib.com/view/3776b84f629030a652396d4e0ae2ffaf.html。

五、平衡记分法

(一)平衡记分卡的基本原理

平衡记分卡(Balanced Score Card,BSC),是绩效管理中的一种新思路,适用于对部门的团队考核。在20世纪90年代初由哈佛商学院的罗伯特·S.卡普兰和诺朗诺顿研究所所长、美国复兴全球战略集团创始人兼总裁戴维·P.诺顿发展起来的一种全新的组织绩效管理方法。平衡记分卡自创立以来,在国际上,特别是在美国和欧洲,很快引起了理论界和客户界的浓厚兴趣与反响。

平衡记分卡作为一种绩效考核方法,它打破了传统的单一使用财务指标进行绩效考核的常规,而是在财务指标的基础上加入了非财务驱动因素,即客户因素、内部经营管理过程和员工的学习成长,其基本框架模式如图11-2所示。

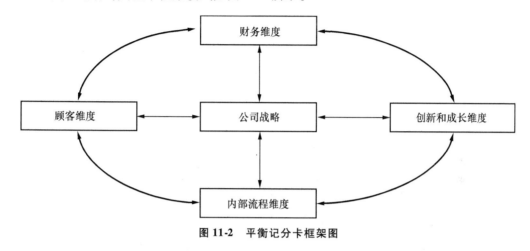

图 11-2　平衡记分卡框架图

依照平衡记分卡的框架可以看出,对企业的物流活动绩效评价主要从四个方面来进行。

1. 财务维度绩效评价

关于财务维度的绩效评价能够显示企业物流的发展战略及其执行对企业股东和其他利益相关者的影响。它涵盖了传统的绩效评价要素,评价目的在于能够有效掌握企业的短期盈利状况。财务指标在物流绩效评价中尽管具有局限性,但能显示已经实施的物流活动的财务结果。平衡记分卡保留了财务方面的指标,是为了显示企业的战略及其实施和执行是否能为最终经营结果的改善做出贡献。

2. 顾客维度绩效评价

企业进行物流活动不仅要取得财务上的直接收益,同时还要考虑战略资源的开发与保持。这种战略资源包括内部资源和外部资源,外部资源就是企业的现实顾客与潜在顾客,为企业带来物流服务产品的市场。这也是企业战略性成长的需求基础。

现代企业的竞争立足于服务顾客、满足顾客、帮助顾客实现其价值取向。因此,企业的经营战略和物流的发展战略应以顾客和市场为导向,为顾客和市场提供价值,并据此确定相应的评价要素来衡量顾客层面绩效。平衡记分卡要求对企业物流绩效评价,从顾客绩效方面来看主要考虑两个方面:一是对顾客对企业物流服务满意度的评价;二是对企业的经营行为所开发的客户数量和质量的评价。具体的评价指标有市场占有率、顾客保持率、顾客获得率及顾客的满意度等。这些指标是衡量该层面绩效的重要评价要素,它们反映了企业物流活动在市场中为顾客提供价值的大小。

3. 内部流程维度绩效评价

除了外部资源,企业赖以生存的另一重要资源是企业的内部资源,即企业物流活动的内部业务能力,包括产品特性、业务流程、软件和硬件资源等。企业的内部业务绩效主要来自企业的核心竞争能力,即如何保持持久的市场领先地位,较高的市场占有率是关键的一环。

为了达到顾客的要求,企业在其内部的业务流程、决策与行动上应有良好的表现,具备一定的市场竞争能力,并最终通过向顾客提供相应的产品和服务来满足现有和未来目标客户的需求。平衡记分卡要求企业必须从整体经营战略出发,对其业务流程进行分析,找出其核心环节并使之转化为能够为顾客提供较高战略价值的能力。

内部流程维度在企业物流绩效评估中最能够反映其行业和企业特色。同时,需要结合企业物流活动的特点和客户的具体需求共同确定,其主要的评价指标有单位进货价格、订单完成率、按时配送率、退货更换时间、按时交货次数、员工完成规定任务的时间和出错率等。

4. 个人创新及成长维度绩效评价

企业物流绩效在顾客维度和内部流程维度方面的评价是从企业发展的战略层次上来看,都把评价的重点放在了企业物流活动的现有竞争能力上。而企业对物流活动在创新与学习层面的评价则强调了企业要不断创新,并保持其竞争能力和未来的发展势头。因此,无论是管理阶层还是基层员工都必须不断地学习,不断为企业推出新的物流产品和服务,使物流产品和服务能够迅速有效地占领目标市场。对于业务不断地学习和创新,将会为顾客提供更多价值含量高的产品和服务,减少运营成本,从而提高企业的经营效率,增加股东价值。

学习和成长能力是企业在财务层面、顾客层面以及内部层面取得较高绩效水平的驱动因素,对其进行评价目的在于反映企业是否具有能够继续改进和创造未来价值的能力。企业物流绩效在这个维度的评价指标有人员素质、员工满意度、员工培训率、研发费用增长率等。

平衡记分卡这四个指标之间存在的相互驱动的因果关系如下:财务指标是企业最终的追求和目标,也是企业存在的根本物质保证;而要提高企业的利润水平,必须以客户为中心,满足客户需求,提高客户满意度;要满足客户,就必须加强自身建设,提高企业内部的运营效率;提高企业内部效率的前提是企业及员工的学习与发展。这四个方面构成一个循环,从四个角度解释企业在发展中所需要满足的四个因素,并通过适当的管理和评估促进企业发展,可以说它们基本囊括了一般企业在发展中的关键因素。

(二) 平衡记分卡的应用

1. 平衡记分卡的应用领域

自平衡记分卡方法提出之后,它对企业全方位的考核及关注企业长远发展的观念受到学术界与企业界的充分重视,许多企业尝试引入平衡记分卡作为企业管理的工具。在国外平衡记分卡应用领域十分广泛,涉及服务提供商、生产制造商、金融服务企业、物流服务企业和高科技企业。随着企业改革的不断深入,绩效评价越来越受到管理层的重视。平衡记分卡的提出与应用推广也对国内产生了较大的影响,目前国内有众多专家、学者、企业界人士在讨论平衡记分卡的推广与运用问题。研究平衡记分卡的学者也由最初的管理会计发展到人力资源管理领域、战略管理领域。许多企业在绩效考核方面借鉴了平衡记分法的思想,有些企业不仅自己采用了平衡记分法,还在此基础上开发出软件产品,如山东鲁能科技集团,将平衡记分法的思想融入其绩效管理软件,该产品运用于电力系统,云南、广西、东北的电力系统均有所采用。

2. 平衡记分卡法的实施步骤

（1）建立企业物流活动的远景与战略。

企业物流活动的远景与战略要简单明了，并对每一部门均具有实际的指导意义，使每一部门可以采用一些业绩衡量指标去完成企业的物流活动。

（2）在企业的高层管理层中达成共识，分析各维度之间的因果关系。

企业的高层管理者应该对企业物流活动的发展远景及发展战略达成共识，通过成立平衡记分卡小组或委员会去解释公司的物流发展战略，通过分析财务、顾客、内部业务、学习与成长4个维度的因果关系，并从这4个方面建立具体的绩效考核指标体系。

（3）建立物流绩效评价指标体系。

根据企业物流活动的具体情况建立符合企业物流绩效评价实际需要的指标体系，用于考核物流绩效。在建立物流绩效评价指标体系时，一定要根据企业自身的实际情况，考虑自身的实际需要，切忌盲目使用，照搬照抄。

（4）进行物流绩效评价。

指标设置完后，要根据企业物流活动的各个指标值进行绩效评价，比较各部门的物流绩效活动优劣，并查找物流绩效不佳部门的问题所在，提出解决方案。

（5）总结评价结果并进行跟踪反馈。

企业物流活动绩效评价结束后，必须总结评价结果。同时，对于参与评价的部门进行跟踪反馈，发现问题及时反馈给各个物流活动的相关部门进行调整和修正，再进一步修正评价结果。

本章小结

1. 物流绩效评价是指在会计和财务管理的基础上，运用数量统计和运筹学方法，采用特定的指标体系，对照统一的评价标准，按照一定的程序，通过定量、定性分析，对企业物流系统的运行状况和物流活动的业绩进行的综合评判。

2. 物流业绩评价将整个物流过程划分为各种不同形式的责任中心，明确每个责任中心的权责，建立起一种以责任中心为主体，责任权利相统一的机制，通过信息的积累、加工、反馈而形成的物流系统内部的一种控制系统。

3. 物流成本绩效评价主要从操作步骤、注意事项及物流成本绩效评价指标分析来说明。在了解操作步骤的时候，应注意了解每一步的作用及需要注意的问题，对于指标分析，不仅要了解各指标的内涵及作用，更加需要结合不同的评价方法，去了解指标。

4. 物流企业的综合绩效评估方法主要有关键业绩指标法、项目"金三角"评价法、模糊综合评判法、标杆管理法及平衡记分法等。

中英文关键术语

1. 绩效评价（Performance Evaluation）
2. 绩效评价指标体系（Performance Evaluation Index System）
3. 评价步骤（Evaluation Steps）

4. 财务绩效指标(Financial Performance Index)
5. 非财务指标(Non-financial Index)
6. 绩效评价报告(Performance Evaluation Report)
7. 平衡记分卡(Balance Score Card)

思考题

1. 企业应该怎样开展绩效评价工作？
2. 什么是物流责任中心？它有哪些特征？分为哪几类？
3. 物流责任成本预算的变质方法有哪几种？各有哪些优点和不足？
4. 物流成本绩效评价方法有哪些？
5. 物流成本绩效评价指标有哪几类？
6. 各类指标的具体内容是什么？如何评价？
7. 平衡记分卡从哪些方面设计绩效评价指标？

课外材料阅读　　平衡记分卡在沃尔沃集团的应用

自从1993年与雷诺汽车公司(Renault)的兼并计划被取消，整个沃尔沃集团经历了重大的变革。首先，公司把大量的时间与资源花在了阐明沃尔沃集团各个子公司的远景与战略上。1995年年初，沃尔沃汽车公司(VCC)提出了新远景："成为世界上最理想、最成功的专业汽车品牌。"基于该远景，为公司的每个部门都阐明了详细的战略。通过以行动为基础的商业计划，这些战略在整个公司得以实施。

在阐明战略的过程中，公司的管理层意识到沃尔沃集团的预算和计划体系无法提供可靠的预测。管理控制体系没有正确的估计技术、产品以及成为市场上的有力的竞争者所需要的进程。公司需要一个灵活的管理控制工具，该工具能够模拟现实情况并且能够对商业环境中的变化做出快速的反应。这些因素导致公司开始引入了"新计划过程"。

新计划过程是一种报告和控制，在该过程中公司一年中至少准备4次长期和短期预测，同时还要把关注的焦点放在目标和当前的经营计划上。新计划过程不强调预算安排，甚至会传递这样一种信息，即"不需要预算"。依照管理的要求，预算已经成为一种形式，一种对有效控制经营起阻碍作用的每年一次的仪式。

利用新计划过程，沃尔沃想把关注的焦点从细节转向目标。沃尔沃认为决策的制定应该尽可能地靠近客户。这要求有一个能够提供早期预警信号的管理控制体系；一旦现实情况开始偏离预期，应该采取积极决策行动来使公司朝着已经确定的目标调整。

沃尔沃的管理控制是通过测量各个部门的业绩指标来进行的，业绩指标以图形显示在记分卡上。业绩指标应该是相关的和易于测量的，并且它们应该包含有货币或者非货币的参数。而且，它们在短期和长期中应该与财务业绩或者资本使用之间有直接或者间接的联系。

每一个业绩指标都对应相应的目标。目标设定过程应该开始于对部门理想状况的清晰定义；通常情况下，在业务发展和战略阐明过程中这个步骤已经完成了。下一步是定义将引导部门朝着理想情况发展。关键的成功要素指标变成可测量的目标。目标应该是有可能实现的、便于理解的、能够分解为次要目标并能够应用于公司不同部门的。应该设定完成每个目标的最后期限，对目标实现的过程能够进行短期或长期的预测。

长期预测每季度进行一次，短期预测按月进行分解。长期预测是针对未来两年的，这样，包括过去的两年，就有 5 年的时间段在被关注的范围内。用这种方法，可以警告沃尔沃公司的管理层注意将要发生的变化，并采取相应的行动策略。在一年当中，绩效的评估是连续不断地对每一个绩效指标都进行经常的预测和控制。

VCC 业绩报告包括 VCC 公司各部门提交的报告。在业绩指标的基础上通过记分卡对每一个部门进行监督（指标事先由 VCC 的质量管理人员确定）。除了记分卡，还要对趋势、差异以及值得关注的事件发表评论；对任何差异都要提出一个行动计划。这种报告不仅要用书面形式加以记录，而且在每月举行的会议上还要同 CEO 或者 CFO 进行口头陈述。根据 VCC 业绩报告，沃尔沃集团的管理层了解到许多业绩指标的完成情况，包括利润、客户的满意程度、质量、成本以及营运资本等。

通过不断比较真实业绩与预期业绩，公司总是可以保证有一套行动计划来完成确定的目标。按照沃尔沃的规定，这些特点构成了业绩报告和年度预算之间的主要区别。但是，存在一个扩展的目标设定过程，在此过程中值得注意的是短期和长期目标总是保持不变，而预期目标却经常随着实际情况的改变而进行修正。因此，也可以看到补救行动计划是如何较好地完成的。

资料来源：http://www.chinahrd.net/management-planning/birds-eye-view/2007/1219/152252.html。

第十二章

物流成本控制概述

学习目标

1. 了解物流成本控制的含义及原则
2. 理解物流标准成本的分类
3. 掌握物流目标成本的确定与控制方法
4. 掌握物流综合成本控制的实施框架与策略

引例

上海通用汽车公司的物流成本控制

作为国内最大的中美合资汽车企业,上海通用是如何降低物流成本的?引例分析了上海通用汽车在物流运输上的可取之处。

1. 精益生产 及时供货

上海通用在合资当初就决定,要用一种新的模式,建立一个在"精益生产"方式指导下的全新理念的工厂。精益生产的思想内涵很丰富,最重要的一条就是像丰田一样——即时供货(JIT,Just In Time),即时供货的外延就是缩短交货期。所以上海通用在成立初期,就在现代信息技术的平台支撑下,运用现代的物流观念做到交货期短、柔性化和敏捷化。

从这几年的生产实践来说,上海通用每年都有一个或以上新产品下线上市,这是敏捷化的一个反应。而物流最根本的思想就是怎样缩短供货周期来达到低成本、高效率。这个交货周期包括从原材料到零部件,再从零部件到整车,每一段都有一个交货期,这是敏捷化至关重要的一个方面。

2. 循环取货 驱除库存"魔鬼"

上海通用目前有四种车型,部件总量有5 400多种,在国内外还拥有180家供应商。

> 那么,上海通用是怎么提高供应链效率、降低库存成本的呢?
>
> 为了把库存这个"魔鬼"赶出自己的供应链,通用的部分零件例如有些是本地供应商所生产的,会根据生产的要求在指定的时间直接送到生产线上去生产。这样,因为不进入原材料库,所以保持了很低或接近于"零"的库存,省去大量的资金占用。
>
> 有些用量很少的零部件,为了不浪费运输车辆的运能,充分节约运输成本,上海通用使用了叫做"牛奶圈"的小技巧。上海通用聘请一家第三方物流供应商,由他们来设计配送路线,然后到不同的供应商处取货,再直接送到上海通用,利用"牛奶取货"或者叫"循环取货"的方式解决了这些难题。
>
> 3. 建立供应链预警机制 追求共赢
>
> 上海通用采取的是"柔性化生产",即一条生产流水线可以生产不同平台多个型号的产品。这种生产方式对供应商的要求极高,即供应商必须处于"时刻供货"的状态,会产生很高的存货成本。而供应商一般不愿意独自承担这些成本,就会把部分成本打在给通用供货的价格中。如此一来,最多也就是把这部分成本转嫁到了上游供应商那里,并没有真正降低整条供应链的成本。
>
> 为克服这个问题,上海通用与供应商时刻保持着信息沟通。如果供应商在原材料、零部件方面出现问题,也要给上海通用提供预警,这是一种双向的信息沟通。万一某个零件预测出现了问题,在什么时候跟不上需求了,公司就会利用上海通用的资源甚至全球的资源来做出响应。
>
> 资料来源:http://wenku.baidu.com/view/28682e0690c69ec3d5bb75dc.html。

第一节 物流成本控制概述

一、物流成本控制的含义

物流成本控制是指企业在物流成本的形成过程中,根据物流成本的特性和类别,对其进行事先规划、事中指导、限制和监督、事后分析评价、总结经验教训,并不断采取改进措施,不断降低物流成本,提高物流服务水平的一系列活动过程。

物流成本控制在企业的物流管理中起着重要的作用,主要表现在以下几个方面:

1. 有利于考核各部门业绩,巩固经济责任制

建立物流责任成本控制制度,把企业的物流运营过程划分为若干个责任单位,把物流成本控制的指标与业绩考核紧密联系,促使各责任中心尽其职责,共同为最大限度地降低物流费用水平而努力。

2. 有利于资源的优化配置

物流活动占用大量人力、物力、财力,通过物流成本控制,找出产生不利差异的因素,并消除这些因素,这样可以节约大量不增值的资源,用于其他增值活动。

3. 增加企业经济效益,提高企业竞争力

随着经济全球化的发展,整个市场竞争中呈现出明显的国际化和一体化,企业竞争日趋

激烈。物流成本直接影响产品成本,良好的企业物流成本控制会提高企业的竞争力。

二、物流成本控制的分类

(一)按物流成本控制对象分类

1. 绝对成本控制

绝对成本控制,是指把成本支出控制在一个绝对金额以内的控制方法。绝对控制从节约各种成本支出,杜绝浪费。进行物流成本控制,要求把劳动生产过程发生的一切成本支出划入成本控制范围内。标准成本控制和预算成本控制是绝对成本控制的主要方法。

2. 相对成本控制

相对成本控制,是通过成本与产值、利润、质量和服务等对比分析,寻求在一定制约因素下取得最优经济效益的一种控制方法。相对成本控制扩大了物流成本控制领域。要求在降低物流成本的同时,注意与成本关系密切的因素,诸如产品结构、项目结构、服务质量水平、质量管理等方面的工作,目的在于提高控制成本支出的效益,即减少单位产品成本投入,提高整体经济效益。

(二)物流成本控制按成本发生时间先后划分

1. 事前控制

事前控制是指经过成本预测和决策,确定目标成本,将目标成本分解,结合经济责任制,层层落实。物流成本事前控制又称为物流成本的前馈控制或预防控制,是指在物流活动发生前,在对物流活动的成本功能关系进行分析和研究的基础上,明确企业对物流功能和目标成本的要求,从根本上消除过剩功能,从而降低成本。同时在对物流成本形成的各种因素进行分析和研究的基础上,根据物流成本特性和类别,采取不同方法约束成本开支,防止偏差和浪费的发生。

物流成本事前控制主要涉及物流系统的设计,如物流配送中心的建设,物流设施、设备的配备,物流作业过程的改进控制等。物流成本事前控制是极为重要的环节,它直接影响以后各物流作业流程成本的高低。

2. 事中控制

物流成本事中控制又称日常成本控制,是指在物流活动过程中,企业内部对物流成本负有经营管理责任的单位,根据事先确定的物流成本标准,对各责任中心日常发生的各项物流成本和费用进行严格的计量、监督,发现偏差,及时查找原因,并针对具体的原因采取相应措施纠正偏差,从而保证物流成本目标和成本预算任务的完成。

3. 事后控制

物流成本事后控制又称为成本的后馈控制,是指在物流成本发生后,对物流成本预算和目标的执行情况进行分析评价,总结经验教训,不断采取改进措施,为以后进行物流成本控制和制定新的物流目标成本提供依据。

三、物流成本控制的原则

物流成本控制是企业成本控制的一个重要组成部分,为了有效地进行物流成本控制,在企业的物流成本控制过程中,必须遵循以下原则:

1. 经济性原则

经济性原则也称成本效益原则,是指利用有限的可支配的资源获得最大的经济效果,是提高经济效益的核心,因此经济性原则是物流成本控制的基本原则。经济性原则在很大程度上决定了物流成本控制只在重要领域中对关键因素加以控制,而不是对所有的成本项目都进行同样重要的控制;同时,经济性原则还要求物流成本控制应具有灵活性,即要根据变化的条件,适时地调整控制方式和手段等。

2. 全面性原则

物流系统是由一系列物流环节或功能所构成的全方位的系统。因此,在进行物流成本控制时,必须遵循全面控制的原则。全面控制原则主要包含全过程、全员和全方位成本控制。

(1) 全过程控制。无论是产品设计、工艺准备、采购供应,还是生产制造、产品销售、售后服务,各项工作都会直接或间接地引起物流成本的变化。因此,物流成本控制应充分考虑物流成本形成的全过程中各阶段的不同性质和特点,采取有效的成本控制措施。

(2) 全员控制。物流成本的发生直接受制于企业供应、生产、销售各个部门的工作,因此,企业物流成本控制不仅要有专职物流成本管理机构和人员的参与,还应发挥企业各个部门和全体员工在物流成本控制中的作用,充分调动他们控制成本、降低成本的积极性和主动性。

(3) 全方位控制。物流成本控制不仅要对物流活动过程中各项费用发生的数额进行控制,而且还要对各项费用发生的时间和用途加以控制,以保证物流成本开支的经济性和合法性。

3. 目标控制原则

目标控制原则是指企业管理当局以既定的目标作为管理人力、物力、财力和完成各项重要经济指标的基础,以目标物流成本为依据,对企业的经济活动经行约束和指导,力求以最小的物流成本,获得最大的经济效果。

4. 重点控制原则

重点控制原则,就是对超出常规的关键性差异进行控制,目的是保证管理人员将精力集中于偏离标准的一些重要事项上。企业在成本控制过程中,实际发生的各项物流成本差异很多,影响物流成本升降的因素也很多,为了提高成本控制的效率,管理人员应集中精力对超出常规的关键性的成本异常差异进行重点控制。超出常规的关键性差异是指差异率或者差异额较大,差异持续时间过长,对企业物流活动及其经济效果有重大影响的项目或因素。对这些项目或因素要进行重点控制,并及时将有关信息反馈给相关责任单位,以便及时采取有效措施控制成本。

第二节 物流标准成本控制

物流标准成本是指通过调查和分析研究,运用技术测定等科学方法制定的,在有效的经营条件下开展物流活动时应该实现的成本。其本质是一种成本管理方法,不单纯是成本计算方法。标准成本的两种含义:

1. 单位物流服务的标准成本,或者是"成本标准"
   成本标准 = 单位物流服务标准成本 = 单位物流服务标准消耗量 × 标准单价
2. 实际产量的标准成本,根据实际产品产量和单位物流服务标准成本计算
   实际产量的标准成本 = 实际产量 × 单位物流服务标准成本

物流标准成本控制是以企业既定的标准成本为基础,将实际发生的成本与标准成本进行对比,揭示成本差异的成因及责任归属,并及时采取有效措施,将各项物流成本支出控制在标准成本范围内的一种成本控制方法。

一、物流标准成本分类

（一）物流标准成本的分类步骤
（1）制定单件物流作业的标准成本。
（2）根据实际作业量和成本标准计算物流作业的标准成本。
（3）汇总计算流作业的实际成本。
（4）计算标准成本和实际成本的差异。
（5）分析成本差异发生的原因。
（6）向成本负责人和单位管理者提供成本控制报告。

（二）物流标准成本分类

1. 按标准成本制定所根据的生产技术和管理水平分为理想标准成本和正常标准成本

理想标准成本又称为理论标准成本或最高标准成本,是以现有生产经营条件处于最优状态为基础确定的成本水平。采用这一标准成本,意味着技术上无失误、材料人工无浪费、机器设备无闲置等最优生产经营条件下的理想成本。也就是说,采用这一标准成本不允许有任何失误、浪费和损失的存在。由于理想标准成本没有考虑到客观实际情况,对企业条件提出的要求过高,不易实现,故实际中很少采用。理想标准成本的主要用途是为企业提供一个完美的工作目标,揭示成本下降的潜力。

正常标准成本是根据企业的正常生产能力,以有效的生产经营条件为基础而制定的标准成本,是正常情况下企业经过努力即可达到的成本标准。由于这一标准成本考虑了生产经营过程中不可避免的损失、故障和偏差等因素,因而正常标准成本具有客观性、现实性、激励性和稳定性等特点,可以作为企业业绩评价的尺度,在现实工作中被广泛采用。本书中如没有特别说明,所提及的标准成本就是指正常标准成本。

2. 按标准成本适用期分为基本标准成本和现行标准成本

基本标准成本是企业根据过去几年实际营运资料所设定的标准成本。这一标准成本一经制定,长期保持不变,它可以使各个不同时期的实际成本以同一标准进行比较,以反映成本的变化情况。但是,由于基本标准成本反映的是在过去的生产技术及经营管理条件下的成本水平,不符合当前的实际情况,因而在实际中较少采用。基本标准成本的用途是可以作为制定现行标准的参考。

现行标准成本是指根据其适用期间应该发生的价格、效率和生产经营能力利用程度等预计的标准成本。当这些影响因素发生变化时,需要按照变化的情况加以修订。现行标准成本可以成为评价实际成本的依据,也可以用来对存货和销货成本计价。

二、物流标准成本制定

物流成本控制在物流活动中主要以料、工、费三大块为基础,因此制定物流标准成本主要包括物流直接材料、物流直接人工和物流间接费用标准成本。尽管这三大项目的具体性质各有不同,但在制定标准成本时,无论是哪一个成本项目,都需要分别确定其用量标准和价格标准,两者相乘后得出成本标准。

(一)物流直接材料标准成本的制定

物流直接材料标准成本由直接材料用量标准和价格标准组成。

用量标准是指在现有技术条件下,生产单位产品所需的材料数量,包括必不可少的消耗,及各种难以避免的损失。用量标准一般由产品的设计部门、工艺技术部门和生产部门共同研究确定。

价格标准是预计下一年度实际需要支付的进料单位成本,包括发票价格、运费、检验和正常损耗等成本,它是取得材料的完全成本。价格标准一般由采购部门、质量管理部门、财会部门共同研究确定。

物流直接材料标准成本计算公式为:

直接材料标准成本 = 直接材料用量标准 × 直接材料价格标准

【例 12-1】 某物流服务耗用 A、B、C 三种直接材料,其直接材料标准成本计算如表 12-1 所示。

表 12-1 物流直接材料标准成本

标准	A 材料	B 材料	C 材料
数量标准①(千克)	60	30	80
价格标准②(元/千克)	500	200	100
标准成本①×②(元)	30 000	6 000	8 000
直接材料标准成本(元)	44 000		

(二)物流直接人工标准成本的制定

物流直接人工标准成本由直接人工工时标准和工资率标准构成。

直接人工工时标准是指在现有生产技术条件下,生产单位产品或提供某项物流作业服务所需时间,包括直接加工操作或提供服务必不可少的时间、必要的间歇和停工时间等。

工资率标准是指每一标准工时应分配的工资,一般按现行的工资制度所确定的工资水平计算确定。在制定物流直接人工标准成本时,如果是计件工资,则工资率标准就是单位作业量工资;如果是计时工资,工资率标准就是单位工时工资,它等于标准工资总额除以标准总工时。

物流直接人工标准成本计算公式为:

物流直接人工标准成本 = 工资率标准 × 直接人工工时标准

【例 12-2】 上例物流服务的直接人工标准成本计算如表 12-2 所示:

表 12-2 物流直接人工标准成本

项目	标准
月标准总工时①	2 280 小时
月标准工资总额②	18 240 元
工资率标准③ = ②/①	8 元/小时
单位产品工时标准④	5 小时
直接人工标准成本⑤ = ④×③	40 元

（三）物流间接费用标准成本的制定

物流间接费用标准成本可分为变动物流间接费用标准成本和固定物流间接费用标准成本两部分。

1. 变动物流间接费用标准成本的制定

变动物流间接费用标准成本由变动物流作业数量标准和变动物流作业价格标准构成。

变动物流作业数量标准，通常采用单位物流作业直接人工工时标准，它在物流直接人工标准成本制定时已经确定。但也有企业采用机架工时或其他用量标准。应注意的是，作为变动物流作业数量标准的计量单位，应尽可能与变动物流间接费用保持较好的线性关系。

变动物流作业价格标准是指单位工时变动物流间接费用的标准分配率，它由变动物流间接费用预算除以物流作业直接人工标准总工时求得。

变动物流间接费用标准成本的计算公式为：

$$\text{变动物流间接费用标准成本} = \text{单位物流作业直接人工标准工时} \times \text{单位工时变动物流间接费用标准分配率}$$

2. 固定物流间接费用标准成本的制定

固定物流间接费用标准成本由固定物流作业数量标准和固定物流间接费用价格标准构成。

固定物流作业数量标准的确定与变动物流作业数量标准的确定相同。通常采用单位物流作业直接人工工时标准，它在物流直接人工标准成本制定时已经确定。

固定物流间接费用价格标准是指单位工时固定物流间接费用的标准分配率，它由固定间接费用预算除以物流作业直接人工标准总工时求得。

固定物流间接费用标准成本的计算公式为：

$$\text{固定物流间接费用标准成本} = \text{单位物流作业直接人工标准工时} \times \text{单位工时固定物流间接费用标准分配率}$$

将以上确定的物流直接材料、物流直接人工和物流间接费用的标准成本按物流作业加以归纳汇总，就可以确定有关物流作业的完整标准成本。通常，企业采用编制"标准成本卡"来反映单位物流作业标准成本的具体构成。

三、物流成本差异的计算与分析

所谓物流成本差异，是指企业物流的实际成本与标准成本之差。

从计算的角度看，导致物流成本差异可归结为"用量因素"和"价格因素"两类，由这两种因素变动形成的差异分别称之为用量差异和价格差异。计算差异的通用模型为：

成本差异 = 实际成本 − 标准成本
　　　 = 实际数量 × 实际价格 − 标准数量 × 标准价格
　　　 = 实际数量 × 实际价格 − 实际数量 × 标准价格 + 实际数量 × 标准价格
　　　　 − 标准数量 × 标准价格
　　　 = 实际数量 ×（实际价格 − 标准价格）+（实际数量 − 标准数量）× 标准价格
　　　 = 价格差异 + 用量差异

在计算物流直接材料成本差异、物流直接人工成本差异和物流间接费用成本差异时可直接运用该模型公式。

（一）物流直接材料成本差异的计算与分析

物流直接材料成本差异是物流直接材料实际成本与标准成本之间的差额。形成原因：一是价格脱离标准；二是用量脱离标准。前者按实际用量计算，称为价格差异；后者按标准价格计算，称为用量差异。计算公式：

　　物流直接材料价格差异 = 材料实际用量 ×（材料实际价格 − 材料标准价格）
　　物流直接材料用量差异 =（材料实际用量 − 材料标准用量）× 材料标准价格

（二）物流直接人工成本差异的计算与分析

物流直接人工成本差异是指物流直接人工实际成本与标准成本之间的差额，它也可分为"价差"和"量差"两部分。

价差是指实际工资率脱离标准工资率的差额，按实际工时计算确定，又称工资率差异；量差是指实际工时脱离标准工时的差额，按标准工资率计算确定，又称人工效率差异。计算公式如下：

　　物流直接人工工资率差异 = 实际工时 ×（实际工资率 − 标准工资率）
　　物流直接人工效率差异 =（实际工时 − 标准工时）× 标准工资率

物流直接人工工资率差异形成的原因，包括工人升级或降级使用、奖励制度未产生实效、工资率调整、加班或使用临时工、出勤率变化等，原因复杂而且难以控制。一般说来，应归属于人事劳动部门管理，差异形成的原因会涉及各物流作业部门。

物流直接人工效率差异形成的原因，包括工作环境不良、工人经验不足、劳动情绪不佳、新工人上岗太多、机器或工具选用不当、设备故障较多、作业计划安排不当、作业量太低无法发挥节约优势等。它主要是物流作业部门的责任，但这也不是绝对的，如材料质量不好等也会影响作业效率。

（三）物流间接费用成本差异的计算与分析

物流间接费用成本差异，可分为变动物流间接费用成本差异和固定物流间接费用成本差异。

1. 变动物流间接费用成本差异的计算与分析

变动物流间接费用差异是指实际变动物流间接费用与标准变动物流间接费用之间的差额，它也可分解为"价差"和"量差"两部分。

价差是指变动物流间接费用的实际小时分配率脱离标准，按实际计算的差额，它反映耗费水平的高低，故称为变动物流间接费用耗费差异。

量差是指实际工时脱离标准工时，按标准小时费用率计算确定的差额，它反映工作效率

变化引起的费用节约或超支,故称为变动物流间接费用效率差异。计算公式如下:

$$\begin{matrix}\text{变动物流间接费用}\\ \text{成本差异}\end{matrix} = \begin{matrix}\text{变动物流间接费用}\\ \text{耗费差异}\end{matrix} + \begin{matrix}\text{变动物流间接费用}\\ \text{效率差异}\end{matrix}$$

$$\begin{matrix}\text{变动物流间接费用}\\ \text{耗费差异}\end{matrix} = \left(\begin{matrix}\text{变动物流间接费用}\\ \text{实际分配率}\end{matrix} - \begin{matrix}\text{变动物流间接费用}\\ \text{标准分配率}\end{matrix}\right) \times \begin{matrix}\text{实际}\\ \text{工时}\end{matrix}$$

$$\begin{matrix}\text{变动物流间接费用}\\ \text{效率差异}\end{matrix} = \left(\begin{matrix}\text{实际}\\ \text{工时}\end{matrix} - \begin{matrix}\text{标准}\\ \text{工时}\end{matrix}\right) \times \begin{matrix}\text{变动物流间接费用}\\ \text{标准分配率}\end{matrix}$$

$$\begin{matrix}\text{每小时变动物流间接费用}\\ \text{标准分配率}\end{matrix} = \frac{\text{变动物流间接费用预算总额}}{\text{物流作业直接人工标准总工时}}$$

2. 固定物流间接费用成本差异的计算与分析

固定物流间接费用成本差异由固定物流间接费用耗费差异、闲置能量差异和效率差异组成,其计算公式为:

$$\begin{matrix}\text{固定物流间接费用}\\ \text{耗费差异}\end{matrix} = \begin{matrix}\text{固定物流间接费用}\\ \text{实际成本}\end{matrix} - \begin{matrix}\text{固定物流间接费用}\\ \text{标准成本}\end{matrix}$$

$$\begin{matrix}\text{固定物流间接费用}\\ \text{闲置能量差异}\end{matrix} = \left(\begin{matrix}\text{计划物流作业量}\\ \text{标准工时}\end{matrix} - \begin{matrix}\text{实际物流作业量}\\ \text{实际工时}\end{matrix}\right) \times \begin{matrix}\text{标准费用}\\ \text{分配率}\end{matrix}$$

$$\begin{matrix}\text{固定物流间接费用}\\ \text{效率差异}\end{matrix} = \left(\begin{matrix}\text{实际物流作业量}\\ \text{实际工时}\end{matrix} - \begin{matrix}\text{实际物流作业量}\\ \text{标准工时}\end{matrix}\right) \times \begin{matrix}\text{标准费用}\\ \text{分配率}\end{matrix}$$

(1)固定物流间接费用效率差异产生的原因与人工效率差异产生的原因大致相同;

(2)导致闲置能量差异的原因往往是开工不足、车辆开动率和仓容利用率低,责任往往在管理部门;

(3)耗费差异的原因比较复杂,如成本制定得不切实际,实际物流服务量少于计划等。

【例 12-3】 假设某企业某项物流作业活动的标准成本和实际成本资料如表 12-3、表 12-4 所示。

表 12-3 物流标准成本资料

成本项目	标准单价或标准分配率	标准用量	标准成本(元)
物流直接材料	1 元/千克	150 千克	150
物流直接人工	5 元/工时	10 工时	50
变动物流间接费用	2 元/工时	10 工时	20
物流变动成本合计			220
固定物流间接费用	1 元/工时	10 工时	10
单位物流标准成本			230

表 12-4　物流实际成本资料

成本项目	实际单价或实际分配率	实际用量	实际成本（元）
物流直接材料	1.1 元/千克	148 千克	162.8
物流直接人工	5.2 元/工时	9.5 工时	49.4
变动物流间接费用	1.8 元/工时	9.5 工时	17.1
物流变动成本合计			229.3
固定物流间接费用	1.2 元/工时	9.5 工时	11.4
单位物流标准成本			240.7

该项物流作业活动预计全月的计划物流作业量标准总工时为 5 000 工时，计划提供物流服务 500 次，实际提供物流服务 520 次，购入直接材料 80 000 千克。要求：计算该企业物流成本差异。

第一步，计算物流直接材料成本差异：

（1）物流直接材料价格差异以采购量为基础计算：

物流直接材料价格差异 = (1.1 - 1) × 80 000 = 8 000(元)

物流直接材料用量差异 = (148 × 520 - 150 × 520) × 1 = -1 040(元)

由于价格差异以采购量为基础计算，与实际耗用量不同，故无法计算实际成本与标准成本的总额。这一计算方法的优点在于能给管理部门及时提供材料采购的差异信息，在责任会计制度下，该方法有利于分清经济责任。

（2）直接材料价格差异以耗用量为基础计算：

物流直接材料价格差异 = [(1.1 - 1) × 148] × 520 = 7 696(元)

物流直接材料用量差异 = (148 × 520 - 150 × 520) × 1 = -1 040(元)

物流直接材料成本差异 = 7 696 - 1 040 = 6 656(元)

物流直接材料价格差异以耗用量为基础计算，其优点在于它与用量差异以同一耗用量为基础计算，能给管理部门提供物流直接材料差异的信息。

第二步，计算物流直接人工成本差异：

物流直接人工工资率差异 = (5.2 - 5) × 9.5 × 520 = 988(元)

物流直接人工效率差异 = (9.5 - 10) × 520 × 5 = -1 300(元)

物流直接人工成本差异 = 988 - 1 300 = -312(元)

第三步，计算变动物流间接费用成本差异：

变动物流间接费用耗费差异 = (1.8 - 2) × 9.5 × 520 = -988(元)

变动物流间接材料效率差异 = (9.5 - 10) × 520 × 2 = -520(元)

变动物流间接费用成本差异 = -988 - 520 = -1 508(元)

第四步，计算固定物流间接费用成本差异：

固定物流间接费用耗费差异 = 1.2 × 9.5 × 520 - 1 × 10 × 500 = 928(元)

固定物流间接费用闲置能量差异 = (10 × 520 - 9.5 × 520) × 1 = 60(元)

固定物流间接费用效率差异 = (9.5 × 520 - 10 × 520) × 1 = -260(元)

固定物流间接费用成本差异 = 928 + 60 − 260 = 728(元)

第三节 物流目标成本控制

物流目标成本控制是指企业根据既定的物流目标成本,对物流系统各环节实际发生的费用进行约束和管理,将实际耗费与目标成本进行比较,找出差异,并及时采取纠正措施,保证完成预定目标成本的一种成本控制方法。

一、物流目标成本确定

物流目标成本是成本管理和目标管理相结合的产物,它是企业在一定时期内为保证目标利润的实现而制定的成本目标值。确定物流目标成本大致包括以下基本步骤:

(一) 物流总目标成本确定

企业高层管理者在市场调查的基础上,结合企业发展战略及自身的实际情况,制定出计划期预期实现的物流服务收入和预期实现的物流目标利润,物流总目标成本可以根据预计物流服务收入减去物流目标利润后的差额来确定。计算公式为:

$$物流总目标成本 = 预期物流服务收入 - 物流目标利润$$

企业确定计划期预期物流服务收入的方法是:首先,通过市场调查研究,了解客户需要的物流服务的功能、特色、愿意支付的价格和需求量;其次,对竞争对手进行分析,掌握竞争对手所提供的物流服务的功能、价格、品质及服务水平等有关资料,并与本企业相关情况进行对比。最后,根据客户需求分析和竞争者分析的结果,比较确定本企业的计划期预期物流服务收入。

企业预计目标利润的确定可以采用以下两种方法。

1. 目标利润率法

目标利润率法是指根据有关的物流目标利润率指标来测算企业的物流目标利润。

其计算公式为:

$$目标利润 = 预期物流服务收入 \times 同类企业平均物流服务利润率$$

或

$$目标利润 = 本企业净资产 \times 同类企业平均净资产利润率$$

或

$$目标利润 = 本企业总资产 \times 同类企业平均资产利润率$$

【例 12-4】 某企业物流运输的同业平均服务利润率为 17.764%,预计本年服务量为 408 万吨·公里,服务的市场价格为 1 元/吨公里,

$$物流目标利润 = 408 \times 1 \times 17.764\% = 72.5(万元)$$
$$物流目标总成本 = 408 \times 1 - 72.5 = 335.5(万元)$$
$$物流目标单位成本 = 335.5/408 = 0.82(元/公里)$$
$$目标单位成本 = 目标总成本 / 作业量$$

企业采用目标利润法确定预计目标利润的理由是:企业要想在激烈的市场竞争中生存和发展,其利润率水平必须达到同类企业平均利润率水平。

2. 上年利润基数法

上年利润基数法是指在上年物流利润额的基础上，根据利润增长率的评估进行目标利润的计算。其计算公式为：

$$目标利润 = 上年物流利润额 \times 利润增长率$$

企业采用上年利润基数法确定目标利润的理由是：未来发展是历史的延续，但不是历史的简单重复，预计未来的变化应考虑现有的利润基础，即上年的利润水平。

（二）物流目标成本可行性分析

目标成本由目标售价减去目标利润求得，按上述方法计算出的目标成本，只是初步的设想，它提供了一个分析问题的合乎需要的起点。但它不一定完全符合实际，还需要对其可行性进行分析，也就是对初步测算出来的总目标成本是否切实可行做出分析判断。分析时，主要是根据本企业实际物流成本的变化趋势及同类企业的物流成本水平，在充分考虑本企业物流成本节约潜力的基础上，对计划期物流成本的总水平进行估计，并与物流总目标成本水平进行比较。如果经过分析，预计的物流总成本目标是可行的，则将其进一步分解，将目标任务下达到有关部门和单位；如果经过反复分析研究和挖潜，仍不能达到目标成本要求，就要考虑放弃该产品并设法安排剩余的生产能力，如果从全局看不宜停产该产品，也要限定产量，并确定亏损限额。

（三）物流目标成本的分解与落实

当物流总目标成本通过可行性分析确定下来后，可将其自上而下按照企业的组织结构逐级分解到各个职能部门，直到基层，并落实到有关责任中心，使物流总目标成本变成各责任中心具体目标成本。目标成本的分解通常不是一次就能完成的，需要不断地反复修订，有时甚至需要对原来设立的目标成本进行修改。目标成本分解的方法有很多，实际工作中通常可以采用以下三种方法。

方法一：将物流目标成本按成本性态进行分解。首先，将物流目标成本划分为固定成本和变动成本两类；然后，将固定成本划分为办公费、差旅费、折旧费等项目；最后，将变动成本分解为直接材料、直接人工、直接制造费用等项目。

方法二：将物流目标成本分解到各级具体责任中心或责任人。

方法三：将物流目标成本分解为年度目标成本、季度目标成本、月度目标成本等。

上述方法，要根据物流企业组织结构和成本形成过程的具体状况选择采用。

对多品种作业来说，应将企业总体目标成本分解为各作业的目标成本，将各作业目标成本的合计值与企业总体目标成本进行比较。

计算公式：

$$企业总体目标成本或每种作业的目标成本 = 预计营业收入 - 应交税金 - 目标利润$$

其中：

$$目标利润 = 预计营业收入 \times 目标营业利润率$$

【例 12-5】 假设某企业有甲、乙两种产品。预计甲产品的作业量为 5 000 单位，单价为 600 元/单位，预计应交的流转税（包括消费税、城建税和教育费附加）为 165 000 元；乙产品的作业量为 5 000 单位，单价为 400 元/单位，预计应交的流转税（包括城建税和教育费附加）为 110 000 元。该企业以同行先进的营业利润率为标准确定目标利润，假定同行先进的营业利润率为20%。

要求:预测该企业的总体目标成本,并说明如果该企业结合实际确定的甲产品的目标营业利润率为23%,乙产品的目标营业利润率为18%,在这种情况下,该企业规定的总体目标成本是否合理?

计算过程:

企业总体的目标成本 = (5 000 × 600 + 5 000 × 400)
  − (165 000 + 110 000) − [(5 000 × 600 + 5 000 × 400)] × 20%
  = 3 725 000(元)

甲产品目标成本 = 5 000 × 600 − 165 000 − 5 000 × 600 × 23% = 2 145 000(元)

乙产品目标成本 = 5 000 × 400 − 110 000 − 5 000 × 400 × 18% = 1 530 000(元)

总体目标成本 = 2 145 000 + 1 530 000
  = 3 675 000(元)

3 675 000(元) < 3 725 000(元)

因此,企业规定的总体目标成本合理。

(四) 物流目标成本的实现

1. 制定实现物流目标成本的具体方法和途径

物流目标成本确定后,为了能够在允许的物流成本范围内提供客户满意的物流服务,首先要将企业目前的物流成本(即在现有生产经营条件下,付出正常努力从事降低成本活动所产生的成本)与目标成本进行比较,以确定成本差距。成本差距就是企业物流成本降低的目标,也是企业面临的成本压力。为了缩小成本差距,企业需要组织由物流、技术、生产、销售和财务等方面人员构成的设计小组或跨部门团队,对成本差距存在的原因进行分析,运用成本分析、价值工程、质量工程等方法,重新设计物流活动过程和分销物流服务方式,进而确定最佳的物流过程与分销物流服务方式,以及实现物流目标成本的具体方法,以求用最低的物流成本提供客户满意的物流服务。

2. 物流目标成本的执行与控制

物流目标成本经过分解后,落实到各个物流责任中心,形成各个物流责任中心的具体目标成本。各物流责任中心在实际执行过程中将目标成本的各项指标与实际成本指标进行对比,及时发现并采取有效措施纠正偏差,保证物流目标成本的执行。

(1) 物流成本差异分析。物流成本差异是指在物流活动过程中发生的实际成本偏离预定目标成本所形成的差额。企业在现实的物流活动过程中,实际成本往往由于各种因素的影响与预定的目标成本不一致。实际投入成本低于目标成本形成的差异称为有利差异,表示实际投入的成本相对于目标成本有所节约;反之,实际投入成本高于目标成本形成的差异称为不利差异,表示实际投入的成本相对于目标成本存在着浪费。企业管理部门通过观察、分析成本差异,可以了解物流各部门的效率,提高对物流经营活动的调整、控制能力,并利用成本差异对物流各部门的业绩做出考核评价。

(2) 采取调整措施。企业通过对物流成本差异的分析,找出差异形成的原因,弄清责任归属,就可以采取积极有效的调整措施控制不利差异,降低物流成本,保证物流目标成本的实现。出现物流成本差异后,可采取的调整方法有多种,但概括起来主要有修正物流目标成本和调整物流活动两种方法。

① 修正物流目标成本。物流目标成本一经确定,就应保持相对稳定。所以,修正物流目标成本并不是经常采取的调整措施。但在物流目标成本执行过程中如果发现了新问题,出现了原来没有考虑到的新情况,使得原来确定的目标成本变得不合理,不符合实际情况,便要及时对物流目标成本进行修正,以保证物流目标成本的合理性。

② 调整物流活动。如果既定的物流目标成本仍然是合理的,只是在执行过程中出现了一定的偏差,这就要找出偏差出现的原因,明确责任归属,有针对性地调整当前的物流活动。

例如,如果是因采购人员采购了质次价高的原材料,导致物流直接材料出现价格不利差异,则在今后的采购活动中应该货比三家,合理采购;如果是因闲散人员过多造成工资费用上升,则应适当裁减人员。总之,要通过对物流活动的调整,保证物流目标成本的实现,达到控制支出、降低物流成本的目的。

(五) 物流目标成本的考核

物流目标成本完成情况的考核是建立物流目标成本控制体系的重要环节。物流目标成本完成情况的考核分为对物流目标成本计划完成情况进行考核和对超额完成目标成本计划情况进行考核两部分。

(1) 对物流目标成本计划完成情况进行考核。由于物流目标成本计划是按各物流部门和各物流环节纵横体制制定与分解下达的,因此,目标成本考核同样按这一纵横体系设计,即企业对各职能管理部门实行归口成本指标考核,对物流单位则实行物流成本指标考核。同时,各职能部门又对物流单位实行分解分项归口成本指标考核,形成互相牵制的双重考核体系。

(2) 对超额完成目标成本计划情况进行考核。对于超额完成目标成本计划的各个部门、单位和个人,进行物质奖励和精神奖励,充分肯定他们对企业经济效益和发展所做出的贡献。企业为保持成本竞争优势,不仅要达到设定的目标成本,还应通过改进物流活动过程中的一系列细节活动,消除物流直接材料浪费、改进操作程序和提高员工降低成本管理意识等,促使企业物流成本不断降低。

二、价值工程在物流目标成本控制中的应用

价值工程是以功能分析为中心,使各项物流作业达到适当的价值,即用最低的成本来实现和创造物流系统应具备的必要功能的一项有组织的活动。

(一) 价值工程功能成本分析

功能:是某项物流作业所负担的职能或所起的作用。

成本:则是指物流服务的寿命周期成本,即为实现物流服务的必要功能在整个物流服务过程中发生的成本。

价值:要从功能和成本的关系上来理解,即物流服务的功能和成本的比值,它反映了物流服务物美价廉的程度。提高物流系统价值的途径如表12-5所示。

表 12-5　提高物流系统价值途径

提高途径		I	II	III	IV	V
组合方式	功能	↑	↑	↑↑	→	↓
	成本	↓	→	↑	↓	↓↓

注：表中↑表示提高；↑↑表示大幅度提高；→表示不变；↓表示降低；↓↓表示大幅度降低。

$$价值 = 功能/成本，\quad 即\ V = F/C$$

或：
$$V = (F1 + F2 + F3 + \cdots)/C$$

其中，V 代表价值；C 代表成本；F 代表物流服务各作业的功能。

成本是指整个寿命周期过程中发生的全部费用，包括生产成本和使用成本。生产成本是指产品从研发到用户手中为止的全部费用。使用成本是用户在使用过程中发生的各种费用。因此，寿命周期费用 = 生产成本 + 使用成本，即 $C = C_1 + C_2$。

（二）价值工程的核心问题

物流价值工程分析就是一个发现和解决问题的过程。

(1) 它所研究的问题包括：① 物流价值工程分析的对象是什么？② 其成本是什么？其价值是多少？③ 有无实现同样物流功能的其他方法？④ 新方案的成本是什么？

(2) 物流价值工程分析的具体开展包括如下几个阶段：

第一，正确选择对象。要选择那些频率比较多、服务量比较大；物流服务环节比较复杂；成本结构比较高，客户意见比较集中的物流服务活动作为分析研究的对象。

第二，根据对象的性质、范围和要求，收集可靠的信息。

第三，进行功能、成本和价值分析。功能评价有许多方法，比较常用的方法有评分法和 FD（强制确定）法。

第四，确定最优方案。

第五，求出目标成本。

（三）功能评价与价值分析方法

进行功能评价需要计算价值系数，通常可以有两大类方法：相对值法（价值系数法）和绝对值法（功能成本法），是用实现某功能的可能最低成本（目标成本）与实际成本相比较，来评价功能的价值，以确定应改进的对象之方法。

1. 功能评分方法（见表 12-6）

表 12-6　多比例评分法比例及含义

重要度比较	绝对重要	非常重要	重要得多	极为重要	重要一点	基本相当
可选择比例	1:0	0.9:0.1	0.8:0.2	0.7:0.3	0.6:0.4	0.5:0.5

2. 价值系数分析

一般在进行功能评价时，价值系数有三种情况：

(1) 价值系数 $V \approx 1$，说明该部分功能与成本相比较，功能上所占比重同其成本基本相当，可以不作为价值工程活动的对象。

(2) 价值系数 $V < 1$，说明该部分功能与成本相比较，功能相对不太重要而成本却相对占了较大比重，当价值系数的数值远远小于 1 时，一般应作为价值工程活动对象。

（3）价值系数 $V>1$，说明该部分功能与成本相比较，功能相对重要，而消耗资源、费用却较少。当其值偏离合理范围时，也要考虑是否将其作为价值工程活动。

【例 12-6】 物流项目价值分析方法。某企业物流服务系统由六个活动项目组成，其现状成本如表 12-7 所示。

表 12-7 项目现状成本

项目名称	A	B	C	D	E	F	合计
现状成本（元）	440	430	340	140	160	290	1 800

利用多比例评分法对上述物流服务系统各项活动（项目）的功能按其重要程度进行打分，并利用如下公式计算功能系数，其结果列在表 12-8 中。

表 12-8 某物流系统各项目功能评分

项目	A	B	C	D	E	F	功能得分	功能系数
A	—	0.8	0.8	0.9	1.0	0.6	4.1	0.273
B	0.2	—	0.6	0.9	0.7	0.5	2.9	0.193
C	0.2	0.4	—	0.9	0.8	0.7	3.0	0.200
D	0.1	0.1	0.1	—	0.8	0.6	1.7	0.113
E	0	0.3	0.2	0.2	—	0.4	1.1	0.074
F	0.4	0.5	0.3	0.4	0.6	—	2.2	0.147
合计							15	1

$$F_i = \frac{f_i}{\sum f_i}$$

某方案功能系数 F_i = 某方案功能评价总分 f_i / 各方案功能评价总分之和 $\sum f_i$

成本系数 C_j 计算公式为：

$$C_j = 某方案成本 C_j / 各方案成本总和 \sum C_j$$

式中，$j=1,2,\cdots,n$，将物流服务系统各组成部分项目的现状成本分别除以服务系统各项目总成本。设企业的物流服务系统各项目的目标成本总和为 1 600 元，结果见表 12-9。

表 12-9 某企业物流服务项目价值分析

项目名称	功能得分	功能系数	现状成本	成本系数	价值系数	项目成本	成本降低幅度	备注
A	4.1	0.273	440	0.244	1.119	436.8	3.2	
B	2.9	0.193	430	0.239	0.808	308.8	121.2	
C	3.0	0.200	340	0.189	1.058	320	20	
D	1.7	0.113	140	0.078	1.449	180.8	-40.8	注1
E	1.1	0.074	160	0.089	0.833	118.4	41.6	
F	2.2	0.147	290	0.161	0.913	235.2	54.8	
合计	15	1	1 800	1	—	1 600		

D 项目的两种处理方法：

① 在原有成本基础上加 40.8 元，使其功能更加完善；

② 保持原有成本不变，目标成本可达 1 559.2 元的水平，成本节约额为 40.8 元。

第四节　物流综合成本控制

企业在物流活动中效益背反现象普遍存在。例如，减少仓库的数量可以降低保管费用，但仓库数量的减少必然会导致运输、配送距离变长，次数增加，进而增加了运输费用。如果运输费用的增加超过了保管费用的降低，从整体角度来看，物流总成本不但没有降低反而有所增加。因此，在进行物流成本控制时不能在企业的各部门内部孤立地对物流活动的各环节进行局部控制，应从企业全局出发，从系统整体角度来进行物流成本的综合控制，强调整个物流过程综合成本的降低和综合效益的提升。

一、物流综合成本控制思路

物流成本控制一般是从系统的角度，依照企业的特点对物流成本进行分类来确定企业内部不同成本的控制目标和控制策略。表 12-10 就销售过程、生产过程、采购过程和售后服务过程给出了物流成本的主要控制目标及其基本控制策略。

表 12-10　物流成本控制策略

过程	主要控制方针	基本控制策略
销售过程中的物流成本控制	1. 运输成本 2. 仓储保管成本 3. 订货处理成本 4. 退货成本 5. 计算机信息处理费用 6. 人工的直接间接费用	✓选择运输设备，库存的最佳规模和最佳空间布置，以便最大限度降低运输成本 ✓合理确定仓储，选择物流手段使其功能配套互补 ✓减少交货点，并且与用户协商简化交易约束条件
生产过程中的物流成本控制	7. 人工费用（工作日、人数、工时）、投产准备费用 8. 原料、半成品和包装物品的丢失 9. 车间内和跨车间转运费 10. 搬运、仓储费和生产设备维修费 11. 燃料动力费 12. 备件备品成本	✓生产手段自动化，经常进行生产投资，提高劳动生产率 ✓以人工费用最低为标准确定厂址 ✓确定生产的规模、批量 ✓依靠工艺开发、技术革新，最大限度提高各道工序的效果 ✓建立健全及时反映生产经营状态的会计分析活动和物流成本控制体系
采购供应过程中的物流成本控制	13. 订货处理成本 14. 原材料等的验收——质检成本 15. 搬运成本 16. 运输成本 17. 仓储成本 18. 人工成本	✓以减少运输和搬运为目的，进行大批量订货供应 ✓采购地点距离工厂尽可能近 ✓采购供应原材料、零部件标准化，方便技术处理 ✓为减少人工，采用供应自动化管理 ✓给供应任务的承担者尽可能多的任务 ✓强化对采购供应活动的基础工作（记录）控制

(续表)

过程	主要控制方针	基本控制策略
售后服务过程中的物流成本控制	19. 维修人员费用 20. 维修的网点和实施费 21. 备品备件、工具的库存费 22. 技术文件编印费 23. 使用操作者培训费 24. 维修工程师培训费 25. 售后服务信息系统运作费	✓ 调整售后服务网点的数量和布局 ✓ 调整售后服务工作的范围和水平 ✓ 在产品设计定型时,引进售后服务预测成本的概念 ✓ 集中多项商品,同时提供服务,以便形成售后服务经济规模

二、物流综合成本控制实施框架

物流综合成本控制是指根据与物流成本密切相关的供应计划、生产计划、销售计划,从企业整体的角度综合控制物流成本。物流综合成本控制的目的在于局部物流成本目标的集成与综合,从而使企业整体物流成本趋于最小化。物流综合成本控制的实施框架由三部分组成,包括物流成本横向控制、物流成本纵向控制和计算机网络管理系统,如图12-1所示。

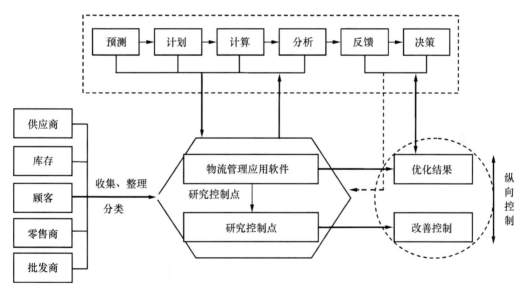

图12-1 物流成本综合控制实施框架图

物流成本横向控制主要是指物流成本预测、计划、分析、信息反馈、控制和决策等步骤。

物流成本纵向控制是物流过程中的优化管理,涵盖了采购、运输配送、装卸搬运、库存控制、订单处理、客户服务、返还品管理、废弃物处理等物流活动全过程。要实现物流过程中的优化管理,必须要借助适当的控制方法和管理手段,使其与横向控制交织进行,常用的控制方法有以下五种:

(1) 利用作业成本法,掌握物流作业过程的运作绩效和成本。
(2) 运用线性规划、非线性规划,制订最优运输计划,实现运输优化。
(3) 运用存储论,确定经济合理的库存数量,实现物资储存优化。应用较广泛的方法是经济订货批量模型,即 EOQ 模型。

(4) 运用系统分析技术,选择货物的最佳配比及配送线路,实现配送优化。

(5) 运用计算机模拟技术,对整个物流系统进行分析研究,实现物流系统的优化。典型的模型是克莱顿·希尔模型,该模型提出了物流系统的三个目标:最高的服务水平、最低的物流费用、最快的信息反馈。在模拟过程中采用逐次逼近的方法来求解下列决策变量,即流通中心的数目、对客户的服务水平、流通中心收发货时间、库存分布、系统整体的优化。

计算机网络管理系统是包含着供应商、生产商、批发商、零售商和客户的大系统,将计算机网络系统引入物流成本控制中,可以大大提高控制效率。例如,采购人员可以借助计算机信息管理系统提供的功能,收集并汇总各部门订货的商品名称、订货数量,根据供货商的信誉、商品货源、供货价格、交货期限等资料,向指定的供货商下达采购指令。供应商根据计算机网络中心传来的相关信息,及时安排出货,并将出货信息传递给相应的批发商、零售商及其他对象。交易双方交换的信息不仅是订单和交货通知,还包括订单更改、订单回复、变价通知、对账通知、提单、发票、退换货等许多信息。通过计算机通信网络联结的方式将各种信息传递到总公司、分公司、批发商、供应商或制造商,可以做到快速反应。它能处理从新商品资料的说明直到会计结算所有商品交易过程中的作业,涵盖整个物流过程。

物流综合成本控制实施框架的三个组成部分是一个有机联系的整体,以计算机网络管理系统为核心,将物流成本的横向、纵向联结起来,形成一个不断优化的循环系统,通过循环、计算、评价,最终形成物流总成本最低的最佳方案,从而实现物流综合成本控制的最大效应。

三、物流综合成本控制策略

企业在进行物流综合成本控制时,除了采用数量分析法、系统化原理等常用技术手段对物流过程中各个环节及整个过程优化管理外,还应考虑以下三个方面。

(一)成立企业战略联盟

企业战略联盟是 20 世纪 90 年代以来国际上流行的一种新兴的战略管理思想。它是指两个或两个以上的企业为了一定的目的或战略目标的实现,通过一定方式自发组成的优势互补、风险共担、要素双向或多向流动的松散型网络组织。战略联盟改变了传统的对抗性竞争,联盟中竞争与合作并行不悖。为合作而竞争,靠合作来寻求企业竞争优势。它可以在保持双方核心竞争力相对独立的基础上,实现优势互补、资源共享,最终实现双赢。

企业是一个由设计、采购、生产、销售、运送和管理等一系列互不相同但又相互关联的增值活动构成的"价值系统"。在这个价值系统中具体包括了供应商价值链、生产单位价值链、销售渠道价值链和客户价值链。企业的物流成本控制与效益增加在很大程度上依赖于上游企业(供应商)、下游企业(分销商)的协作,如果企业能够与其上下游企业建立长久的、稳定的、利益共享的战略联盟,就相当于企业自身实现了"向前、向后一体化",从而可以大大降低企业的物流成本,增强企业的核心竞争能力。这种从企业物流角度出发而建立起来的战略联盟,作为企业间的网络化系统,其最大着眼点就在于物流活动中积极地利用外部规模经济。即它一方面扩大了企业对资源的使用界限,另一方面提高了企业内部资源的使用效率,减少沉没成本,节约企业在资源方面的新投入,从而进一步提高了企业物流速度,降低了物流活动中的风险。

（二）实现物流系统信息化

物流信息系统信息化包括两个方面:物流技术信息化和物流管理信息化。物流信息化的核心是物流管理信息化,即把先进的管理思想通过信息技术手段得以实现。企业要实现物流系统信息化必须考虑以下两个方面。

1. 充分利用公共物流信息平台

公共物流信息平台以其跨行业、跨地域、多学科交叉、技术密集、多方参与系统扩展性强、开放性好的特点对现代物流的发展构成了有利支撑。企业可直接使用公共物流信息平台,利用其庞大的数据库以及开放性的商务功能实现企业自身的信息交流、发布、业务交易、决策支持等的信息化管理,可以说使用公共物流信息平台是企业信息化的一条捷径。

2. 借助现代化信息技术

这些技术包括通信技术、数据交换技术和其他物流技术。例如,非对称数字用户环线（AOSD）、数字数据服务（DDN）、无线通信（NAD）、异步传输模式（ATM）、光纤分布式数据接口（FD-DI）、电子数据交换（EDI）、有线电话/传真（CALL CENTER）、识别技术、智能技术、条码技术、空间定位技术、地理信息技术、自动化控制技术等。企业合理、有效利用信息技术及其他交叉学科技术,有助于提升企业的物流信息综合管理水平。

（三）物流活动向外委托

物流活动向外委托,即将物流业务的部分或全部委托给企业外部的分销公司、仓库或第三方货运人,由它们来完成本企业物流管理或产品分销职能的全部或部分,其中包括运输业务、材料采购、订单信息处理业务、仓库保管业务、库存管理、信息系统等几乎所有的物流领域。

企业物流活动向外委托的一种形式是将物流业务外包给第三方物流公司。这样企业可以不再保有仓库、车辆等物流设施;对物流信息系统的投资也可转嫁给第三方物流企业来承担;还可以减少对物流活动过程的管理,节省管理费用等。总之,企业通过将物流活动外包给第三方物流公司,不仅可以简化交易、降低物流成本、提高服务水平,还可以使企业本身将更多的注意力集中到核心业务上,提高企业整体运作效率。

企业物流活动向外委托的另一种方式就是企业建立自己的对外营业的物流分公司或子公司,将物流活动的一部分或全部委托给企业物流分公司或子公司。这种方法不仅避免了商业秘密外泄的风险,还可以通过物流分公司或子公司的独立经营实现物流成本的下降。向企业自身的物流分公司或子公司委托业务,能够保证物流服务水平始终处于本企业的监管之下,维持企业的物流服务质量,保证公司整体经营战略的统一性。

本章小结

1. 本章结合学习目标对物流成本控制的含义、物流成本控制的方法进行了详细的分析和阐述,使学习者能够对物流成本控制有全面的了解,并能够掌握物流成本控制的相关技术方法。

2. 物流成本控制是指企业在物流成本形成过程中,根据物流成本特性和类别,对其进行事先规划、事中指导、限制和监督,事后分析评价,总结经验教训,并采取改进措施,不断降低物流成本和提高物流服务水平的一系列活动过程。

3. 物流标准成本控制是以企业既定的标准成本为基础,将实际发生的成本与标准成本进行对比,揭示成本差异的成因及责任归属,并及时采取措施,将各项物流成本支出控制在标准成本范围内的一种成本控制方法。

4. 物流目标成本控制是指企业根据制定的物流目标成本,对物流系统各环节实际发生的费用进行约束和管理,并将实际耗费与目标成本进行比较,找出差异,采取纠正措施,保证完成既定目标成本的一种成本控制方法。

5. 物流综合成本控制是根据与物流成本密切相关的供应计划、生产计划、销售计划,从企业整体的角度综合控制物流成本。物流综合成本控制的目的在于局部物流成本控制的集成综合,从而促使企业整体物流成本趋于最小化。

6. 企业在进行物流成本综合控制时除了采用数量分析法、系统化原理等常用技术手段对物流过程中各个环节及整个过程优化管理外,还可以采用成立企业战略联盟,实现物流系统信息化,物流活动向外委托等策略。

中英文关键术语

1. 成本控制(Cost Control)
2. 标准成本(Standard Cost)
3. 目标成本(Target Cost)
4. 标准成本法(Normative Method of Cost)
5. 目标成本法(Objective Method of Cost)
6. 物流成本差异(Logistics Cost Wariances)
7. 物流活动(Logistics Activities)
8. 物流服务水平(Logistics Service Level)

思 考 题

1. 什么是物流成本控制?物流成本控制应遵循的原则有哪些?
2. 物流标准成本如何分类?
3. 物流标准成本如何制定?
4. 什么是物流目标成本?如何确定物流目标成本?
5. 物流目标成本的分解方法有哪几种?
6. 物流目标成本如何考核?
7. 物流综合成本控制如何实施?
8. 物流综合成本控制的策略有哪些?

课外材料阅读　　　　　　　**蒙牛如何控制物流成本**

物流运输是乳品企业重大挑战之一。蒙牛目前的触角已经伸向全国各个角落,其产品远销到中国香港、中国澳门,甚至还出口东南亚。蒙牛要如何突破配送的瓶颈,把产自大草原的奶送到更广阔的市场呢?另外一个重要的问题是,巴氏奶和酸奶的货架期非常短,巴氏奶仅10天,酸奶也不过21天左右,而且对冷链的要求最高。从牛奶挤出运送到车间加工,直到运到市场销售,全过程巴氏奶都必须保持在0—4℃,酸奶则必须保持在2—6℃储存。这对运输的时间控制和温度控制提出了更高的要求。为了能在最短的时间内、有效的存储条件下,以最低的成本将牛奶送到商超的货架上,蒙牛采取了以下措施:

缩短运输半径

对于酸奶这样的低温产品,由于其保质日期较短,加上消费者对新鲜度的要求很高,一般产品超过生产日期三天以后送达商超,商超就会拒绝该批产品,因此,对于这样的低温产品,蒙牛要保证在2—3天送到销售终端。

为了保证产品及时送达,蒙牛尽量缩短运输半径。在成立初期,蒙牛主打常温液态奶,因此奶源基地和工厂基本上都集中在内蒙古,以发挥内蒙古草原的天然优势。当蒙牛的产品线扩张到酸奶后,蒙牛的生产布局也逐渐向黄河沿线以及长江沿线伸展,使牛奶产地尽量接近市场,以保证低温产品快速送达至卖场、超市的要求。

合理选择运输方式

目前,蒙牛的产品的运输方式主要有两种,汽车和火车集装箱。蒙牛在保证产品质量的原则下,尽量选择费用较低的运输方式。

对于路途较远的低温产品运输,为了保证产品能够快速的送达消费者手中,保证产品的质量,蒙牛往往采用成本较为高昂的汽车运输。例如,北京销往广州等地的低温产品,全部走汽运,虽然成本较铁运高出很多,但在时间上能有保证。

为了更好地了解汽车运行的状况,蒙牛还在一些运输车上装上了GPS系统,GPS系统可以跟踪了解车辆的情况,比如是否正常行驶、所处位置、车速、车厢内温度等。蒙牛管理人员在网站上可以查看所有安装此系统的车辆信息。GPS的安装,给物流以及相关人员包括客户带来了方便,避免了有些司机在途中长时间停车而影响货物未及时送达或者产品途中变质等情况的发生。

而像利乐包、利乐砖这样保质期比较长的产品,则尽量依靠内蒙古的工厂供应,因为这里有最好的奶源。产品远离市场的长途运输问题就依靠火车集装箱来解决。与公路运输相比,这样更能节省费用。

在火车集装箱运输方面,蒙牛与中铁集装箱运输公司开创了牛奶集装箱"五定"班列这一铁路运输的新模式。"五定"即"定点、定线、定时间、定价格、定编组","五定"班列定时、定点,一站直达有效地保证了牛奶运输的及时、准确和安全。

2003年7月20日,首列由呼和浩特至广州的牛奶集装箱"五定"班列开出,将来自内蒙古的优质牛奶运送到了祖国大江南北,打通了蒙牛的运输"瓶颈"。目前,蒙牛销往华东华南的牛奶80%依靠铁路运到上海、广州,然后再向其他周边城市分拨。现在,通过"五定"列车,上海消费者在70个小时内就能喝上草原鲜奶。

全程冷链保障

低温奶产品必须全过程都保持2—6℃,这样才能保证产品的质量。蒙牛牛奶在"奶牛——奶站——奶罐车——工厂"这一运行序列中,采用低温、封闭式的运输。无论在茫茫草原的哪个角落,"蒙牛"的冷藏运输系统都能保证将刚挤下来的原奶在6个小时内送到生产车间,确保牛奶新鲜的口味和丰富的营养。出厂后,在运输过程中,则采用冷藏车保障低温运输。在零售终端,蒙牛在其每个小店、零售店、批发店等零售终端投放冰柜,以保证其低温产品的质量。

使每一笔单子做大

物流成本控制是乳品企业成本控制中一个非常重要的环节。蒙牛减少物流费用的方法是尽量使每一笔单子变大,形成规模后,在运输的各个环节上就都能得到优惠。比如利乐包产品走的铁路,每年运送货物达到一定量后,在配箱等方面可以得到很好的折扣。而利乐枕产品走的汽运,走5吨的车和走3吨的车,成本要相差很多。

此外,蒙牛的每一次运输活动都经过了严密的计划和安排,运输车辆每次往返都会将运进来的外包装箱、利乐包装等原材料和运出去的产成品做一个基本结合,使车辆的使用率提高了很多。

资料来源:根据http://info.jctrans.com/xueyuan/czal/200885669849.shtml改编。

参 考 文 献

1. 黄由衡.物流成本管理理论及其应用[M].北京:中国财富出版社,2009.
2. 易华、李伊松.物流成本管理[M].北京:机械工业出版社,2009.
3. 鲍新中.物流成本管理与控制[M].北京:电子工业出版社,2006.
4. 陈文.物流成本管理[M].北京:北京理工大学出版社,2009.
5. 余艳琴.物流成本管理[M].武汉:武汉大学出版社,2008.
6. 邓海涛、黄慧.物流成本管理[M].长沙:湖南人民出版社,2008.
7. 刘茵.国外物流成本管理理论及实践对中国企业的借鉴[J].《经济研究导刊》,2009(22),pp. 140—141.
8. http://www.finance.qq.com/a/20100818/002161.htm.
9. http://wenku.baidu.com/view/de2c054c852458fb770b56fe.html.
10. http://business.sohu.com/20101203/n278070238.shtml.
11. http://finance.ifeng.com/news/industry/20120214/5583339.shtml.
12. 曾益坤.物流成本管理[M].北京:水利水电出版社,2006.
13. 现代物流管理课题组.物流成本管理实操版[M].广州:广东经济出版社,2007.
14. 冯耕中、李雪燕、汪寿阳.物流成本管理[M].北京:中国人民大学出版社,2010.
15. 冯耕中、李雪燕、汪应洛等.企业物流成本计算与评价[M].北京:机械工业出版社,2007.
16. http://www.ctaxnews.com.cn/www/detail/cackdetail.jsp?DOCID=2147
17. 王欣兰、田海霞、徐素波.物流成本管理[M].北京:清华大学出版社,2009.
18. 王玖河.基于成本会计与作业成本法的物流成本核算研究[J].《价值工程》,2008(07),pp.82—85.
19. 付桂林.物流成本管理[M].北京:中国物资出版社,2004.
20. 何开伦.物流成本管理[M].武汉:武汉理工大学出版社,2007.
21. 董永茂.物流成本管理[M].杭州:浙江大学出版社,2011.
22. http://www.marketing110.com/html/show-10-695-1.html.
23. http://www.itxinwen.com/view/new/html/2009-06/2009-06-12-552521.html.
24. http://www.chinacpx.com/zixun/94333.html.
25. http://jingji.cntv.cn/20110518/112342.shtml.
26. http://www.ne56.com/experiential/ne5610911137559IGK3.html.
27. 谢雪梅.物流成本管理[M].北京:高等教育出版社,2009.
28. 李安华.物流成本管理[M].成都:四川大学出版社,2010.
29. 王贤斌.我国物流成本管理探析[J].《黄山学院学报》,2006(05),pp.173—176.
30. http://www.yaoq.net/thread-4185-1-1.html.
31. 朱伟生.物流成本管理[M].北京:机械工业出版社,2009.
32. http://www.texindex.com.cn/Articles/2008-4-15/139261.html.
33. 宋伯慧、王耀球.装卸搬运设备配置优化研究[J].《物流技术》,2006(07),pp.145—147.
34. 阎平、彭卫华.物流成本管理[M].北京:中国商业出版社,2007.

35. 李严峰、张丽娟.现代物流管理[M].哈尔滨:东北财经大学出版社,2010.
36. 赵弘志.物流成本管理[M].北京:清华大学出版社,2010.
37. http://info.jctrans.com/xueyuan/czal/200885669849.shtml.
38. 董千里.高级物流学[M].北京:人民交通出版社,2001.
39. 汪应洛.系统工程[M].西安:西安交通大学出版社,2011.
40. 云虹.物流成本管理与控制[M].北京:人民交通出版社,2010.
41. 武钧.物流成本管理[M].北京:人民交通出版社,2012.
42. 古全美、张述敬、童桂玲.物流成本管理[M].北京:北京理工大学出版社,2012.
43. 张国健.物流成本管理[M].北京:经济管理出版社,2011.
44. 赵刚、周凌云.物流成本分析与控制[M].北京:清华大学出版社,2011.
45. 陈小龙、朱文贵、张显东.ABC成本法在企业物流成本核算和管理中的应用[J].实用物流技术,2002(117).北京:北京交通大学出版社.
46. 占杰.物流企业分析与成本改善研究[J].经营之道,2006(2),pp.83—85.